本书为国家社会科学基金一般项目"马克思的共产主义价值观形成史研究"（批准号：15BKSO15）结项成果。

道德·价值·文化丛书

马克思的共产主义价值观形成史

THE FORMATION HISTORY
OF MARX'S COMMUNIST VALUES

张丽君　著

社会科学文献出版社
SOCIAL SCIENCES ACADEMIC PRESS (CHINA)

前　言

　　把共产主义当成马克思主义理论的一个组成部分的阐释方式突出了马克思主义理论的世界观和方法论内容，其世界观、方法论和价值观之间具有递进关系。改革开放以来，学术界不断提出新的阐释马克思思想的方式，"马克思主义与道德"问题成了马克思主义理论研究领域一个热点和难点问题。这一问题涉及如何从整体上把握马克思主义价值观的问题。社会主义核心价值观的提出引出了从马克思主义创始人那里寻找观念来源的理论任务。共产主义是马克思思想的灵魂，从价值观的角度，把世界观和方法论看成价值观的内在要素，有助于从整体上把握马克思的思想。

　　当代世界不断提出新的问题，需要从理论上给予回答。马克思指出："问题却是公开的、无所顾忌的、支配一切个人的时代之声。"① 当历史走完"个人还处于创造自己的社会生活条件的过程"之后，就开始了"从这种条件出发去开始他们的社会生活"② 的过程。不同国家的历史进程不是截然分开的，而往往是交错进行的，不同的国家处于历史进程的不同节点，不管这种进程有怎样的不同，共产主义都是人类未来的共同方向。

　　本书创作的目的是：从共产主义价值观的视角对马克思的早期思想进行综合性研究；探究马克思是如何形成共产主义价值观的，并从中总结值得学习的经验；从马克思的早期思想中概括总结共产主义价值观的内容，分析马克思共产主义价值观的本质特征；解决学术界围绕马克思早期思想

---

① 《马克思恩格斯全集》第 1 卷，人民出版社，1995，第 203 页。
② 《马克思恩格斯全集》第 30 卷，人民出版社，1995，第 112 页。

提出的理论疑难；捍卫马克思主义的指导性地位；在理论上阐发社会主义核心价值观是如何继承和发展马克思的共产主义价值观的。

本书在研究过程中主要使用了以下四个方面的资料。其一，思想传记。对弗·梅林的《马克思传》、科尔纽的《马克思恩格斯传》、拉宾的《马克思的青年时代》、戴维·麦克莱伦的《马克思传》、乔纳森·斯珀伯的《卡尔·马克思：一个19世纪的人》等进行了对比分析。其二，涉及马克思思想与西方思想传统的相关问题的研究成果。相关文献众多，包括黑格尔、康德、费尔巴哈的著作，包括空想社会主义者的作品，也包括研究马克思思想和其他思想的关系的作品，如《马克思与亚里士多德——十九世纪德国社会理论与古典的古代》《卢梭和马克思》等。其三，早期经典著作研究及思想演进研究的成果。主要使用了西方马克思主义、日本马克思主义等相关文献。其四，涉及马克思主义与道德问题的相关文献。如《马克思恩格斯道德哲学研究》《马克思主义经典作家论道德》《马克思与正义理论》《马克思对正义的批判》《马克思主义与道德》等。

本书主要内容包括以下九个方面。其一，分析了马克思价值观萌芽。分析了出生地、家庭和学校对马克思价值观的影响。对马克思的三篇中学作文包含的价值观进行了阐释。分析了《爱之书》《歌之书》等诗作中的价值观包含的"应当"与"事实"的矛盾。研究了其博士论文以及博士论文笔记是如何克服理想和现实之间的对立的。其二，论述了《莱茵报》时期马克思对共产主义价值观的阐发。其三，阐释了克罗茨纳赫时期马克思价值观的唯物主义转折。马克思通过批判黑格尔法哲学的方式对《莱茵报》时期遇到的问题进行了初步回答。其四，对《德法年鉴》时期的"解放"价值观进行了阐释。其五，阐释了《詹姆斯·穆勒〈政治经济学原理〉一书摘要》和《1844年经济学哲学手稿》中的哲学共产主义思想。其六，对《评一个普鲁士人的〈普鲁士国王和社会改革〉一文》《神圣家族》《关于费尔巴哈的提纲》《评弗里德里希·李斯特的著作〈政治经济学的国民体系〉》中马克思共产主义价值观的发展进行了研究。通过对《关于费尔巴哈的提纲》的阐释，分析了马克思思想的特质，并结合《1844年经济学哲学手稿》《德意志意识形态》等来揭示该文献的价值。其七，分析了《德意志意识形态》对共产主义价值观的系统阐发。

其八，研究从《哲学的贫困》出版前后到《共产党宣言》，马克思的共产主义价值观是如何越来越系统的。其九，阐发马克思共产主义价值观的特质与内涵，回答马克思共产主义价值观的规范性问题以及马克思共产主义价值观应用的方法论原则等问题。

本书对马克思的价值观进行了定位。马克思的价值观最本质的特征在于将人的价值问题纳入历史发展过程中来理解，纳入社会中来理解。本书把社会历史观作为宏观的理论架构，把方法论看成共产主义价值观具有内容有机性的内在机理，以价值观为灵魂统领世界观和方法论。本书力求在看到其他思想家对马克思思想的影响的基础上，把握马克思思想一开始就表现出来的特质。

本书勾勒了马克思创立共产主义价值观的几个关键路径。第一个关键路径是思想层面的哲学和哲学史，这一路径集中体现在马克思的博士论文当中。马克思对理论和意识问题进行系统的唯物主义思考之后，对自由、权利、平等、正义、爱等概念进行了社会历史性的阐释。第二个关键路径是国家问题。由对国家问题包含的特殊问题和普遍问题的思考，展开了对君主制和共和制的思考，进而思考了无产阶级国家问题，从而展开了一个历史序列；并由国家的普遍基础的思考展开了市民社会的思考，在整体上回答了人的价值问题。第三个关键路径是从对利己主义的批判到对财产问题和私有制问题的思考，从而引申出对劳动、分工等的思考，由此引出对阶级对立和无产阶级历史地位的认识。

本书勾勒了马克思共产主义价值观形成过程中的核心线索。即由对个人高尚和人类幸福的追求，引申出人的价值的特殊性和普遍性问题，最后把人的价值实现定位为社会整体性的实现和历史整体性的实现，从而宣告了共产主义价值观的问世。

本书阐释了马克思共产主义价值观形成过程中观念的连续性和关键飞跃。如何阐释从《1844年经济学哲学手稿》到《德意志意识形态》的思想发展是一个理论难题。本书对这一问题进行了新的探索。本书借助从抽象到具体的思维方法，从宏观的历史节点来看待这一问题。到《德法年鉴》时期，马克思的价值追求都凝结在"人的解放"这一概念中。这个时候马克思找到了人的一般价值实现的历史现实性，这就是无产阶级。无产阶级的命运是具体的，其中蕴含着人的解放的一般价值。这样，看起来抽象的人的价值问题就变成了具体的历史问题。这就要把个人放在既定的历史进程中，探究人的价值问题。因此人的价值问题就不再作为理论前提被探讨，而是作为历史进程中的问题被探讨。这是关键的飞跃，在这一飞跃过程中，人的解放的价值观是连续的。本书因而把共产主义价值观看成人类文明创造的积极价值观的集中表达。

关于马克思的共产主义价值观形成史的研究，本书没有采用政治经济学对马克思劳动价值论研究的理论范式，而是采取道德哲学研究和价值观探究相结合的范式。从价值观入手把握马克思思想的研究范式，强化了价值观对世界观和方法论的引领作用。要想准确地阐释马克思的共产主义价值观，需要对相关的背景有准确而全面的把握，尤其是马克思在思想阐发过程中涉及的理论对象。由于马克思早期思想发展过程中涉及的理论对象非常多，在阐释过程中，对涉及的理论对象的研究还有待加强。从共产主义价值观角度阐释马克思早期思想的发展，是一个新角度，既需要有一定的理论框架，又要求这一理论框架能够较好地呈现马克思思想的发展。本书在这方面进行了一定的探索，但还有进一步完善的空间。

本书对马克思的共产主义价值观进行定位，从社会历史的整体来理解共产主义，为从历史和社会的不同层次进一步具体地梳理共产主义的内容提供了理论准备。如对共产主义价值观中人的本性和需要的价值、劳动的价值、个人和个性发展、生产力和人的价值的关系、普遍交往与共产主义发展的关系、所有制和分配、共产主义运动的过程和阶段等进行历史性的梳理。

本书力求在看到其他思想家对马克思思想的影响的基础上，把握马克思思想一开始就表现出来的特质。把握这一点，有助于重新回答马克思思想研究中的很多理论难题。本书力求在把握马克思思想飞跃的同时，充分考虑思想量变的过程，力求揭示马克思思想发展的连续性，并力求在思想连续性中阐发马克思较为稳定的价值取向，这有助于克服"肢解"马克思思想的理论倾向。本书在关注经典文献的同时，也关注书信等文献，这有助于开辟马克思早期思想研究的新领域，更好地梳理马克思思想发展的线索。

　　对马克思的共产主义价值观形成史进行研究有助于深入理解社会主义核心价值观，并更好地实践社会主义核心价值观。对共产主义运动的阶段性的阐释有助于准确把握历史发展的阶段性特征，找准时代问题，坚定共产主义的理想和信念。此外，梳理马克思对错误观点的批判，有助于增强价值观的自信。

目 录

绪　论

一　选题的缘起与研究的意义

《共产党宣言》全面论证了科学社会主义的基本原理，标志着科学社会主义理论体系的诞生，宣告了马克思主义的诞生和问世。《共产党宣言》可以看成马克思的共产主义价值观诞生的标志著作。马克思在自己的中学作文中表达了为人类谋幸福的价值追求。从中学作文开始，到《共产党宣言》，经过不断地进行实践斗争和思想求索，马克思的思想越来越系统、成熟，最终和恩格斯合作公开向世界表达了无产阶级的科学世界观和价值观。马克思的共产主义价值观是如何形成的？其间经过哪些艰苦的探索，包含哪些思想要素？是如何完成理论的创造性工作的？关于马克思共产主义价值观的形成史还有很多问题值得进一步研究。

什么是价值观？定义价值的方式不同，对价值观也会有不同的理解。价值观是主体对客体及自身有价值和无价值、正价值和负价值、价值大小的立场与态度的总和。由于客体对主体的价值不同，客体之间形成了一种价值大小的比较。价值观念往往被看成理性化的价值意识，是价值评价标准的体系。进入价值观系统的客体和目标是价值事物。价值事物既是人的目标，也是人的目的。因为价值观中观念系统运作状况的不同以及对价值事物的追求不同，所以就形成了不同的价值观。

人是价值的主体，对人来说最重要的价值事物、价值理想和价值目标是共产主义。在《1857—1858年经济学手稿》中，马克思说："以物的依赖性为基础的人的独立性，是第二大形式，在这种形式下，才形成普遍的社会物质变换、全面的关系、多方面的需要以及全面的能力的体系。建立在个人全面发展和他们共同的、社会的生产能力成为从属于他们的社会财富这一基础上的自由个性，是第三个阶段。第二个阶段为第三个阶段创造条件。"① 对于个体而言，社会形式是最重要的价值事物。社会提供了个体共同的生活条件，制约着个体的发展。"个人全面发展"，表达了主体的价值，这一价值的实现需要的客体条件是"他们共同的、社会的生产能力成为从属于他们的社会财富"。社会形式、社会形态、社会发展阶段对人来说是现实的、普遍的价值客体。共产主义是人类文明的新的起点，对共产主义实现之前的历史阶段来说，尤其是对于进入"第二个阶段"的人来说，是现实的价值目标和价值目的。

共产主义价值观不同于其他价值观，这一价值观以社会形式和历史提出的未来社会发展形态为人的最根本的价值事物。共产主义作为人的价值目的和价值目标具有社会性和历史性，是由社会历史发展阶段现实提出的历史任务。"人的独立性""物的依赖性"是一种宏观的社会历史发展的价值样态，这一价值样态提出了新的价值目标。"人的独立性"描绘了主体价值的历史阶段性特征，"物的依赖性"描绘了客体价值的历史阶段性特征。共产主义价值观从主体价值角度来说是人的全面而自由的发展，从客体价值来说是人共同的生产能力是人的社会财富。人的价值实现的程度、实现的形式和方式，人的文明达到的高度总体上是受到社会历史发展的程度和阶段制约的。社会历史及其发展阶段构成了价值总体。社会历史本身成为对人来说最为重要的价值事物，这一点也把马克思的价值观和其他价值观区别开来。

在中学作文中，马克思虽然表达的是个人的价值观，但这一个人价值观不是利己的个人价值观，而是为人类的幸福、尊严，为人的德行和智慧，为人的高尚而奋斗的价值观。历史以两种形式进入了马克思的价值视野之中。一种是思想观念的形式，马克思分析了不同的思想体系对人类德行的意义；一种是现实的历史的形式，马克思辨析了衡量幸福时代的标准问题。其中已经有了一个价值观的萌芽，即人类是价值的主体，人民和人

---

① 《马克思恩格斯全集》第 30 卷，人民出版社，1995，第 107~108 页。

类幸福是价值目标，实现这一目标的社会是具有肯定价值的社会形式。

在《德谟克利特的自然哲学和伊壁鸠鲁的自然哲学的差别》（以下简称"博士论文"）和《关于伊壁鸠鲁哲学的笔记》中，马克思突出了自我意识，并以这样的形式肯定了主体性和主体的价值。马克思认为，伊壁鸠鲁的功绩是力求只由感觉的理性的声音来预言天象；对伊壁鸠鲁的信徒来说，他自己的声音压倒了天上的雷鸣。[①] 伊壁鸠鲁重视的只是意识的自由。而马克思当时价值观的主体立足点还具有哲学的色彩，是从哲学与世界的关系的角度来思考问题的，他认为哲学的价值在于其中的精神能否创造世界。马克思肯定伊壁鸠鲁就是因为他的思想反映了世界历史进程中精神发展的规律，即以自然作用为前提发展到以精神的作用为前提。自我意识、哲学和哲人构成了一个价值主体的序列，马克思当时强调创造世界，而创造世界涉及价值问题。马克思当时的价值观有两个局限，一个是对价值客体对价值主体的制约作用论述不够充分，一个是对创造价值的主体的认识方面人民的主体地位还没有充分凸显出来。马克思肯定了哲学家的价值地位，实体精神变成了哲学家的主观精神，他们是从人民中诞生的，具有可塑的庄严性，他们的格言变成了法律，无论他们的语言还是他们的道德生活都充分展现了人的价值主体性，他们在某种程度上是政治生活的积极的创造者和立法者。但这一时期，马克思的人民价值观已经开始萌芽了，他认为哲人是人民的真正装饰品，实际上与人民交织在一起。社会历史也没有完全被排除在价值观之外，只不过更多地表现为一种哲学史的思考。

《莱茵报》时期的社会实践使马克思的思想展现出更为丰富性的一面。除了哲学这个主体之外，个人、贫民、等级、人类等主体都被马克思提出并加以讨论。更为重要的是马克思明确提出了时代的问题，马克思的论述涉及了社会生活的很多方面。

《黑格尔法哲学批判》是一个重要的思想转折点，马克思明确了什么才是主体，什么才是谓语。家庭和市民社会才是真正活动着的主体，国家是谓语。在马克思看来，国家的各种职能和活动是人的职能，在特定的历

---

① 参见《马克思恩格斯全集》第 40 卷，人民出版社，1982，第 48~49 页。

史阶段，国家和政治的个人发生联系，同个人的政治特质发生联系。各个个体的生活是现实的人民的生活，等级是缩小了的人民。对市民社会和国家的思考促使马克思的思想完成了一次高度的综合。孤立的或者利己的个人是历史的产物，个人的价值变成了利己的个人和公民的价值，个体的价值样态是和社会结构的分化以及社会历史的发展阶段扭结在一起的。马克思对时代的问题有了越来越清晰的理解，这就是人的解放的问题，这一问题是由无产者反对资产者的斗争提出来的历史和时代问题。

之后，马克思的思想有一个由具体上升到抽象的过程，《德意志意识形态》《哲学的贫困》等开始对先前得到的认识进行概括性的表述，创立了唯物史观。《共产党宣言》标志着马克思早期思想完成了一次新的综合，一次从抽象到具体的综合。从价值观的角度来看，唯物史观使早期价值观的各个要素获得了有机性和系统性，生产力的价值、生产方式的价值、意识的价值以决定和被决定的表述方式明确了下来。

马克思的共产主义价值观，不同于马克思的价值观。马克思的早期思想经历了一个发展变化的过程，其中有质的飞跃，即从唯心主义到唯物主义、从革命民主主义到共产主义的飞跃。飞跃并不意味着断裂，马克思成为共产主义者之后的价值观与之前的价值观也有某种连续性。在描述这种连续性的同时把握其中包含的质的变化是一个重要的理论任务。

共产主义建立在历史科学的基础上，这一历史科学也同时具有价值观的意义。当历史已经提出共产主义的任务，并努力去实现这一任务的时候，在实现这一历史任务的过程中，共产主义就发挥着价值目标的功能，成为人类（包括个人）尤其是无产阶级的价值理想。唯物史观是关于历史发展的科学，当用唯物史观来指导变革社会时，唯物史观的各个核心理论要素及其之间的关系，就具有了价值规范的意义。在共产主义的价值理想中，以及实现这一理想的过程中，人的价值地位是怎样的，个体的价值地位、阶级和阶层的价值地位是怎样的，生产力和物质财富的价值地位是怎样的，分工、普遍交往的价值地位是怎样的，家庭、国家的价值地位是怎样的等，这些问题都可以在马克思的思想中找到答案。从价值观的视角对马克思的早期思想发展进行阐释，源于应用马克思的理论指导现实实践的需求。

　　马克思主义伦理学作为马克思主义理论的一个组成部分和发展路向，对于指导社会主义实践发挥了重要的作用。如 A. N. 季塔连科的《马克思主义伦理学》、阿尔汉格尔斯基的《马克思主义伦理学的对象、结构、基本方面》等。武卉昕的《苏联马克思主义伦理学兴衰史》对苏联马克思主义伦理学进行了介绍。国内的发展则以罗国杰主编的《马克思主义伦理学》为代表。马克思主义伦理学理论范式有很大的创造性，不单纯是对马克思和恩格斯伦理思想的解读，但基本理论原则来源于马克思和恩格斯。这一理论范式做出了很大的贡献，关于这一范式的特征，李义天在《马克思主义伦理学：压力与反思》中认为属于"意识形态建设"的范畴，偏向于提炼道德原则和设计道德体系。马克思主义伦理学理论范式取得了重要的成就，但也要探究进一步发展的生长点。该文认为马克思的道德哲学研究处在马克思主义和伦理学两个学科的边缘。该文提到了理论效力的普遍化问题，还提到了道德的历史性和"道德进步性"等问题。① 这一理论范式涉及社会结构中的一个层面。

　　相对而言，马克思主义价值论或马克思主义价值观范式的论题域较宽。改革开放以来，马克思主义价值论研究创造了许多优秀的成果，奠定了中国价值论研究的基础，也推动了马克思主义哲学研究的繁荣。如李德顺的《价值论——一种主体性的研究》、马俊峰的《马克思主义价值理论研究》等。罗国杰主编的《马克思主义价值观研究》论述了马克思主义价值观的内涵、结构。该书认为马克思主义价值观的基本原则是集体主义；政治价值观中的共产主义就是实现社会正义、公平、自由、人权，摆脱奴役，克服"异化"，实现"个性自由"，使全人类得到解放；经济价值观就是坚持社会主义经济制度；文化价值观就是坚持为无产阶级服务、为人民大众服务的文化方向，发展民族的、科学的、大众的社会主义先进文化。崔秋锁的《马克思价值观的三重解读维度》把马克思的价值观解读成三个方面：生存困境的超越是马克思价值观生成的客观现实基础；自由个性的实现是马克思价值观追求的终极关怀目标；改变现状的实践是马

---

① 参见李义天《捍卫规范性——道德与政治哲学论文集》，人民出版社，2018，第 3~9 页。

克思价值观实现的根本途径和方式。① 因此，结合马克思的经典著作来思考马克思主义价值论问题是必要的。

关于马克思主义与道德的争论，国内学者从不同角度进行了介绍，如李惠斌、李义天编的《马克思与正义理论》等。这一问题涉及如何看待社会经济基础与上层建筑的关系以及社会经济基础与上层建筑的历史性的问题。从应用的角度来看，不管哪种看法更为接近马克思主义的本来面貌，都不应影响马克思主义对实践的规范意义的阐发。比如，解放和发展生产力是社会主义的本质，这是一个科学判断，不是一个道德判断，但是这一科学判断具有规范的意义，极大地促进了社会生产力的发展。把解放和发展生产力置于重要的理论和实践地位，其中就隐含了一种价值序列。本书把马克思的早期思想发展放在价值观视角下进行阐发，尤其着力阐发马克思的共产主义价值观的形成，目的就是凸显相关思想对实践的规范意义。

这一研究具有十分重要的理论意义和实践意义。理论意义是：这一研究力求在理论上回应西方分析马克思主义时提出的理论疑难，捍卫马克思主义的指导性地位；在理论上进一步说明马克思主义的现实主义的、历史主义的方法论；弥补目前在唯物史观的研究中缺乏对马克思主义的历史价值观的深入研究的缺陷，在以往比较侧重历史认识论和历史过程论的研究的基础上，丰富和发展马克思主义的唯物史观的研究内容；在理论上说明社会主义核心价值观对马克思主义的继承和发展。

社会主义核心价值观与马克思恩格斯道德价值论之间具有继承和发展关系。如果把社会主义社会所包含的道德价值内涵理解成以一种永恒的、普遍的、抽象的道德原则来建构社会秩序的话，就会与马克思主义一贯坚持的现实的观点、经济基础决定上层建筑的观点和道德历史主义观点背道而驰；如果仅仅从社会历史决定论的视角来理解马克思主义思想中的道德价值问题，往往会忽略社会主义包含的民主、公平、和谐等价值追求。因此，讲清楚社会主义包含的价值追求的特质对于社会主义实践具有重要的意义。对马克思共产主义价值观开展研究则有助于把握社会主义价值实践的特质。

_____

① 参见崔秋锁《马克思价值观的三重解读维度》，《学海》2012 年第 1 期。

二 研究现状

本书对马克思的共产主义价值观形成史的研究截至《共产党宣言》的发表，这一定位是可行的。《共产党宣言》是马克思恩格斯思想的公开宣示，也是无产阶级的科学价值观和世界观的公开宣言，其中浓缩了马克思恩格斯业已得到的思想的精华。《共产党宣言》作为纲领性的文件，尼·拉宾认为作为完整学说的马克思主义在该书中首次以系统的形式表现出来。尼·拉宾的《马克思的青年时代》一书基本上叙述到《1844 年经济学哲学手稿》，并认为："必须考虑到'青年马克思'这一概念是从历史上表明马克思创作能力成熟前的一个阶段；是科学共产主义创始人的哲学观点、社会政治观点发展中的一个完整阶段。"①"青年马克思"这一说法中的"青年"有年龄的因素，但也包含思想不够成熟的意思在内，"青年"和"成熟"相对。尽管到《1844 年经济学哲学手稿》，马克思的思想表现出一定的阶段性特征，但如果从具体和抽象的完整思想进程来看，直到《共产党宣言》时期，马克思的思想才完成了从具体到抽象再到具体的完整的过程。为了叙述方便，在此把这一阶段的思想笼统地称为"早期思想"。

（一）思想传记

弗·梅林的《马克思传》是梅林长期收集、研究和校印马克思主义创始人遗著的总结，就当代的理论发展来说，依然具有重要的参考价值。但其中没有关于《1844 年经济学哲学手稿》等文献的论述。关于梅林的《马克思传》的不足，有学者已经进行了概括，如对《德意志意识形态》评价过低，认为其中的"沙漠中的绿洲"比《神圣家族》还少；对马克思创造的新世界观的创新性认识不足；认为是用拉萨尔的方法去处理马克思的传记；等等。②

---

① 〔苏〕尼·拉宾：《马克思的青年时代》，南京大学外文系俄罗斯语言文学教研室翻译组译，生活·读书·新知三联书店，1982，第 327 页。
② 参见孟氧《评梅林的〈马克思传〉》，《马克思主义研究》1984 年第 3 期；贾向云《马克思思想传记理论研究初探——梅林〈马克思传〉得失评析》，《高校理论战线》2012 年第 1 期。

科尔纽的《马克思恩格斯传》材料丰富，对青年黑格尔派的叙述较为详细，对于说明马克思思想是如何脱胎于青年黑格尔派的有一定的意义。也有观点认为，科尔纽的《马克思恩格斯传》在叙述马克思早期思想的时候，认为异化理论终结于《1844年经济学哲学手稿》，这是不符合事实的。①

尼·拉宾的《马克思的青年时代》的优点是对马克思转向唯物主义和共产主义的阐发，其把《德法年鉴》时期看成共产主义者的起点，认为完整的科学世界观由此开始形成。

戴维·麦克莱伦的《马克思传》在资料运用方面有很大的贡献。与其他传记一样，该传记也涉及观点的评价问题。乔纳森·斯珀伯的《卡尔·马克思：一个19世纪的人》在历史背景的描述、文献资料、史学研究方法方面都有很大的贡献。该传记对涉及思想观点方面的阐释较为谨慎，其中提供的历史背景资料值得参考。

尽管会涉及观点问题，但这些传记提供的历史背景和历史材料非常珍贵，对于深刻理解马克思早期思想文献创作的背景和动机，以及理解马克思的社会交往和马克思与其他思想家的思想交锋等都有重要的价值。

（二）马克思思想与西方思想传统

要准确把握马克思的思想离不开对马克思曾经论述过的其他思想流派的思想的研究。除了传统关注的德国古典哲学，如黑格尔、康德、费尔巴哈思想与马克思思想的相关性研究，以及法国空想社会主义和英国政治经济学对马克思的影响以外，思想的触角应更为广泛和开阔。

伊壁鸠鲁对马克思的影响为学者所关注。②《赫斯精粹》的出版为研究马克思思想和赫斯思想的关系提供了方便，其中附录的几篇文章，如《早期马克思像的批判的再构成》《赫斯与马克思》等对研究这一问题有重要的参考价值。

马克思奠基的思想的丰富性和复杂性被提了出来。麦卡锡选编《马

---

① 参见陶济《具体地、历史地研究马克思主义——有感于科尔纽的〈马克思恩格斯传〉》，《读书》1982年第1期。
② 参见张广照编著《马克思〈博士论文〉研究读本》，中央编译出版社，2017；汪信砚、程通《马克思对伊壁鸠鲁哲学原则的阐发和继承》，《哲学动态》2019年第3期。

克思与亚里士多德——十九世纪德国社会理论与古典的古代》的目的就是揭示这一丰富性和复杂性。麦卡锡本人著有《马克思与古人——古典伦理学、社会正义和 19 世纪政治经济学》，德拉-沃尔佩著有《卢梭和马克思》，汉娜·阿伦特著有《马克思主义与西方政治思想传统》，在类似的研究视角下，有很多成果相继问世。

这一研究路向提出了很多需要进一步辨析的问题。如《马克思主义与西方政治思想传统》提出了很多问题。马克思设想的没有阶级和国家的社会是否就是柏拉图的梦想？如果二者有表面的一致性的话，马克思的思想则是建立在历史科学的基础上的，而不单单是一种观念的设计。如果说亚里士多德和黑格尔已经有了"阶级斗争"概念，是否就能否定马克思把阶级斗争提升到历史领域的贡献呢？不能孤立地理解马克思的阶级斗争理论，马克思的阶级斗争理论是和生产方式理论联系在一起的，尤其是马克思对现代的阶级斗争也就是无产阶级和资产阶级的斗争及其未来趋势的认识都不能归结为其他思想家的阶级斗争思想。如何看待马克思的知性的社会化和历史化？在把共同体中的个人的意识看成社会性的和历史性的之同时，是否还有个体意识的特殊性的视角存在？其背后潜藏的关于人是否能不在城邦中生活和人的生活的政治状态和非政治状态的问题，其中是否包含近代思维形态？如果说马克思对劳动的赞美代表了对西方传统的革新，那么劳动的解放与古希腊哲学的追求之间是什么关系？马克思强调哲学改造世界与马克思提到的古希腊哲学家是政治生活的立法者是否有关联？"马克思的政治思想，只是在传统本身的框架里颠倒了传统，并没有清除柏拉图的理念。"① 把马克思的思想置于广阔的思想海洋，尤其是古希腊或者古罗马的思想传统中来理解，的确会获得很多有启发性的新思想、新见解，但是也容易抹杀马克思思想的独特性和系统性，很容易把马克思的新思想等同于历史上已经存在的思想。

《马克思与亚里士多德——十九世纪德国社会理论与古典的古代》同样提出了很多需要进一步回答的问题。人类历史的完成就是普遍的人性解

---

① 〔美〕汉娜·阿伦特：《马克思主义与西方政治思想传统》，孙传钊译，江苏人民出版社，2012，第 113 页。

放，这一看法和德国人道主义的关系如何？梅维斯对这一问题进行了一定的分析。迪普分析了《黑格尔法哲学批判》和《政治学》的关系，认为马克思的对社会的重视与亚里士多德的人是政治的动物的认识是一致的。"所有共同体都是为着某种善而建立的。"[①] 城邦或政治共同体是包含了一切其他共同体的共同体，它所追求的是至善。当马克思发现了国家所追求的普遍利益具有形式性，特殊利益也为行政机关所追求，而内容则要在人民中来寻找的时候，共同体的至善就要在社会中来寻找。而且这种社会的形成是一个历史过程，是共产主义实现的过程。

戴高礼讨论了《资本论》的"价值"概念与亚里士多德的相关思想的关系。亚里士多德通过交换中的等价问题来说明公正是一种中庸之道，但亚里士多德没有说明其中的通约性是什么。马克思认为关键就在于亚里士多德没有"价值"概念，而那种不同的物之间共同的东西是人类劳动。此外，公平问题也只有结合人类劳动才能真正得到说明，只是从中庸之道的角度来说明，会受时代发展的限制，并不能完全揭示事情的本质。

凯恩认为，马克思协调了亚里士多德和康德。凯恩认为，马克思的"本质"概念更接近亚里士多德，马克思在早期著作中吸收了康德的绝对命令的思想；在马克思关于法律的思想中，关于公共性原则的思想和康德的相关思想有高度一致性。凯恩还认为，马克思的对象化和类本质的概念中包含了与康德相似的自由观点，亚里士多德的"本质"概念和康德的自由观点被马克思引入对类本质思想的分析中，为后人提供了一个新的研究视角。

米勒以后果主义来思考马克思思想和亚里士多德思想的关系。吉尔伯特则把马克思思想归结为幸福主义的亚里士多德路线，并强调马克思是一个道德实在论者。吉尔伯特认为马克思对功利主义的拒斥出于其有关人类活动与需要的多样性的幸福主义视角。吉尔伯特强调了马克思和亚里士多德理论前提的一致性，并认为二者的冲突是事实上的冲突。这一解释有一定的启发意义。在处理马克思思想和其他流派思想的关系、处理马克思自身价值观的形成和发展的时候，的确需要把握道德观上的一致性和变化

---

① 苗力田主编《亚里士多德全集》第 9 卷，中国人民大学出版社，2016，第 3 页。

性。因为事实性的论证虽然有时候改变了道德观，但有的时候只是澄清了对某种道德观的理解方式，并没有改变道德观形式。

新实证主义的马克思主义者德拉-沃尔佩认为《黑格尔法哲学批判》渗透着卢梭的人民主权思想。可见，随着关于马克思思想与西方思想的关系研究日益深入，对马克思主义来源的看法也更为多样化。

（三）早期经典著作研究及思想演进研究

杨金海、李惠斌主编的"马克思主义经典著作研究读本"较好地反映了马克思经典著作的研究现状，反映了相关研究提出的问题和新进展。同时，这些读本还附录了相关研究资料，为本课题的研究提供了方便。

对《共产党宣言》之前马克思的共产主义价值观形成史的研究，遇到的一个理论难题就是如何叙述《1844 年经济学哲学手稿》和《德意志意识形态》的关系。这是一个问题域，涉及多方面的问题。

路易·阿尔都塞在《保卫马克思》中提出的看法引起了很多讨论。本课题更多的是从日本马克思主义的一些成果中汲取营养。相比波兰亚当·沙夫的《作为社会现象的异化》《人的哲学》等论著，日本马克思主义者对马克思的经典著作进行了较多具体的研究和讨论。广松涉对马克思主义文本进行了文献学的解读，如《历史唯物主义的原像》《新编〈德意志意识形态〉》《物象化论的构图》等为马克思经典著作的研究提供了新的动力。此外，物象化论的提出，也为说明马克思思想的发展和演进提供了很多有价值的思想。城塚登在《青年马克思的思想——社会主义思想的创立》中提出了异化逻辑的历史意识问题，对这一问题的研究有助于说明自我异化的逻辑和唯物史观的关系问题。

对马克思异化思想的把握，不能拘泥于异化劳动的四个规定。马克思的博士论文的异化思想、《论犹太人问题》的异化思想等的研究有助于把握马克思异化思想的发展线索。异化思想不仅要关注异化，还要关注类思想，需要结合马克思对穆勒思想的评注来研究，需要对《1844 年经济学哲学手稿》的几个笔记分别进行考察，以发现马克思思想的变化。《神圣家族》和《德意志意识形态》中的异化思想也不容忽视。望月清司的《马克思历史理论的研究》、岩佐茂等的《〈德意志意识形态〉的世界》、山之内靖的《受苦者的目光：早期马克思的复兴》对《德意志意识形态》

以及《1844年经济学哲学手稿》的研究都有助于深化相关的讨论。汪信砚等对马克思博士论文和马克思类本质思想的看法，韩立新、张一兵等对日本马克思主义相关思想的回应也为本书提出相应的观点提供了信心。

（四）马克思恩格斯道德哲学研究

安启念力求在政治哲学转向的大背景下研究马克思恩格斯的政治思想。其对马克思恩格斯的人性思想、新人道主义、自由王国等进行了较为充分的阐释。宋希仁的《马克思恩格斯道德哲学研究》线索清晰，对马克思的早期道德哲学分如下几个部分进行了阐发：早期人道主义道德理想；批判思辨幻想，关注现实道德；社会道德调查和道德观批判；历史唯物主义的道德思考。《马克思恩格斯道德哲学研究》还专门讨论了"道德的基础是人类精神的自律""权利与义务互为条件""利己主义与自我牺牲的对立"等问题。

结合经典文献来重新思考马克思主义伦理学、价值论问题有重要的意义。韦东、王小锡主编的《马克思主义经典作家论道德》提供了较丰富的原始资料。《马克思主义经典作家论道德》的内容包括：道德本质；道德和其他意识形态；道德的历史发展；对资本主义道德的批判；对宗教宗法道德的批判；共产主义道德的基本特征；人的本质和人性；个人与集体；道德原则、规范和范畴；爱情婚姻家庭道德、道德的功能等。在话题域方面有所拓展和创新。

（五）马克思主义与道德论争

李惠斌、李义天编的《马克思与正义理论》所选的文章较好地反映了马克思主义与道德的相关观点。艾伦·伍德的《马克思对正义的批判》提出马克思恩格斯著作中存在悖论，即资本主义被看成正义的，但同时对资本主义生产方式的批判和描绘又给人一种资本主义不正义的感觉。胡萨米对艾伦·伍德提出的问题发表了自己的看法。《马克思与正义理论》所选的文章作者还有加拿大的德雷克·艾伦、凯·尼尔森、阿兰·桑德洛，英国的诺曼·杰拉斯、斯图亚特·怀特，美国的罗杰·汉考克、威廉·麦克布莱德、安德鲁·莱文、杰弗里·雷曼。《马克思与正义理论》涵盖了关于这一问题的一些有代表性的思考进路，如剩余价值和剥削理论的角度、异化劳动的角度、人的自由而全面发展的角度、类概念的角度、按劳分配和按需分配的角度。

马克思主义与正义问题是马克思主义与道德问题域中的一个核心，艾伦·布坎南的《马克思与正义》力图评价马克思关于正义问题思考的丰富性和复杂性，并将重构的立场运用于当代关于正义的最佳思考。

史蒂文·卢克斯的《马克思主义与道德》区分理论和实践是有意义的。《马克思主义与道德》除了讨论了"似是而非的矛盾"的问题，还讨论了正义与权利、自由与解放、手段与目的问题。此外，该书还关注理论上的马克思主义对道德的看法，关注实践上的马克思主义即作为社会运动和规则体系的马克思主义的道德记录，并关注二者的关系。史蒂文·卢克斯不仅关注马克思主义理论对人类解放和自由、正义、权利的促进作用，还关注马克思主义理论能否对不正义、诉诸不允许的手段等做出充分的回应。史蒂文·卢克斯把马克思主义的道德理论看成结果论，是至善论的，是一种解放的道德。至善就是人的力量、全面的个性在共同体中的最大实现，是每个人全面而自由发展构成支配原则的社会的实现。史蒂文·卢克斯认为这一结果论从长期的至善的结果来看待行为的正当性，也会带来实践上的缺陷，如对可供选择的手段进行比较性的评估、自负的问题、非理性的努力、对当前的利益的忽视、对人际关系和个人领域谈得较少等。史蒂文·卢克斯提出的问题应当从两个角度来看，一个是对共产主义价值的理解，理解上的差异也会带来实现价值的手段的不同选择；一个是科学合理地定位当下的历史阶段和历史任务，从而使实现共产主义价值的过程和价值目标之间保持总体的一致性。

作为历史结果和至善的共产主义是一个价值体系，需要把握这一体系中个体的价值、共同体的价值以及其他事物的价值；另外这一价值体系是建立在历史过程的科学认识基础上并蕴含在历史过程中的，这就需要科学认识历史阶段提出的历史任务，科学认识现实历史过程中的共产主义价值，而不是把历史的结果的价值目标和当下的历史割裂开来。当下的历史不仅仅是实现未来历史的手段，共产主义价值也蕴含在当下的历史进程中。

为了在特定的历史条件下更好地应用马克思的共产主义价值观，进行一定的建构工作是必要的。佩弗就着眼于建构的视角。佩弗不赞同把马克思主义说成规范性伦理相对主义，同时认为描述性伦理相对主义存在但微不足道。佩弗反对马克思反道德论或马克思主义非道德论观点，主张马克思既有对自由、人类共同体或自我实现的非道德的价值追求，也追求正义或权利等道德价值。佩弗认为，马克思有规范性的道德观点，首要的道德价值或最基本的非道德的善是自我决定、自由，以及人类共同体和自我实现。人的尊严属于道德的善的范畴。佩弗反对把马克思的整个道德观或理论阐释为快乐论的功利主义、幸福论的功利主义、非功利的后果主义，以及自我实现理论或至善论。他把马克思的思想看成混合义务论。根据这一观点，自由、人类共同体和自我实现被看成非道德的善。这一观点认为马克思除了寻求这些非道德的善的最大化以外，还寻求对这些善进行彻底的平等主义的分配。马克思道德理论的重建就是要寻求一种关于平等的自由的最大化体系，在平等的自由原则基础上建立关于正当的行为、职责、义务和个体权利的理论。共产主义既是作为结果的善，也是资本主义发展提出的内在于实现共产主义的过程中的善。因此，作为过程性的善，需要区别资本主义的价值观体系和社会主义的价值观体系的不同。

尼尔森在《马克思主义与道德观念——道德、意识形态与历史唯物主义》中对马克思主义与道德的相关观点进行了评述。尼尔森认为"道德就是意识形态"的主张应当被理解为一个社会学的命题，而非一个道德本体论或认识论的命题，更不是一个元伦理的命题。尼尔森认为共产主义社会伦理的道德也会保留下来。

史蒂文·卢克斯区分了理论和实践，从实践的角度来对待马克思的思想，认为马克思的思想对现实的指导作用集中表现为规范性。这样一来，马克思思想的总体体系就具有了价值观的意义。马克思价值观的精华和灵魂是共产主义价值观。对于共产主义价值观要系统地把握，因为共产主义既是目的、结果和理想，也是现实的运动，其历史性和社会性区别于其他价值观。可以用其他思想体系作为参照来分析马克思的思想，但重要的是把握马克思思想的特质。马克思主义价值观和伦理学的创新要和经典文献的研究结合起来。这就需要系统梳理马克思共产主义价值观形成的过程，给出各个阶段价值观的定性，合理界定价值观转换的关节点，给出马克思早期价值观演变的基本逻辑线索；给出马克思价值观阐释的合理解释框架和理论范式，系统说明马克思的价值观范畴及其相互关系；阐发马克思分析正义、权利等价值观范畴的方法论；阐明马克思价值观对西方传统价值观的继承和发展；说明马克思的共产主义价值观和社会主义核心价值观的关系；等等。

三　研究内容

本书的基本思路是：紧扣原著，从马克思早期著作出发，以原著为基础进行相关论述；紧扣关于马克思主义与道德关系争论提出的理论难题，把握学术前沿；整合道德哲学和价值论理论范式，以合理的理论范式把握马克思的早期价值观；关注现实需要，注重理论与现实的对接。

第一章分析了马克思价值观的萌芽。分析了出生地、家庭和学校对马克思价值观的影响。从价值观的角度来看，这一时期马克思心目中具有崇高地位的价值是勇敢、无畏、信心、博爱和心灵的开放。其中博爱是基础，随着博爱而来的是德行的提升，以及辅助的相关价值。博爱提升了世俗的德行，而这些价值都集中体现在个人的完美和人类的幸福上。在这一时期，马克思已经开始进行基本的价值区分，包括个人价值和人类价值、理论价值和实践价值等。该章从"高尚"范畴入手把握马克思的价值观，从个体高尚和社会幸福两个层次阐发马克思的价值观。前者指向自身的完美，后者指向人类的幸福和幸福时代。在马克思看来，尊严是使人具有高尚品质的东西。高尚的价值实现离不开知识、真理和理性，离不开德行，离不开平静、勇敢、博爱和开放的心灵。从个体的角度来说，为人类幸福奋斗的人是高尚的；从社会和时代的角度来看，那些能够让人们获得尊严、德行和真理的时代是幸福的时代。

《爱之书》《歌之书》等诗作中的价值观也值得分析。维塞尔在《马克思与浪漫派的反讽——论马克思主义神话诗学的本源》中对马克思的部分诗作进行了探讨。从马克思的诗作中可以看出他当时的价值追求，以及现实和理想之间的对立，其中包括世俗价值的追求和马克思高尚的理想追求之间的对立，客体性和主体性之间的对立，彼岸世界和此岸世界之间的矛盾，情感和理性之间的矛盾。

关于现实和理想之间的对立，马克思在博士论文以及博士论文笔记中有一个解决的方案。马克思对幸福的追求使其欣赏伊壁鸠鲁哲学。马克思通过对伊壁鸠鲁主义的解读思考了哲学史问题，思考了古希腊到古罗马的社会转变与当下历史进程的关系。马克思把自为存在作为基本的价值，其抽象的表达是"原子"，具体的表达则是个人、哲人等。马克思在自我意识的基点上寻求克服主客体之间的矛盾以及哲学和现实世界之间的矛盾的办法。

第二章主要论述了《莱茵报》时期马克思共产主义价值观的萌发。尽管马克思这一时期对现有形式的共产主义进行了批评，但由于强调哲学关注时代问题，社会历史观也得到了初步的发展。马克思认识到"一无所有的等级"问题已经成为时代的主要问题，当时已经有对私有财产进行批判的价值观的萌芽。马克思把对人类幸福的追求寄托在国家的普遍性上，这遇到了现实的挑战，但其对物质利益问题的认识仍极大地促进了价值观向唯物性质转变。在这一时期，马克思的价值观得到了比较充分的发展。自由、良心、伦理意志、国家伦理、自律、正义、权利和义务等是这一时期出现频率较高的价值观范畴。《莱茵报》时期，马克思的价值观的终极追求是合乎伦理和理性的共同体。

第三章主要阐释了克罗茨纳赫时期马克思价值观的唯物主义转折。这一章的主要内容涉及《克罗茨纳赫笔记》和《黑格尔法哲学批判》。《克罗茨纳赫笔记》透露出马克思对财产、所有制与国家等相关问题的看法，这部分重点分析主谓词关系问题。《黑格尔法哲学批判》紧扣黑格尔把国家和政府设定为一方，把等级作为中介置于中间，把特殊的个人和人民设定为另一方这一宏观思想框架进行批判，进一步阐发了马克思关于主谓关系的思想。马克思通过剥离国家和政府、对市民个人和人民组成的社会与等级要素进行辨析，明确了国家的普遍性内容来源于"人民"和"社会"。马克思还发现了具体等级的劳动是市民社会的基础。马克思通过对君主制、共和制和民主制的辨析发展了自己的历史观。虽然这种历史观还不是很清晰，但是对能够把普遍价值和特殊价值统一起来的制度形式的寻求，促使马克思表达了真正民主制思想，其中蕴含着社会—国家伦理政治共同体的价值诉求。马克思在对中世纪以及中世纪以后的政治分析，对封建制度、君主制、共和制、政治国家等的分析过程中，随着真正民主制思想的诞生，发现了过去、当下和未来三个大的宏观历史进程，从而为唯物史观的诞生准备了条件。

第四章论述了《德法年鉴》时期的"解放"价值观。这一章分析了《论犹太人问题》对人的价值实现的社会历史阐释，分析了马克思是如何从个人与社会的关系角度来阐发人的解放问题的。特定历史发展阶段的社会被看作不能够完全体现人的要求和人的本质的社会，该社会存在对人的某种束缚，解放就要从社会对人的这种束缚回到人本身。社会由不同的领域构成，包括经济、政治、哲学、宗教等，人的解放问题也就涉及社会的相关问题。解放是使人的世界回到人本身，当然包括人的经济领域、政治领域、思想领域等的世界都回到人本身。从历史的角度来看，政治解放之前、政治解放直到人的解放构成了一定的历史发展的序列。该章重点阐释了马克思是如何从宏观的社会历史视角来分析人的价值问题的。

在《〈黑格尔法哲学批判〉导言》中，马克思的思想得到了进一步的发展。马克思回答了全人类实际解放的可能性问题，明确了无产阶级的历史使命。马克思的社会历史观也有了进一步的发展，尤其是分析了不同国家在社会历史进程中的相互影响，以及不同国家历史的同步性和不同步性等问题。

第五章主要论述了《詹姆斯·穆勒〈政治经济学原理〉一书摘要》和《1844 年经济学哲学手稿》的哲学共产主义阐释。这一章涉及异化问题，涉及《1844 年经济学哲学手稿》和《德意志意识形态》的关系问题，是难度较大的一章。本书突出了如下内容的分析：马克思是在什么意义上讲异化的，即异化的本质和内涵的问题；除了关注"异化"概念以外，还着重阐释了"类生活""类本质"概念；分析了异化劳动的四个规定的关系；除了异化劳动的四个规定以外，还关注了其他规定，尤其是涉及结构层次方面的规定；把异化分析和分工、交换的历史分析结合起来进行阐释；把《詹姆斯·穆勒〈政治经济学原理〉一书摘要》和《1844 年经济学哲学手稿》两个文本结合在一起进行分析，并且突出了对手稿不同部分的思想分析；分析了异化逻辑和历史逻辑的关系。

第六章阐释了马克思新世界观的酝酿与初步表达。这一章主要阐释《评一个普鲁士人的〈普鲁士国王和社会改革〉一文》《神圣家族》《关于费尔巴哈的提纲》《评弗里德里希·李斯特的著作〈政治经济学的国民体系〉》中马克思共产主义价值观的发展。这些文献具有非常重要的意义。马克思运用了阶级分析法分析问题，并通过对工人贫困问题的分析进一步明确了现今社会的世界形式的核心问题是私有财产和国家的问题。在明确了时代的问题以后，马克思更明确了无产阶级的历史使命就是要反对私有制社会。马克思在对时代主题的把握中阐发了世界历史的价值方向。马克思规范了工人起义的内涵，认为其是具有社会灵魂的政治革命。另外，马克思明确了历史的思想和活动就是群众的思想和活动，从而明确了历史的主体。生产力和交往关系、生产方式等相关思想的发展表明唯物史观的基本理论越来越明确。这一章通过对《关于费尔巴哈的提纲》进行阐释，分析了马克思思想的特质，并结合《1844 年经济学哲学手稿》《德意志意识形态》等揭示该文献的价值。

第七章论述了《德意志意识形态》对共产主义价值观的系统阐发。该章的主要研究内容包括：在"历史"成为马克思恩格斯的思想主题以后，他们是如何在历史的视角下阐发人的价值问题的；马克思恩格斯是如何阐发共产主义价值观及其实现的物质基础的；马克思恩格斯是如何对其他共产主义和社会主义进行批判，并进而划清科学社会主义和其他社会主义价值观的界限的；马克思恩格斯是如何运用唯物史观的方法论回答相关的价值问题的；等等。

第八章论述了马克思共产主义价值观的公开问世。从《哲学的贫困》到《共产党宣言》，马克思的共产主义价值观越来越系统。马克思对社会问题进行了唯物主义阐释，论证了国际友爱的所有制基础，论证了平等观的物质基础，并对那种拘泥于"爱"等概念且打着共产主义或者社会主义旗号的价值观念进行了批判。在《共产党宣言》中，马克思恩格斯对形形色色的不科学的社会主义或共产主义观念进行了科学分类，并进行了深刻的批判。马克思以社会机体思想回答了无产阶级的历史使命，进一步论述了共产主义运动的过程和目的，揭示了社会机体及其规律。《共产党宣言》浓缩了马克思恩格斯当时取得的思想成就的精华，对共产主义进行了系统的阐发。

第九章阐发了马克思共产主义价值观的特质与内涵。主要研究内容包括：共产主义价值观的阐释路径；"马克思主义与道德"提出的问题；马克思早期的道德观；马克思价值观的来源；共产主义价值观中的事实与价值性问题；马克思的人道主义思想；人类解放的价值；个体个性的价值；人民群众的价值主体地位；马克思对利己主义的批判；马克思共产主义价值观的规范性；马克思共产主义价值观应用的方法论原则。

四　研究方法与创新点、不足之处

本书研究的重点问题包括：马克思共产主义价值观形成过程核心线索的梳理，关节点的把握和不同阶段的思想定性；马克思早期价值观的解读框架；马克思共产主义价值观形成史的启示。

本书研究的难点问题包括：马克思共产主义价值观的理论来源；马克思主义价值观和非马克思主义价值观的区别；马克思共产主义价值观形成过程中思想的连续性和转折点以及对自身思想的超越问题。

本书采用的具体研究方法包括：文本解释的方法，深入研究文本思想的结构和逻辑关系，把握文本的整体性；比较分析的方法，将中外有关马克思早期价值观研究的论著进行对比分析，将研究性论著和原著进行对比分析，从中找到稳妥的解释方向；按照唯物史观的基本方法论、唯物辩证法、现实主义的观点来看待马克思主义思想包含的道德价值问题，按照决定论和反作用论相统一的观点来看待马克思思想中包含的道德价值问题；坚持历史和逻辑相统一的基本方法，从历史中抽取逻辑，以逻辑观察历史，力求二者相得益彰。

本书在学术思想和学术观点方面的特色和创新之处体现在以下几个方面。

其一，对马克思的价值观进行定位。马克思主义既是一种科学的社会历史理论，又是政治观；既是社会主义的一种科学的形式，又是一种道德价值观。马克思主义不是与价值无涉的社会历史学说、道德怀疑论和反道德主义的学说，也不是抽象的、永恒的适用于一切时代和一切情况的道德伦理学说，更不仅仅是政治学说，马克思的价值观最本质的特征在于其将人的价值问题纳入历史发展过程中来理解，纳入社会中来理解。人的价值是在现实的历史过程中实现的，所以带有历史阶段性特征。因而需要把唯物史观和剩余价值学说、共产主义有机结合起来，从整体上把握马克思的共产主义价值观。

其二，说明社会主义核心价值观是对马克思价值观的继承和发展：由马克思在资本主义社会条件下反对抽象地谈论社会的道德诉求，到社会主义条件下大力弘扬和发展社会主义的道德价值内涵；由旧社会条件下抽象地谈论道德的阶级性和消极意义，到新的社会条件下大力弘扬社会主义新道德和新风尚；由旧的条件下强调无产阶级政党的现实主义观点的重要性，到新的条件下一定的理想主义的重要性；由旧的社会条件下强调社会经济对社会道德价值演进的决定性作用，到新的社会条件下强调价值共识对社会整合的意义。

其三，说明马克思价值观的内涵及其相互关系。对于自由的价值、权利的价值、平等的价值、正义的价值、幸福的价值，马克思恩格斯也是肯定和认可的。在马克思看来，价值问题要用唯物史观和政治经济学来鉴定，并遵循辩证法，在思考价值的时候要运用普遍性和特殊性、形式和内容、本质和现象之间的辩证关系原理。

本书突出了把握和分析马克思历史意识的形成和逐步完善对于解决人的价值问题的重要性。马克思历史观的成熟过程是和社会观的成熟过程交织在一起的，当社会历史观越来越系统、越来越科学时，人的价值问题就得到了新的回答，从而确立了一种具有宏大历史视野的价值观。

其四，本书力求在看到其他思想家的思想对马克思思想的影响的基础上，把握马克思思想一开始就表现出来的特质。这些特质使马克思并不是全盘接受某种既定的理论，而是有自己独特的思维方式和价值取向，有自己独特的理论创造。

其五，本书力求在把握马克思思想飞跃的同时，充分考虑思想量变的过程，力求揭示马克思思想的连续性，并力求在思想连续性中阐发马克思较为稳定的价值取向。本书在关注经典文献的同时，也很关注书信等文献，尽可能从中梳理出马克思思想发展的线索。

本书还有一些不足之处，比如，要想准确地阐释马克思的共产主义价值观，需要对相关的背景有准确而全面的把握，尤其是马克思在思想阐发过程中涉及的理论对象。由于马克思早期思想发展过程中涉及的理论对象非常多，在阐释过程中，对涉及的理论对象的理论情况的把握还有待加强。再比如，从共产主义价值观角度阐释马克思早期思想的发展，是一个新角度，既需要有一定的理论框架，又要求这一理论框架能够较好地呈现马克思思想的发展。本书在这方面进行了一定的探索，但还有进一步完善的空间。

第一章　马克思价值观的萌芽

尽管马克思的中学作文有其稚嫩的一面，但从中能够看出马克思当时的价值观。[①] 马克思后来的价值观念便是从这个起点发展起来的，因此不能忽视马克思中学毕业考试的三篇作文的价值。

一　中学以前的价值观环境

小时候的环境对马克思价值观的影响应该从家庭和出生地两个大的方面来考察。尼·拉宾强调，和其他思想家一样，马克思的个人精神面貌的形成受到他直接接触的人包括亲戚、熟人、老师的影响。[②]

家庭的价值观对马克思产生了怎样的影响？这很难给出明确的答案。马克思的家庭在当地有一定的地位，马克思的家族通常被认为是特里尔城中的"拉比"就说明了这一点。但不论从特里尔的犹太人群体还是从社会整体或者从政府的角度来看，马克思的家族都既有一定的地位，也存在某些不协调之处。这一点乔纳森·斯珀伯有较为清晰的说明。拿破仑的统治较为清晰地界定了犹太人的公民权，但这一公民权的获得是有条件的。犹太人必须到军队服役，放弃自己的那一套宗教规矩，用家族的名字而不能用父系的名字称呼自己，按照新教徒法庭的规矩从事宗教活动，此外，犹太商人要获得道德凭证才能经商。乔纳森·斯珀伯认为当时犹太人出现

---

① 聂锦芳《神性背景下的人生向往与历史观照——马克思中学文献解读》（《求是学刊》2004 年第 2 期）介绍了马克思中学文献的情况，可以参考。

② 参见〔苏〕尼·拉宾《马克思的青年时代》，南京大学外文系俄罗斯语言文学教研室翻译组译，生活·读书·新知三联书店，1982，第 22 页。

了一种倾向，即从放贷者或中间人向专业技术人员转变的倾向。① 马克思的父亲亨利希·马克思应该说就属于这一转变的一个代表。乔纳森·斯珀伯说："对亨利希·马克思来说，法国大革命及其后续影响提供了一个机会，使他能够摆脱等级社会中犹太人局限的社会与政治立场。他不再是犹太民族中的一员，而是一个信仰犹太教的法兰西公民；他不再是放贷者或中间人，而是一个有实际贡献的公民，从事着法律工作——在1789年前，这属于不向犹太人开放的诸多职业之一。"② 亨利希·马克思在犹太评议会中担任秘书，他的哥哥倡导犹太人以公民的身份对国家效忠。当然这一工作使兄弟两个人处在拿破仑的治理方式和犹太人以及基督徒之间。家庭的这一地位是否对马克思的价值或者思想产生了影响？戴维·麦克莱伦认为是有影响的。他说："由于来自于法定地被排除在社会整体之外的社会环境中，所以马克思更多倾向于用批判的眼光来观察社会。"③

尽管马克思的父亲与正统犹太人的想法并不一致，但犹太人的家族传统对马克思的价值观是有影响的。"这种强大的家族传统对马克思的影响是不可估量的。"④ 犹太人的价值观在多大程度上影响了年幼的马克思？不能夸大这种影响。"虽然他的一些思想，甚至生活风格都有着先知传统的回声，但是这种传统本身或多或少是西方传统思想的一部分。"⑤ 马克思的父亲大约在1819年末改信了基督教。一般认为，年幼的马克思同犹太教是疏远的，在改信基督教之前的六年里，年幼的马克思几乎没有受过任何犹太教的教导。从后来的《论犹太人问题》的思想倾向来看，马克思并不赞同犹太人为了成为公民必须放弃自己信仰的见解。这一见解或许很早就扎根在马克思心中了。对自己的父亲改信基督教这一件事，马克思

① 参见〔美〕乔纳森·斯珀伯《卡尔·马克思：一个19世纪的人》，邓峰译，中信出版社，2014，第8页。
② 〔美〕乔纳森·斯珀伯：《卡尔·马克思：一个19世纪的人》，邓峰译，中信出版社，2014，第10页。
③ 〔英〕戴维·麦克莱伦：《马克思传》（第4版），王珍译，中国人民大学出版社，2008，第4页。
④ 〔英〕戴维·麦克莱伦：《马克思传》（第4版），王珍译，中国人民大学出版社，2008，第5页。
⑤ 〔英〕戴维·麦克莱伦：《马克思传》（第4版），王珍译，中国人民大学出版社，2008，第6页。

的态度如何呢？"有人认为卡尔·马克思对此非常鄙视，把他的父亲看作是一个无原则的人，并认为正是这种鄙夷造就了马克思的激进主义思想。"① 乔纳森·斯珀伯不认同这一观点，认为这是把 20 世纪的身份政治投射回了 19 世纪。不管实际情况怎样，有一点是明确的，在《论犹太人问题》中，犹太教和基督教成为马克思关注的思想主题。马克思把犹太教和金钱联系起来，进而和市民社会联系起来，把基督教和封建等级政治联系在一起，从而把二者纳入社会历史进程中进行考察。马克思的这一思路是否与其早年接触到的家庭信仰改变有关，无法找到明确的答案。但家庭信仰的改变本身就是社会变迁的晴雨表，犹太人和基督教及国家的关系都浓缩在家庭信仰的改变之中了。而且关于信仰改变的疑问很容易引出对宗教与社会存在的基础之间关系的探讨。

特里尔是罗马人建造的城市，这座城市在罗马时代就是基督教的一个传播中心，同天主教会之间的紧密联系是这座城市保留的一份罗马遗产。在中学作文中，马克思表现出对罗马时代的好感，这很容易让人认为与马克思对这座城市的感情有关。对于这座城市的文化环境马克思传记的作者有不同的评估。乔纳森·斯珀伯说："和西欧大部分地区一样，特里尔及其周边地区的等级划分虽然不如欧洲大陆东边那般严苛，但也与现代自由社会相距甚远，即便是以 19 世纪的观点来看，也远远谈不上公平公正。"② 特里尔被认为是富有自由氛围的。马克思传记的作者推测，马克思可能没有上过小学，而是在家里接受教育。在卡尔·马克思幼年的时候，亨利希·马克思就曾为这个儿子大声朗读伏尔泰的作品。亨利希·马克思欣赏莱布尼茨、洛克、牛顿的自然神论信仰，其对马克思观点的塑造无疑是很关键的因素。亨利希·马克思"虽然对普鲁士所抱有一定程度上的爱国精神一直冲淡着他自由主义的思想，但他有着对被压迫者权利的

---

① 〔美〕乔纳森·斯珀伯：《卡尔·马克思：一个 19 世纪的人》，邓峰译，中信出版社，2014，第 12 页。
② 〔美〕乔纳森·斯珀伯：《卡尔·马克思：一个 19 世纪的人》，邓峰译，中信出版社，2014，第 4 页。

关切，这一点不能不说影响了他的儿子"①。

从马克思与母亲的关系能够看出幼年马克思价值观发展的某种倾向。马克思的母亲低调、呆板，关心家人的健康，其浓厚的家庭观念和马克思的追求之间有一定的不协调之处。那种依靠新娘的嫁妆改善生活的价值观念不为马克思所接受。

马克思传记的作者一般不会忽略邻居冯·威斯特华伦男爵对青年马克思的教导。冯·威斯特华伦男爵培养了马克思对古希腊罗马文化和浪漫主义文学的兴趣，其中就包括对荷马和莎士比亚的作品的兴趣。戴维·麦克莱伦还强调男爵"激发了马克思对法国空想社会主义者圣西门的人格和著作的兴趣"②。

梅林在《马克思传》中提到马克思的性格相对暴躁，年幼的马克思已经是一个有主见的人。马克思幼年时的价值观中已经包含一定的体现他的个性的东西。梅林认为马克思的性格中有某种像大理石一般坚硬的东西，这让马克思的父亲感到隐隐的恐惧。③ 那个"大理石一般坚硬的东西"既包括性格的因素，也包括马克思内心独特的价值观。对于这一点梅林有过一定的说明。④

年幼的马克思生活在崇尚理性、自然神论、自由、爱国、浪漫的价值观氛围中，同时马克思也有自己独特的内心世界。

二　马克思中学作文的价值观

1830 年到 1835 年间马克思在特里尔中学上学。特里尔中学重视古典文学教育，尤其是拉丁文和希腊文的教育。拉丁文和希腊文的学习为马克思学习欧洲古代文化奠定了一定的基础。马克思的同学由两部分组成：大部分是天主教学生，家庭背景一般，职业理想是成为神父；少部分信仰新

---

① 〔英〕戴维·麦克莱伦:《马克思传》（第 4 版），王珍译，中国人民大学出版社，2008，第 7 页。
② 〔英〕戴维·麦克莱伦:《马克思传》（第 4 版），王珍译，中国人民大学出版社，2008，第 12 页。
③ 参见〔德〕弗·梅林《马克思传》，樊集译，人民出版社，1965，第 8 页。
④ 参见〔德〕弗·梅林《马克思传》，樊集译，人民出版社，1965，第 10~11 页。

教的学生来自官员、专家的家庭，上大学是为了学习法律、医药或公共管理的知识。马克思的价值观显然属于后者，马克思曾经把信奉天主教的同学说成"乡下傻子"。

在《根据〈约翰福音〉第 15 章第 1 至 14 节论信徒同基督结合为一体，这种结合的原因和实质，它的绝对必要性和作用》（以下简称《根据〈约翰福音〉论信徒同基督结合为一体》）、《青年在选择职业时的考虑》、《奥古斯都的元首政治应不应当算是罗马国家较幸福的时代?》三篇作文中，尼·拉宾更看重《青年在选择职业时的考虑》一文的价值。"这篇自由题材的撰文《青年选择职业的考虑》最充分地表现了卡尔的智慧和感情的独特性。"① 戴维·麦克莱伦看重前两篇文章的价值。"拉丁语作文是关于奥古斯都元首的，意义不大。但是，关于宗教的一篇作文和一篇德语作文却表现出了鲜明的个性。"② 其实拉丁语作文有非常大的价值。特里尔中学的校长胡果·维滕巴赫是马克思的历史老师，是研究康德哲学的专家，在管理学校的过程中对信仰唯物论和无神论的老师保持宽容的态度，因此学校中存在一定的主张革命和自由的氛围。马克思毕业离校时拒绝与保守的校长维特斯·劳尔斯告别，也可以看出马克思在价值观上是倾向于胡果·维滕巴赫的。从这篇拉丁语作文中也能够看出当自由问题进入社会历史领域时马克思的价值观倾向。

梅林肯定了马克思中学作文的价值。"还在少年马克思的头脑中，就已闪现着一种思想的火花，这种思想的全面发挥就是他在成年时期的不朽贡献。"③ 当然，也应该看到："和普通 17 岁青年在毕业考试中的表现类似，这些文章主要反映了他老师和周围成人的观点。不过其中也包含了马克思自己思想与志向的萌芽。"④

---

① 〔苏〕尼·拉宾:《马克思的青年时代》，南京大学外文系俄罗斯语言文学教研室翻译组译，生活·读书·新知三联书店，1982，第 24 页。
② 〔英〕戴维·麦克莱伦:《马克思传》（第 4 版），王珍译，中国人民大学出版社，2008，第 9 页。
③ 〔德〕弗·梅林:《马克思传》，樊集译，人民出版社，1965，第 12 页。
④ 〔美〕乔纳森·斯珀伯:《卡尔·马克思:一个 19 世纪的人》，邓峰译，中信出版社，2014，第 20 页。

（一）人的高尚价值目标

马克思在《根据〈约翰福音〉论信徒同基督结合为一体》这篇作文中花了较多的笔墨来论述信徒同基督结合为一体的必要性问题。"因此，我们的心、理性、历史、基督的道都响亮而令人信服地告诉我们，同基督结合为一体是绝对必要的，离开基督，我们就不能够达到自己的目的，离开基督，我们就会被上帝所抛弃，只有基督才能够拯救我们。"[①]

从这篇作文中能够看出马克思对价值观问题的重视，尤其是对形成关于自己的"有价值的、真正的概念"[②] 的重视。在马克思的心目中，伟大人物、科学技艺、伦理道德对于形成关于人的有价值的概念也是有局限的。这些局限主要表现在迷信、粗野的力量和利己主义等方面。马克思的这一追问非常有意义。从他后来的思想发展来看，离开唯物史观是无法给出关于人的有价值的概念的。理性、知识和真理是和迷信对立的，德行要服务于真正完美的价值，要服务于高尚的价值。这样，马克思就明确了人的价值目标是自身的完美和高尚。

从这篇作文中能够看出马克思回答价值观问题的两个角度，即历史和个人。而且这两个角度都涉及历史问题。马克思先从历史入手，而历史又被分成各民族的历史和各个人的历史两个方面。从历史的角度来看，马克思认为伟大人物、科学技艺无法解决迷信的问题；没有形成关于人和神的真正有价值的概念；道德和德行无法达到高尚的高度，不能出自对完美的追求。马克思从历史的视角进行分析是有价值的，因为人的高尚和自身的完美最终要通过历史的进步来实现。从唯物史观的角度来看，伟大人物起到一定的作用，但历史的主体是人民群众，科学和道德的作用是建立在生产力的发展和生产关系的完善基础上的。

马克思强调要考察各个人的历史的时候，指出要考察"人的本性"[③]。马克思的论述主要涉及知识真理和富贵功名的庸俗追求、虚伪的甜言蜜语的关系，好善的热情和欲望的关系，德行和罪恶的诱惑的关系。当时马克

---

① 《马克思恩格斯全集》第 1 卷，人民出版社，1995，第 451 页。
② 《马克思恩格斯全集》第 1 卷，人民出版社，1995，第 449 页。
③ 《马克思恩格斯全集》第 1 卷，人民出版社，1995，第 450 页。

思还不能从历史观的角度阐释人的相关问题，还不能把人的本性问题看成社会历史的问题。但从马克思的论述中能够看出德行、好善、知识和真理在马克思心目中的地位。为了实现人自身的完美，需要有知识和真理的支撑，需要有好善的热情，需要崇高的德行。

关于马克思这篇文章中基督观念的性质，从不同角度会看到不一样的东西。因为马克思在论述基督的价值的时候是和德行、心灵、理性等结合在一起的，对价值重心的理解不同，评价也会有所不同①。麦克莱伦认为，这篇作文"基本上还有一种理性的架构，说明了基督教的出现为何对人类全面的道德发展是必需的"②。麦克莱伦还认为这篇作文在很大程度上反映了马克思的老师的看法。宋希仁则说："马克思那时抱有对基督新教在启蒙时代淡化虔诚主义的肯定态度。"③ 乔纳森·斯珀伯认为对基督的爱将人类从原罪中拯救了出来是基督教义的典型理论，马克思接受的教育是启蒙运动版本的基督教义。"'光明'一词，是欧洲接受启蒙运动的新教徒的暗语。"④

在论证基督和信徒结合的内在实质这一问题时，马克思使用了葡萄藤和葡萄枝蔓的比喻，强调基督和信徒之间的精神交融。这一精神交融被马克思描绘为一个过程，先是用爱的眼神注视上帝，眼睛看到上帝，心中想着上帝，然后以最热忱的感激之情心悦诚服地拜倒在上帝面前，满怀最纯洁的崇敬和爱戴。

在这之后心中升起的光明让人感到卑贱的同时也拥有了得到拯救的欢呼，这使上帝的形象也发生了改变，即由受辱的主宰者变为宽宏大量的父亲。这是第二个阶段。马克思对第二个阶段的描绘有一个地方值得关注，就是马克思强调，随着人的内心的改变，上帝的形象也发生了变化。马克思更强调宽宏大量的父亲、善良的教导者这一形象，而不是受辱的主宰者

① 相关评价可以参考张贤勇《解释：读出与读入——马克思中学毕业宗教作文阅读札记》，《现代哲学》2005 年第 3 期。
② 〔英〕戴维·麦克莱伦：《马克思传》（第 4 版），王珍译，中国人民大学出版社，2008，第 9 页。
③ 宋希仁：《马克思恩格斯道德哲学研究》，中国社会科学出版社，2012，第 14 页。
④ 〔美〕乔纳森·斯珀伯：《卡尔·马克思：一个 19 世纪的人》，邓峰译，中信出版社，2014，第 21 页。

形象。这一潜在的思想逻辑非常重要。既然上帝的形象是随着人的信仰而改变的，这就为日后从人的社会生活解释宗教并对宗教展开批判提供了一定的思维逻辑前提。

在《根据〈约翰福音〉论信徒同基督结合为一体》中上帝是受辱的主宰者形象，也是善良的教导者的形象，可见上帝的形象关联着命令和牺牲。在《青年在选择职业时的考虑》中，人则要自己去寻找可以达到高尚目标的手段，人要自己在社会中选择让自己和社会变得高尚的地位，而其关键环节就是信念和内心的声音。"每个人眼前都有一个目标，这个目标至少在他本人看来是伟大的，而且如果最深刻的信念，即内心深处的声音，认为这个目标是伟大的，那它实际上也是伟大的，因为神决不会使世人完全没有引导者；神轻声地但坚定地作启示。"[①] 这样，论述的中心就突出为人的价值。相比那种关于人的价值地位的卑微性的论述，以及被拯救的论述而言，马克思突出了关于人的价值选择的论述。[②] 人和社会的高尚这一价值目标的实现依赖人对手段的合理选择，尤其是在社会中进行的职业选择。

《根据〈约翰福音〉论信徒同基督结合为一体》和《青年在选择职业时的考虑》的思想是有关联的，对兄弟的爱自然要表现为选择为人类谋福祉的职业，当然也可以进一步衍生为对社会幸福的关心。

（二）尊严的价值

马克思把高尚当作人的价值目标，高尚的内容非常广泛，包括知识、

① 《马克思恩格斯全集》第 1 卷，人民出版社，1995，第 455 页。
② 宋希仁认为马克思不是强调基督教信仰的必要性，而是强调对基督教道德精神汲取的必要性。参见宋希仁《马克思恩格斯道德哲学研究》，中国社会科学出版社，2012，第 14~15 页。乔纳森·斯珀伯说："虽然马克思确实提到人类的堕落与罪行只能由基督救赎，但他未对此做详细解释。他也没强调基督救赎概念的转变经历，即信基督者得蒙重生——只有对德国的虔信派教徒以及他们的美国教友来说，这种转变经历才在他们的宗教理念中占据核心地位。"参见〔美〕乔纳森·斯珀伯《卡尔·马克思：一个 19 世纪的人》，邓峰译，中信出版社，2014，第 21 页。戴维·麦克莱伦说："马克思的文章中没有任何超验的上帝的痕迹：上帝、自然和创造这些词语是可以互换的，历史过程是内在的。"参见〔英〕戴维·麦克莱伦《马克思传》（第 4 版），王珍译，中国人民大学出版社，2008，第 10 页。马克思这时所说的"救赎"更多的是一种价值方向的指引以及道德的启迪，即从基督的历史形象中获得道德的启迪和人生的价值方向。

真理、德行等。高尚还包括"在社会上所处的地位是高尚的",包括"使自己的行为保持高尚"。① 马克思把人的高尚和完美看成人的价值目标,必然肯定人的尊严。"尊严是最能使人高尚、使他的活动和他的一切努力具有更加崇高品质的东西,是使他无可非议、受到众人钦佩并高出于众人之上的东西。"② 马克思认为,如果可能当然要选择具有最高尊严的职业。马克思认为选择职业要满足如下条件:其一,自己深信其正确,对职业确立了坚定的原则和牢固、不可动摇的信念,会怀着崇高的自豪感去从事它;其二,能够提供广阔的场所来为人类服务;其三,能够让自己不断接近完美境界这一共同目标;其四,使具有合适才干的人感到幸福;其五,其中思想是基础,会使自己的行为不可动摇。最终,职业应该给人以尊严,主要指针是人类的幸福和人自身的完美。

马克思对有尊严的职业给予了一定的说明。"能给人以尊严的只有这样的职业,在从事这种职业时我们不是作为奴隶般的工具,而是在自己的领域内独立地进行创造;这种职业不需要有不体面的行动(哪怕只是表面上不体面的行动),甚至最优秀的人物也会怀着崇高的自豪感去从事它。最合乎这些要求的职业,并不总是最高的职业,但往往是最可取的职业。"③ 这段说明对于把握中学时期的马克思的价值观是非常有意义的。从马克思的作文中可以看出,马克思当时对于生活条件对职业选择空间的限制是有认识的,同时对选择职业的思想基础进行了仔细的讨论。马克思反对出于虚荣心、欲念、热情的欺骗、幻想等来进行职业选择。应该说,马克思对职业的思考中已经体现了某种自由的劳动选择和被迫的劳动之间的冲突和紧张。这为以后的异化劳动和自由劳动进入马克思的思想视野提供了一定的心理基础。

(三)知识、真理、理性的价值

马克思这三篇作文中表达的理性观是模糊的。《根据〈约翰福音〉论信徒同基督结合为一体》提到了"动摇的理性"④。这篇作文中的理性是

---

① 《马克思恩格斯全集》第1卷,人民出版社,1995,第459页。
② 《马克思恩格斯全集》第1卷,人民出版社,1995,第458页。
③ 《马克思恩格斯全集》第1卷,人民出版社,1995,第458页。
④ 《马克思恩格斯全集》第1卷,人民出版社,1995,第451页。

有局限的，理性能够把握的是世俗的德行。在《青年在选择职业时的考虑》中，马克思认为，理性的挑战是名利，被名利迷住心窍的人，理性是无法加以约束的。当人被感情欺骗、被幻想蒙蔽的时候，更深入的观察不再是人生的指南。在丧失理性的情况下，需要求助于父母。

在谈论职业选择这一问题时，马克思肯定了追求知识和追求真理的职业的价值，如果一个人在内心对从事抽象真理研究的职业有坚定的信念，那这就是最高尚的职业。关于这一认知对于把握马克思价值观发展的价值，乔纳森·斯珀伯有一段较好的说明。乔纳森·斯珀伯认为，马克思选择的是学者、哲人和诗人，而没有提及士兵、官员、商人或律师。律师是父亲给他选好的职业，也是当时马克思自己的选择。他提到的在知识和艺术上的追求反映了维滕巴赫对他的影响。"把对知识的探求视作是改善人类状况的一种办法，这个主题会在马克思一生中反复出现——他坚持认为共产主义政治，以及人类的共产主义理想，只能是以系统的学术研究'Wissenschaft'——为基础。在这篇论文中，这个主题被天真、稚嫩地表达了出来。"[1] 不过，也要看到，马克思这时候对知识的认识也包括对其局限性的认识。这个局限性就是思想家希望在知识的极其隐秘的深处获得一种快乐，但这种快乐通过知识是无法获得的。

（四）德行的价值

追求真正完美的德行才是高尚的德行。这种德行和世俗的德行不同。"任何令人讨厌的方面都隐匿不见了，一切世俗的东西都沉没了，所有粗野的东西都消失了，德行变得更加超凡脱俗，同时也变得更加温和、更近人情。"[2] 马克思认为，这种高尚的德行出于爱，而不是出于关于义务的严峻学说。感激、心悦诚服、崇敬、爱戴、遵从、牺牲才有助于德行的高尚。但从唯物史观的角度来看，粗野的力量以及利己主义等有其社会历史的根源，只有消灭德行世俗化的社会根源，才能让人的德行变得高尚。

（五）心灵的价值

马克思追求人的高尚，其中也包括心灵的高尚、社会中的高尚地位和

---

① 〔美〕乔纳森·斯珀伯：《卡尔·马克思：一个19世纪的人》，邓峰译，中信出版社，2014，第22页。
② 《马克思恩格斯全集》第1卷，人民出版社，1995，第453页。

行为高尚等内涵。心灵的高尚包括平静、镇定的信心和向博爱及一切高尚而伟大的事物敞开的心，以及天真无邪的童心等。这种快乐和伊壁鸠鲁主义者体会到的快乐无法相比，也是思想家力求通过知识来获得却无法获得的。

马克思强调为大家奉献牺牲，而反对享受有限的、自私的乐趣。马克思强调怀着崇高的自豪感从事自己选择的职业的意义。马克思把自卑看成最为痛苦的情感。马克思强调在选择职业的时候要摆脱幻想和虚荣心、名利心，要避免自我欺骗，要研究自身热情的来源。"发自我们内心的声音是不是同意选择这种职业？我们的热情是不是一种迷误？"① 马克思担忧的是："他的职业已经不再是由他自己选择，而是由偶然机会和假象去决定了。"② 马克思的这种思想中包含了一种张力，即个人选择和社会分工等的发展提供的机会之间的张力。不同的社会结构和社会分工的发展阶段能提供的职业选择机会是不同的，个人可以按照自己的意愿去自由地选择自己的职业，但需要一定的社会关系发展的前提。当社会关系变成自由人的联合体时，人的职业选择才有较为充分的自由。马克思关于职业选择问题的思考中蕴含着一定的矛盾关系。心灵上的困惑会促使一个人去寻找一种更为合理的思想阐释。

（六）社会幸福

"高尚"包含个人的高尚和社会的高尚。"在选择职业时，我们应该遵循的主要指针是人类的幸福和我们自身的完美。"③ "'为人民谋福利'是马克思早期伦理思想的核心观念，也是贯穿他一生的人生观和价值观。"④ 人自身的完美追求和社会历史提供的条件之间是有冲突的，但这不妨碍人通过自身的努力来为人类的幸福而奋斗。

马克思看到了人对职业的选择会受到已经存在的社会关系的限制。"我们并不总是能够选择我们自认为适合的职业；我们在社会上的关系，

---

① 《马克思恩格斯全集》第 1 卷，人民出版社，1995，第 456 页。
② 《马克思恩格斯全集》第 1 卷，人民出版社，1995，第 456 页。
③ 《马克思恩格斯全集》第 1 卷，人民出版社，1995，第 459 页。
④ 宋希仁：《马克思恩格斯道德哲学研究》，中国社会科学出版社，2012，第 16 页。

还在我们有能力决定它们以前就已经在某种程度上开始确立了。"① 但是人之为人的价值就在于不受这种限制的影响，努力地为他人的幸福而工作。"相反，人的本性是这样的：人只有为同时代人的完美、为他们的幸福而工作，自己才能达到完美。"②

马克思在《德意志意识形态》中是从社会关系的角度来看待自我牺牲和利己主义的。但自我牺牲和利己主义的问题最早出现在马克思的中学作文中。马克思当时强调了为大家牺牲的意义，"如果我们选择了最能为人类而工作的职业，那么，重担就不能把我们压倒，因为这是为大家作出的牺牲"③。

"如果一个时代的风尚、自由和优秀品质受到损害或者完全衰落了，而贪婪、奢侈和放纵无度之风却充斥泛滥，那么这个时代就不能称为幸福时代"④。风尚纯朴的时代是幸福的时代；人民积极进取建立业绩的时代是幸福的时代；英勇和智谋卓著的人担任了国家职务的时代是幸福的时代；官吏和人民公正无私的时代是幸福的时代；贵族和平民等不同阶层之间能展开良好的竞赛，没有派别纷争的时代是幸福的时代；幸福时代的表现也包括科学技艺的繁荣昌盛等；国家独立统一的时代是幸福的时代；和平的时代是幸福的时代。马克思对幸福时代的思考虽然还不够系统，但其中涉及的内容却比较丰富。从人民到贤能的人，从阶层到派别，从科学艺术到国家主权，再到战争与和平问题，可以说包含了社会生活从基础到上层的主要方面。

另外，还有一个值得注意的地方是，马克思虽然思考了幸福时代的标准问题，但是并不是抽象地考虑社会历史问题，而是具体问题具体分析。"奥古斯都所建立的国家则是最适合他那个时代的国家。因为当人们变得柔弱，纯朴风尚消失，而国家的疆土日益扩大的时候，独裁者倒可能比自由的共和政体更好地保障人民的自由。"⑤ 马克思的这一价值观在后来的

---

① 《马克思恩格斯全集》第1卷，人民出版社，1995，第457页。
② 《马克思恩格斯全集》第1卷，人民出版社，1995，第459页。
③ 《马克思恩格斯全集》第1卷，人民出版社，1995，第459页。
④ 《马克思恩格斯全集》第1卷，人民出版社，1995，第463页。
⑤ 《马克思恩格斯全集》第1卷，人民出版社，1995，第464页。

思想历程中起到了很关键的作用。马克思没有诉诸对话协商的路径来思考自由的问题，所依据的历史经验也不是古希腊的，而是罗马时代的。马克思没有把权力的集中和自由对立起来思考，而是把二者结合起来思考。

《奥古斯都的元首政治应不应当算是罗马国家较幸福的时代？》也是很重要的一篇作文，因为文中把自由、公正和幸福的范畴置于对社会历史的考察之下，与日后对知性范畴进行社会历史化考察的思路具有一定的连贯性。①

（七）价值观的性质

在中学作文中，马克思思想中有一些明显的逻辑区分，如社会历史和个人、人和自然等。理论和实践的区分也很重要。把握人与动物的区别涉及对人的本质的把握。《青年在选择职业时的考虑》中谈论人的职业选择的时候是从人与动物的区别、人与自然的关系入手来思考的。自然给动物规定了活动范围，动物只能在这个范围内活动，而人可以选择，选择是人比其他创造物优越的地方。论述的另外一个宏观的视角是个人的内心中的各种要素的冲突。内心深处的声音和信念、热情会受到幻想、感情、虚荣心、名利的影响，这个时候经验和理性都无法充当顾问。内心的冲突本质上是精神原则和肉体原则的冲突。马克思肯定理性，但也不否定稳定的激情，不否定爱，因为稳定的激情离不开理性考察。

关于马克思思想的起源问题，也有学者发现了中学作文与伊壁鸠鲁哲学的关系。马克思提到柏拉图，提到斯多葛学派。马克思觉得有一种快乐是伊壁鸠鲁主义者所没有找到的。但这也从一个侧面说明马克思当时熟悉希腊哲学，也比较尊崇伊壁鸠鲁。这一看法的确提供了一个新的视角。马克思倾向于从事真理研究的职业，主要目的不是干预生活本身，这就要求其中涉及理论与实践的关系，涉及心灵的平静，"这特殊性的考虑就是心灵宁静和使人快乐"②。马克思认为需要听从内心深处的声音，安静地从事活动，因为"只有从安静中才能产生出伟大壮丽的事业，安静是唯一

---

① "知性范畴历史化"的说法来自汉娜·阿伦特。参见〔美〕汉娜·阿伦特《马克思主义与西方政治思想传统》，孙传钊译，江苏人民出版社，2012，第9页。

② 张广照编著《马克思〈博士论文〉研究读本》，中央编译出版社，2017，第17页。

生长出成熟果实的土壤"①。从古希腊哲学、伊壁鸠鲁的哲学中去寻找马克思思想的来源也有一定的根据。

麦克莱伦强调当时马克思的"基本理念是德国启蒙运动和古典时期的人道主义者的理想观念——个人的全面发展和相互依赖的人群共同体的全面发展"②。这一概括是有一定的合理性的，这两个方面是马克思价值观的重要内容。有观点认为三篇中学作文中"有很多值得我们重视的问题，可以说包含着马克思的博士论文、马克思哲学和全部学说，甚至马克思毕生生命活动的密码，他的一切都与中学毕业论文时的选择和认识有着直接的关系"③。当然，这三篇作文毕竟只是一个中学生的作品，无论从思想的创造性还是写作技巧来说，都有一定的不足。但这并不影响这三篇作文的价值。

这三篇作文中是有道德思想和规范性的思想的，尊严和高尚的德行、人类的幸福都属于道德的范畴。人类幸福与道德提升关联在一起，而道德提升在一定的历史条件下才能达到一定的高度。人类幸福、道德提升、社会历史构成了马克思中学作文价值观的三个核心要素。

三　浪漫主义及其与现实价值观的冲突

1835 年 10 月，马克思来到波恩，开始了大学的学习生活。应该说，现实生活和理想之间总是有矛盾的，马克思学习的是法律，但当时需要很长时间的准备才能获得相应的工作岗位。"1835 年至 1842 年间，马克思从青少年长为成人。在这段时间里，困扰他的主要是职业规划上的难处，以及在经济上不得不长期依赖家庭支持的无奈。"④

波恩大学中流行宴饮、决斗和集体娱乐，马克思也曾与普鲁士年轻的贵族学生在校园里发生争执。马克思在波恩大学加入了特里尔同乡会，还

---

① 张广照编著《马克思〈博士论文〉研究读本》，中央编译出版社，2017，第 19 页。
② 〔英〕戴维·麦克莱伦：《马克思传》（第 4 版），王珍译，中国人民大学出版社，2008，第 10 页。
③ 张广照编著《马克思〈博士论文〉研究读本》，中央编译出版社，2017，第 14 页。
④ 〔美〕乔纳森·斯珀伯：《卡尔·马克思：一个 19 世纪的人》，邓峰译，中信出版社，2014，第 26 页。

参加了诗社，卡尔·格律恩（"真正的"社会主义者）也是该社的社员之一。1836 年夏，马克思和燕妮订婚。1836 年秋，马克思开始在柏林大学学习。

大学期间，马克思和父母之间出现了很大的价值观分歧。马克思的父亲希望马克思能够意识到自己将来要承担对兄弟姐妹的义务；希望马克思能够改变杂乱无序的风格，做事有规矩，尤其是管理好自己的账目；希望马克思发展男性品格，把照料弱势性别当作神圣职责，让燕妮得到平静和安慰，并认识到燕妮所做出的巨大牺牲。燕妮也提醒马克思要注意生活和现实。"在人生中的大部分时间里，无论是出于政治还是无神论的原因，马克思都鄙视浪漫主义。他之后会销毁自己的浪漫主义诗歌，认为这些作品是幼稚的、尴尬的，不过这的确显示出，他对燕妮的爱对他世界观的影响有多么深刻。"① 梅林对马克思的诗歌评价不高。"总的说来，这些青年时代的诗作散发着平庸的浪漫主义气息，而很少响彻着真实的音调。"②

维塞尔借助马克思的早期诗歌探究马克思后来思想发展的规律的思路，有一定的启发意义。"马克思的科学社会主义的观点本质上是变形的诗歌，其无产阶级的'发现'，即科学社会主义庞大体系的关键要素，是受到马克思早期（1836—1837）诗歌兴趣的极大推动。"③ 关于马克思的诗作，马克思的传记作者经常会提到"现实和理想之间的完全对立"④。这种对立包含哪些表现呢？

其一，世俗价值的追求和马克思高尚的理想追求之间的对立。马克思在自己的诗作中表现出一种对世俗的价值观的反抗精神。维塞尔分析了《人的自豪》这一诗篇。在《人的自豪》前三节，出现了"画栋雕梁""浮华生活""生活和大海的波涛"这样的字眼。维塞尔把这些意象说成宇宙客观性，在这些客观性面前马克思感到了自己的有限和内心的脆弱、

① 〔美〕乔纳森·斯珀伯：《卡尔·马克思：一个 19 世纪的人》，邓峰译，中信出版社，2014，第 33 页。
② 〔德〕弗·梅林：《马克思传》，樊集译，人民出版社，1965，第 20 页。
③ 〔美〕维塞尔：《马克思与浪漫派的反讽——论马克思主义神话诗学的本源》，陈开华译，华东师范大学出版社，2008，第 1 页。
④ 〔德〕弗·梅林：《马克思传》，樊集译，人民出版社，1965，第 19 页。

无助。这一认识对诗的内容进行了一定的拔高，从语言表面来看，马克思主要表达了自己不同于世俗人的追求。很多人生活在忙碌之中，追求社会地位，追求物质生活，这是他们生活的价值观。马克思则体会到自己内心燃烧的豪情，把追求物质生活的价值观说成浑浑噩噩地混日子。"不！你们这些外表魁伟的可怜侏儒，不过是冰冷、僵硬的魔妖，我的目光对你们不屑一顾，我的眼中映现出内心的狂飙！"① 在《查理大帝》一诗中，马克思写道："他战胜了那个时代的蒙昧，这就是他获得的崇高奖赏。"② 在《人生》一诗中，马克思对人生的意义和价值进行了追问。生就是不断死亡的过程，这使奋斗和事业都湮没在时光的潮流之中。人贪婪地追求目标，实际上很渺小。"对于人的事业，精灵们投以嘲讽的目光"③，马克思诉诸小精灵来对人的这种价值追求进行反省和批评。这一对立给马克思的价值观提供了批判的视野，这一批判的视野对马克思后来的价值观发展有很大意义。但也要看到对世俗价值观的批判也会妨碍理性地审视现实，在后来的思想发展历程中，马克思逐步把目光投向现实，在接纳现实的同时也保持了一定的反思视角。

其二，客体性和主体性之间的对立。主体性和客体性之间的对立贯穿于《人的自豪》这首诗。马克思表达了主体性将突破客观樊篱的限制和禁锢。浪漫主义针对的是机械主义的自然观。对真理的炽热渴念，会使神圣的思想和真情最终摧毁客观的限制，从而在心灵的基础上实现新的客观性。"可是心灵却把万物拥抱，它像一团巨火高高辉耀，即使在坠落之际，也把太阳卷进汹涌的怒潮。"④ 在爱情诗作中，马克思在爱情的交流中寻找灵感，找到了对抗客体性世界和世俗价值观的力量，"这份感情使马克思把自己变成了与上帝一样的造物主"⑤。马克思表达了挑战整个世界的信心，这种挑战最后获得了胜利。"我可以像神一样漫步徜徉，胜利

---

① 《马克思恩格斯全集》第1卷，人民出版社，1995，第482~483页。
② 《马克思恩格斯全集》第1卷，人民出版社，1995，第918页。
③ 《马克思恩格斯全集》第1卷，人民出版社，1995，第915页。
④ 《马克思恩格斯全集》第1卷，人民出版社，1995，第484页。
⑤ 〔美〕维塞尔：《马克思与浪漫派的反讽——论马克思主义神话诗学的本源》，陈开华译，华东师范大学出版社，2008，第121~122页。

行进在那片废墟之上，我的每句话都是火焰和行动，我就像造物主那样襟怀坦荡。"① 维塞尔认为马克思所说的人的自豪是指人相信神性，自豪的自我拒绝让自己被异己决定，同时也坚持认为自身力量的经验是价值的源泉。维塞尔说："马克思依然没有放弃在主体性的魔法中创造世界的浪漫派命令。"② 心灵对万物的拥抱毕竟是建立在心灵基础上的，这个建立在心灵基础上的世界统一了理想和现实，但毕竟是理想主义的和浪漫主义的，这就决定了这一世界存在崩塌的可能。在《浪花》中马克思也表现出对于人对美好事物的追求最终可能会毁灭自己的担忧。"人总是把美好的事物追寻，以为自己的请求诸神定会慨允，所以他甘愿跳下深渊，可是他只会毁灭那幅纤巧的图景！"③ 维塞尔认为，对浪漫派诗人而言，梦即现实，梦是精神的声音，万物的内在音乐性会被解释为心情，这是浪漫派诗歌最基本的特征。心情被解释为神圣的感情或者精神的音乐在万物中的悸动。维塞尔认为，心情具有宇宙的意义，表明了对生命和死亡的阐释，马克思的浪漫诗是对宇宙的叙述，并揭示了存在的戏剧。④

其三，彼岸世界和此岸世界之间的矛盾。在《寻找》中，马克思否定了彼岸世界，"我并不是到彼岸世界去寻找"，"我寻求的世界应该产生于我心中"⑤。"但随着一声霹雳，我的世界立刻沉沦消亡。"⑥ 在《星星》这首诗中，上帝、星星和心灵是三个主要的意象。在这三个意象中，星星和心灵是对立的，星星受制于上帝的力量，运行于永恒的轨道，崇高的心灵消亡了，而"这心灵同上帝十分相近"⑦。马克思肯定了心灵的呼唤和心灵的声音的真实性。"《致星星之歌》表达客体和主体之间，或者精神

---

① 《马克思恩格斯全集》第 1 卷，人民出版社，1995，第 486 页。
② 〔美〕维塞尔：《马克思与浪漫派的反讽——论马克思主义神话诗学的本源》，陈开华译，华东师范大学出版社，2008，第 118 页。
③ 《马克思恩格斯全集》第 1 卷，人民出版社，1995，第 892 页。
④ 参见〔美〕维塞尔《马克思与浪漫派的反讽——论马克思主义神话诗学的本源》，陈开华译，华东师范大学出版社，2008，第 9 页。
⑤ 《马克思恩格斯全集》第 1 卷，人民出版社，1995，第 792 页。
⑥ 《马克思恩格斯全集》第 1 卷，人民出版社，1995，第 793 页。
⑦ 《马克思恩格斯全集》第 1 卷，人民出版社，1995，第 897 页。

和自然之间的对立引出了许多后果。"① 对马克思而言，建立在主观心灵基础上的浪漫世界的破灭反倒促使他关注客观世界，在客观世界中重新思考主客观的统一问题。主客观世界在主观基础上的统一最终否认了彼岸世界，这使唯心的价值诉求成为现实的客观价值探寻的一个重要环节。

《两重天》反映了马克思诗歌的基本思想逻辑。一重天是头顶的天；另一重天在心灵深处。头顶那重天永不变样，马克思希望心中的这重天也永不坠落。心悄然死亡的时候，建立在心灵基础上的世界也就瓦解了，这为心灵面向客观世界进而接纳客观世界打开了一扇门，为马克思实践唯物主义的价值取向提供了一定的思想条件。

其四，情感和理性之间的矛盾。在《幻象》中马克思对追求理性和知识表现出浓厚的渴望，同时也对其纯洁性抱有一定的疑问。"难道我就不能去求索，而只能坐享?"②《我的追求》中讲到书的问题，其中涉及书本知识和心灵之间的矛盾，他表示不愿在书中流连徜徉，并提出攀登知识阶梯到底怀有什么愿望的问题。马克思希望心灵中升起的晨曦能同生活、义务、理性的炽热火焰融为一个整体。

维塞尔把马克思的诗分成整体、异化、反抗三种形态，认为1836年、1837年的马克思对浪漫派的反讽持有矛盾的心理。马克思后来对无产阶级的发现化解了这种矛盾。戴维·麦克莱伦说："1837年他的诗歌却呈现出了对离群索居天才的崇拜和对抛开了其他人的个人人格发展的内在兴趣。"③ 应该看到马克思中学作文和这些诗歌的价值观具有一定的连续性。马克思对个人人格发展的内在兴趣与为崇高的理想而献身并不矛盾。在马克思价值观的萌芽阶段，道德价值在其价值观中占据了重要地位。

马克思1837年在柏林写给父亲的信中提到抒情诗是纯理想主义的，包括法的形而上学。"这里首先出现的严重障碍同样是现有之物和应有之物的对立，这种对立是理想主义所固有的，是随后产生的无可救药的错误

---

① 〔美〕维塞尔：《马克思与浪漫派的反讽——论马克思主义神话诗学的本源》，陈开华译，华东师范大学出版社，2008，第97页。
② 《马克思恩格斯全集》第1卷，人民出版社，1995，第892页。
③ 〔英〕戴维·麦克莱伦：《马克思传》（第4版），王珍译，中国人民大学出版社，2008，第19页。

的划分的根源。"① 马克思在这封信中清楚地说明了自己的思想转向，即"转而向现实本身去寻求观念"②。马克思强调："我们必须从对象的发展上细心研究对象本身，而决不允许任意划分；事物本身的理性在这里应当作为一种自身矛盾的东西展开，并且在自身中求得自己的统一。"③ 事物本身的自我矛盾的东西，在这里还是以"思想""理性"的概念来表达的，但不是在严格的黑格尔或者青年黑格尔派意义上使用的，而是有马克思自己的色彩。"应有"的东西作为"思想"或者"理性"存在于现有的东西之中，这已经说明了马克思处理事实和应当的思路。价值存在于事实之中，当事实被定位为历史事实的时候，这个价值便摆脱了"思想"的限制，从而成为历史演进的方向。

四 哲学求索与博士论文的价值观

马克思的这种思想转变是经过对法律的哲学思考而后实现的。法的历史学派强调法律的根据在人们的风俗和传统中。马克思想通过研习法律进行哲学思考，试图创造出一种法的哲学，探究法的形而上学问题。但这一努力遇到了内在的矛盾。法、国家和自然界是具体的对象，对具体对象的研究需要关注具体事物之间的具体联系，而康德、费希特等的哲学体系是由公理到结论的理论脉络。"正是现实的东西和应有的东西之间的这种巨大差距，使马克思后来考虑用黑格尔哲学来克服。"④ 马克思 1837 年在柏林写给父亲的信中提到了黑格尔，但表示不喜欢黑格尔哲学的离奇古怪的调子，在提到青年黑格尔派的时候，马克思说他因此同想避开的现代世界哲学的联系越来越紧密。马克思把康德和费希特归结为理想主义者。"观念内在于现实"从表面上看的确属于黑格尔的思想，但如果联系博士论文以及相应的笔记来看，马克思很快就想从伊壁鸠鲁那里得到"观念内在于现实"这一问题的哲学启示。观念性转入原子本身使规定本身具有

---

① 《马克思恩格斯全集》第 47 卷，人民出版社，2004，第 7 页。
② 《马克思恩格斯全集》第 47 卷，人民出版社，2004，第 13 页。
③ 《马克思恩格斯全集》第 47 卷，人民出版社，2004，第 8 页。
④ 〔英〕戴维·麦克莱伦：《马克思传》（第 4 版），王珍译，中国人民大学出版社，2008，第 21 页。

了不真实性，是一种自我扬弃，这样表象的领域就被设想为是自由的。但在必然性中生活并不具有必然性，通向自由的道路到处都敞开着，这样现实观念的自由就得到了统一。

乔纳森·斯珀伯在马克思传记中说，在马克思完成自己的博士论文时，他已经不再是柏林大学的学生了，因为他已经超出规定的 4 年时间上限，而且他也没有申请延期，所以被从肄业申请的名单中去掉了。在耶拿大学拿到学位之后，马克思于 1841 年 6 月返回了莱茵兰。乔纳森·斯珀伯认为，马克思当时是要跟从布鲁诺·鲍威尔前往波恩大学，在那里开始自己的事业，即追随鲍威尔成为一名哲学家、神学家，或者更准确地说，成为一名哲学家、反神学家。

（一）历史和现实、理论和实践问题通过伊壁鸠鲁主义聚焦

汪信砚等认为，在博士论文对伊壁鸠鲁哲学原则的阐发中，马克思毕生思想的理论旨趣与价值目标已然确立。"马克思正是在这两个方面继承了伊壁鸠鲁的哲学原则：其一，他把人的解放视为逐步消除一切前提性定在的历史性过程；其二，他把个人的摆脱了包括人和物的依赖关系在内的全部限制性之定在的、自我决定的自由个体性，视为这一解放的目标。"① 这主要阐发了马克思后来价值观的发展与博士论文和《关于伊壁鸠鲁哲学的笔记》之间的继承发展关系。

博士论文和《关于伊壁鸠鲁哲学的笔记》中有很多抽象的论述，在看似抽象的表达背后其实包含着马克思的价值追求。这一追求从古希腊的源头而来，体现在古罗马的精神中，其精神和现代精神之间具有某种共鸣。"如果我们回顾一下历史，难道伊壁鸠鲁主义、斯多亚主义和怀疑主义是一些特殊现象吗？难道它们不是罗马精神的原型，即希腊迁移到罗马去的那种形态吗？难道它们不具有性格十分刚毅的、强有力的、永恒的本质，以致连现代世界也不得不承认它们享有充分的精神上的公民权吗？"② 从这一论述能够看出，在柏林大学期间，马克思心目中出现了一个对比的

---

① 汪信砚、程通：《马克思对伊壁鸠鲁哲学原则的阐发和继承》，《哲学动态》2019 年第 3 期，第 40 页。
② 《马克思恩格斯全集》第 1 卷，人民出版社，1995，第 16 页。

图景，即古希腊的理想图景和德国实际状况之间的对比。古人的思想被带入对当下人类生活的思考，成为他的未来梦想的思想滋养，也成为他构造人类理想图景的要素。马克思对伊壁鸠鲁主义的解读具有多重意义：其一，是对古希腊到古罗马哲学史的认识；其二，是对当时的德国哲学以及世界哲学的认识；其三，是对古希腊到古罗马的社会转变以及人的生活的认识；其四，是对当下以及未来人的生活和社会的认识。

关于对当时德国哲学的认识，已经有很多论述。如麦卡锡认为马克思的解释带有康德主义成分，比如现象与本质的区分、纯粹理性与实践理性的区分、对自然的理解中包含的原理与存在之间的二律背反等。麦卡锡还认为，马克思的思想中有黑格尔主义成分，如本质在现象中的异化等思想。[1] 从黑格尔到青年黑格尔派都突出了自我意识。黑格尔的人类对上帝的认知是上帝的自我意识的看法被转换成福音故事，是罗马统治下巴勒斯坦犹太人群体自我意识的一种具象化与异化。其进而发展成所有宗教都是对异化的人类自我意识本身的整体表达。在这一背景下，马克思对伊壁鸠鲁主义的解读就包含着对当时德国哲学这一思想脉动的回应。

把握德谟克利特和伊壁鸠鲁的差别有助于把握古希腊到古罗马的哲学发展脉络。在马克思看来，德谟克利特认为只有通过理性才能看见本原，这就把感性的现实变成了主观的假象；同时，德谟克利特又认为感性现象是唯一真实的客体，这样就陷入了矛盾。伊壁鸠鲁以感性知觉为标准承认客观现象的思路得到了马克思的肯定。肯定感性知觉和客观现象本身既能通向唯心主义，也能通向唯物主义；既能通向怀疑论，也能通向独断论。当个体认为太阳就是看起来那样大并独断这就是真理的时候，就走向了唯心主义独断论。马克思在博士论文中显然是肯定这一思想的，这和他诗作中的思想有某种连贯性。德谟克利特和伊壁鸠鲁，"一个是怀疑主义者，另一个是独断主义者；一个把感性世界看作主观假象，另一个把感性世界

---

[1] 参见〔美〕麦卡锡《马克思与古人——古典伦理学、社会正义和 19 世纪政治经济学》，王文扬译，华东师范大学出版社，2011，第 46~47 页。

看作客观现象"①。伊壁鸠鲁把现象看成实在的，却到处看到偶然，保持了知识的独立性和心灵的宁静。相反，把感性世界看作主观假象的人注重经验的自然科学和实证的知识，会从必然性的观点来考察自然，从而拥有躁动的心灵。无疑，伊壁鸠鲁的精神是马克思所推崇的。

麦卡锡认为，对马克思来说，伊壁鸠鲁和普罗米修斯象征着反对一切形式的外在强加的权威的人。伊壁鸠鲁哲学反映的是"从希腊城邦的社会世界中发展出自我意识之个体"②。这提出了一个如何看待现代社会、如何看待现代社会中个人生活和共同体的问题。马克思把希腊思想摆在了德国启蒙运动的舞台上。

（二）个人的自为存在的价值

在博士论文和《关于伊壁鸠鲁哲学的笔记》中，马克思关心实体前提的世界和没有前提的东西的关系问题。这个问题在伊壁鸠鲁那里也表现为自为存在和定在的关系问题。"伊壁鸠鲁哲学在实体前提的世界上寻找着一种没有前提的东西，或者，用逻辑学术语来表达：由于自为存在是伊壁鸠鲁哲学唯一的、直接的原则，因而定在同伊壁鸠鲁哲学直接相对立，伊壁鸠鲁哲学在逻辑上没有能克服这个定在。"③ 在实体前提的世界寻找没有前提的东西，这个没有前提的东西抽象地讲就是自为存在，而有前提的东西是定在。实体前提的世界中个人是定在的个人，而没有前提的个人是自为存在的个人，自为存在的个人就是自由人。在伊壁鸠鲁看来，"他对世界所具有的唯一的善，就是旨在做一个不受世界制约的自由人的消极运动"④。如果说伊壁鸠鲁只是在理论和实践上完成了不受世界制约的自由人的消极运动，那么，马克思则提出了一个新的历史任务，即如何寻求一种新的善，也就是不受世界制约的自由人的积极运动。

自为存在是自在的存在，其抽象的表达是"原子"，具体的表达则是个人、哲人、神。对"原子"的思考包含对个人的思考，包含对个人与

---

① 《马克思恩格斯全集》第 1 卷，人民出版社，1995，第 29 页。
② 〔美〕麦卡锡：《马克思与古人——古典伦理学、社会正义和 19 世纪政治经济学》，王文扬译，华东师范大学出版社，2011，第 28 页。
③ 《马克思恩格斯全集》第 40 卷，人民出版社，1982，第 120 页。
④ 《马克思恩格斯全集》第 40 卷，人民出版社，1982，第 78 页。

世界关系的思考。马克思指出原子是一个类概念，又是一个种概念，"原子是一种例如个人、哲人、神的抽象的自在的存在"①。对原子的思考涉及对个人、哲人的思考。马克思讨论伊壁鸠鲁的原子论并不总是和个人联系在一起。如马克思讨论了原子的多样性和无限性问题。伊壁鸠鲁持有原子无限多等类似的看法。这样的看法与个人有什么关联？马克思没有明确论述，但有很多地方是和人的生活联系在一起的。

"自为存在"具有丰富的价值内涵，与"自为存在"相对应的是"定在"。这种"定在"对应的是空间性的规律，对应的是直线。"定在"对于"自为存在"来说是被扬弃的存在物，是"异在"。"直线运动"是先有异在的运动，在《关于伊壁鸠鲁哲学的笔记》中，马克思提到了两种态度，一种是直线运动反映的态度，一种是偏斜运动反映的态度。分裂的、机械的世界对单个人的态度，是直线运动反映的，是先有异在的运动。在直线运动中，原子作为一个特殊的定在被另外一个定在所规定。原子的直线运动，是纯粹由空间来规定的，被赋予一个相对的定在。直线运动中的个人就像直线运动中的原子一样，变成了物化的存在物。"如果我同我自己发生关系，就像同直接的他物发生关系一样，那么我的这种关系就是物质的关系。"② 在人依赖于物而获得独立性的历史阶段，个人的价值是高度物化的价值，个人还需要进一步发展为全面而自由发展的人。人的地域性存在等类似于原子直线运动，当世界交往发生的时候，人就变成了世界历史性的存在。

马克思对直线运动中的原子式的生活的揭示与中学作文反对利己主义是一致的，其中已经孕育对个人生活的一种历史性的思考。当力求摆脱前提变成没有前提的时候，对前提的偏离也有局限，这就是"空洞的自我隔绝"。马克思这一抽象的表达蕴含了一定的价值观。在伊壁鸠鲁那里，快乐就是要避开痛苦，而痛苦就是那种表现为定在的、受不存在和前提拖累的东西。这样"自为存在"也会遇到自身的难题，即"空洞的自我隔绝"。

---

① 《马克思恩格斯全集》第40卷，人民出版社，1982，第168页。
② 《马克思恩格斯全集》第1卷，人民出版社，1995，第37页。

原子是偶然的东西，也意味着"个人"是偶然的东西。有学者阐发了其中包含的价值意义，即"'不受世界制约的自由人'的自由个体性"①。这一阐发抓住了本质的方面，但也不能忽视，马克思还注意到前提对个人来说是存在的，这种存在使个人像原子一样成为偶然的东西。马克思不是完全接受伊壁鸠鲁的思想，他强调，导致偏离发生的前提是存在的，这样原子才会偏离直线。"原子"的思考关联着对"个人"的思考。前提的存在尤其是必然性使个人成为偶然性的存在。如果联系《德意志意识形态》来看，当既定的生产力和交往关系前提下的个人还不能通过自由联合的社会关系来掌握这一前提时，个人的自由是受限制的，表现为一种利用偶然性的自由。从这里也能看出博士论文和《关于伊壁鸠鲁哲学的笔记》对马克思后来思想的影响。

对人的价值进行"原子"式的思考，不是要肯定和自然、世界处于经验性的外在关系中的孤立的个人。马克思指出，在考察"正直的人"和"明智的人"时，最初"表现为不愿意放弃原子论的存在的东西，现在以傲慢、自负和权利的形态出现了"②。马克思对这些人的生活的描绘包含着对现实生活的一种潜在的批判。他们轻视生活，他们的原子式存在就是他们的幸福，他们希望这种幸福是永恒的，希望自己的原子式存在是永恒的。马克思这个时候还没有认识到这种孤立的个人产生的历史背景和历史前提，根据其后来的看法可知，孤立的个人的产生与分工有关，与个人分裂为市民社会和国家有关。

马克思通过对伊壁鸠鲁的"原子"的思考，表达了对个人价值的思考。是不是因为讲原子，就意味着马克思认同孤立化的、原子性的个人存在呢？恰恰相反。人拘泥于经验的个人，就会把自己和永恒本性的内在关系经验为外在的关系，内在的关系对象就变成了经验的对象。在这种关系中人对自然有依附关系，自然是恐惧的来源。即便是理性达到了自觉，只要还有自觉的理性和自然的对立，那么人和自然的关系就还是一种外在的

---

① 汪信砚、程通：《马克思对伊壁鸠鲁哲学原则的阐发和继承》，《哲学动态》2019 年第 3 期，第 45 页。
② 《马克思恩格斯全集》第 40 卷，人民出版社，1982，第 89 页。

直线式的关系。"对自然的任何关系本身同时也就是自然的异化。"①

原子偏斜是"自己和自己发生关系"②。偏斜是脱离痛苦和恶。偏斜的价值关联着幸福的价值。博士论文提到的两种关系之一是同一个人发生关系的他物不是一个不同于他的存在。政治领域的契约和社会领域的友谊就否定了同他物的关系,而是自我规定。公正也是无关系性的,具有一定的自我规定的性质。在《关于伊壁鸠鲁哲学的笔记》中,马克思提到了两种态度,除了直线运动,偏斜反映的是单个人对世界的反抗、单个人的顽强,反映的是单个人胸中的某种东西。原子的独立性、相对性的扬弃,表达了人的独立性价值。这种抽象的思考变成一种历史的思考后,其中的价值意义就显示出来了。"代表命运必然性的前提性定在,只有在历史进程中才能被消除;人的自由个体性的获得,只有作为历史性过程的结果才不至流于空谈。"③ 必然王国和自由王国涉及人的生存的前提和人的关系问题。马克思不否认先在的条件,但认为更根本的是自为存在。原子的感性的质、原子的灵魂意味着对个体感性的质和生命价值的肯定。个体自己内在的、绝对的运动通过对原子的描述被肯定下来了。因此,原子的力量和偏斜中包含的是单个人对世界的态度。

马克思肯定伊壁鸠鲁使自为存在成为自然状态。自为存在成为自然状态是一种抽象的价值表达,当自为存在的自然状态是人的历史现实时,自为存在的自然状态这种抽象的表达也是有意义的。"自为存在"包含关系的两个方面,尤其是包含人和自然关系的两个方面。马克思肯定,当伊壁鸠鲁把自然看成理性的时候,就不再是自觉的理性和自然的对立了,自然就成了理性的财产。此时,人对自然不再是依附的关系,自然便不再是恐惧的来源。

马克思区分了人的经验本性和永恒的木性。在个人同不动心的内在关系中,个人和永恒本性之间是内在的关系。伊壁鸠鲁的"哲人"及其

---

① 《马克思恩格斯全集》第 40 卷,人民出版社,1982,第 174 页。

② 《马克思恩格斯全集》第 1 卷,人民出版社,1995,第 36 页。

③ 汪信砚、程通:《马克思对伊壁鸠鲁哲学原则的阐发和继承》,《哲学动态》2019 年第 3 期,第 41 页。

"心灵的宁静""正是摆脱其日常束缚而被神化了的个体性"①。在快乐中，个人被规定为一个人，个人一旦脱离了他的其他规定，个人地位的偶然差别就消失了。

伊壁鸠鲁推崇的哲人的宁静是达到没有先决条件。在马克思看来，伊壁鸠鲁力求达到没有先决条件，要否定的是先决条件的显露，内部仍然隐藏着先决条件。"伊壁鸠鲁在各个领域里都排除那种招致先决条件本身显露出来的状态，并且赞扬那种内部仍然隐藏着先决条件的状态是正常的。"② 自为存在是完全没有任何规定性。在哲人这里，自身的状况被当作无关系的。对哲人而言，绝对的相对性、关系的偶然性本身只是一种无关系性。比如一个人违反了法律和共同习惯，这些东西就成了他的先决条件。马克思追求的自为存在，隐含着个人和条件的和谐关系。这种关系是更本质的关系，而有先决条件的关系是外在的、非本质的现象的关系。另外，关于时间问题的思考对于马克思历史观的形成是有意义的。世界观与价值观密不可分，因此对建立世界观的方法和思维进程的反思也涉及价值观的反思。马克思认为，偶然性范畴突出了状态，状态就是偶然的存在本身。原子的联系是过去的状态，当观念反映这一状态的时候，就变成了创造论的观念，变成了不受任何时间限制的观念规定，变成了永恒的、内在的规定。这样就把脱离前提的自由体现在一种观念体系中。马克思后来论述了把当下的或者未来的理想的状态错置到过去的历史中，把后者错置到对世界的认识中是很多思想陷入谬误的根源。从中能够看到马克思这一思维方法的萌芽。在这里，马克思强调的是，把过去的状态变成一种观念并置于创造论或者原罪和赎罪意识中是超自然主义的思维秘密。

（三）现象与本质：异化价值观

要回答关于异化问题的种种疑问，要解决的问题很多。这里先梳理异化思想的发展。关于马克思的"异化"思想，张一兵认为："马克思异化理论原生思想母体是黑格尔的观念主体异化理论。在他接受异化观念的初始，只是在青年黑格尔派凸现的自我意识片断性规定上持有主体的外化和

---

① 《马克思恩格斯全集》第40卷，人民出版社，1982，第82页。
② 《马克思恩格斯全集》第40卷，人民出版社，1982，第76页。

复归的先在性逻辑（马克思的'博士论文'）。"① 博士论文是否有属于马克思自己的异化论？由于马克思只是提到异化，如果从异化论的角度进行阐释就需要把相关思想串联起来，这存在误解马克思的可能。这里把"异化"和"矛盾"结合起来，从思维过程的角度来考察，会发现马克思思想中存在的一些具有相对连续性的思维方法和价值追求。

在博士论文中能够看到马克思心灵中有一个基本的倾向，就是中学作文表达的对人类幸福的追求。博士论文之所以推崇伊壁鸠鲁，在一定意义上是因为伊壁鸠鲁在哲学中实现了幸福。伊壁鸠鲁的哲学中有罗马精神的原型，具有性格刚毅、强有力、永恒的本质。这一本质在现代世界也是有意义的，如果把伊壁鸠鲁的精神拿到现实世界，也得承认其具有精神上的公民权。

马克思称赞伊壁鸠鲁在哲学中感到满足和幸福，伊壁鸠鲁是如何做到这一点的呢？"只有在伊壁鸠鲁那里，现象才被理解为现象，即被理解为本质的异化，这种异化本身是在它的现实性中作为这种异化表现出来的。"② 关于哲学的特殊意识同现实世界的关系、思维同存在的相互关系问题，伊壁鸠鲁有一个特殊的解决方式。那就是承认现象的现实性，但这种现实性即存在被理解成与存在不同的，感性确证的现象现实性被理解成偶然性的，从而被看成本质的异化。这样一来，经验就被看轻了。"偶然是一种只具有可能性价值的现实性，而抽象的可能性则正是实在的可能性的反面。"③ 思维在自己的本质世界中感到满足宁静，从内在原则上确立独立性。这里需要注意的是偶然性范畴的运用。实在的可能性是有限度的、有限制的，它确证了客体的必然性和现实性。抽象的可能性则没有限制，对象只要可以想象就行了，这样就不会妨碍思维着的主体。"由于一切可能的东西都被看作是符合抽象可能性性质的可能的东西，于是很显然，存在的偶然就仅仅转化为思维的偶然了。"④ 这里既没有否定客体的

---

① 张一兵：《马克思劳动异化理论的逻辑建构与解构》，《南京社会科学》1994 年第 1 期，第 16 页。
② 《马克思恩格斯全集》第 1 卷，人民出版社，1995，第 52 页。
③ 《马克思恩格斯全集》第 1 卷，人民出版社，1995，第 27 页。
④ 《马克思恩格斯全集》第 1 卷，人民出版社，1995，第 28 页。

必然性和现实性，又把客体看成偶然的，既肯定了本质要表现为现象，又肯定了本质。马克思通过这种方式保证了精神的幸福。当马克思恩格斯开始积极表达自己的唯物史观的时候，偶然性依然被纳入《德意志意识形态》唯物史观的话语体系之中。人和自己的生存条件的关系，不再被表达为"本质"和"存在"的关系。因为如果"存在"不符合"本质"，那么"本质"就只能像伊壁鸠鲁或者费尔巴哈等人描述的一样，平心静气地忍受，或者从精神上寻找这种恶劣关系的根源，这都解决不了问题。如果主体的人依然可以用"本质"来说的话，这个本质就是人的感性活动，是"社会关系的总和"；而客体也是感性活动和感性世界，是人的活动的结果。这样"本质"和"存在"间的"异化"关系就是一种复杂的矛盾系统。生存条件不被人控制，可以说是出现了一种偶然性；而被人控制的生存条件，可以说是人的必然性。用"存在"和"本质"的话语说，即是"存在"成为偶然性，而"本质"则要把"存在"变成非偶然的东西，才能实现自己的"本质"。无产阶级和生存条件之关系，如果一定要用"本质"和"存在"的话语来进行抽象化阐释的话，就类似于这样的关系。也正因为"存在"成为"本质"的"异化"的存在，"本质"就具有力求摆脱这样的"存在"的特点，从而表现为追求自由。逃亡农奴的历史处境与此类似。"本质"和"存在"这样的话语包含的理论逻辑被马克思恩格斯保留了下来，但是这一表述本身却有很大的局限性。但把博士论文中马克思对伊壁鸠鲁本质和存在思想的肯定和《德意志意识形态》联系起来，会发现马克思思想的发展变化，以及其中某些相对稳定的成分。

（四）自我意识的双重解放：自由人的"积极"运动

自我意识的凸显表现了马克思的积极运动与伊壁鸠鲁的消极运动的不同。定在和先决条件是存在的，自在存在和自为存在需要积极地去克服现实的现象世界，而不是仅仅在哲学上把现实世界看成现象，从而只是在观念上谋求幸福。

偏离直线和"自由意志"是对应的。马克思把勇敢的自由精神看成哲学研究的基础，认为对现实世界也需要以勇敢的自由精神来面对。马克思在给冯·威斯特华伦的献词中说，"唯有唯心主义才知道那能唤起世界上一切英才的真理"①。乔纳森·斯珀伯指出，"进步"与"黑暗"是德国很多自由思想者使用的暗语，分别代表他们自己的理念以及他们死敌的态度。②"抽象的个别性是脱离定在的自由，而不是在定在中的自由。它不能在定在之光中发亮。定在是使得它失掉自己的性质而成为物质的东西的一个元素。"③ 具体的个别性该如何呢？具体的个别性把定在看成异在，并克服这种异在，把异在变成为我的存在，这就是现实的自由。

马克思认为人的自我意识"就是哲学自己的自白，是哲学自己的格言，表示它反对不承认人的自我意识是最高神性的一切天上的和地上的神"④。正是基于此，马克思把自我意识的发展放在核心的位置上，并以此来对哲学史进行评论。以人的自由、幸福和满足为视角来审视德谟克利特和伊壁鸠鲁，马克思肯定伊壁鸠鲁。在德谟克利特那里，感性知觉的世界是实在的和富有内容的世界，具有价值和意义。感性知觉世界的价值和意义需要到外部世界去探索，但这种探索最终又是没有结果的。因为真实的知识是没有内容的，而能提供知识的内容却没有现实性。这样德谟克利特就不满足于哲学，于是投入实证知识的怀抱，但最终也没有办法在实证知识中获得满足。"伊壁鸠鲁在哲学中感到满足和幸福。"⑤ 原子偏斜关联着对幸福的宁静的追求，不听祈求、不关心世界，有威严和完美的本性，不谋取利益。"最后，在抽象的个别性以其最高的自由和独立性，以其总体性表现出来的地方，那里被摆脱了的定在，就合乎逻辑地是全部的定在，因此众神也避开世界，对世界漠不关心，并且居住在世界之外。"⑥ 居住在世界之内、关心世界的人的价值如何呢？人应当成为具体的个别性。具有自由和独立性的具体的个别性本身的总体表现，既摆脱了定在，又是全部的定在。如果联系马克思"自由个性"的思想来看，"自由个性"符合这一规定。全部的定在表现为人的全面而自由的发展，自由意

① 《马克思恩格斯全集》第1卷，人民出版社，1995，第9页。
② 参见〔美〕乔纳森·斯珀伯《卡尔·马克思：一个19世纪的人》，邓峰译，中信出版社，2014，第46页。
③ 《马克思恩格斯全集》第1卷，人民出版社，1995，第50页。
④ 《马克思恩格斯全集》第1卷，人民出版社，1995，第12页。
⑤ 《马克思恩格斯全集》第1卷，人民出版社，1995，第24页。
⑥ 《马克思恩格斯全集》第1卷，人民出版社，1995，第35页。

味着摆脱了定在，人占有生产力的综合，人的普遍交往和全面发展意味着人拥有了总体性的表现。个体是在社会中实现自身的价值的，因而是具体的个别性。

当马克思揭示出人的自我意识也是社会条件的产物时，建立在自我意识基础上的观念系统就被置于社会条件的基础上来加以思考了。

马克思并不是完全接纳伊壁鸠鲁，其对伊壁鸠鲁的解释包含着自己的哲学思考和价值追求。其博士论文中很有价值的思想观点之一就是对理论意识和实践活动的关系的说明。马克思认为："哲学家在他所规定的世界和思想之间的一般关系中，只是为自己把他的特殊意识同现实世界的关系客观化了。"[1] 哲学体系和世界的关系反映了个人的意识和世界的关系。哲学同世界的颠倒关系与个别哲学的自我意识本身的分裂是关联在一起的。哲学的外部分裂就是在哲学同世界的颠倒关系和个别哲学自我意识本身的分裂的基础上发生的。

抽象的普遍的自我意识要在事物中得到肯定，只能同时否定事物。抽象的个别的自我意识如果是绝对的原则，就取消了现实的科学，对于人的意识来说即超验的东西全都被消灭了。抽象的个别的自我意识会把感性的自然也变成对象化的、经验的、个别的自我意识。这显然是有缺陷的。自我意识要变成具体的自我意识，就要统一个别与普遍；对象不仅仅是个别的自我意识的对象，还是普遍的自我意识的对象。自我意识面临个别和普遍双重解放的任务。"在自身中变得自由的理论精神成为实践力量，作为意志走出阿门塞斯冥国，面向那存在于理论精神之外的尘世的现实，——这是一条心理学规律。"[2] 世界要哲学化，同时哲学也要世界化，因此自我意识和世界都面临解放的任务。麦卡锡认为，马克思这时"似乎摆脱了伊壁鸠鲁和黑格尔传统中的纯粹理性，转而走向一种目标指向物质世界的作为现实政治活动（实践）的批判"[3]。麦卡锡还认为，马克思把伊壁鸠鲁诠释成一个康德主义者，从休谟对科学的批判和康德对纯粹个体自我

[1] 《马克思恩格斯全集》第 1 卷，人民出版社，1995，第 25 页。
[2] 《马克思恩格斯全集》第 1 卷，人民出版社，1995，第 75 页。
[3] 〔美〕麦卡锡：《马克思与古人——古典伦理学、社会正义和 19 世纪政治经济学》，王文扬译，华东师范大学出版社，2011，第 71 页。

意识的维护两个方面来看伊壁鸠鲁。①

（五）哲人与人民

马克思把直线运动和偏斜运动的思想用来思考哲学以及哲学和现实的关系。哲人相当于原子，直线运动是哲学史的运动。当哲学在自身中上升到具体，把抽象的原则结合成统一的整体的时候就打断了直线运动。可以说，哲学把握了整个世界以后就起来反对现象世界。哲学把握整个世界，显然哲学就取得了自为存在，这个自为存在不拘泥于哲学自身，而是要把握整个世界。因此，自为存在要克服的是现象世界。

自为存在也是有前提的存在，就像伊壁鸠鲁也是从过去已知的东西中吸收一些基本要素。哲学家表现出来的知识是某种受制约的东西。哲学家的个性、威望以及对具体哲学的信仰是一个方面，哲学家对体系的科学阐述和体系的历史存在二者之间是紧密联系在一起的，在精神的个人形象中有一种体系性的东西。

马克思在分析哲学史时，提到哲学家是从人民中产生的，是人民的装饰品，他们和人民生活的实体力量相对立，但实际上和现实交织在一起。"实体本身意味着没有先决条件，意味着任意和偶然性。"② 哲人的宁静拥有实体力量，但人民也拥有实体力量。马克思通过对哲学史的思考把目光投向了人民。经过《莱茵报》时期的理论斗争和社会实践后，马克思对人民的思考更为深入。

---

① 参见〔美〕麦卡锡《马克思与古人——古典伦理学、社会正义和 19 世纪政治经济学》，王文扬译，华东师范大学出版社，2011，第 55 页。
② 《马克思恩格斯全集》第 40 卷，人民出版社，1982，第 71 页。

第二章 《莱茵报》时期马克思共产主义价值观的萌发

从 1841 年 3 月起，马克思和鲍威尔就曾计划创办题为"无神论卷宗"的评论。这份期刊最终没能出炉。1841 年到 1842 年间，马克思获得了和燕妮重聚的机会。1841 年 12 月，马克思被迫回到特里尔，因为冯·威斯特华伦男爵（马克思的岳父）患了重病。直到他的岳父 1842 年 3 月 3 日去世，马克思一直待在威斯特华伦家里。1842 年 3 月，普鲁士政府剥夺了鲍威尔的讲师职位。随着鲍威尔被解职，马克思谋求一个教职的想法破灭了，不得不成为一个自由写手。在 1842 年上半年，马克思向阿尔诺德·卢格创办的《德意志年鉴》承诺了大量约稿。1842 年 7 月，马克思一回到波恩就被拉进《莱茵报》报社，在对该报进行几个月卓有成效的管理后，10 月中旬被任命为主编。乔纳森·斯珀伯认为，加入《莱茵报》将马克思"从一位带着活动家倾向的学者，变成了一名带着学者风范的活动家。这让他接触到了共产主义理念，并为他成为一名共产主义者奠定了基础"①。

在《莱茵报》时期，马克思思想发展迅速，成果丰富。其中比较重要的有：《评普鲁士最近的书报检查令》（写于 1842 年 2 月初到 2 月 10 日）、《第六届莱茵省议会的辩论（第一篇论文）》（写于 1842 年 3 月 26 日到 4 月 26 日）、《集权问题》（写于 1842 年 5 月 17 日以后）、《〈科隆日

---

① 〔美〕乔纳森·斯珀伯：《卡尔·马克思：一个 19 世纪的人》，邓峰译，中信出版社，2014，第 53 页。

报〉第 179 号的社论》（写于 1842 年 6 月 28 日到 7 月 3 日之间）、《历史法学派的哲学宣言》（写于 1842 年 7 月底到 8 月 6 日）、《第六届莱茵省议会的辩论（第三篇论文）》（写于 1842 年 10 月）、《共产主义和奥格斯堡〈总汇报〉》（写于 1842 年 10 月 15 日）。

一　现有形式的共产主义的启发与批评

如何评估《莱茵报》时期马克思的共产主义观呢？这里面涉及两个根本的问题：一个是革命民主主义向共产主义、唯心主义向唯物主义转变的问题；另一个是马克思对共产主义的态度问题。

尼·拉宾认为，列宁评述马克思思想两个转变依据的是《摩泽尔记者的辩护》之前的文章，但实际上，青年马克思世界观的初步转变是在《摩泽尔记者的辩护》一文中清楚地表现出来的。[①] 乔纳森·斯珀伯不赞成以马克思评论莱茵兰省级议会的两篇文章为与后来共产主义理论的分界线。乔纳森·斯珀伯认为，虽然马克思从爱德华·甘斯甚至是约翰·路德维希·冯·威斯特华伦那里受到过圣西门理论的影响，但他开始下功夫研究社会主义理论是 1842 年秋在科隆生活的那一段时间。正是在那里，他首次发表了对社会主义与共产主义的看法。在评论莱茵兰省级议会的两篇文章中，他提到了议会就一条新法规展开的辩论，新规涉及盗窃林木以及他的老家摩泽尔河谷地区困难的经济情况。这是马克思首次公开讨论经济与社会问题。不过，认为这些文章就是马克思早期作品与后来共产主义理论的分界线，是相当错误的看法。[②]

如果把上述两个问题结合在一起来看，线索更为清晰。马克思在 1842 年 10 月 15 日写作的《共产主义和奥格斯堡〈总汇报〉》中回应了《莱茵报》具有共产主义倾向的指责。《摩泽尔记者的辩护》的内容应该体现了《共产主义和奥格斯堡〈总汇报〉》的部分思想。

《莱茵报》背后存在共产主义者和自由派两种力量。在青年黑格尔派

[①] 参见〔苏〕尼·拉宾《马克思的青年时代》，南京大学外文系俄罗斯语言文学教研室翻译组译，生活·读书·新知三联书店，1982，第 100 页。

[②] 参见〔美〕乔纳森·斯珀伯《卡尔·马克思：一个 19 世纪的人》，邓峰译，中信出版社，2014，第 63 页。

中，赫斯对宪章运动采取最积极的态度，他是德国第一批支持圣西门、傅立叶理念的人之一。赫斯认为与时代精神相矛盾的不仅仅是封建贵族政治，也不仅仅是专制制度，因此要对整个社会生活的无组织进行改革，要解放整个社会，消除赤贫与豪富之间的对立。赫斯在《莱茵报》上刊登了一些宣传社会主义思想的文章。但《莱茵报》背后的资本家是政治上的自由派，他们主张建立君主立宪制，废除贵族特权，成立由财产所有者选举出来的立法机构。正是在这两种力量的交织中，马克思成了《莱茵报》的编辑。

马克思对共产主义问题直接进行回答是在《共产主义和奥格斯堡〈总汇报〉》中。"在上述这篇文章中谈到必须批判的仅是当时的、空想形式的共产主义思想，而不是整个共产主义思想。"① 马克思当时的共产主义观比较关注思想和理论的科学性和合理性，因为思想关联着人的理智和良心，关联着人的信念。另外，马克思认为，如果共产主义实践本身是危险的，就会受到抵制。马克思的这一表态意味着他认为皮·勒鲁的《驳斥折衷主义》和维·孔西得朗的《社会命运》《法国政治最后破产的必然性》《实证政治基础：傅立叶所创立的协作学派宣言》《什么是财产？或关于法和权力的原理的研究》等空想社会主义著作有理论上的局限性，需要通过一定的深入研究来加以批判。从后来马克思的思想发展来看，其的确进行了相应的批判。

马克思重视共产主义理论的科学性并不意味着不重视实践性。恰恰相反，马克思因为更看重现实性，才发现了空想社会主义理论的局限性。"《莱茵报》甚至不承认现有形式的共产主义思想具有理论上的现实性，因此，更不会期望在实际上去实现它，甚至根本不认为这种实现是可能的事情。……但是，对于像勒鲁、孔西得朗的著作，特别是对于蒲鲁东的机智的著作，决不能根据肤浅的、片刻的想象去批判，只有在长期持续的、深入的研究之后才能加以批判。"②

---

① 〔苏〕尼·拉宾：《马克思的青年时代》，南京大学外文系俄罗斯语言文学教研室翻译组译，生活·读书·新知三联书店，1982，第 85 页。
② 《马克思恩格斯全集》第 1 卷，人民出版社，1995，第 295 页。

确定《莱茵报》时期哪篇文章才是他思想的分界点很困难，但马克思的思想与空想社会主义者和自由派的思想有交集，文章中会有一定的反映。不过马克思的思想一开始就与自由派不完全相同，而是有自己的思考进路。

二 哲学的价值

比较《莱茵报》时期和博士论文时期可以发现，马克思的思想有一定的连续性，其中一个非常重要的联结点就是哲学观。其博士论文强调了世界哲学化同时也是哲学世界化，但当时马克思更多的是从哲学理性进入现象世界之后自身的辩证发展来进行说明的。在《莱茵报》时期，马克思则是从时代提出的历史任务和哲学自身的历史发展要求来说明哲学的世界化的。

马克思认为，在他所在的时代，哲学和报纸的关系出现了变化。一方面，报纸攻击哲学，但是这恰好说明报纸不能摆脱哲学。另一方面，报纸大力宣传黑格尔、谢林、费尔巴哈和鲍威尔等的哲学。马克思非常自信地表示，《莱茵报》改变了哲学和报纸的关系，使哲学工作者变成了报纸的撰稿人。哲学发挥了自身的理智、教导、真理、检验疑团等价值。"的确，哲学非常精明老练，它知道，自己的结论无论对天堂的或人间的贪求享受和利己主义，都不会纵容姑息。而为了真理和知识而热爱真理和知识的公众，是善于同那些愚昧无知、卑躬屈节、毫无操守和卖身求荣的文丐来较量判断力和德行的。"[1] 马克思赋予了哲学批判宗教和批判利己主义的双重任务。哲学的价值就在于追求真理和知识。在马克思心目中，哲学工作者和公众在价值观上是一致的，都热爱真理和知识，具有判断力和德行。追求真理和知识的哲学工作者和公众在价值观上与文丐是不同的。

哲学追求真理和知识，努力把自己变成时代精神的化身。哲学如何才能成为时代的哲学呢？显然，哲学走进报纸只是一个表面的现象，关键在于是否能够把握时代的根本问题。以往哲学发展往往针对原有的特定体系

① 《马克思恩格斯全集》第 1 卷，人民出版社，1995，第 222 页。

而展开，这使哲学问题更多的是理论发展自身提出的问题。马克思认为哲学正变成文化的活的灵魂，哲学世界化使哲学变成了一般的哲学。在马克思看来，哲学面对的对象发生了变化，不再是主要面对原有的特定思想体系，而是面对世界、面对时代。"哲学思想冲破了令人费解的、正规的体系外壳，以世界公民的姿态出现在世界上。"① 这一表述虽然和黑格尔的表述很像，但有不同的价值指向。在黑格尔那里，哲学的发展并不是向外追逐，失掉其自身于外界，它之向外发展同样也是向内深入。这就是说，普遍的理念始终是内在的根本，是无所不包的和永恒不变的。马克思则开始走出哲学自身，不断发现时代的问题。另外还要看到，马克思所反映的时代问题已经不同于黑格尔的问题了。

三 历史观与时代的价值趋势

哲学要世界化，世界要哲学化，就涉及要有一个历史观，有一个对人的看法。历史是变化的，但不同的历史时代也会面临一些带有共性的问题。历史里面也有一般与特殊的关系问题。

在《莱茵报》时期，马克思推崇一般的价值。"哲学是问：什么是真实的？而不是问：什么是有效的？它所关心的是一切人的真理，而不是个别人的真理；哲学的形而上学真理不知道政治地理的界限；至于'界限'从哪里开始，哲学的政治真理知道得非常清楚，而不会把特殊的世界观和民族观的虚幻视野和人的精神的真实视野混淆起来。"② 马克思在这里区分了"真实"和"有效"、"一切人"和"个别人"，表达了自己对"人的精神的真实视野"的追求。哲学成为面向世界的一般的哲学，当然要把握世界的一般，但重要的还是把握人类世界的一般。人类世界的一般的基础和核心当然是人本身。这样一来，哲学成为面向世界的哲学就是要把握一切人的真理，把握人的精神的真实。

由于这个世界是人类世界，是人类历史，把握世界的一般与把握时代的一般并不矛盾。哲学变成面向世界的一般哲学，同时也就要求变成

---

① 《马克思恩格斯全集》第1卷，人民出版社，1995，第220页。
② 《马克思恩格斯全集》第1卷，人民出版社，1995，第215页。

当代世界的哲学。哲学要把握时代的一般，这是一种追求时代的客观价值的精神取向。"世界史本身，除了用新问题来回答和解决老问题之外，没有别的方法。"① 在答案中个人的意图和见识会起到很大的作用。"问题却是公开的、无所顾忌的、支配一切个人的时代之声。"② 时代的问题相对于个人的意图和见识而言具有客观性，个人的意图和见识只有反映时代的客观问题才能成为时代精神的体现。马克思在对时代问题的强调中已经包含时代的客观问题决定个人的意图和见识的唯物主义思想发展的可能性。

把握《莱茵报》时期的马克思的价值观，很重要的一点就是要把握马克思对普遍和特殊、一般和个别的价值的看法及其相关运用。当时的时代的客观问题到底是什么呢？这要从几个角度来进行回答。

其一，马克思对工人阶级的看法。马克思在《共产主义和奥格斯堡〈总汇报〉》中已经形成一种思考方法，就是宏观的历史和世界的视野。马克思虽然还没有明确形成唯物史观，但是马克思已经看到"一无所有的等级要求占有中等阶级的一部分财产"③ 已是英国和法国大街上有目共睹的事实。对于这一事实，马克思认为需要认真对待。"我们没有本事单纯用空话来解决那些正由两个民族在解决的问题。"④ 马克思当时还发现"一无所有的等级要求占有中等阶级的一部分财产"其实已经在某种程度上成为一个时代的要求了。这一点甚至反对者都会不自觉地认同。"一无所有的等级要求占有中等阶级的一部分财产"已经上升到手工业者等级应该在国家内组织国家的程度了。这一点甚至奥格斯堡《总汇报》上发表的文章都认同。"你们用来为自己的不相信辩解的理由是共产主义的。"⑤ "如果对于手工业者来说，他们的等级应当成为国家，同时，如果现代的手工业者像任何现代人一样，把国家理解为而且只能理解为他的全体同胞的共同领域，那么，你们除了把这两个概念综合为手工业者的国家

① 《马克思恩格斯全集》第 1 卷，人民出版社，1995，第 203 页。
② 《马克思恩格斯全集》第 1 卷，人民出版社，1995，第 203 页。
③ 《马克思恩格斯全集》第 1 卷，人民出版社，1995，第 293 页。
④ 《马克思恩格斯全集》第 1 卷，人民出版社，1995，第 293 页。
⑤ 《马克思恩格斯全集》第 1 卷，人民出版社，1995，第 294 页。

以外，还能综合为什么别的概念呢?"① 如果说手工业者是一个等级——一个特殊的社会等级的话，那么现代的手工业者除了自身是一个阶级以外，他们自身的历史地位和自身的诉求却反映了人的一般要求，反映了时代的一般问题，而不仅仅是一个特殊阶级的要求。包括组织国家在内，现代手工业者的国家和全体人民同胞的共同国家的要求之间是有一致性的。对现代手工业者提出的要求的一般意义进行系统的论证或者更为明确的表达是后来要进行的一项工作。诺曼·莱文认为，在科隆时期的报刊文章中，马克思使用的是"等级"一词和为数不多的"阶级"一词。"马克思更喜欢用'等级'一词和偶尔使用'阶级'一词是因为此时的他还没有达到这样的认识，即新的经济秩序已经征服了欧洲文明。直至'手稿'时期，马克思才认识到这一点。"② 但也应该看到，马克思已经开始用"等级"的概念讲述现代工人的历史任务问题，认为马克思对资本主义缺乏认知，只是集中进行反封建的斗争是不够确切的。

其二，马克思在《莱茵报》时期对私有财产的看法。废除私有财产是马克思共产主义价值观的重要内容。乔纳森·斯珀伯基本上还是把马克思的价值观定位为属于自由派的范畴。"从这方面以及其他大多数方面讲，马克思对社会问题的初次关注显示出了一些人对共产主义观念的猜疑，而且仍然是从亲资本家和亲自由市场的 19 世纪自由主义的角度思考社会与经济问题，尽管对穷人的同情可能多过很多支持自由市场的自由派。"③ 乔纳森·斯珀伯的这一看法有一定的局限性。批评空想社会主义不等于反对共产主义。事实上，马克思当时认为空想社会主义理论并不具有实践性。

关于马克思当时的法律观点，乔纳森·斯珀伯认为，这反映了他的父亲在法律知识上对他的影响。马克思的父亲的客户包括村民，他曾经试图维护他们的习俗性的权利。乔纳森·斯珀伯还认为，马克思的法律观点受

---

① 《马克思恩格斯全集》第 1 卷，人民出版社，1995，第 294 页。
② 〔美〕诺曼·莱文:《马克思与黑格尔的对话》，周阳等译，中国人民大学出版社，2016，第 199 页。
③ 〔美〕乔纳森·斯珀伯:《卡尔·马克思:一个 19 世纪的人》，邓峰译，中信出版社，2014，第 68 页。

到了他的老师爱德华·甘斯的影响。比如，财产权一部分是私有的，受到民法的保护；一部分是公共的，受到公共习惯的支配。拉宾认为马克思的观点受到了黑格尔和卢梭的影响。例如，枯枝是已死的林木，它不是林木，二者之间除了没有自然的联系外，也没有人为的联系，这就是事物的法的本质。因此，枯枝并不是林木占有者的财产，这种财产属于先占权范围。按照黑格尔的观点，对林木占有者来说，要使枯枝成为他的所有物，需要标明凡是落在他的林木所在地的枯枝都属于他。按照卢梭的看法，在缺乏法权根据时，所有权能受别人尊重的唯一标志就是劳动和耕耘。

不管马克思的相关思想来自何方，有一点是肯定的：马克思后来形成了一种思考方式，即自然物之间的自然关系受到社会关系的影响，在良好的社会关系的条件下，事物的自然本性才能得到充分的表现和发挥。在《莱茵报》时期，马克思认为："价值是财产的民事存在的形式，是使财产最初获得社会意义和可转让性的逻辑术语。"① 从这一说明中可以推出，树木本身并没有价值，当树木或者枯树枝有价值的时候，就意味着它们进入了社会关系的领域，具有了社会意义和可转让性。如果从较为彻底的方面来说，树木本身并不一定就是私有财产，其本身并不具有预先就被确定的私有财产的性质。按照这一逻辑，私有财产固定不变的说法就不合理了。一种事物成为私有财产是后发的。这一逻辑给私有财产的批判确立了一个基本的前提。在《莱茵报》时期，马克思还没有特别明确地说明这一点。但是马克思肯定了枯树枝不具有那种被预先确定的私有财产的性质。"有些所有物按其本质来说永远也不能具有那种预先被确定的私有财产的性质。"② 马克思形象地说明，自然界也有自己的贫富表现，树木是富有的，枯树枝是贫穷的。"在自然力的这种活动中，贫民感到一种友好的、比人类力量还要人道的力量。代替特权者的偶然任性而出现的是自然力的偶然性，这种自然力夺取了私有财产永远也不会自愿放手的东西。正如富人不应该要求得到大街上发放的布施一样，他们也不应该要求得到自然界的这种布施。但是，贫民在自己的活动中已经发现了自己的权利。人

---

① 《马克思恩格斯全集》第 1 卷，人民出版社，1995，第 247 页。
② 《马克思恩格斯全集》第 1 卷，人民出版社，1995，第 252 页。

类社会的自然阶级在捡拾活动中接触到自然界自然力的产物，并把它们加以处理。那些野生果实的情况就是这样，它们只不过是财产的十分偶然的附属品，这种附属品是这样的微不足道，因此它不可能成为真正所有者的活动对象；捡拾收割后落在地里的谷穗以及和诸如此类的习惯法也是这样。"① 人和自然的关系是人类史的一个有机组成部分，其价值发展方向是自然史越来越成为人类史。人与自然的关系的价值的核心是人道的力量发展，是人的权利的增长，是人对自然的人道利用。马克思的这段论述中包含对富人和贫民与自然的关系的分析，显然富人和贫民的关系属于社会关系的范畴。自然力的偶然任性限制了私有财产的力量，限制了特权者的偶然任性，给穷人提供了一个生存的空间。显然，社会需要保护这一空间。在私有者活动的对象之外进行活动，利用财产的偶然附属品，是穷人生活的一个组成部分，这形成了一种习惯法。

马克思有一段从主客体的角度理解价值的精彩论述。"护林官员不能估量被窃林木的价值，因为他每次在笔录中确定被窃物的价值时，也就是在确定自己本身的价值，即自己本身活动的价值；因此，难道你们能够设想，他保护自己客体的价值会不如保护自己的实体吗？"② 如果前面论述的是富人、穷人和自然界以及相应财产的关系的话，这里则论述了官员与其活动对象的关系。

马克思的这一价值看法必然得出因为人和对象的关系不同、人的角色不同，人的价值取向具有多层次性和相对性的结论。护林官员的价值观中可能具有四个主要内容：一个内容是他估计林木的价值等于评估自己的价值；一个内容是他可以为林木所有者效力，成为受雇用并为林木所有者效力的人；一个内容是管理者的价值，把国家或者地区的利益放在重要的位置；一个内容是作为人具有爱心，会体恤穷人、保护穷人的利益。在这几种价值选择中，应该把国家的价值立场和穷人的价值立场放在优先的位置。

在马克思看来，私有财产没有办法把自己上升到国家立场上来，因而就需要国家按照私有财产的方式来行动。但国家也需要维护自己的地位，

---

① 《马克思恩格斯全集》第 1 卷，人民出版社，1995，第 252~253 页。
② 《马克思恩格斯全集》第 1 卷，人民出版社，1995，第 257 页。

即作为目的的地位，不能把自身贬低为私人利益的手段。"这种把林木所有者的奴仆变为国家权威的逻辑，使国家权威变成林木所有者的奴仆。整个国家制度，各种行政机构的作用都应该脱离常规，以便使一切都沦为林木所有者的工具，使林木所有者的利益成为左右整个机构的灵魂。一切国家机关都应成为林木所有者的耳、目、手、足，为林木所有者的利益探听、窥视、估价、守护、逮捕和奔波。"① 这里的"国家权威的逻辑"还具有"应当"的色彩。此外，把"林木所有者的奴仆变为国家权威的逻辑"是一种历史现象，当无产阶级组织起自己的国家后，这一逻辑就随着社会的进步改变了。

在《莱茵报》时期，马克思已经有对私有财产进行批判的价值观的萌芽。马克思批评的"林木所有者"到底是什么性质的社会存在呢？如果马克思维护资本家这样的私有者，而批评带有封建色彩的私有者，那么马克思的思想就属于自由派的观点。如果马克思对林木所有者的批判已经包含对资本家这样的私有者进行批判的萌芽，那就意味着马克思已经开始走在通向共产主义价值观的道路上。现实的问题往往有很多层面，这些层面是交织在一起的，马克思当时还没有把焦点聚集在资本家问题上面。马克思有关林木盗窃问题的论述完全借用了黑格尔的术语。他将这些辩论置于黑格尔普遍性—特殊性以及整体—部分的方法论之中，并且看到了私有财产消解普遍性的危险。黑格尔为马克思研究社会的公平正义问题提供了方法。

其三，马克思对封建制的看法。马克思青年时就具有宏观的时间视野。"对于德国报纸来说，应该存在法国、英国、土耳其、西班牙的时间性，而不应该存在德国的时间性；对于德国报纸来说，只应该存在德国的无时间性。可是，那些使人们把对于一切正在发生的时事、特别是对于正在发生的当代史的注意力、炽热的兴趣和戏剧性的专注心情从外国转向祖国的报纸，难道倒不应该受到赞扬，而且是从国家观点出发受到赞扬吗？"② 一方面，法国和英国的时间性和德国的时间性不同，意味着在同

---

① 《马克思恩格斯全集》第 1 卷，人民出版社，1995，第 267 页。
② 《马克思恩格斯全集》第 1 卷，人民出版社，1995，第 402 页。

一个时代的不同国家，从历史进程的时间性来说，并不在同一个历史发展阶段上，有的国家已迈入更高级的历史阶段。另一方面，既然在同一个历史阶段，那么落后的国家也会受到先进国家的影响，具有一定的历史共时性。如果能够借助对先进国家的研究把握当代史的趋势和问题，然后从这些内容出发看待相对落后国家的问题和发展方向，那就是值得肯定的。

在《莱茵报》时期，马克思剖析了封建制度。封建制度是一种等级制度，人有等级之分，这使人与人之间高贵的、自由联系的肢体被强行拆散。而且封建制度本身就有原始形式的动物宗教和动物崇拜。在封建制度下，不劳而食者靠劳动者为生，这样就形成了不劳而食者的习惯法，"当特权者不满足于制定法而诉诸自己的习惯法时，他们所要求的并不是法的人类内容，而是法的动物形式，这种形式现在已丧失其现实性，变成了纯粹的动物假面具"①。贵族的习惯法的内容同普通法律形式是对立的，是和合理的法的概念相抵触的习惯。

四 理性的价值

一般认为，《莱茵报》时期，马克思的观点还属于黑格尔思想的范畴，如梅林就是在"黑格尔的弟子"的标题下叙述的②。

马克思的思想从中学时代就表现出了自身的独特性，这在《莱茵报》时期有很重要的体现，而这种独特性是马克思走向共产主义的重要的因素。在《莱茵报》时期，马克思的理性观更强调社会理性，强调社会理性自然就会关注社会不同层次的人的理性问题，这就把研究现实的社会关系提上了理论的议程。"从前的研究国家法的哲学家是根据本能，例如功名心、善交际，或者虽然是根据理性，但并不是社会的而是个人的理性来构想国家的。现代哲学持有更加理想和更加深刻的观点，它是根据整体观念来构想国家的。它认为国家是一个庞大的机构，在这里，必须实现法律的、伦理的、政治的自由，同时，个别公民服从国家的法律也就是服从他

---

① 《马克思恩格斯全集》第 1 卷，人民出版社，1995，第 249 页。
② 参见〔德〕弗·梅林《马克思传》，樊集译，人民出版社，1965，第 59 页。

自己的理性即人类理性的自然规律。对聪明人来说，指出这一点已经足够了。"① 从个人理性出发是西方启蒙运动典型的思考方式，因此马克思从社会理性出发有重要的意义。从马克思的这段论述来看，社会理性与国家的整体观念相关，而用整体观念构想的国家一定是实现了法律的、伦理的、政治的自由的国家。哲学就是要"从人类关系的理性出发来阐明国家"②。从唯物史观的角度来看，人类关系带有历史性，自由人的联合体是这一关系发展的价值方向。研究人类关系的理性，自然要研究人类关系本身，要把握人类关系的规律，这一观念的进一步发展为"生产关系"等概念的产生进行了思想的铺垫。

另外，马克思的理性观与研究事物的客观规律之间并不矛盾。如果理性仅仅意味着主观的理性，那么这种理性就会和客观规律相对立。事物本身的理性，涉及事物本身的规律，因为事物本身的规律是靠人类的理性概括出来的。马克思也曾经从主观来说理性。

在《莱茵报》时期，马克思的理性观具有传统理性观的一些特点。比如，理性意味着自律。"因为道德的基础是人类精神的自律，而宗教的基础则是人类精神的他律。"③ "计数是小孩的理智的最初的自由理论活动。"④ 马克思说，"精神的最主要形式是欢乐、光明"⑤。这样的表述当然涉及主观的状态。理性如果涉及对象就会和规律的概念联系在一起，从主观来说是理性，从客观来说是规律。马克思在《莱茵报》时期说的理性，有的时候就具有规律的内涵。"精神的实质始终就是真理本身"⑥。马克思对真理的追求并不仅仅局限在主观的范围内。"精神的谦逊总的说来就是理性，就是按照事物的本质特征去对待各种事物的那种普遍的思想自由。"⑦ 理性的一个要求就是按照事物的本质特征来对待事物。

当然，要弄清楚马克思在《莱茵报》时期的理性观的本质和属性，

① 《马克思恩格斯全集》第 1 卷，人民出版社，1995，第 228 页。
② 《马克思恩格斯全集》第 1 卷，人民出版社，1995，第 226 页。
③ 《马克思恩格斯全集》第 1 卷，人民出版社，1995，第 119 页。
④ 《马克思恩格斯全集》第 1 卷，人民出版社，1995，第 140 页。
⑤ 《马克思恩格斯全集》第 1 卷，人民出版社，1995，第 111 页。
⑥ 《马克思恩格斯全集》第 1 卷，人民出版社，1995，第 111 页。
⑦ 《马克思恩格斯全集》第 1 卷，人民出版社，1995，第 112 页。

需要确定理性是已经置在思考问题之前的既定的观念，还是通过经验的研究之后得到的对事物的规律的把握。应该说，这两个方面都存在于马克思的思想之中。马克思的国家观念有一定的理性前置因素，有一定的理想性和规范性。马克思也使用这一理性的规定来思考现实问题，从而将其作为评价现实事物的价值标尺。但在这一前置观念下，马克思却发展了对客观事物发展规律的认识。

五 唯物主义价值观的发展

后来马克思表述了一种新唯物主义的思想主张。新唯物主义强调要从社会关系的角度来把握事物，看到事物的社会关系属性，而不单纯是自然属性，同时也强调事物自身的实践印记。这样一来，客观事物中已经凝结了人类精神活动的要素。客观和主观精神不是截然对立的两极。在《莱茵报》时期，马克思已经有这一思维方法的萌芽。马克思说："事实并不排斥思想，思想也并不排斥事实，而这里涉及的正是报刊的最主要的特性，即互不相同的特征。"①

马克思区分了观念世界和现实世界，并把观念世界看成从现实世界涌现出来的。"自由报刊是观念的世界，它不断从现实世界中涌出，又作为越来越丰富的精神唤起新的生机，流回现实世界。"② 可见，观念是从现实世界涌现出来的，观念对于现实世界也是有意义的，越来越丰富的精神会唤起新的生机，起到改造现实世界的作用。

马克思对观念世界和现实世界的区分还表现在对恶劣思想和恶劣行为的辨析方面。对于恶劣行为，可以由法庭依据法律来制裁，但对于思想中的恶劣性，则缺乏相应的法典，也缺乏相应的法庭。③

在《莱茵报》时期，马克思已经对法律和法律的物质基础进行了区分。马克思认为法律是人的生活的自觉反映，其反映出来的是人的行为本身的内在的生命规律。"法律是不能预防人的行为的，因为它是人的行为

---

① 《马克思恩格斯全集》第 1 卷，人民出版社，1995，第 403 页。
② 《马克思恩格斯全集》第 1 卷，人民出版社，1995，第 179 页。
③ 参见《马克思恩格斯全集》第 1 卷，人民出版社，1995，第 418 页。

本身的内在的生命规律，是人的生活的自觉反映。"① 在《德意志意识形态》中，马克思把意识看作人现实生活这一存在的反映，其中意识形态的具体形式就包括法律。马克思这里理解的人的生活更强调内在的生命规律，而这个内在的生命规律是事物的法理本质。"事物的法理本质不能按法律行事，而法律倒必须按事物的法理本质行事。"② 马克思这个时候理解的人，虽然已经具体地涉及现实的不同社会阶层，但从理论形态上说还是偏向于个体的人。

这并不意味着《莱茵报》时期马克思理解的人是抽象的人。马克思强调，从人自身出发的判断和从等级身份出发的判断还是有所不同的。"在这里进行论战的不是个人，而是等级。"③ 私人判断会受到私人利益影响。④ 而且马克思已经区分了人和林木所有者，这一区分有重要的意义。林木所有者是人在生产关系中占有的地位，关键在于如何理解抽象掉人的具体的社会关系以后的"人"。一方面，这样的人具有抽象性，可以理解为抽象的人；另一方面，因为每个人都是从自己出发的，个人和社会在既定的社会历史条件下是有矛盾的，这样人就还有一个存在层面，即"个人"的规定性，这个规定性表现出和人的社会关系的规定性不同的特征。"个人"的规定性可以和人的能动性以及真正的人的社会关系关联在一起，这样"人"的价值就比"林木所有者"的价值更值得肯定。"莱茵省人应该在省等级会议中战胜等级，人应该战胜林木所有者。"⑤ 如果联系《德意志意识形态》中"个人"和"在一定条件下的个人"的区分，马克思这一思想的价值就显现出来了。

马克思后来说："1842—1843 年间，我作为《莱茵报》的编辑，第一次遇到要对所谓物质利益发表意见的难事。"⑥ "难事"带来了"疑问"，解决"疑问"产生了思想。这个思想就是从物质生活关系的总和解释法

---

① 《马克思恩格斯全集》第 1 卷，人民出版社，1995，第 176 页。
② 《马克思恩格斯全集》第 1 卷，人民出版社，1995，第 244 页。
③ 《马克思恩格斯全集》第 1 卷，人民出版社，1995，第 146 页。
④ 参见《马克思恩格斯全集》第 1 卷，人民出版社，1995，第 377 页。
⑤ 《马克思恩格斯全集》第 1 卷，人民出版社，1995，第 289 页。
⑥ 《马克思恩格斯选集》第 2 卷，人民出版社，1995，第 31 页。

的关系和国家形式。① "由此，'难事'和'疑问'可以分析成三个层次的问题：自己的理论和知识储备，预定的观念和遇到的现实问题的矛盾；物质利益以及相应的物质生活关系和法、国家等的关系；物质生活关系总和以及物质利益本身因为财产占有导致的矛盾性和冲突。"②

对物质利益问题发表意见是如何促进马克思思想发展的？其中包含着怎样的价值取向？基本的价值立足点依然是普遍利益。私人利益对普遍利益提出的挑战促使马克思去思考这种情况产生的社会历史根源问题，以及在现实的社会历史进程中普遍利益实现的可能性、现实性和途径问题。这种思考有一个不断深化的过程，从私人利益和普遍利益矛盾的发现到对市民社会和国家关系的分析，再到对个人存在和类存在的双重抽象化的分析，最后到无产阶级历史使命的发现以及社会历史的阶段性、规律性的阐发，马克思对自己的疑问给出了科学的回答。

在《评部颁指令的指控》中，马克思说："《莱茵报》也没有企图挑动国内的一些等级去反对另一些等级，相反，它倒是试图唤起每个等级去反对自身的利己主义和局限性，它处处都把公民的理性同等级的非理性，把人类的爱同等级的仇恨对立起来。"③ 在这里，公民的理性、人类的爱是肯定性的价值，而等级的非理性、利己主义是否定性的价值。马克思明确了什么是要肯定的、什么是要否定的。对利己主义的否定促使马克思不断探究利己主义的社会历史根源，这种探索是不断深化的。其中包括市民社会和国家的二元化、个人分裂为私人和公民、私有制和分工的分析等。"马克思在《莱茵报》时期对利己主义的批判是和等级、智力问题的考察联系在一起的。等级、智力和私利之间存在着一定的逻辑关系。等级会影响人的判断力，私人利益也会影响人的判断力。马克思当时还坚持一般的智力的看法。这种一般的智力是人的共同的属性，这种智力只为自身服

---

① 参见《马克思恩格斯全集》第 31 卷，人民出版社，1995，第 412 页。
② 张丽君：《〈莱茵报〉时期马克思对"利益"的伦理思考》，江畅等主编《价值论与伦理学研究》（2018 上半年卷），社会科学文献出版社，2018，第 173 页。
③ 《马克思恩格斯全集》第 1 卷，人民出版社，1995，第 427 页。

务，并且支配一切事物。马克思的这一表述还带有黑格尔的绝对理性的色彩。"①

对利益和理性关系的分析表明马克思当时的理性观已经具有较多的唯物主义色彩。智力对利益的表达会因为利益的不同而有所不同。"服务于某个特定目的、某种特定事物的智力同支配一切事物和只为自己服务的智力是有根本区别的。"②

六　合乎伦理和理性的共同体

《莱茵报》时期，马克思推崇"合乎伦理和理性的共同体"。"但是，总的说来，《莱茵报》从来没有偏爱某一特殊的国家形式。它所关心的是一个合乎伦理和理性的共同体；它认为，这样一种共同体的要求应该而且可以在任何国家形式下实现。因此，它不是把君主制原则看作一个特殊的原则，而是把君主制看作一般国家原则的实现。"③关于《莱茵报》时期马克思对君主制的态度，学者有不同的看法。诺曼·莱文认为马克思拥护立宪君主制，持有一种自由主义的君主主义观点，并且这种观点和黑格尔一致。诺曼·莱文依据的是《雷纳德致总督冯·沙培尔的信》以及《评部颁指令的指控》。诺曼·莱文认为，马克思并不是要推翻君主制，而是要建立一种启蒙主义模式的君主制政府，他认同的不是法国自由主义，而是德国自由主义。"马克思1842年在政治上的自我定位很明显与黑格尔的德国自由主义的形式是一致的。"④诺曼·莱文认为，法国自由主义更强调个人意志，而德国自由主义致力于保护私有财产和个人的自由权利；法国自由主义试图剥夺君主的所有决定权，而德国自由主义认为君主代表着国家意志。关于这一问题，应当从两个角度来看。一方面，马克思的确没有否定德国立宪君主制，还指出《莱茵报》"强调政府的普遍的英明"⑤。

---

① 张丽君：《〈莱茵报〉时期马克思对"利益"的伦理思考》，江畅等主编《价值论与伦理学研究》（2018上半年卷），社会科学文献出版社，2018，第176页。
② 《马克思恩格斯全集》第1卷，人民出版社，1995，第339页。
③ 《马克思恩格斯全集》第1卷，人民出版社，1995，第426页。
④ 〔美〕诺曼·莱文：《马克思与黑格尔的对话》，周阳等译，中国人民大学出版社，2016，第204页。
⑤ 《马克思恩格斯全集》第1卷，人民出版社，1995，第429页。

另一方面，也要看到，马克思价值观中具有较高地位的是合乎伦理和理性的共同体而不是立宪君主制。

《评部颁指令的指控》指出了《莱茵报》对政府、国家的态度。《莱茵报》主张的是"自由是主权的精神"，这种自由"通过自由的机构和法律获得实现"。马克思有一个合乎伦理和理性的共同体的价值观，并且是以这一价值观为指导理解君主立宪制度的。这一共同体中国家整体是有思想的，是自由的，和君主构成了一种有机性。这一看法和黑格尔的观点接近。黑格尔说："君主之所以从形式上看似乎将王位纳为己有、收入囊中，那是因为人民将统治国家的至高荣誉托付给了君主和他的家族，这是一种信托行为。因此，君主这个位置只是属于国家的，并且是同国家相结合的机构而已。"① 君主是同国家相结合的机构，因而在这种制度下要实现合乎伦理和理性的共同体的价值，仅仅有君主自身的个性和开明的思想是不够的，还需要相应国家机构的自由和开明，以及法律和开明的报刊，等等。

黑格尔所主张的自由主义和法国自由主义是不同的。黑格尔主张把国家看成一个自为的理性的东西。而单个人的意志不过是这一客观意志的一个环节。"客观意志才是其概念中自在的理性东西，不论它是否被单个人所认识或为其偏好所意欲。"② 黑格尔认为，卢梭把意志作为国家的原则确立起来了，但这个共同意志产生于单个人被意识到的意志，这样就破坏了自在自为地存在的神性的东西及其绝对的权威性和庄严性。黑格尔强调国家是伦理理念的现实。"精神意识到，自然和世界之中必须有理性。对这种理性自身所包含的各种规则的研究，对它们的内容的研究，对这些法则以及正当与善的合法性的研究，就是启蒙。"③

在《莱茵报》时期，马克思关于国家的一些基本思考原则与黑格尔一致，但也有自己的灵活多样的运用方式。马克思强调普遍目的，这看起来类似黑格尔的客观意志。但是马克思有自己的独特处理方式，"客观意

---

① 〔德〕黑格尔：《黑格尔历史哲学》，潘高峰译，九州出版社，2011，第380页。
② 〔德〕黑格尔：《法哲学原理》，邓安庆译，人民出版社，2016，第384~385页。
③ 〔德〕黑格尔：《黑格尔历史哲学》，潘高峰译，九州出版社，2011，第385页。

志"更多的是"关系的客观本性"。"人们在研究国家状况时很容易走入歧途,即忽视各种关系的客观本性,而用当事人的意志来解释一切。但是存在着这样一些关系,这些关系既决定私人的行动,也决定个别行政当局的行动,而且就像呼吸的方式一样不以他们为转移。只要人们一开始就站在这种客观立场上,人们就不会违反常规地以这一方或那一方的善意或恶意为前提,而会在初看起来似乎只有人在起作用的地方看到这些关系在起作用。一旦证明这些关系必然会产生某个事物,那就不难确定,这一事物在何种外在条件下必定会现实地产生,在何种外在条件下即使已经有了需要,它也不可能产生。"① "当事人的意志"和"关系的客观本性"之间的对应不同于黑格尔个人意志和普遍意志的对应。马克思关注能够决定私人行动的关系,关注决定人的善意或恶意的关系,关注必然会产生某个事物的关系。马克思还关注外在条件。当马克思发现这种外在条件是对个人来说现在的生产力的总和和生产关系的时候,唯物史观就诞生了。

普遍意志是意志中自在自为的合乎理性的东西,而国家的普遍意志就是国家中自为自在的合乎理性的东西。在《莱茵报》时期,马克思依然认为普鲁士制度有其基础,《莱茵报》反对的是偏离普鲁士制度的基础的倾向,而不是反对普鲁士制度的基础。这个基础实际上就是黑格尔法哲学中表达的国家体现普遍理性的观点。应该说,理性国家观遇到了挑战,这个挑战就是如何对待公民的财产、生活条件以及权利等问题。马克思当时只是强调要有合适的手段来适应公民的生活条件。② 这个问题涉及哪个是基础的问题。

马克思上述论述还是比较抽象的,当马克思具体运用理性国家观的时候,涉及了具体的国家关系的分析。国家关系的客观本性的把握则触及了国家本身的规律性的探究。如果贫苦关联的是国家状况,尤其是制度和法律,那么不对这种制度和法律本身进行改革的话,在这一制度和法律框架内的个别措施无法消除贫困,反倒会使贫困加剧。这一现象有助于重新思考理性国家观。法律和制度中的国家意识遇到了解决现实问题的困难。在

---

① 《马克思恩格斯全集》第 1 卷,人民出版社,1995,第 363~364 页。
② 参见《马克思恩格斯全集》第 1 卷,人民出版社,1995,第 261 页。

既定的管理原则和制度前提下，当依靠个别行政当局的努力工作已经无法解决问题的时候，管理机构自我改变的动力就没有了，目标就指向了被管理者的改变。① 这里面蕴含着管理原则的一般性和管理行动的特殊性问题，蕴含着社会基础和社会上层之间的相关性关系问题。"这种本质的关系就是既存在于管理机体自身内部、又存在于管理机体同被管理机体的联系中的官僚关系。"② 这显然是一种客观的关系，对这一关系的把握是一种普遍理性的工作，但这一意义上的普遍理性已经走出自身，进入客观的世界。

诺曼·莱文认为，马克思在1843年写作《黑格尔法哲学批判》之前还在阅读《法哲学原理》，但在1842年马克思还没有完全理解"市民社会"概念的重要性。诺曼·莱文还认为，1842年的马克思支持自由主义者黑格尔倡导的福利国家。"马克思在1842年是一名倡导福利国家的自由主义的君主主义者，也就是说，马克思支持代表被剥夺者的利益的国家行为。"③ 诺曼·莱文这一定位还是有值得商榷之处的。马克思关注贫困问题更多的是从有机体的角度来理解的，并且得出了要改变制度的结论，这一认识与自由主义的君主主义者还是有一定的差别的。

马克思心目中的合乎伦理和理性的共同体是一个有机的共同体。在这个有机的共同体中，人人与国家之间都血肉相联。马克思主张"把国家由神秘的、僧侣式的东西变成公开的、人人了解个个有关的尘世的东西，要使国家变得与公民血肉相联"④。马克思心目中理想的国家应该是"公众的国家组织"⑤。马克思还强调国家生活的有机性。"我们要求人们不要突然离开现实的、有机的国家生活，而重新陷入不现实的、机械的、从属的、非国家的生活领域。我们要求国家不要在应当成为它内部统一的最高行为的行为中解体。"⑥

① 参见《马克思恩格斯全集》第1卷，人民出版社，1995，第374页。
② 《马克思恩格斯全集》第1卷，人民出版社，1995，第377页。
③ 〔美〕诺曼·莱文：《马克思与黑格尔的对话》，周阳等译，中国人民大学出版社，2016，第201页。
④ 《马克思恩格斯全集》第1卷，人民出版社，1995，第403页。
⑤ 《马克思恩格斯全集》第1卷，人民出版社，1995，第403页。
⑥ 《马克思恩格斯全集》第1卷，人民出版社，1995，第334页。

为了保证这种有机性，人民要成为有机的人，国家机关要成为有机的机关。"我们的作者所持的出发点是，离开某些被任意划出的等级差别，人民就作为原生无机体存在于现实的国家中。"① 在马克思看来，正是任意划出的等级差别阻碍了人民参与国家生活。国家作为有机体，其中成员的职能的发挥是非常重要的。"国家不能轻率地取消自己某一成员的所有职能，因为每当国家把一个公民变成罪犯时，它都是截断自身的活的肢体。"② 正是因为持有有机性的看法，马克思才不会片面地看问题，而是把人民和政府的优缺点看成关联在一起的。"它从来没有抽象地把政府同人民对立起来，而是相反，把国家的缺点看成既是政府的，也是人民的缺点。"③

马克思"把国家看作是相互教育的自由人的联合体"④，这个联合体有一些基本的价值，如普遍理性、自由和法律。普遍理性对于有机体来说非常重要。在马克思的心目中，合乎理性的公共存在是国家真正的"公共教育"。为了保持国家的有机性，需要教育来实现目的由个人向普遍的转化，实现人的本能向道德的转化，实现人从天然的独立性向精神自由的转化。"使个人以整体的生活为乐事，整体则以个人的信念为乐事。"⑤

利己主义的个人是游离于国家有机体之外的个人。这样的个人是如何产生的呢？在《莱茵报》时期，马克思还没有明晰的市民社会和国家的矛盾的思路。马克思分析了政府的因素，政府混淆了自己和人民的声音会导致一些人变成一群只顾个人的庸人。⑥ 马克思发现了官员的理智和市民的理性之间的矛盾。自私自利的意图会使官员用官员的理智去对抗市民的理性。当然，马克思当时也承认，"管理机构对整体和整体中的各个部分之间的关系的认识，要比这些部分本身对这种关系的认识更加深刻"⑦。

在社会的层次中，马克思把公众和国家最高机构看成最应体现普遍理

---

① 《马克思恩格斯全集》第 1 卷，人民出版社，1995，第 333 页。
② 《马克思恩格斯全集》第 1 卷，人民出版社，1995，第 255 页。
③ 《马克思恩格斯全集》第 1 卷，人民出版社，1995，第 427 页。
④ 《马克思恩格斯全集》第 1 卷，人民出版社，1995，第 217 页。
⑤ 《马克思恩格斯全集》第 1 卷，人民出版社，1995，第 217 页。
⑥ 参见《马克思恩格斯全集》第 1 卷，人民出版社，1995，第 183 页。
⑦ 《马克思恩格斯全集》第 1 卷，人民出版社，1995，第 377 页。

性的两极，而中间的部分则更容易被私人意见左右，因而国家有机体离不开最高机构的活力。"如果存在现实的联合，即真正的集权制，那么有关中央一级的活动的可能性的问题就失去任何意义，因为中央一级的活动只不过是真正集权制的表现、结果和生命活动。中央委员会本身就包含着中央一级的活动。"① 诺曼·莱文认为，在科隆的那段日子中，马克思并没有要求进行革命，抑或是推翻君主制和国家，也没有要求实行民主。"尽管马克思在这一时期还没有进入民主主义的阶段，即他在《黑格尔法哲学批判》中达到的阶段，也没有进入共产主义的阶段，即他在《〈黑格尔法哲学批判〉导言》中达到的阶段，但是不可否认的是，《莱茵报》时期是马克思后来对资本主义国家进行批判的一个先行阶段。"② 这一认识低估了马克思在《莱茵报》时期的思想进展。在这一时期，马克思的思想中已经包含民主主义和共产主义的因素，不过这些因素还混杂在一起。

马克思强调的有机性更多的是一种理想性的、自然而然的有机性，靠强迫来保证的忠诚有时候会破坏这种有机性。马克思分析了不忠诚的态度产生的原因。每一级都要求实行同样的压制和同样的反压制，这样就陷入了恶性循环，就产生了较普遍的不法行为。把不法行为的范围抬到人们看不见的高度，并不能真正消灭不法行为。

这一合乎伦理和理性的共同体的另外一个基本价值是自由。报刊的价值就在于实现自由的价值。马克思认为报刊的作用是成为公民了解国家的"透明的玻璃"，如果报刊不能发挥这样的作用，就成了"关闭的门户"。报刊可以把具体地区的状况变为普遍关注和普遍同情的对象。诺曼·莱文把这一相关思想理解为表达了政府的四个要素——官僚、私人利益、市民和政治，并且把市民理解为普遍的社会领域。

马克思非常强调文章作为一个整体的一部分的使命，希望让报刊由许多个人意见的集合点转变为表达一种思想的喉舌。马克思认为，报刊的分工使事实被揭示出来。"只要报刊生气勃勃地采取行动，全部事实就会被

---

① 《马克思恩格斯全集》第1卷，人民出版社，1995，第336页。
② 〔美〕诺曼·莱文：《马克思与黑格尔的对话》，周阳等译，中国人民大学出版社，2016，第197页。

揭示出来。"① 马克思希望报刊有自己的理智、自己的见解、自己的良心。"理论、理智和形式的斗争"② 驱动了社会的转变，这基本上是黑格尔的模式。

合乎伦理和理性的共同体离不开法。法律的意义就在于普遍性。法律的普遍性并不意味着法律不需要发展，合法的发展不可能没有法律的发展，法律的发展不可能没有对法律的批评。这种批判和不满反倒会唤起人们对参与国家发展的忠诚。③ 法律的每一项改革和修订、每一个进步都是建立在这不满上面的。这种批评之所以必要，就在于法律会受到特权和特殊利益的影响，而"特权等级没有权利预示法律"④。马克思认可穷人的习惯法。"这种习惯法按其本质来说只能是这些最底层的、一无所有的基本群众的法。"⑤ 由具体的贫苦阶级的思考上升到对一切国家的穷人的思考，为深刻思考穷人产生的社会历史根源准备了思想条件。马克思当时是从市民社会的习惯来解释的，其中对贫穷和私有财产的关系问题的思考意义重大。对私有财产的根源和历史演进规律的思考使马克思对社会历史的认识逐渐清晰。

马克思关心"在发展人民生活方面的悬而未决的问题"⑥。拉宾对《评奥格斯堡〈总汇报〉第 335 号第 336 号论普鲁士等级委员会的文章》给予很高的评价。"马克思的这篇文章，特别是在 1843 年前夕出版的该文的结尾部分，明显地表现出革命民主主义倾向。"⑦ 马克思关于国家是一个有机整体的观点与黑格尔的观点全然不同：黑格尔认为民主制是一种标志着人民处于"未发展状态"的国家形式，真正有机的整体性的国家必须以君主制为前提；马克思则认为民主制才是真正有机的国家的适当形式。"要末是等级代表制原则发展为一种国家的原则，从而国家服从于私

---

① 《马克思恩格斯全集》第 1 卷，人民出版社，1995，第 358 页。
② 《马克思恩格斯全集》第 1 卷，人民出版社，1995，第 329 页。
③ 参见《马克思恩格斯全集》第 1 卷，人民出版社，1995，第 427~428 页。
④ 《马克思恩格斯全集》第 1 卷，人民出版社，1995，第 250 页。
⑤ 《马克思恩格斯全集》第 1 卷，人民出版社，1995，第 248 页。
⑥ 《马克思恩格斯全集》第 1 卷，人民出版社，1995，第 444 页。
⑦ 〔苏〕尼·拉宾：《马克思的青年时代》，南京大学外文系俄罗斯语言文学教研室翻译组译，生活·读书·新知三联书店，1982，第 98 页。

人的利益；要末是发展有文化修养的人民代表制原则，从而私人利益服从公共利益，即人民利益。换句话说，也就是建立一个劳动者的国家。"①不能局限在具体的国家组织形式上来理解马克思的民主制思想。马克思后来明确表示《莱茵报》致力于建立合乎伦理和理性的共同体，这种共同体可以在任何国家形式下实现，这种共同体的基本要求是国家是公众的国家组织。

马克思反对特殊利益等级妄自尊大并同国家的政治精神相异化，力图限制国家。马克思诉诸人民智力，他提到了国家复活，国家中占主导地位的是自由的人。马克思后来强调自由人的联合体，这一思想是经过了长期的酝酿的。马克思说，"在真正的国家中，没有任何地产、工业和物质领域会作为这种粗陋的要素同国家达成协议"②。马克思这个时候主要从现象方面提出问题，并对特定历史阶段和特定国家具体的经济基础和上层建筑的关系进行了批判。如果从马克思后面的思想来看，地产和国家的关系、雇佣劳动制度下的大工业和国家的关系是历史不同阶段的经济基础和上层建筑的关系。"真正的国家"问题不仅仅是一种精神的现象，更应该从历史的角度来回答。

拉宾认为，马克思的人民代表制度的矛头不仅指向右派和立宪派，也指向企图把等级代表制和人民代表制这两种截然对立的原则以折中的方式凑在一起的资产阶级自由派。从马克思的论述来看，马克思所说的人民代表制更多的是合乎伦理和理性的共同体，其中可以兼容人的现实的差别，包括等级的差别。

人民代表制的灵魂是人民智力的代表权。这种代表权其实不是人民被其他人代表，而是人民有权代表自身。人民不是不自由的人，而是自由的人。等级代表制，实际上是由某些人来代表某个等级的成员或者代表人民，这样等于把人民看成被动的、粗鄙的、没有有机联系的一群人。这样的观点在黑格尔哲学中存在，也被当时的报纸记者用来论证自己的看法。

---

① 〔苏〕尼·拉宾：《马克思的青年时代》，南京大学外文系俄罗斯语言文学教研室翻译组译，生活·读书·新知三联书店，1982，第 98 页。
② 《马克思恩格斯全集》第 1 卷，人民出版社，1995，第 344 页。

等级代表制不但忽略人民的有机性，而且还会伤害国家。因为人民不能直接参与国家活动，国家生活的范围就缩小了。等级本身追求自己的特殊利益使国家需要体现人民的精神以限制等级的特殊利益，这使国家生活变得萎缩，国家生活失去了其知识的意义，成为某种虚构。人民代表制的实质是人民能够参加国家活动，其精神价值是不会拿个别的需要同国家对抗，国家就是自己的国家。

马克思所说的人民代表制不应简单地等同现实的人民的代表制，更多的是人民智力的代表制。普遍的智力在其中起到组织的灵魂的作用。马克思认为，智力是一切事物的内在的起决定作用和组织作用的灵魂。[①] 人民智力在实质上就是一般的智力，即"不顾自己的家园为正义事业而斗争的自由的智力""只为自己服务的智力"，这是"人的共同属性的智力"，这是"'理智'的意图和利益"。[②]

如果人民代表制本质上是人民智力代表制，那么就会有一个理论和现实的困难。人民当然具有一般的智力，但是人民也有特殊属性的智力，如何保证人民代表按照一般智力来思考呢？"政治智力不是根据这一特殊本质来确定普遍本质，而是根据普遍本质确定这个特殊本质。"[③] 比如应当根据政治智力来评价地产。马克思希望用普遍本质来规定特殊本质，这样"智力"就会"使等级会议代表成为人"。[④] 人民代表制的提出是由智力来规定的，"智力不仅根本不需要——在这一点上我们乐于同意我们作者的观点——等级代表制，而且甚至需要非等级代表制"[⑤]。人民代表制中的人民和官员之间不是对立的关系，因为在人民代表制中有政府官员参加不是一个矛盾。但在等级代表制中有政府官员就是矛盾的，因为等级制的国家中，官员是国家利益的代表，而等级是私人利益的代表。

人民代表制和等级代表制是对立的。马克思当时关注的是"国家生

---

① 参见《马克思恩格斯全集》第1卷，人民出版社，1995，第343页。
② 《马克思恩格斯全集》第1卷，人民出版社，1995，第339页。
③ 《马克思恩格斯全集》第1卷，人民出版社，1995，第343页。
④ 《马克思恩格斯全集》第1卷，人民出版社，1995，第339页。
⑤ 《马克思恩格斯全集》第1卷，人民出版社，1995，第339页。

活的有机体本身"①，等级代表制则伤害了国家生活的有机体。其中一个表现是等级代表制把人民机械地划分成几个固定的、抽象的组成部分，并且要求这些无机的、被强制确定的部分进行独立运动，这样就不能实现国家生活和人民的有机运动；等级代表制中断了一些被代表的人的现实的国家生活，也就中断了国家生活的自觉繁荣；等级代表制要求智力的代表权，就会变成垄断智力的等级即知识界的代表权问题；等级代表制使智力变成了特殊的智力，这和智力寻求满足普遍利益相矛盾。"私人利益的切身需要，才是等级制度的建筑师。"② "等级是智力的特殊属性！"③ 这种等级的智力是一种为自己的家园而奋斗的讲究功利的智力，是服务于某个特定目的、某种特定事物的智力。马克思指出，愿望、利益本身是不会说话的，会说话的是人，土地、利益、愿望通过有智力的人表达出来并不会失去其局限性，反倒使智力成了特殊的智力。

人民代表制并不意味着否认现实存在的差别。"我们并不要求在人民代表制的问题上撇开现实地存在着的差别。相反，我们要求从由国家内部结构所造成和决定的那些现实差别出发，而不要从国家生活领域倒退到国家生活早就使其丧失意义的某些虚构的领域中去。"④ 在马克思看来，等级是过去历史时代的产物，现实的政治生活领域就是国家活动的领域，包括县、乡镇等。这些领域并不是等级。等级代表制意味着历史的倒退。

七 方法论

诺曼·莱文认为，马克思分析社会形式的方式源于黑格尔的方法论。诺曼·莱文认为，马克思在《莱茵报》时期使用的黑格尔方法论范畴包括：有机图式；整体—部分；普遍性—特殊性；类—种；形式—内容；本质；本质—存在；规定；矛盾；本身。⑤ 的确，在马克思早期思想发展的

---

① 《马克思恩格斯全集》第1卷，人民出版社，1995，第333页。
② 《马克思恩格斯全集》第1卷，人民出版社，1995，第342页。
③ 《马克思恩格斯全集》第1卷，人民出版社，1995，第339页。
④ 《马克思恩格斯全集》第1卷，人民出版社，1995，第333~334页。
⑤ 参见〔美〕诺曼·莱文《马克思与黑格尔的对话》，周阳等译，中国人民大学出版社，2016，第205页。

过程中，本质和存在的区分、普遍和个别的区分等占有重要的地位。

在《莱茵报》时期，马克思运用的最精彩的方法论范畴当数普遍和特殊、个别范畴。如马克思说："把自己个人的狭隘界限当作全世界的界限和支柱，这是狭隘性的本性。"① 理性涉及如何处理普遍和个别的关系问题，私人理性的一个技巧就是混淆个别和一般。马克思批评那种把个别人物尊为圣者的做法。这种做法把人类本性描绘为一种可怕的形象，却让人拜倒在个别特权人物的神圣形象面前。这不会改变整体是强大的、个人是弱小的这一事实。

马克思强调普遍性的价值，同时把高级形式看成更能体现普遍性的存在。较高级的权利形式要由较低级的权利形式来证实，但不能用较低级领域的尺度衡量较高级领域。"如果总的说来自由是合法的，不言而喻，某一特定形式的自由表现得越鲜明、越充分，自由的这一特定形式也就越合法。"② 特殊也是有价值的，因为特殊并不单纯是特殊，特殊中有一般。马克思把个别和普遍的关系看成辩证的关系。马克思重视区分个别和普遍，并把这种区分用来进行辩论。如马克思举例说每个城市都有头脑迟钝的孩子，但是不能根据这些孩子的情况来推断某个城市或家庭的特征。

马克思使用的方法论范畴虽然是黑格尔使用过的范畴，但不是抽象地运用，而是运用于对现实问题的分析，这使这些辩证法的范畴和对社会历史的把握紧密联系在一起。

---

① 《马克思恩格斯全集》第 1 卷，人民出版社，1995，第 320 页。
② 《马克思恩格斯全集》第 1 卷，人民出版社，1995，第 190 页。

第三章　克罗茨纳赫时期马克思
价值观的唯物主义转折

1843 年 7~8 月，马克思在克罗茨纳赫摘录了大量的笔记。"在研究《1843 年手稿》时，下列情况引起本书作者的注意，即在手稿的后半部（第 23 印张），马克思似乎结束了对黑格尔《法哲学》第 303 节的详细分析，并准备接着研究下面几节（在第 24 印张的头两页他连续摘录了第304~307 节），但是，写了头几行以后，他中断了对这几节的分析，做了大量的补充，重新又回到对第 303 节的研究。"[1] 一般观点将《克罗茨纳赫笔记》与《黑格尔法哲学批判》两个文本看作历史唯物主义形成的开端。

一　《克罗茨纳赫笔记》对社会基础领域的价值认识

《克罗茨纳赫笔记》摘要的题目涉及方面非常广泛，包括国家和市民社会的相互关系、特权、所有制关系及其对国家和整个社会制度的影响、财产和选举权、私有者与共同体的关系、财产与统治和奴役之间的联系、财产和平等等问题。[2]

《克罗茨纳赫笔记》当然不能与马克思的成熟著作相提并论，但是也

---

[1] 王旭东、姜海波编著《马克思〈克罗茨纳赫笔记〉研究读本》，中央编译出版社，2016，第 235 页。

[2] 《克罗茨纳赫笔记》是马克思于 1843 年在克罗茨纳赫对 23 本历史和政治类著作所做的摘录笔记。

不可忽略它的价值。马克思关注的地方肯定包含马克思自己的理解，这些理解与马克思自己的著作之间存在这样那样的思想关联。

（一）主谓词关系

其中值得关注的一个问题就是人民和国家谁是主语谁是谓语。马克思在笔记中记载了这样一个观点："这是对王室主权的攻击，因为这里对王室的攻击就在于，他们攻击了由于王室而产生的并且属于君主制特权的那些特权。"① 把国家当成主体，不只是黑格尔的法哲学观，也是现实国家可能出现的思想逻辑。土地是王室的，如果给私人带来好处，就等于攻击了君主制的特权。但合理的认识是：王室并不是这种特权产生的主体，不是主语，而应当是谓语。

"社会创造国王"这一说法中的社会是主语，国王是谓语。相反，如果制宪权或者国王是主语，社会是谓语，就颠倒了主谓关系。另外，在权力的问题上也存在主谓关系问题。"你们从谁那里得到权力呢？从谁那里也没有得到，或者说从你们自己那里得到。"② 选举制度也有一定的优点，这个优点就是把官员和老百姓的主谓关系给颠倒过来了。马克思的笔记中记载，美国"官吏依赖于'老百姓'；一切官员都努力争取重新当选"③。

对于这类问题，马克思给出了自己的总结性的结论。"总之我们可以发现，主词变成宾词，而宾词变成主词，被决定者取代决定者，总是构成例行的革命，而且不仅从革命者方面来说是如此。国王制造法律（旧的君主国），法律又制造国王（新的君主国）。宪法的情况也完全是如此。反动派的情况也是这样。长子继承制是国家的法律。国家希望有长子继承制的法律。因此，黑格尔这样把国家观念的要素变为主词，而把国家存在的旧形式变为宾词，——但是在历史现实中情况恰好相反：国家观念始终都是国家存在的那些［旧］形式的宾词，——他这样做只不过说出了时

---

① 王旭东、姜海波编著《马克思〈克罗茨纳赫笔记〉研究读本》，中央编译出版社，2016，第231页。

② 王旭东、姜海波编著《马克思〈克罗茨纳赫笔记〉研究读本》，中央编译出版社，2016，第165页。

③ 王旭东、姜海波编著《马克思〈克罗茨纳赫笔记〉研究读本》，中央编译出版社，2016，第289页。

代的一般精神，他的政治神学。这里的情况同他的哲学和宗教上的泛神的情况一模一样。非理性的一切形式这样一来都变成理性的形式。但是这里在宗教上是理性，在国家中是国家观念在原则上被变成了决定的要素。这种形而上学是反动派的形而上学表现，对于反动派来说，旧世界是新世界观的真理。"① 马克思在这里揭露了黑格尔是如何把国家观念的要素变为主词的。但现实的情况应该是国家存在的形式是主词，而观念是宾词。马克思还分析了主宾词颠倒与社会变革的关系。国家存在的形式决定国家观念，国家观念反过来又制造国家存在的形式。宾词的主词化如果放在社会经济基础和上层建筑的关系中来论述，放在世代更迭的关系中来论述，就会有更丰富的结论。当先前世代产生新的观念时，新的观念总是会推动新的社会存在的发展，社会的变革就会显现为观念变革的外观。这种情况也会在社会存在和社会意识的关系中显现出来。

（二）财产、所有制与国家等相关问题

在笔记中，马克思关注私有财产和所有制的关系。虽然资料较为零散，但还是有几个思想线索可以把握。

一是所有制和国家的关系。"整的说来，土地所有制总是德国制度的基础。"② 我们要特别注意《克罗茨纳赫笔记》第二本围绕"所有制及其结果"这一范畴所做的提要。可以看到，它涉及财产关系同政治法律关系之间的内在联系。笔记中还提到构成贵族的基础的是采邑制度或者说封建制度。封地制度是政治生活的形式。没有共同的利益能够把广阔王国的居民都联合起来，只有比较小的集团才能紧密地团结起来。"地产的巩固是立宪君主制的基础。"③ 这显然是经济基础决定上层建筑的具体例证。

二是私有制的产生及历史演化问题。笔记中提到公共所有制由于暴力掠夺逐渐变为私有制。笔记中有的内容反映了封建土地所有制面临的困

---

① 王旭东、姜海波编著《马克思〈克罗茨纳赫笔记〉研究读本》，中央编译出版社，2016，第192页。
② 王旭东、姜海波编著《马克思〈克罗茨纳赫笔记〉研究读本》，中央编译出版社，2016，第286页。
③ 王旭东、姜海波编著《马克思〈克罗茨纳赫笔记〉研究读本》，中央编译出版社，2016，第288页。

境。贵族占有王室的土地，使王室的直接臣民变成了间接的臣民，给王国带来了损害，也给下层等级带来了负担。正是土地私有制的进一步发展给现代私有制提供了前提条件。"现代私有制的体系是长期发展的产物。"① 当然，其中也伴随着城乡对立的发展。"城乡的对立给革命做了准备。"② 城乡的对立是怎么形成的？《德意志意识形态》对此进行了回答，主要因素是分工。

关于没收教会财产问题，资产阶级在对待私有财产上有"重大矛盾，一方面宣布私有财产不受侵犯，另方面又牺牲私有财产"③。笔记资料显示了现代私有制的局限性。现代私有制的终结就是公有制的诞生地。激进派提出的"财富完全平等"即把一切富人都变成穷人的建议，"超出了以资产阶级所有制为基础的法制范围"④。关于平等的解释是法国大革命时期尖锐的党派斗争的内容。其中一种观点意识到平民的平等要求是危险的，力图把平等的含义局限于纯法律的观点。"平民战胜了产业主和金钱，平民唯一地成为强力和官职的源泉，一切行政机关都适应平民需要。在选举代表时，每个人的利益起了很大作用。在纽约资本主义社会分化为两部分：劳动者和不必劳动者。手工业者联合起来的目的：废除对教育的垄断，一切市民平等受教育；还有部分地平均分配财产：农业法，在完全民主的条件下，直接选举就有改变国家的危险，这种危险目前在美国还不存在，因为它的公民大多数是有产者。"⑤ 显然，这里的"平民""劳动者"的主体就是无产阶级。资本主义社会分化为资本家和无产阶级，而无产阶级提出了自己的要求，这个要求就是行政机关要适应自己的需要，包括平等受教育和平均分配财产。"完全民主的条件"显然符合马克思的

---

① 王旭东、姜海波编著《马克思〈克罗茨纳赫笔记〉研究读本》，中央编译出版社，2016，第 276 页。
② 王旭东、姜海波编著《马克思〈克罗茨纳赫笔记〉研究读本》，中央编译出版社，2016，第 283 页。
③ 王旭东、姜海波编著《马克思〈克罗茨纳赫笔记〉研究读本》，中央编译出版社，2016，第 271 页。
④ 王旭东、姜海波编著《马克思〈克罗茨纳赫笔记〉研究读本》，中央编译出版社，2016，第 301 页。
⑤ 王旭东、姜海波编著《马克思〈克罗茨纳赫笔记〉研究读本》，中央编译出版社，2016，第 289 页。

"真正的民主制"的诉求。直接选举还是诉诸武力推翻资本主义是两种不同的形式。

　　三是结合财产、所有制来思考平等、自由等问题。笔记中有这样一则材料："在上古时期的制度里只保障人身自由，这就是说，自由只同人本身相联系，后来国家为了有利于物质的自由而限制人身的自由，物质自由是同土地相联系。"① 这则材料虽然在逻辑上还不是特别清晰，但是其中包含的历史感值得肯定，自由是一个历史的范畴，在不同的历史条件下，内容并不相同。另外，这则材料也表现出物的力量的增长使其具有自身的独立性的问题。物质的自由只有在拥有物质的时候才拥有，如果不拥有物质，即便承认物质的自由，对于没有物质的人来说也没有物质的自由。资本家拥有物质的自由，而工人阶级没有物质的自由。这则材料中包含的逻辑区分，如果详加论证和更加合理化，就会成为唯物史观的一个思想要素。"自由是相对的概念。真正的财产只存在于免税的情况下或自然状况中。真正财产的本质是狩猎权和投票权，拥有这种权利的人是真正的所有者，不仅仅是财产的所有者。"② 这显然是一个有待厘清的问题。财产的所有者就是私有者，私有者的权利是人在生产关系体系中的权利。而人本身的权利则是抽象掉社会关系以后或者在良好的生产关系下人的权利，免税的情况下或自然状况的权利对应着狩猎权和投票权。尽管这段话表述得不够清晰，但是其中蕴含着一定的逻辑区分。在《莱茵报》时期，马克思区分了个人和等级的人，这段话与这种区分是有呼应关系的。"由于财产状况而具有影响的一切东西，在债主、封地占有者、承租人、有利企业的头头身上变成了中间性权力，政府依赖它并不比臣民差。因此，在其他许多方面强有力的政府，在实现其不断保护各下层阶级中存在的优秀东西的意图时却显得软弱无力。"③ 金钱构成了实际的权力，而法权则是一种

① 王旭东、姜海波编著《马克思〈克罗茨纳赫笔记〉研究读本》，中央编译出版社，2016，第287页。
② 王旭东、姜海波编著《马克思〈克罗茨纳赫笔记〉研究读本》，中央编译出版社，2016，第287页。
③ 王旭东、姜海波编著《马克思〈克罗茨纳赫笔记〉研究读本》，中央编译出版社，2016，第227页。

权利。

（三）选举、代议制等的价值分析

笔记中还有一个系列问题就是家庭、等级和平等、代表会议和行政权的关系。显然，这三条线索的问题都是《黑格尔法哲学批判》中涉及的问题。马克思记载的资料中既有对代议制的一定的肯定，也有一定的批判。

以下说法肯定了代议制。"自从代议制发明以来，已经证明，无论是共和制形式还是君主制形式的代议制原则，都适用于广大人民。"① 马克思在《莱茵报》时期有类似的看法，即认为民主制可以和立宪君主制兼容，在立宪君主制下实现民主制。但是到了《黑格尔法哲学批判》，马克思的思想进一步发展，他指出了君主制或立宪君主制中的民主的局限性，从而提出真正的民主制的看法。"代议制既可采用共和国的形式，又可采用君主制的形式。王位的继承是最大的财产，废除这种继承就威胁着一切财产。继承制与选举君主制是不相容的，选举君主制虽然建立在人民主权的基础上，但并没有人民群众参加。较古老的正统性——在一个家族里民族意志的维持与人格化。"② 君主制原则和贵族制原则、民主制原则的关系是什么？马克思在《黑格尔法哲学批判》中把民主制下的民主看成类和一般，而把贵族制等制度下的民主看成个别或者特殊。"政治自由是国民拥有参与制定支配着国民本身的法律的权利。平民的自由在于财产权和人身安全权。君主制的原则、贵族制的原则、民主制的原则形成了政治的三位一体。"③

笔记中提到了代议制的虚构性，全体人民是虚构的，其实质上是法律上的或者神秘的个人。英国议会实质上是各个等级的团体，现代代议制只是资产阶级的政治利益和物质利益的表现。"议会的成员不是人民的代

---

① 王旭东、姜海波编著《马克思〈克罗茨纳赫笔记〉研究读本》，中央编译出版社，2016，第 164 页。
② 王旭东、姜海波编著《马克思〈克罗茨纳赫笔记〉研究读本》，中央编译出版社，2016，第 277~278 页。
③ 王旭东、姜海波编著《马克思〈克罗茨纳赫笔记〉研究读本》，中央编译出版社，2016，第 288 页。

表，大部分是他们自己利益的代表。"① "代议制基于两重幻想：统一的公民权利的幻想和代表大会是全民代表的幻想。特别是等级选举法表现出人民主权的骗局。"② "人民主权"的概念是一个形式，在历史的进程中含有千差万别的内容。革命和反革命力量都会使用这一概念。"英国的君主制的基础不是人民主权，而是特有的权利。"③

"自由和秩序的结合是资产阶级社会所能达到的最高的文化阶段。"④选举制度体现了这种结合。笔记中的一则材料说，集议机构一切协商的目的在于取得一致，而这种一致只有在集议机构成员确实平等的前提下才能达到。而且只有在对公民按等级分类进行选举而不是按居住区进行选举的情况下，这种前提才能实现。按等级分类能够实现平等吗？显然，这是有疑问的。多数人的意见发挥了维护政治合法性的功能。"对于人民革命要求的恐惧而产生的所谓的合法主义，即人民主权与神权的结合。……人民主权——无政府状况，多数人的主权——合法性，难道多数派绝无差错？如果不是，那么它就会成为暴君。议会中的多数总是人民的多数，这不取决于选举制度。"⑤ 多数本身也会有差错，人民的全体的国家如何可能呢？这显然是一个重要的理论和实践课题。"一种制度是各种强力之间的妥协。一种强力的胜利就意味着这种制度的破坏。"⑥ 这很好地体现了整体和特殊在国家中运作的辩证法。虽然局部的努力是积极的，但是如果问题由制度本身造成的话，局部的努力反倒会使问题更加难以解决。在《莱茵报》时期，马克思表达了这样的思想。这样一来，要想使社会进步，

① 王旭东、姜海波编著《马克思〈克罗茨纳赫笔记〉研究读本》，中央编译出版社，2016，第275页。
② 王旭东、姜海波编著《马克思〈克罗茨纳赫笔记〉研究读本》，中央编译出版社，2016，第278页。
③ 王旭东、姜海波编著《马克思〈克罗茨纳赫笔记〉研究读本》，中央编译出版社，2016，第278页。
④ 王旭东、姜海波编著《马克思〈克罗茨纳赫笔记〉研究读本》，中央编译出版社，2016，第275页。
⑤ 王旭东、姜海波编著《马克思〈克罗茨纳赫笔记〉研究读本》，中央编译出版社，2016，第283页。
⑥ 王旭东、姜海波编著《马克思〈克罗茨纳赫笔记〉研究读本》，中央编译出版社，2016，第282页。

显然需要革命的力量。笔记中的材料提到了多数人要求向当权者和富人清算的行为。"托玛斯·闵采尔反对诸侯统治，主张一切生灵的自由和'平民'的统治。"①

（四）普遍意志问题

担当革命领导的阶级谋求自身利益，在一定程度上也反映了人民的普遍利益。但每一个阶级都是从它自己的利益的立场来对待公共事务的。"是否有某个阶级，它的'个别利益'在未来的革命中会同'普遍意志'相一致？"② 在后来的思想发展中，这个问题的答案是清楚的，那就是有这样一个阶级。

在第二本笔记的索引中能够看出马克思关注的问题中有一个很突出的问题，就是普遍意志问题。个人、社团和普遍意志的关系是什么，普遍意志和人类意志的关系是什么，普遍意志的表达，普遍意志和协商、一致性的关系是什么，这些都是马克思很关注的问题。

这些笔记有很大的理论价值，说明马克思当时开始关注对具体的历史进程的研究。这种研究有助于对当下社会进行宏观的历史定位。当完成从具体到抽象的过程以后，历史发展的规律就慢慢呈现出来了。

二　马克思对自己的新价值观的表达

《黑格尔法哲学批判》是一部未完成的手稿，又被称为《克罗茨纳赫手稿》或《1843年手稿》。《1843年手稿》没有标题，现在的标题是1927年苏联共产党中央马克思列宁主义研究院发表这一手稿时加的。这部著作是对黑格尔《法哲学原理》第261～313节阐述国家问题的部分所做的分析和批判。

关于《黑格尔法哲学批判》的写作时间，有两种主要的看法。一种看法是写于1841年4月和1842年4月之间。手稿的写作时间问题之所以被关注，是因为涉及其他相关的问题。如果是写于为《莱茵报》撰稿以

---

① 王旭东、姜海波编著《马克思〈克罗茨纳赫笔记〉研究读本》，中央编译出版社，2016，第281页。
② 王旭东、姜海波编著《马克思〈克罗茨纳赫笔记〉研究读本》，中央编译出版社，2016，第303页。

前，那么如何定位这部手稿呢？如果定位为唯物主义，那就涉及马克思和青年黑格尔派关系的重新界定；如果定位为唯心主义，就会掩盖手稿的唯物主义内容。另外，更为重要的是如何看待《莱茵报》和这部手稿的关系，如果手稿在前，《莱茵报》时期马克思的思想应该就是手稿思想的运用。另外一种看法占主流，认为手稿写于 1843 年退出《莱茵报》到 1843 年移居巴黎以前。

　　围绕写作时间的讨论，引申出来的问题就是《1843 年手稿》的思想和《莱茵报》时期的思想的关系。拉宾强调《莱茵报》时期马克思整体的思想是唯心主义的，而《1843 年手稿》中更表现出唯物主义的特征。拉宾认为《莱茵报》时期只是在为《1843 年手稿》做准备，手稿则从唯物主义立场来解决《莱茵报》时期提出的世界观问题。"事实说明：这时的活动是马克思只在写作手稿过程中才自觉实现的向唯物主义过渡的准备，甚至在一定意义上是这个过渡的开始。"① 这一看法总体上是合理的，但也要进行具体的分析。一方面，不应过于夸大《莱茵报》时期马克思思想的唯心主义方面，而忽略了唯物主义因素的发展。另一方面，也不宜过于夸大《莱茵报》时期马克思和黑格尔的共同性，而忽略了马克思自己思想的独特性。《黑格尔法哲学批判》发展了马克思自己的独特认识，或者说他自己的独特认识更为清晰，相对于《莱茵报》时期来说，具有一定的总结性。比较合理的解释是：《莱茵报》时期马克思已经开始对黑格尔进行批判，这一批判性的运用体现在这一时期的思想中，而《黑格尔法哲学批判》发展了其中的批判性因素。阿维纳瑞就强调马克思和黑格尔的关系既有受惠的一面，又有讨伐的一面。尤其是阿维纳瑞注意到马克思试图用自己的体系标准衡量黑格尔。注意到这一点很重要，这种衡量关系不仅仅存在于《黑格尔法哲学批判》，在《莱茵报》时期就已有这种迹象。报纸工作的性质决定了马克思不可能以完全黑格尔式的理性主体来推导现实，这使他运用黑格尔的方式已经发生变化。黑格尔的理性国家成为马克思观察现实的一种理论观念框架。

　　1842 年 3 月 5 日，马克思给卢格的信中说："我为《德国年鉴》写的

---

① 杨学功：《马克思〈黑格尔法哲学批判〉研究读本》，中央编译出版社，2017，第 384 页。

另一篇文章是在内部的国家制度问题上对黑格尔自然法的批判。这篇文章的主要内容是同君主立宪制作斗争，同这个彻头彻尾自相矛盾和自我毁灭的混合物作斗争。"① 这篇文章原为《末日的宣告》的一个部分，后来，做了修改，供稿给《德国年鉴》。"文章的命运不得而知，可能，马克思在写 1843 年手稿时使用了它。"② 马克思在 3 月 20 日给卢格的信中提到不能为《轶文集》寄去《黑格尔法哲学批判》了，因为这篇文章也是为《末日的宣告》而写的。1842 年 3 月 20 日给卢格的信中马克思说："这种《末日的宣告》式的笔调和臃肿而拘谨的黑格尔叙述方式，现在应当代之以更自由、因而也更实在的叙述方式。"③ 其实，马克思在《莱茵报》时期写的文章运用的就是这种更实在的叙述方式。更实在的叙述方式不仅仅是叙述的问题，还涉及思想的穿透力，涉及思想能否超越概念本身而直接面对真正的客观现实。1842 年 11 月 30 日，马克思进一步阐发了自己的编辑原则。"如果真要讨论共产主义，那就要用另一种完全不同的方式，更切实地加以讨论。"④

《莱茵报》时期马克思已经开始摆脱黑格尔。笔者认为，不应该以"完全"的黑格尔立场来理解《莱茵报》时期马克思的思想，起码是"不完全"的，其思想只是在一定程度上保留了黑格尔思想的要素和印记。马克思 3 月 5 日提到的那篇文章既然已经开始对黑格尔进行批判，这种批判的印记就应当已经存在于以后发表的文章中了。《莱茵报》时期马克思发表的重要文章中，《第六届莱茵省议会的辩论（第一篇论文）》写于 1842 年 3 月 26 日到 4 月 26 日，在这篇批判文章之后。《莱茵报》时期大部分文章都在这篇批判文章之后。"在《黑格尔法哲学批判》中，大部分内容都是复述马克思在《莱茵报》工作时期的发表文章主题，只不过使用了更加理论化的语言与哲学化的形式。"⑤《莱茵报》时期，马克思的思

① 《马克思恩格斯全集》第 27 卷，人民出版社，1972，第 421 页。
② 〔苏〕尼·拉宾：《马克思的青年时代》，南京大学外文系俄罗斯语言文学教研室翻译组译，生活·读书·新知三联书店，1982，第 149 页。
③ 《马克思恩格斯全集》第 27 卷，人民出版社，1972，第 424 页。
④ 《马克思恩格斯全集》第 27 卷，人民出版社，1972，第 436 页。
⑤ 〔美〕乔纳森·斯珀伯：《卡尔·马克思：一个 19 世纪的人》，邓峰译，中信出版社，2014，第 75 页。

想已经和黑格尔有很大的不同。

马克思的理性观和黑格尔的不同。"可见,国家制度的理性是抽象的逻辑,而不是国家的概念。我们得到的不是国家制度的概念,而是概念的制度。不是思想决定于国家的本性,而是国家决定于现成的思想。"① 这段话显示了马克思思想和黑格尔思想的不同。黑格尔的国家制度的理性观是抽象的逻辑,是从逻辑学的形而上学规定推导出来的。这样一来,国家制度的理性通向国家机体或政治制度的特定观念之路就设定了一个不可跨越的鸿沟。"但是,从机体的一般观念通向国家机体或政治制度的特定观念的桥梁并没有架设起来,而且这座桥梁永远也架设不起来。"② 因此,从国家机体的特定观念的角度来定位《莱茵报》时期的理性观是比较合适的。这一理性观当然有一定的前提性和预设性,有一定的价值性,是马克思观察现实的理论武器。以一定的理论前提观察现实算不算唯心主义呢? 这要看这种观察的有效性以及是否会因为现实而进行调整,如果这种观察是有效的,并且是随时调整的,那么这种理论前提的主观性就减弱了。不管怎样,作为一种观察现实的理论框架的理性观与以概念体系推导现实之间还是有很大的不同。黑格尔的是"抽象的逻辑",马克思的是"国家的概念",马克思的理性国家观属于国家本性决定论的思想。当然,在《莱茵报》时期,马克思发展了与黑格尔不同的方面,不过还没有对其进行系统的反思和总结,界限还不够明晰,还有一定的模糊的理论地带。

《黑格尔法哲学批判》对于马克思《莱茵报》时期的思想发展具有总结的意义。③ 应该说,如果从德国思想发展史来看,《黑格尔法哲学批判》相对于黑格尔思想来说是一个转变。但《莱茵报》时期的马克思的思想不属于思辨的理论体系范畴,不属于政治哲学的体系化框架。博士论文虽然带有一定的思辨性,但总体上来看,马克思自己的学术努力一开始就具

---

① 《马克思恩格斯全集》第 3 卷,人民出版社,2002,第 24 页。
② 《马克思恩格斯全集》第 3 卷,人民出版社,2002,第 18 页。
③ 李淑梅认为马克思在《黑格尔法哲学批判》中一个具有根本意义的思想转变是对形而上学的体系化哲学的颠覆。参见李淑梅《体系化哲学的突破与政治哲学研究方法的转变——马克思的〈黑格尔法哲学批判〉再解读》,《哲学研究》2005 年第 9 期,第 20 页。

有强烈的研究问题尤其是现实问题的价值取向。

二者都强调有机体，但内涵不同。黑格尔的有机体是从观念上来讲的，当落实到具体的国家层面时，虽然强调国家的普遍性，但是这种普遍性最后又归结为君主这样的个体。行政权起到把特殊归到普遍的作用，而市民社会被理解为一个具有特殊性的领域，这样就陷入了二元论，人民和国家成了对立的东西，并没有很好地说明现实国家的有机性。"国家或政治制度向各种差别及各种差别的现实性的发展是有机的发展。"① 把现实的政治制度当成主体和把观念当成主体是不同的。《莱茵报》时期马克思的有机体观念是否属于黑格尔观念体系中的有机体观呢？显然不是，马克思说的伦理政治共同体当然不同于具体的国家制度，但是这一共同体的思想也不属于逻辑学的形而上学观念系统。马克思强调伦理政治共同体可以在不同的国家制度下实现，其实已经区分了国家制度和伦理政治共同体，这一区分在《黑格尔法哲学批判》中得到了明确，变成了真正的民主制和其他制度的关系。涉及具体的国家制度的理解，《莱茵报》时期的马克思也和黑格尔有很大的不同。马克思强调人民生活的有机性，强调国家不应该把自己的部分排除在外，同时也批评官僚阶层和私人等级，这和黑格尔是不同的。不过，在君主立宪制问题上，《莱茵报》时期的马克思没有明确地进行否定，到《黑格尔法哲学批判》这里则进行了明确的否定。

（一）主谓关系

从方法论角度来讲，马克思对黑格尔既有继承，也有批判和改造。一般与个别、形式与内容等是继承黑格尔而来，特殊的东西需要和普遍的东西统一起来的观念和黑格尔是一致的。但黑格尔的法哲学有两个致命的缺陷，即逻辑学的形而上学式的推导和对君主立宪制的辩护。要克服这两个致命的缺陷，就要有一个超越君主立宪制的理性国家观，这就是真正的民主制。人民和国家成了具有普遍性的领域，而国家制度、官僚阶层和市民社会等成了具有特殊性的领域。其中一个根本的方法论就是颠倒的方法论。"其实正应当从现实的主体出发，考察它的客体化。"②

---

① 《马克思恩格斯全集》第 3 卷，人民出版社，2002，第 15 页。
② 《马克思恩格斯全集》第 3 卷，人民出版社，2002，第 32 页。

颠倒的方法体现在很多理论层面，其中一个很重要的颠倒就是市民社会和国家关系的颠倒。"家庭和市民社会都是国家的前提，它们才是真正活动着的。"① 国家是主体，相应的机构的发展是客体。这种方法论上的颠倒超越了《莱茵报》时期的思想。在《莱茵报》时期，马克思也有把国家的普遍性和人民联系在一起的观念，但在方法论方面没有明确的表述。

（二）社会—国家伦理政治共同体

1843 年马克思致卢格的信中说："费尔巴哈的警句只有一点不能使我满意，这就是：他过多地强调自然而过少地强调政治。然而这一联盟是现代哲学能够借以成为真理的唯一联盟。"② 黑格尔哲学的法哲学就是要克服这两个领域成为单独的现实的东西，而要把它们引向普遍的东西。但是黑格尔并没有很好地解决这个问题，他把二者统一在理性上，而且最终他对官僚政治的看法导致国家的普遍精神落空了，也没有真正确立社会的地位。这样一来，"社会"和"国家"并没有完成现实的统一。伊莱安纳·鲍威尔等认为马克思关心国家和社会的统一问题。"也可以认为，他不把自己理解为片面的'醉心于国家的人'，而是虽然他把国家和社会的关系视为重要的研究领域——关心'醉心于自然的人'和'醉心于国家的人'的统一，但不关心这两个'系列'的平行。"③ 马克思这一努力方向具有重要的意义。这一思考既不同于费尔巴哈，也不同于黑格尔。"市民社会"概念在马克思思想史上起到了重要的作用。马克思通过这一概念发展出了"社会"的概念，发展了阶级及其对立和斗争的理论。

普遍性到底在哪里寻找？当然是从国家中寻找，但是不能把官僚等同于国家，等级、官僚、政府当然有公共性，但也有其非公共性的一面。马克思把普遍性和国家联系起来，但是国家的普遍性不仅仅是形式上的，更应该是有内容的。这种内容应该从人民中去寻找，从社会中去寻找。普遍性的寻求与如何定位公共事务有关。公共事务不能从理性中去寻找，也不

---

① 《马克思恩格斯全集》第 3 卷，人民出版社，2002，第 10 页。
② 《马克思恩格斯全集》第 27 卷，人民出版社，1972，第 442～443 页。
③ 杨学功：《马克思〈黑格尔法哲学批判〉研究读本》，中央编译出版社，2017，第 397 页。

能仅仅从国家中去寻找。马克思是从现实的人、现实的人民出发来规定公共事务的本质的。这样一来,"社会"和"国家"就是两个不可分割的概念,国家通过政府或者官僚系统来实现的形式上的普遍性不再是一种空泛的东西,其实质的内容是"人民"和"社会"。这样的"国家"概念就变成了一个既是社会的又是政治的社会政治共同体的概念。在这一共同体中实现了特殊理性和普遍领域、人民生活和国家生活的统一。

马克思通过把国家和政府分开来,发现了国家被形式化的过程,从而既保留了普遍理性的国家观念,也对官僚政治的特殊利益追求给出了理论上的回答,从而回应了《莱茵报》时期的疑问。"黑格尔应该受到责难的地方,不在于他按现代国家本质现存的样子描述了它,而在于他用现存的东西冒充国家本质。"① 研究黑格尔的法哲学这个"副本",有助于揭开现实国家这个"原本"的秘密。

(三) 国家—等级—市民社会思想结构的拓展

马克思认为黑格尔的法哲学有一个基本的思想结构,这个结构中国家和人民是对立的。"黑格尔总是把国家和政府当作同一的东西设定为一方,而把分为特殊领域和特殊个人的人民设定为另一方。各等级作为中介机关处于这两个方面之间。"② 这样一种结构使有机体落空了。马克思对黑格尔法哲学的批判涉及思想结构的拓展。

这主要表现为国家观念的拓展。这里需要注意两个方面。一个方面是马克思坚持国家的普遍性,这一点和黑格尔的观点一致。区别在于马克思谈的是国家观念,黑格尔谈的是从逻辑学的形而上学推导出来的国家理念。马克思认为普遍事务只有在它不再是个人的事务而是社会的事务时才能成为真正普遍的东西。人民本身就是普遍事务。类意志只有在具有自我意识的人民意志中才可获得真实的定在。"这里谈的是国家的观念。"③ 马克思谈的是国家的观念,不同于黑格尔由理性主体推导出来的认知。

另外一个方面就是黑格尔虽然谈论国家,但是国家和政府没有明确划

---

① 《马克思恩格斯全集》第 3 卷,人民出版社,2002,第 80 页。
② 《马克思恩格斯全集》第 3 卷,人民出版社,2002,第 84 页。
③ 《马克思恩格斯全集》第 3 卷,人民出版社,2002,第 82 页。

分出界限。"黑格尔认为，'国家'在这里处处都和'政府'是同一个东西。"① 这样就把国家意识和官僚机构的意识混淆了。真正要做到的是使民主要素成为国家机体中合乎理性形式的现实要素。此外，社会才是现实的决定性的东西，黑格尔"不让社会成为现实的决定性的东西"②。

国家精神在哪里呢？在公众和人民这里。公众意识就是现实的、经验的国家精神。众人的观点和公众意识一旦通过等级获得存在，就变成了官僚政治形式即知识等级制形式的国家意识。马克思关注的是国家精神的"现实的经验的"③ 形式。黑格尔则把人民看成不知道自己需要什么的一群人。他认为，只有行政办事机构才有深刻的认知，有自为存在的意志，知道理性需要什么。这一看法其实把等级的意志也否定了。

以上两个方面归结起来就是，黑格尔谈论的国家理念不过是"国家形式主义"；而马克思追求的国家的普遍性不仅仅是一种形式上的存在，还要有实际内容。要有实际内容，就需要剥离国家和政府的关系，区分政府和官僚的关系，剥离市民和市民社会、市民个人和等级的关系。这样一来，马克思就突破了黑格尔的国家—等级—市民社会的三元论述结构，而变成了市民个人和人民—社会—等级（狭义上使用的"市民社会"、同业公会等）—官僚政治—国家这样一个论述结构。

（四）历史视野对价值评判的意义

黑格尔把现存的东西冒充为国家的本质实际上把历史凝固了，把当下的政治制度凝固为永恒的东西。突破这一点的方法就是历史分析，而当时的历史分析是以对国家进行分析的形式展开的，即从君主制到共和制。

马克思指出，在古代国家中，政治国家构成了国家的内容。民族成了皇帝的私有财产。凡是在有古典形式的长子继承权的地方，也都发现了私有财产的国家制度。在中世纪，权利、自由表现为一种特权，这些特权以私有财产的形式表现出来。"在封建制度中恰恰显示出：君王权力就是私有财产的权力，君王权力中包藏着一般权力的秘密，包藏着一切国家集团

---

① 《马克思恩格斯全集》第 3 卷，人民出版社，2002，第 155 页。
② 《马克思恩格斯全集》第 3 卷，人民出版社，2002，第 151 页。
③ 《马克思恩格斯全集》第 3 卷，人民出版社，2002，第 77 页。

的权力的秘密。"① 贵族的秘密是动物学，他的肉体成了他的社会权利，肉体决定了最高层的决断。② 黑格尔坚持理性的原则，但是君主制和理性的原则是相背离的，继承制使个体通过直接的自然的方式获得君主的尊严。要么市民的现实的私人事务就是国家活动的现实内容，要么国家就是单个人一己之任意。中世纪的民主制是不自由的民主制。

现代国家则是政治国家和非政治国家的相互适应。马克思区分了政治国家和物质国家，物质国家不是政治国家。马克思以此来把握共和制。在马克思看来，共和制和君主制一样是一种国家形式，国家的内容没有在这种国家形式中实现，因为这一领域同其他领域是对立的，这导致内容也成了形式的和特殊的。在真正的民主制中要克服私人生活的抽象带来的国家的抽象。在真正的民主制中，抽象的国家不再是统治的环节。

（五）对国家形式化的批判

马克思认为立宪国家的国家利益成了一种形式，成了人民生活的调味品，成了一种仪式。因为人民中的单个人提出的要求被看成无机的，成为和有机的国家对立的东西。

关于国家特殊事务是否能成为私有财产的问题，马克思指出，这本身就是国家职能和国家权力，当然是国家财产。当然，把国家职能当成私有财产的情况在历史上是存在的，而其为什么存在正是政治哲学要回答的问题。只是说不可能是私有财产是不能解决什么问题的。黑格尔在补充中提到官职既不能出卖也不能继承，而官职如果是私有财产就能出卖和继承。黑格尔也提到过去的法国和当下的英国存在出卖官职的情况。既然存在这一情况，那么只是从逻辑上说明国家职能不可能是私有财产就没有意义了。

马克思进一步进行了批判。马克思批判的问题和黑格尔讨论的问题并不完全一致。黑格尔有一个补充说明，他关注的是个体有权操持国家事务的根据是什么这一问题。黑格尔说，这一问题的依据不是个体的直接人格性，而是个体普遍而客观的特质，但在补充说明中又强调个体必须受过教

---

① 《马克思恩格斯全集》第3卷，人民出版社，2002，第136页。
② 参见《马克思恩格斯全集》第3卷，人民出版社，2002，第132页。

育和某一特殊职能的教化。黑格尔强调这种联系的外在性和偶然性，这就等于把个人的政治性变成了一种偶然的和外在于个人的东西。事实上，国家挑选适应自己职能的官员时会考虑个体的能力、才干、性格等因素，而个体的能力、才干、性格和教育、教化也不是截然分开的。

其一，马克思的批判关注个体和国家哪个才更为根本这一问题。马克思指出黑格尔没有发现国家的职能和活动同特殊的个体性二者之间的有机联系。

其二，从对人的把握方面来说，黑格尔把个体分成直接人格性和普遍而客观的特质这两个层面并不是特别清晰。在《莱茵报》时期马克思就区分了个人和等级，按照马克思的区分，应当是"肉体的个人"、"私人特质"和"政治的个人"、"个人的政治特质"与"社会特质"的区分。①

其三，黑格尔的外在性和偶然性联系的说法和有机性不相符合。②

其四，黑格尔颠倒了国家职能和个人的关系，个人才是主词，"他忘记了特殊的个体性是人的个体性，国家的各种职能和活动是人的职能"③。

黑格尔的论述实际上使国家主权落空了。黑格尔认为，在封建君主制度时代，国家的职能和权力被独立的同业公会和自治团体这样的集合体占有了，个体的意见和偏好左右了个体思考应该为整体做什么。在和平时代，要么是私欲促进相互保存和整体保存，要么是对私人生活的外在限制才能体现出国家的主权。这样一来，主权就变成了一种纯粹的观念。马克思指出，黑格尔谈的只是观念。"主权即国家的理想主义只是作为内在的必然性即作为观念而存在。"④ 此外，马克思针对这一节的另外一个批判也非常有价值。黑格尔强调理性，但是最终主权成了无意识的、盲目的实体。马克思并不否认理性，关键是黑格尔自身存在很大的矛盾，真正的理性的体系的任务依然没有完成。主权成为特殊领域和特殊事务的目的这样的实现方式变成了一种理想主义的东西，但这种理想却不具有理性的本质，不具有现实性。这样一来，黑格尔的普遍性和

---

① 《马克思恩格斯全集》第 3 卷，人民出版社，2002，第 29 页。
② 参见《马克思恩格斯全集》第 3 卷，人民出版社，2002，第 29 页。
③ 《马克思恩格斯全集》第 3 卷，人民出版社，2002，第 29 页。
④ 《马克思恩格斯全集》第 3 卷，人民出版社，2002，第 30 页。

普遍利益的追求其实落空了。这就给马克思提出了一个任务：如何才能实现真正的普遍利益？

黑格尔对第 279 节有较长的一段附释。马克思比较重视这一节。理想性的普遍思想应该是人的思想，应该成为个体的思想。黑格尔说普遍思想要求个体性和人格性。个体性和人格性反倒成了一般规定的体现者。这样就出现了两个谬误。第一个谬误是二元论。"黑格尔没有把普遍东西看作现实有限物的即存在的东西的、被规定的东西的现实本质，或者说，他没有把现实的存在物看作无限物的真正主体，这正是二元论。"① 第二个谬误是主谓颠倒。主观性是主体的规定，人格是人的规定。"黑格尔不把主观性和人格看作它们的主体的谓语，反而把这些谓语变成某种独立的东西，然后以神秘的方式把这些谓语变成这些谓语的主体。"②

按照黑格尔的王权观念，立法权对应普遍性，行政权把特殊性和普遍性联系起来，但最后都统一到君主的决断上，这样才能保持整体的统一性。这样一来君主就成了人格化的主权，成了化身为人的王权。那么这样一种思维方式就把其他人都排斥在主权、人格和国家意识之外了。其实国家意识应该是所有国民的意识，而不仅仅是君主的决断。

按照黑格尔的这一逻辑，君权和人民主权是对立的。马克思认为："人民主权不是凭借君王产生的，君王倒是凭借人民主权产生的。"③ 是人民构成了现实的国家，只有人民才是具体的东西。

（六）对旧官僚政治的批判

"国家形式主义"是如何产生的呢？关键就在于旧的"官僚政治"，而其基础是市民社会和国家的分离。"'官僚政治'是市民社会的'国家形式主义'。"④ 马克思非常辩证地分析了这一问题。"同业公会是市民社会企图成为国家的尝试，而官僚政治则是那种确实使自己变成市民社会的国家。"⑤

---

① 《马克思恩格斯全集》第 3 卷，人民出版社，2002，第 32 页。
② 《马克思恩格斯全集》第 3 卷，人民出版社，2002，第 32 页。
③ 《马克思恩格斯全集》第 3 卷，人民出版社，2002，第 37 页。
④ 《马克思恩格斯全集》第 3 卷，人民出版社，2002，第 59 页。
⑤ 《马克思恩格斯全集》第 3 卷，人民出版社，2002，第 59 页。

在马克思看来，官僚政治是粗陋的唯物主义和唯灵论的统一体，是各种实际的幻想的网状织物。国家精神变成了形式的东西，然后把这种形式上的东西变成自己的内容。"国家的目的变成行政办事机构的目的，或者行政办事机构的目的变成国家的目的。"① 这样就成了虚构的国家，而国家目的变成了虚构的知识和虚构的生活，国家成了官僚政治的私有财产。官僚和世界的关系也是主谓语颠倒的。② 官僚政治的唯物论是粗陋的，这表现在消极服从、例行公事等。

马克思认为黑格尔关于国家制度逐渐变化的理解也不是很恰当。"要建立新的国家制度，总要经过一场真正的革命。"③

针对黑格尔提出的用道德和思想教育来抵消官场知识和工作的机械性成分，马克思指出，因为官职是官员的饭碗，实际精神和实际工作会压倒其余才能，官场知识和工作的机械性成分反倒会抵消道德教育和思想教育。此外，知识和才能的证明以及君王的判断被黑格尔设定为个人同官职联系的环节。在马克思看来，黑格尔没有找到市民社会和国家的真正的同一，而是同一到官员的薪俸上。马克思认为，立法权要代表普遍利益从而具有普遍性，就要代表人民，代表类意志。

（七）市民社会新的价值视野

马克思认为，在黑格尔这里，作为个人赖以存在的共同体，市民社会是同国家分离的，市民社会建立起来的和国家的关系是作为官僚政治而存在的。"市民要获得政治意义和政治效能，就必须抛弃自己的等级，即抛弃市民社会，抛弃私人等级，因为正是这个等级处在个体和政治国家之间。"④ 马克思《黑格尔法哲学批判》中的"市民社会"概念与黑格尔的思想并不完全一样，其"市民社会"概念和等级相关。

马克思对"等级"问题进行了历史性的分析，即"从政治等级到社会等级的转变过程"⑤。这一转变意味着社会发展形态的转变。新的社会

---

① 《马克思恩格斯全集》第 3 卷，人民出版社，2002，第 60 页。
② 参见《马克思恩格斯全集》第 3 卷，人民出版社，2002，第 61 页。
③ 《马克思恩格斯全集》第 3 卷，人民出版社，2002，第 72 页。
④ 《马克思恩格斯全集》第 3 卷，人民出版社，2002，第 97~98 页。
⑤ 《马克思恩格斯全集》第 3 卷，人民出版社，2002，第 100 页。

发展形态下"市民社会的等级差别完全变成了社会差别"①。《黑格尔法哲学批判》中的"市民社会"概念有一个历史的视野。市民社会和国家分离以后的等级差别表现为城市和乡村的差别，而金钱和教育是其主要标准。

马克思的市民社会观有很大的价值，其中一个非常重要的方面是发现了具体劳动的等级和其他等级之间的关系。"丧失财产的人们和直接劳动的即具体劳动的等级，与其说是市民社会中的一个等级，还不如说是市民社会各集团赖以安身和活动的基础。"② 这一认识的进一步发展就是无产阶级和资产阶级关系的认识了。马克思对具体劳动的等级和不劳动等级的关系的思考是非常有价值的。不仅如此，马克思认为市民社会在自己的内部也分等级和社会地位。这一认识已经构成阶级分析的思想萌芽。

现代的社会等级和旧社会的社会等级是不同的。现代社会的等级不再作为共有的组织、共同体来吸纳个体，而是个体的劳动及机会造成的。但是，尽管是劳动和机会造成的，等级却不是从个体的劳动中产生的，也不是从基于法律关系等固定关系形成的客观共同体中产生的。因而等级对于个体而言还是一个外在的规定。马克思的这一思想表达得还比较模糊，但是其中已经包含一定的思想区分。个体所从事的劳动造成了等级，同时等级又不是从个体劳动中产生的，这意味着个体劳动带有一定的被动性，是被动地纳入社会劳动之中的，从而造成了等级的差别。这样的劳动显然是手段，而不是目的。"现代的市民社会是实现了的个人主义原则；个人的存在是最终目的；活动、劳动、内容等等都只是手段。"③ 马克思的这一认识已经包含一种对理想社会的思考，在那样的社会中，从个体劳动的差别中产生出社会的差别，这种差别本身应当是个体的内在规定。在马克思后来的按劳分配思想中，显然个体的劳动就是个体的内在规定。另外，马克思还说："享受和享受能力是市民等级或市民社会的原则。"④ 被动的劳动和享受之间构成了一种鲜明的对比关系，而劳动和享受的不一致构成一

① 《马克思恩格斯全集》第3卷，人民出版社，2002，第100页。
② 《马克思恩格斯全集》第3卷，人民出版社，2002，第100~101页。
③ 《马克思恩格斯全集》第3卷，人民出版社，2002，第101页。
④ 《马克思恩格斯全集》第3卷，人民出版社，2002，第101页。

种异化的关系。

（八）真正的民主制

代议制是需要结合市民社会和国家关系的变化来加以把握的。马克思认为，代议制是一大进步，它是一个未加掩饰的矛盾。黑格尔认为，议员是社会某一重要领域的代表，是这一领域的重大利益的代表。这种代表其实看重的是代表本身的客观要素。马克思认为，这一看法本身是矛盾的，代表代表的是人、特殊利益还是普遍利益的矛盾，还是没有得到解决。另外，既然这样，就不需要选举了，只要委派就行了。这样就蔑视了人民的主观意见。这样，"真正的民主制"的价值目标就呼之欲出了。

相比于"形式主义"而言，马克思追求的是国家内容和形式相统一的真实性。"一切国家形式都以民主为自己的真实性，正因为这样，它们有几分不民主，就有几分不真实。"① 在对黑格尔《法哲学原理》第279节的批判中，马克思表达了自己对民主制的看法。其中有一个非常经典的表述。"在民主制中，任何一个环节都不具有与它本身的意义不同的意义。每一个环节实际上都只是整体人民的环节。"②

马克思通过对民主制的分析发展了自己的历史观念，这种发展是通过种和类的观念、普遍和特殊的辩证法完成的。民主制被看成国家制度的类。这个"类"是有历史指向的，指向了历史的未来。当"民主制"这样的概念挣脱国家制度的思考，而真正变成一种历史的思考时，"民主"就不再仅仅是一种制度的思考，还是社会发展形态和人类历史发展的理想目标、历史的新起点的思考了。这样，"民主"的价值就凝结在"共产主义"这一价值理想中了。

马克思当时的"民主制"思想已经存在挣脱国家制度思考的张力。"类"和"种"的区分，总是与本质和现象的区分关联在一起的。"民主制也是一样，它是一切国家制度的本质，作为特殊国家制度的社会化的人。"③ 马克思这一表述中充满了张力，这种张力是进行艰难思想探索的

---

① 《马克思恩格斯全集》第3卷，人民出版社，2002，第41页。
② 《马克思恩格斯全集》第3卷，人民出版社，2002，第39页。
③ 《马克思恩格斯全集》第3卷，人民出版社，2002，第40页。

表现。"特殊国家制度的社会化的人",既是特殊国家制度,又是社会化的人。本质是社会化的人,特殊的国家制度不过是形式,是没有内容的理智,作为一种组织形式起到规定的作用。从过去的历史来说,过去的国家制度中也有民主制的本质,不过有自己的特别的存在方式。真正的民主制是民主制的现实。"只有民主制才是普遍和特殊的真正统一。"① 在民主制中,形式的原则同时也是物质的原则,国家制度已经不再被认为是一个整体。在真正的民主制中,政治国家消亡了。这一消亡的具体历史过程如何?政治解放和人的解放的区分、政治革命和社会革命的区分、阶级消灭和国家消亡的理论,以不同的形式对这一问题进行了回答。

"特殊国家制度的社会化的人"这一表述不仅包含历史的张力,还包括社会的张力,其中蕴含着人、社会和国家的关系问题。"在民主制中,作为特殊东西的国家仅仅是特殊东西,而作为普遍东西的国家则是现实的普遍东西,就是说,国家不是有别于其他内容的规定性。"② 这里的"其他内容"当然包括社会的经济领域和思想文化领域,那种作为"现实的普遍东西"的国家作为国家的基础和内容,是建立在经济基础上的,是建立在社会整体基础上的。

① 《马克思恩格斯全集》第3卷,人民出版社,2002,第40页。
② 《马克思恩格斯全集》第3卷,人民出版社,2002,第41页。

第四章 《德法年鉴》时期的"解放"价值观

　　1843 年 8 月，赫斯和卢格到了巴黎，最终把那里作为《德法年鉴》的出版地。为什么叫作《德法年鉴》呢？卢格曾经创办过一个叫作《德意志年鉴》的刊物。马克思认为新办的杂志在基本精神取向方面要与那个杂志不同。《德法年鉴》就是要结合德国的精神和法国的精神，具体地讲就是把德国哲学激进主义和法国社会政治激进主义相结合。《德法年鉴》的创办很不顺利。他们计划邀请的法国著名社会主义者拉马耐、路易·勃朗、蒲鲁东等不赞成德国激进主义把否定宗教和消灭上帝放在首位。在德国方面，他们邀请费尔巴哈撰稿，也遭到了拒绝。

　　1943 年 10 月，马克思和燕妮到了巴黎，住在左岸市圣杰曼区的瓦诺街 23 号。卢格邀请马克思一家、海尔维格一家和毛勒一家加入他和妻子的公社生活，可是女性之间经常发生争执，于是这个公共住所的方案很快告吹。就在马克思一家到达巴黎后不久，卢格生病了，这样马克思就得肩负起编辑《德法年鉴》的责任。因找不到法语作者，马克思只能找足够的德国写手，以在 1844 年 2 月末推出一期合刊。这是该刊物的第一期，也是最后一期。《论犹太人问题》和《〈黑格尔法哲学批判〉导言》就发表在 1844 年《德法年鉴》上。

一　《论犹太人问题》对人的价值实现的社会历史阐释

　　关于《论犹太人问题》的写作时间问题，有不同的看法。《论犹太人问题》在《德法年鉴》上排在《〈黑格尔法哲学批判〉导言》之后。麦克莱伦说《论犹太人问题》是马克思从克罗茨纳赫带来的："很难说清马克思是多么快就被他所居住的巴黎感染。他在1844年2月出版的《德法年鉴》上发表的两篇文章，第一篇是《论犹太人问题》，其中大部分是他到巴黎以前就写好的，还有几节是他的《黑格尔法哲学批判》的几段摘要和他7、8月在克罗茨纳赫就开始着手阅读的关于法国和美国有关资料的摘录。研究结果是用社会解放代替政治解放，抛弃黑格尔'客观精神'的概念，'客观精神'在这里变成了社会的化身而不是国家的化身。"①"客观精神"体现在社会中，而不是国家中，不是从《论犹太人问题》开始的，在《黑格尔法哲学批判》中这一思想已经很明显了。1842年8月马克思曾要一个朋友将海尔梅斯的所有反对犹太人的文章都寄给他，以便他能做公开答复。在他刚住到克罗茨纳赫的时候，那里的犹太人团体主席请求马克思向莱茵省议会提交一份申请，要求对犹太人给予支持。马克思同意了，他在给卢格的一封信中提到自己讨厌犹太人的信仰，但又觉得鲍威尔的观点太抽象。

《论犹太人问题》被认为是马克思思想的一个转折点。其被列宁称为标志着马克思从唯心主义向唯物主义、从革命民主主义向共产主义转变的"彻底完成"。其中一个很大的变化是政治经济学方法的引入。《论犹太人问题》被看成马克思迈向具体阐述自己与众不同的社会哲学的决定性的一步。马克思借助"犹太人问题"阐述了自己对于政治解放、权利、人类解放等问题的看法。

对《论犹太人问题》有不同的解读，有的认为其中对法权观念的批判与《黑格尔法哲学批判》之间有一定的发展关系；有的认为《论犹太人问题》受到费尔巴哈的《基督教的本质》的宗教观与思维方式的影响；有的关注《论犹太人问题》与赫斯的《论货币的本质》的思想关系；有的认为《论犹太人问题》是对以草稿形式记录在《克罗茨纳赫笔记》中的全部工作的总结。在《黑格尔法哲学批判》中，马克思已经发现市民

① 参见林进平编著《马克思〈论犹太人问题〉研究读本》，中央编译出版社，2016，第287页。

社会等级的发展，以及劳动者的劳动构成了市民社会的基础。另外，马克思还表达了通过革命变革这个社会的思想，并提出了真正的民主制的设想。这两个部分的内容概括起来，就成了"政治解放"和"人类解放"的区别。而且，把理论的关注点聚焦在权利或者马克思对犹太人本身的态度上是不够的，应该关注的是马克思对时代问题的深刻洞见。《论犹太人问题》有很浓厚的历史感，马克思把德国、法国、北美各自由州的犹太人问题等放在历史发展进程中来考察，力求把握当代问题的实质。

（一）从"异化"到"解放"

"解放"与束缚相对应，是一个价值实现的用语。"任何解放都是使人的世界和人的关系回归于人自身。"① "解放"包含两个根本的要件：一个要件是人自身，一个要件是人的世界和人的关系。在这里，人的世界和人的关系指的就是人所生存的社会以及人与人之间的社会关系，解放就是要使这种关系真正成为符合人性要求的那种关系。这实际上是从个人、社会以及个人与社会的关系这个角度来考虑的。马克思认为，特定历史发展阶段的社会不能够完全体现人的要求和人的本质，其存在对人的某种异化、束缚，解放就要使社会对人的这种异化、束缚回到人本身。社会是由不同的领域构成的，包括经济领域、政治领域、思想领域等。关于经济领域，马克思在《论犹太人问题》中主要讲的是"市民社会"这个主要概念，而政治领域对应"政治解放"，思想领域对应宗教解放和哲学解放。解放既然是使人的世界回到人本身，当然包括人的经济领域、政治领域、思想领域等的世界都回到人本身，对应的解放则是经济解放、政治解放、宗教解放和哲学解放等。这些都实现后，当然就是人的解放了。这是《论犹太人问题》的总的思想。

《论犹太人问题》涉及人的解放的条件、过程等问题。马克思在这里不是抽象地谈论人，而是结合人和宗教、人和哲学、人和国家以及政治的关系等来讨论。"解放"本身包含一定的价值内涵，追求"人的解放"可以看成一种价值目标和价值理想，而"人的解放"问题可以看成一个价值问题。

---

① 《马克思恩格斯全集》第 3 卷，人民出版社，2002，第 189 页。

需要注意的是马克思理解两个要件之间关系的方式。人的世界和人的关系对于个人来说具有先在性，同时人的世界和人的关系本身也是人的活动创造出来的。当人的世界和人的关系不适合人的新要求时，人的世界和人的关系就成了人自身的桎梏，这个时候人主动改变人的世界和人的关系以寻求实现自身的价值就是人寻求解放的运动。所以把握人的解放问题，不能单单看主体，而是要看在不同社会历史阶段人的解放构成的特定的社会历史样态。马克思说："只是探讨谁应当是解放者？谁应当得到解放？这无论如何是不够的。批判还应当做到第三点。它必须提出问题：这里指的是哪一类解放？人们所要求的解放的本质要有哪些条件？"① 马克思认为要回答犹太人问题，首先要回答政治解放问题，这样才能使这个问题真正变成当代的普遍问题。这一面对问题的方式是非常有意义的。具体的人的价值实现问题要从社会历史问题的角度来回答和解决。

对"哪一类解放"问题的回答涉及历史观，需从历史发展的角度定位类型。在《论犹太人问题》中，马克思有比较明确的对基督教国家和封建主义的论述。马克思讨论了封建主义国家中人的生存状况，然后又讨论了封建社会瓦解以后的宗教解放和政治解放。马克思提到民主制国家、政治国家，这样的国家大致对应着资本主义。马克思还强调德国、法国、北美各自由州的发展程度并不一样，因而问题也不同。

有一个疑问是马克思是如何做到对当下社会历史阶段人的价值实现情况进行批判的。这需要一个理论参照。马克思当时使用的理论工具是类存在的思想，这就需要分析马克思当时的类存在思想的内涵。

马克思的类存在思想和人的解放相关。这里先分析"人的解放"的概念。"只有当现实的个人把抽象的公民复归于自身，并且作为个人，在自己的经验生活、自己的个体劳动、自己的个体关系中间，成为类存在物的时候，只有当人认识到自身'固有的力量'是社会力量，并把这种力量组织起来因而不再把社会力量以政治力量的形式同自身分离的时候，只有到了那个时候，人的解放才能完成。"② 这个论述包含丰富的内容。其

① 《马克思恩格斯全集》第 3 卷，人民出版社，2002，第 167 页。
② 《马克思恩格斯全集》第 3 卷，人民出版社，2002，第 189 页。

中提到"现实的个人",这说明人的解放的立足点是现实的个人的解放。其中提到抽象的公民的复归问题,这意味着对利己的、孤立的个人和抽象的公民二元性的克服,并在个人这里实现了个人和社会的有机统一。其中提到生活、劳动和关系,这说明在马克思的意识中已经出现生活的生产以及围绕着劳动发生的交往关系的萌芽。这里提到的"类存在物"并不是完全抽象意义的,因为这个"类存在物"是要在经验生活和个体劳动、个体关系中实现的。更为重要的是论述中提到了自己的力量,提到了社会力量,以及二者的关系,同时还提到社会力量的形式问题。这样,"人的解放"中当然包含对"异化"的克服,即对个人力量异化为社会力量、个人变成私人和公民、个体和类的异化等的克服。但也要看到,其中包含了唯物史观的一些思想萌芽。

马克思的异化思想的内容,可以从类存在或者人的解放的规定中推导出来。另外,异化的相应规定也可以用来补充说明类存在的内涵。人的解放包含两个基本的层面:个人生活和类生活的统一,社会生活和政治生活的统一。

异化的本质是外化对象异己性。"只有使自己的本质成为异己的幻想的本质,才能把这种本质对象化,同样,在利己的需要的统治下,人只有使自己的产品和自己的活动处于异己本质的支配之下,使其具有异己本质——金钱——的作用,才能实际进行活动,才能实际生产出物品。"[1]在这个论述中,异化包括自己活动的异化和自己产品的异化,而根本的是在自己的对象化过程中自己的本质成为异己的本质。《论犹太人问题》中的异化思想已经有后来异化思想的基本要件:对象化活动中对象性本质力量的异己性;活动的异化;产品的异化;人与人关系的异化;个体和类的异化。

此外,类存在和人的解放、异化与对人的价值的社会历史性思考之间的关系问题也值得关注。如果用成熟的思想来衡量,马克思对人的价值进行的社会历史说明非常接近唯物史观。人的解放、异化等思想起到观察的理论视角的作用,这种观察没有妨碍对现实问题的把握,而是深入揭示了

---

[1] 《马克思恩格斯全集》第3卷,人民出版社,2002,第197页。

社会历史发展的规律性。另外，马克思没有使用本质异化到本质复归的抽象图示，而是把人的解放看成历史的结果，然后从历史的理想结果看待当下历史，如果当下的历史能够证明这一结果是有客观根据的，那么这种理想结果就可以看成一种科学的结论。

（二）价值评估的社会历史尺度

该如何把握某个社会阶层和人的价值问题呢？马克思在《论犹太人问题》中给出了精彩的示范。这就是要从宏观的社会历史发展的角度来把握。

其一，具体的历史的视角。把握人的价值问题其中一个视角就是具体问题具体分析，尤其是要分析人所生存的不同的国家环境。而国家环境分析要分析不同国家在社会历史进程中所处的历史阶段和历史地位。在同一个时间点上，不同的国家处在历史发展的不同阶段。比如当时德国依然处于封建政治的阶段，政教合一，所以历史任务是批判基督教和犹太教。在法国，基督教还保持着国教的外观，历史任务是解决政治解放不彻底的问题。北美各自由州已经世俗化，政治国家发达，任务则是对政治国家进行批判。如何给价值问题定性？关键是要有一个宏观的历史的视角，从马克思后期的成熟思想来看，这一宏观的历史的视角就是唯物史观。

其二，从现实的世俗基础来观察观念系统的东西。观念和国家相比，国家比观念根本；观念和世俗基础相比，世俗基础更根本。人有两个本质：一个是理想的、抽象的本质，一个是世俗的、现实的本质。犹太人精神生活的世俗基础是做生意、金钱。犹太人要想获得解放，就要谈犹太人生活的世俗基础是什么，而这个世俗基础就是一种特殊的社会要素。分析犹太人的世俗基础，还要将其放在更宏观的历史视野下，看这个基础是否代表了社会发展的某种趋势，以及在社会结构中的地位。这样马克思就把相应的问题和在现代被奴役的世界、现代世界的解放联系起来进行思考。这体现了马克思的历史性的思维方法。这样问题就转变为探讨做生意赚钱等的历史地位和历史作用问题。"从做生意和金钱中解放出来——因而从实际的、实在的犹太教中解放出来——就会是现代的自我解放了。"① 犹

---

① 《马克思恩格斯全集》第3卷，人民出版社，2002，第192页。

太人只是在封建主义条件下扮演了发展资本主义要素的角色而已。马克思把人在做生意中的异化看成人的自我异化的最高实际表现，因此，从做生意赚钱中解放出来，就是发展社会的要素。

社会存在和社会意识的关系本身就具有历史发展的阶段性特征。在历史的进程中，每个民族并不一定在同一个历史发展阶段。恰好相反，有的民族处在发达的阶段，有的民族则处在相对落后的阶段。马克思由此得出结论："犹太精神不是违反历史，而是通过历史保持下来的。"①

其三，结合社会结构分析人的价值。马克思从社会结构层次间的关系尤其是政治层次和经济层次之间的关系来考察一个民族的生存问题。犹太人在社会结构中集中表现在金钱领域。"犹太人的实际政治权力同他的政治权利之间的矛盾，就是政治同金钱势力之间的矛盾。虽然在观念上，政治凌驾于金钱势力之上，其实前者是后者的奴隶。"② 权力和权利不同，前者是实际的权，后者是法律和制度上的权。马克思是从社会结构层次角度来使用这两个概念的。这一思维结构包含一般和特殊的关系，具体的民族及其精神生活是社会结构某个层次一般的一种特殊表现。

在《论犹太人问题》中，马克思分析的只是犹太人问题，但这种分析方法很重要，当马克思把关注点聚焦在无产阶级身上时，同样也把无产阶级放在历史进程和社会结构中进行了考察。

（三）封建主义国家中人的生存

关于封建主义国家中人的生存的问题是在讨论政治革命、政治解放这一问题时进行论述的。因为要谈政治解放就必须弄清楚原来没有进行政治革命的那个社会的状况。而分析旧社会，涉及如何把握旧社会的革命的性质。

《论犹太人问题》中使用了两个概念来描述旧社会。一个是"基督教国家"，一个是"封建主义"。"旧社会的性质是怎样的呢？可以用一个词来表述。封建主义。"③ 在这样的国家中，人的基础无法在经济领域中以

---

① 《马克思恩格斯全集》第 3 卷，人民出版社，2002，第 194 页。
② 《马克思恩格斯全集》第 3 卷，人民出版社，2002，第 194 页。
③ 《马克思恩格斯全集》第 3 卷，人民出版社，2002，第 186 页。

世俗的、人的形式反映出来，也无法在国家中充分地反映出来，那么没有得到充分反映的人的基础就会以特定的精神形式反映出来。马克思的分析方式中隐含了较为完善的或者人的价值得到充分实现的人的基础这一前提，"在其作为国家这一现实性中，还没有做到以世俗的、人的形式来反映人的基础"①。马克思对人的价值结合社会结构进行了层层分析。人的全面的价值的实现与社会结构是对应的，如果对应的层次不能实现人的某种价值就会有"过分的表现"。另外，从马克思的分析来看，还有一定的层层递进的关系。在经济生活中没有实现的价值，会进入政治领域来实现，进而进入精神领域来实现。马克思在分析中还区分了手段和目的、内容和形式等。马克思有一种社会结构层次之间互相补充从而相对完善的观念，如人的基础通过国家和国家精神生活的互相补充得到较为完善的表现。社会结构层次之间会涉及手段和目的、形式和内容的关系，当然还涉及一般和特殊的关系。社会结构的上层或者反映下层的一般，或者反映特殊。

　　社会结构要以"人的形式"反映"人的基础"。如果从思维方法来说，其中还有一定的难题，即"人的基础"问题本身应该是一个被说明的问题，而不是一个前置的设定。如果优先思考人的生存条件、世代的更迭就会发现，"人的基础"是在社会历史中不断变化和生成的，而不是始终如一的。在《论犹太人问题》中，马克思在说明人的价值和社会实现人的价值的时候，诉诸的是现实性，诉诸的是"人的基础的真正实现"②。当社会实现了人的基础的时候，人就是"现实的类存在物"③；相反时，人就成了"不同于现实人的、异己的存在物"④。这种异己性，可以有不同的表现，如与"现实"相对的"抽象""外部框架""限制""分离""分隔""独立""外化""外在""手段""幻想""假象""彼岸"，这些都可以归结为"非现实性"。

　　从马克思的这一分析来看，"现实的类存在物"已经包含社会实现人的价值的内涵。而且社会的实现还要是有机的实现，而不是分裂的，因为

①　《马克思恩格斯全集》第3卷，人民出版社，2002，第175页。
②　《马克思恩格斯全集》第3卷，人民出版社，2002，第176页。
③　《马克思恩格斯全集》第3卷，人民出版社，2002，第179页。
④　《马克思恩格斯全集》第3卷，人民出版社，2002，第179页。

社会结构层次的分裂意味着人本身的分裂。马克思以这样的思维方式来分析封建主义，分析封建主义解体以后的社会发展。

（四）人的价值在政治解放中实现的局限性

应该说，马克思心目中已经有一个相对清晰的人的价值实现的图景。这是一个由很多思想要素构成的图景，其中有历史的因素，人的价值实现的图景指向未来；有社会性的因素，人的价值要在社会中完全实现才是现实的。这个图景当然包含了马克思对政治解放的局限性的思考。

马克思对"政治解放"的阐发首先是对其进行历史的定位。"政治解放同时也是同人民相异化的国家制度即统治者的权力所依据的旧社会的解体。"① 既然是旧社会解体，要想准确地把握政治解放，就需要了解旧社会。政治解放当然可以从国家层面来考虑，这就是把"统治者的权力"变为"人民事务""普遍事务"②。但马克思更关注的是市民社会。这样，马克思就把政治解放聚焦在财产和劳动方面。"因为人民生活的这种组织没有把财产或劳动上升为社会要素，相反，却完成了它们同国家整体的分离，把它们建成为社会中的特殊社会。"③

马克思分析的人在社会中实现自身价值的路径值得关注。马克思非常重视劳动和财产等问题。这已经预示了一种思想的走向，即财产和劳动问题将成为思想的主题。马克思把财产和劳动与家庭、等级、同业公会等混合在一起谈论，但已经有把二者分离的趋势。家庭、同业公会等对劳动的组织方式规定了单一的个体与社会其他组成部分的分离和相排斥的关系，以及和国家整体的关系。这样就把劳动和劳动的社会关系组织形式区别开来，并且把劳动看成前提性和基础性的。劳动涉及商人、短工、土地占有者等不同的劳动者，因而马克思把市民社会的成员看成政治国家的基础和前提，这与其劳动的思考进路并不矛盾。

更为重要的是在探究政治解放时问题越来越深入。这些劳动者并不是同质的，而是有差异的，甚至是有对立关系的。这种差异性的认识也是导

---

① 《马克思恩格斯全集》第 3 卷，人民出版社，2002，第 186 页。
② 《马克思恩格斯全集》第 3 卷，人民出版社，2002，第 187 页。
③ 《马克思恩格斯全集》第 3 卷，人民出版社，2002，第 186 页。

向人的解放的一个要素，而且从未来的思想发展来看，这个要素更为重要。"政治解放当然是一大进步；尽管它不是一般人的解放的最后形式，但在迄今为止的世界制度内，它是人的解放的最后形式。不言而喻，我们这里指的是现实的、实际的解放。"① 政治上对私有财产的废除，反倒以私有财产为前提。出身、等级、文化程度、职业已经不再是政治的差别，人看起来平等了。"国家根本没有废除这些实际差别，相反，只有以这些差别为前提，它才存在，只有同自己的这些要素处于对立的状态，它才感到自己是政治国家，才会实现自己的普遍性。"② 马克思关注"实际差别"，尽管没有对这一"实际差别"展开论述，但已经表明，实际差别与私有财产有关。当发现"实际差别"最根本的是私有财产和劳动的差别时，就触及了时代的本质。

上述思路当时还没有展开，充分展开的是对市民社会失去政治性质带来的结果的分析。马克思分析了市民社会失去政治性质以后市民社会原则的变化，以及其对个体和国家及相应观念的影响。市民社会的原则变成实际需要、利己主义，其集中的表现就是金钱。"金钱是一切事物的普遍的、独立自在的价值。"③

在这一历史进程中，"利己的、独立的个体""私人"成为一种社会历史的现实，同时还出现了"公民""法人"。把独立的个体联结起来的纽带是需要，是私人利益、私有财产和金钱，同时把人孤立化的也是这些力量。"公民"则是人相对于国家的存在。

马克思已经开始有一种把握能够决定时代的总体特征的要素的思维方法。那些社会的基础性的东西对整个社会面貌具有整体的决定性。利己的人和私有财产就是这样的东西。在人成为利己的人的情况下，权利就是利己的人的权利，自由是把人分离开来而不是把人结合起来的价值。自由和人权指向了私有财产。平等、安全等都不会超出利己的人的范围。人参与共同体的权利也是以利己的权利为基础的，甚至会变成利己的人的手段和

---

① 《马克思恩格斯全集》第 3 卷，人民出版社，2002，第 174 页。
② 《马克思恩格斯全集》第 3 卷，人民出版社，2002，第 172 页。
③ 《马克思恩格斯全集》第 3 卷，人民出版社，2002，第 194 页。

奴仆。

马克思由市民社会的进路展开的分析，已经具备向经济基础深入的可能性，并且也有了初步的思考。马克思的很多阐释依然是从基础向上层开展的，随着其对基础本身的深入阐释，历史观会更为科学，价值观的方法论基础也会更为合理。

二 《〈黑格尔法哲学批判〉导言》对"人的解放"的历史现实性的发现

有的观点认为："随着马克思对核心的马克思主义概念——阶级、无产阶级、社会，或'人类'解放、意识形态的批判、国家和'原子论的'现代社会——已经在思想上占有，过渡阶段由此结束。"① 从不同节点来看，节点之前的思想阶段都可以定位为过渡阶段。对思想节点的定位既可以是宏观的，也可以是相对具体的。就马克思的思想而言，有很多飞跃的节点，因而有很多过渡阶段。从对无产阶级的历史地位和历史使命的发现来说，《〈黑格尔法哲学批判〉导言》是一个节点，《论犹太人问题》等具有过渡性。也有观点认为"马克思典型的革命人本主义道德观形成于《〈黑格尔法哲学批判〉导言》中"②。

《论犹太人问题》论述人的解放虽然是对政治解放的超越，但其历史根据还没有得到更为充分的论述，尤其是实现人的解放的具体的历史承担者还不够明确。而在《〈黑格尔法哲学批判〉导言》中，这个历史承担者明确了。人的解放不是一种理论上的纯粹设想，而是有现实性的，是具体的历史进程中提出的历史任务，这一历史任务已经是现实的历史任务。此外，《论犹太人问题》提出了差异性问题，《〈黑格尔法哲学批判〉导言》进一步明确了阶级差异问题。另外，《〈黑格尔法哲学批判〉导言》从市民社会的一部分来思考比《论犹太人问题》的思考更进了一步，其基础从利己的人更具体化为一定的阶级。

① 〔英〕伯尔基：《马克思主义的起源》，伍庆、王文扬译，华东师范大学出版社，2007，第164页。
② 〔美〕R. G. 佩弗：《马克思主义、道德与社会正义》，吕梁山、李旸、周洪军译，高等教育出版社，2010，第49页。

（一）现代主要问题：财富与阶级

《〈黑格尔法哲学批判〉导言》关注"真正的人的问题"，这个问题指向了未来。就现代的主要问题而言，"工业以至于整个财富领域对政治领域的关系，是现代主要问题之一"①。《〈黑格尔法哲学批判〉导言》的论述还不够明确，但其中隐含了有价值的内容。消灭垄断被归结为"社会对财富的统治"②，发展垄断被归结为"私有财产对国民的统治"③。这是两种不同的发展方向，尽管还有些模糊，但进一步澄清就会引出消灭私有财产的思想。

《〈黑格尔法哲学批判〉导言》虽然没有分析财富的对立是如何引起阶级对立的，财富和阶级两条思考线索还没有有机结合在一起，但是阶级思想的提出为二者的结合提供了条件。劳动和财富从同业公会等组织形式中获得解放，进一步被明确为市民社会的一部分解放自己。"部分的纯政治的革命的基础是什么呢？就是市民社会的一部分解放自己，取得普遍统治，就是一定的阶级从自己的特殊地位出发，从事社会的普遍解放。"④ 这样，马克思就从一般的论述过渡到具体的论述。市民社会的一部分解放自己是有局限的，部分的解放要有一般性，要能够实现整体性解放才可以代表社会历史的方向。当思想指向具体阶级解放自己还是解放全人类的问题时，人的解放问题就由抽象的思考进一步向具体社会历史进程的方向发展了。

（二）全人类实际解放的可能性问题

虽然马克思谈论的是德国的全人类的解放，但是其中也有一定的普遍意义。这个普遍意义就是形成一个具有普遍性质的领域，这个领域遭受了普遍的苦难，遭受了一般的不公正。这样的领域只有通过人的完全复归才能复归自己本身。而人的完全复归就是人从社会的一切领域解放出来。马克思认为无产阶级就是现实的全人类解放的具有普遍性质的领域。

马克思认为，无产阶级的出现意味这个世界制度的实际解体。马克思提出了否定私有财产的原则。私有财产对于无产阶级的生存来说是否定性

---

① 《马克思恩格斯全集》第3卷，人民出版社，2002，第204页。

② 《马克思恩格斯全集》第3卷，人民出版社，2002，第204页。

③ 《马克思恩格斯全集》第3卷，人民出版社，2002，第204页。

④ 《马克思恩格斯全集》第3卷，人民出版社，2002，第210页。

的。马克思对无产阶级的历史地位和历史价值的发现使马克思一直坚持的哲学价值观获得了实际的载体，从而确认了自己一直追求的哲学改造世界的价值观是与无产阶级的历史使命相适应的。这更加坚定了马克思对自己以往所进行的哲学探索的科学性的信心。哲学改造自身和改造世界的过程变成哲学消灭无产阶级从而把自身变成现实，以及无产阶级把哲学变成现实从而消灭自身的过程。

（三）价值观的"绝对命令"

哲学的价值和无产阶级的价值在现实的进程中找到了合适的结合点，这个结合点就是人是人的最高本质。马克思认为，德国人的解放就是人的解放。这个解放的头脑是哲学，心脏是无产阶级。

在《〈黑格尔法哲学批判〉导言》中，马克思指出："德国惟一实际可能的解放是以宣布人是人的最高本质这个理论为立足点的解放。"① "人是人的最高本质"中包含了一个"绝对命令"，即"必须推翻那些使人成为被侮辱、被奴役、被遗弃和被蔑视的东西的一切关系"②。这一思想被认为是"'义务论'，与功利主义相反"③。

在马克思的思想中已经开始萌发一种新的思考方式，就是从既定的社会条件和关系来思考人的价值问题。政治解放之所以不彻底也是因为从事解放的阶级本身是以人之外的社会条件为前提的。"解放者的角色在戏剧性的运动中依次由法国人民的各个不同阶级担任，直到最后由这样一个阶级担任，这个阶级在实现社会自由时，已不再以在人之外的但仍然由人类社会造成的一定条件为前提，而是从社会自由这一前提出发，创造人类存在的一切条件。"④ 如果从后来的思想看，恰好是有一定的前提条件，尤其是有资本的条件，才有资产者。无产者只有进行雇佣劳动，才能够从社会自由这一前提出发进行革命。在人之外的条件和人的社会自由之间既有统一的关系，也有对立的关系。在历史进程的不同的条件下，这种关系的

---

① 《马克思恩格斯全集》第3卷，人民出版社，2002，第214页。
② 《马克思恩格斯全集》第3卷，人民出版社，2002，第207~208页。
③ 〔美〕R.G. 佩弗：《马克思主义、道德与社会正义》，吕梁山、李旸、周洪军译，高等教育出版社，2010，第49页。
④ 《马克思恩格斯全集》第3卷，人民出版社，2002，第212页。

样态也不一样，但总趋势是人能够掌握社会条件为自己服务。

从《论犹太人问题》到《〈黑格尔法哲学批判〉导言》，马克思对人的价值实现的总体性思考逐步具体化。人的解放的总体性思考的思路依然保留着。"人的解放"是现实的"满足整个的人"①，就是"要求人民的现实幸福"②。总体性的思考和具体分析进一步结合起来。资产者和诸侯、君王、官僚、贵族的斗争，无产者反对资产者的斗争勾勒出三种社会形态的演进。"历史的权利"隐含了过去既定的财富和关系对人的影响，属于过去对现在的支配；而"人的权利"则隐含着人对既定的财富和关系的支配，属于现在支配过去。③ 私有财产的丧失看起来是一种特殊的不公正，但是如果能看到私有财产成为资本后其中蕴含的社会关系，以及私有财产对社会方方面面的影响和支配，就会发现这种丧失带有整体性，失去的是整个社会。无产阶级就处在这样的社会地位。所以，可以从特殊的角度分析无产阶级的命运，也可以从整体的、一般的角度分析无产阶级的命运。《〈黑格尔法哲学批判〉导言》把一般领域的解放和无产阶级这个特殊进行了初步的结合，依然强调整体性的、一般性的解放。"人就是人的世界，就是国家，社会。"④ 这就是要消灭"一般的不公正"⑤，把解放和"一切社会领域"⑥ 联系起来；就是要求"摧毁一切奴役制"⑦。

无产阶级这个现实的全人类解放的具有普遍性质的领域不仅仅是社会性的，还是历史性的，其出现意味着过去的历史的带有总体性的解体，即"迄今为止的世界制度的解体"⑧。

（四）人的价值的社会历史视野

尽管历史是有规律性的，但这并不意味着每个国家具体的历史进程一定是一样的。马克思分析了德国和法国的不同。具体国家的人的解放

---

① 《马克思恩格斯全集》第 3 卷，人民出版社，2002，第 207 页。
② 《马克思恩格斯全集》第 3 卷，人民出版社，2002，第 200 页。
③ 参见《马克思恩格斯全集》第 3 卷，人民出版社，2002，第 213 页。
④ 《马克思恩格斯全集》第 3 卷，人民出版社，2002，第 199 页。
⑤ 《马克思恩格斯全集》第 3 卷，人民出版社，2002，第 213 页。
⑥ 《马克思恩格斯全集》第 3 卷，人民出版社，2002，第 213 页。
⑦ 《马克思恩格斯全集》第 3 卷，人民出版社，2002，第 214 页。
⑧ 《马克思恩格斯全集》第 3 卷，人民出版社，2002，第 213 页。

运动各有各的特点，但与社会总体的发展历程一致。考察一个国家的人的价值实现问题，首先要结合社会历史进程来进行评估。马克思对德国的评估是一个非常有意义的例证。马克思指出，即便是否定德国现状，结果也是时代错乱。这说明在历史的进程中，各个国家所处的历史阶段并不相同。这就提出了落后国家的人的价值实现问题。从马克思的观点来看，落后的国家是可以按照时代提出的问题和时代发展的方向来思考自己的未来道路的。另外，即便是否定 1843 年的德国制度，德国也不会处在时代的焦点，但是这并不意味着不能批判德国制度，恰恰相反，马克思认为还要批判得更猛烈些。

马克思批判道，当时的德国制度与卑劣事物关联在一起，制度成了卑劣事物的形式表现。马克思没有孤立地考察当时的德国制度和德国社会，而是把德国的现状看成旧制度的公开的完成。这样，对德国的批判就是具有世界历史意义的事情。在《〈黑格尔法哲学批判〉导言》中，马克思初步形成了世界历史思想。

马克思对时代问题的把握不是仅仅从历史的层面来进行，还深入社会结构中，尤其是结合财富领域和政治领域的关系来分析法国、英国和德国。

观念相比于现实生活来说，在一定情况下会有超前性。马克思指出，德国人民现实的生活胚芽是在他们的脑壳里面萌生的。哲学属于这个世界，是这个世界的观念的补充。德国哲学不应当仅仅从德国的现实出发，还要考虑世界历史的现实。正因现代国家只是以虚构的方式满足整个的人，才产生了德国人那种置现实的人于不顾的关于现代国家的思考。

马克思对哲学与现实关系的思考涉及社会存在与社会意识的关系问题。马克思提出了市民社会和国家之间以及市民社会之间不一致的问题，提出了市民社会内部不一致的问题，提出了思想要求和现实对这些要求的回答之间不一致的问题。

第五章 《詹姆斯·穆勒〈政治经济学原理〉一书摘要》和《1844年经济学哲学手稿》的哲学共产主义阐释

　　和卢格关系破裂以后，马克思和海尔维格继续保持友谊。马克思的另外一个好朋友是海涅。马克思的交往圈子还包括以巴枯宁为代表的俄国移民贵族，以及法国社会主义者路易·勃朗和蒲鲁东。马克思打算写关于黑格尔政治学或者国民议会的东西。1843年10月到巴黎以后，政治经济学进入马克思的视野。1844年马克思的第一个孩子出世了，于是燕妮带着孩子到特里尔待了两个月。《1844年经济学哲学手稿》写于1844年4月至8月，马克思在写作时没有加标题，现在的书名是1932年在苏联首次全文发表时编者根据内容加的。有时简称《巴黎手稿》或《手稿》。在这里为了叙述的方便，并且和其他手稿区别开来，把《1844年经济学哲学手稿》简称为《1844年手稿》。

　　旅居巴黎期间马克思做了很多关于政治经济学的笔记，写作时间大约为1843年10月到1845年1月。《巴黎笔记》保留下来的笔记一共有7本，是经济学摘录。《1844年手稿》是研究得到的三本心得。穆勒1821年发表了《政治经济学原理》。马克思在《巴黎笔记》的最后，阅读这本书并写下了《詹姆斯·穆勒〈政治经济学原理〉一书摘要》（写于1844年上半年）。为了叙述的方便，这里把《詹姆斯·穆勒〈政治经济学原理〉一书摘要》简称为《穆勒摘要》。

　　在马克思的经典作品中，《1844年手稿》引起的争论非常大，分歧也很大，学界对其评价不一。一种观点是从中发现了"真正的马克思"，即人道主义的马克思。这种观点强调《1844年手稿》中关于现实的个人存在或者总体的人的存在问题的思想，包括"异化"思想、"哲学共产主义"思想等。

另外一种观点认为《1844年手稿》是过渡性著作。如认为"异化"范畴具有时代的局限性；认为无产阶级和资产阶级的对立观是从黑格尔出发进行抽象哲学推理的结果，没有认识到社会形态的历史性；认为没有发现生产力和生产关系的矛盾规律。

还有一种观点认为这部著作是不成熟的著作。如阿尔都塞以1845年为界限，认为前面的马克思思想是人道主义的，属于意识形态阶段；后面的马克思思想是历史唯物主义的，属于科学阶段。这种观点还强调了《1844年手稿》中思想的庞杂性。

这些分歧关乎对《1844年手稿》本身的理解，更涉及如何看待《1844年手稿》和《德意志意识形态》《共产党宣言》《资本论》的关系，如何看待《1844年手稿》和整个马克思主义的关系。上述三个方面是紧密联系在一起的。要解决上述问题，最关键的就是结合《德意志意识形态》来把握《1844年手稿》。从《1844年手稿》到《德意志意识形态》，从理论形态上看，马克思的思想发生了一定的飞跃，从而有非常不同的理论样态。准确把握这一过程中马克思思想的连续性至关重要，而准确把握马克思从《1844年手稿》到《德意志意识形态》的思想发展历程是解决这一问题的关键。这是一个非常复杂和有难度的问题，诸多问题交织在一起，需要审慎对待。

弗洛姆认为"异化"概念不仅在《1844年手稿》中占据中心地位，在《资本论》中也占据中心地位，并认为认识到"异化"概念在"青年"和"老年"马克思的思想中都占据中心地位对于理解马克思有十分重要的意义。[①] 从概念上来说，这一说法是不合适的。《资本论》中"异

---

① 参见〔美〕E. 弗洛姆《马克思关于人的概念》，复旦大学哲学系现代西方哲学研究室编译《西方学者论〈一八四四年经济学—哲学手稿〉》，复旦大学出版社，1983，第63页。

化"概念不再占据中心地位。但也要看到,《资本论》的价值追求与
《1844 年手稿》有一致之处,马克思都追求人控制对象世界从而为人的价
值的实现创造条件。《1844 年手稿》是《资本论》的萌芽,是概要地、
纲领性叙述的《资本论》本身吗?① 如何把握《1844 年手稿》和《资本
论》的联系和区别?"异化"是否构成了成熟时期各种重大成就的骨架?
对于这些问题,需要非常细致的研究才能得到合理的答案。

是用马克思的早期著作解释晚期著作,还是用晚期著作解释早期著
作,抑或是相互解释?是根据《1844 年手稿》、《共产党宣言》抑或《资
本论》来解释马克思的整体思想,还是把经典著作整体综合起来把握马
克思的思想?《1844 年手稿》和《德意志意识形态》是否构成了不成熟
的马克思和成熟的马克思的分水岭?关于《1844 年手稿》和《德意志意
识形态》的差异性,有很多理论表现形态。最典型的是把《1844 年手稿》
定位为"历史哲学"或者"人的哲学""人道主义",把《德意志意识形
态》定位为"历史科学"。前者是"意识形态"论题,后者是"科学论
题"。② 很多分析都与这种认识有关。不能孤立地看待《1844 年手稿》,
这一手稿的思想是马克思的共产主义价值观形成史上一个有机的环节。既
不能把这部手稿和后来的思想对立起来,也不能和先前的思想对立起来。
尽管其中一些思想要素曾经被孤立出来进行存在主义或者文化哲学的理
解,但总体上来看,这部手稿表达的是共产主义的价值观。

《1844 年手稿》中谈论的"类""无产阶级"是抽象的历史主体吗?
其和《德意志意识形态》中"现实的个人"有什么关系?《1844 年手稿》
用异化现象来论证无产阶级的世界历史作用和必然解放是苍白无力的吗?
"异化"概念一直是马克思思想的中心点吗?是否存在"人本学的异化"
概念和"历史的异化"概念的区别?③ 手稿中的异化是对人和社会的本体

---

① 参见〔法〕L. 阿尔都塞《保卫马克思》,复旦大学哲学系现代西方哲学研究室编译
《西方学者论〈一八四四年经济学—哲学手稿〉》,复旦大学出版社,1983,第 251 页。
② 参见〔法〕L. 阿尔都塞《保卫马克思》,复旦大学哲学系现代西方哲学研究室编译
《西方学者论〈一八四四年经济学—哲学手稿〉》,复旦大学出版社,1983,第 206 页。
③ 参见〔比利时〕欧·曼德尔《从〈经济学哲学手稿〉到〈政治经济学批判大纲〉》,
中共中央马克思恩格斯列宁斯大林著作编译局马恩室编译《〈1844 年经济学哲学手稿〉
研究(文集)》,湖南人民出版社,1983,第 395 页。

论的人本学性质的刻画，还是对历史的探究？

《1844 年手稿》是否已经开始创立辩证唯物主义和历史唯物主义？是否有了科学共产主义思想？是否完成了马克思学说诞生过程中的决定性的一步？也有观点认为《1844 年手稿》中历史唯物主义已经提上议程。《1844 年手稿》是马克思思想的预备阶段，还是固定组成部分？应该说二者兼而有之。《1844 年手稿》还没有完全阐发历史唯物主义理论，但也不能忽视其中包含的发展历史唯物主义的思想要素。《1844 年手稿》是马克思思想大厦的主要支柱之一。《1844 年手稿》对无产阶级的历史地位和历史使命的认识有了更为系统的理论基础。

《1844 年手稿》中的"异化"概念是普遍化的概念，还是一个具体的概念？对象化是否就是异化？物化是否一定是异化？异己性和外化、独立化是异化吗？抽象化和偶然性与异化有什么关系？异化是指依赖和相互依赖，还是指奴役人的形式？异化劳动理论是否接近对社会发展规律的认识？[①] 异化是与任何历史条件无关的、受人的生命活动决定的纯粹人本学现象，还是与历史条件相关的历史现象？商品拜物教是异化吗？异化是不是剥削？或者说异化比剥削概念的内涵更多？异化是否为解决剥削问题提供了理论根据？劳动分析显然比异化劳动的概念更科学。人本学的劳动概念和历史的劳动概念有什么区别和联系？异化是设想的劳动辩证逻辑吗？还是说异化是从对资产阶级社会的经验条件的分析得出来的事实性概念？[②] 有人认为《1844 年手稿》中的异化不是在分析资本主义经济过程和社会关系，而只是在评价经济过程和社会关系的后果，这一看法是有局限的。

如何把握《1844 年手稿》涉及如何处理思想的发展阶段性和整体性的问题。对一个理论的整体把握本身是以部分为基础的，所以对部分使用

---

① 参见〔苏〕泰·伊·奥伊捷尔曼《马克思早期著作中的异化问题》，中共中央马克思恩格斯列宁斯大林著作编译局马恩室编译《〈1844 年经济学哲学手稿〉研究（文集）》，湖南人民出版社，1983，第 101 页。

② 参见〔比利时〕欧·曼德尔《从〈经济学哲学手稿〉到〈政治经济学批判大纲〉》，中共中央马克思恩格斯列宁斯大林著作编译局马恩室编译《〈1844 年经济学哲学手稿〉研究（文集）》，湖南人民出版社，1983，第 401 页。

的不同，会造成整体把握上的差异，而整体把握上的差异又会影响对部分的把握。

拉宾认为，1843 年到 1844 年底，马克思的哲学、政治和经济观点开始综合为无产阶级的科学世界观，这是一个性质上新的整体。[①] 这一认识是有意义的。《论犹太人问题》已经把"人的解放"问题从思想领域、政治领域拓展到了经济领域，这就要求进一步探究人如何从经济领域解放的问题。而人在经济领域内的解放问题，最核心的是无产阶级的解放问题。无产阶级的解放问题最核心的是为什么工人越劳动反而越贫穷，而其核心在于资本具有对劳动及其产品的支配权。资本家取得了资本的权力，就可以占据社会的优势，可以把利息和地租加进自己的收入。而工人劳动价格相对稳定，彼此工作竞争使其劳动的地位很难得到提高。生活必需品的价格波动也会使工人处于不利的地位。工人即便生产出更多产品，也不会增加自己的力量，反而增加了资本的力量。这种现象如果用"异化"来考察就可以概括为"异化劳动"。工人的劳动是片面的、抽象的，是谋生活动的形式；工人的地位并不是完全意义上的"人"，工人被置于和马匹一样的地位，其类本质是手段，而不是目的；其产品大部分不由工人支配；工人和资本家之间的关系是异化的关系。关于异化劳动的部分，拉宾的认识值得参考。拉宾发现了工资、资本的利润、地租的分析具有平行性，属于平行分析，而异化劳动的认识则对这一平行分析的结果进行了一般理论的分析和哲学的分析。拉宾认为这是从无产阶级人道主义立场出发写成的。马克思的异化劳动思想发展了 1843 年历史研究的成果，使其获得了一定的历史论证。异化劳动思想对于揭开私有制是历史性的存在的秘密具有重要的意义。马克思发现私有财产是分工和异化劳动或者说谋生性的劳动导致的，只要消灭了分工，消灭了谋生性的劳动，私有财产也就随之消失。这就把私有财产的起源置于唯物主义的基础上来研究，并且阐发了私有财产的暂时的性质。异化劳动和自由自觉的活动并不是截然分离的两种

---

① 参见〔苏〕尼·伊·拉宾《〈1844 年手稿〉对共产主义的经济和哲学论证》，中共中央马克思恩格斯列宁斯大林著作编译局马恩室编译《〈1844 年经济学哲学手稿〉研究（文集）》，湖南人民出版社，1983，第 1 页。

劳动，而是一种劳动的两个方面，二者在历史的不同阶段会有不同的关系。拉宾认为，异化的社会关系的思想，"已经非常接近于得出对抗性生产关系的概念"①。拉宾指出，马克思关于异化劳动和私有财产关系的思想，是从结果到原因，而且结果和原因之间是相互的。② 这就把私有财产发展到资本主义的形式，就产生了无产阶级的异化劳动这种结果，但是异化劳动却存在于资本主义以前的私有财产形式中，是私有财产诞生的原因。这就为私有财产在历史起源上划定了历史的界限。异化劳动作为历史的结果，集中体现在无产阶级身上，这样就区分出了一般和特殊。工人同生产的关系是特殊的历史形式，是具体的异化劳动，其中的一般包含着人类奴役制的秘密，一切奴役关系都是工人同生产的关系的变形和后果。这就提出了继续探讨一般的奴役关系的理论任务。要完成这一任务必然需要更为系统科学的历史观。拉宾认为，《1844 年手稿》中的思想应该称为现实的人道主义，共产主义是达到人道主义的道路。③ 这一看法有一定的合理性，共产主义当时被理解成消灭私有财产的运动，这一运动要实现完成了的人道主义和自然主义。

　　如何看待"异化"概念是一个难题。《1844 年手稿》中的"异化"概念有其特定的含义。属于人的世界现在不再被自身控制和支配了，个人变得抽象化，而世界重新回归到人的世界，这个就是"人的解放"。把"解放"范畴以及《德意志意识形态》中的"抽象"范畴联系起来考虑，就会发现马克思这些范畴有基本的价值指向，就是希望属于人的世界重新回到人本身。但这并不意味着这些范畴可以互换，马克思在思想发展的过程中用新的概念替换掉原来的概念说明概念的使用范围和内涵是有差异

---

① 〔苏〕尼·伊·拉宾：《〈1844 年手稿〉对共产主义的经济和哲学论证》，中共中央马克思恩格斯列宁斯大林著作编译局马恩室编译《〈1844 年经济学哲学手稿〉研究（文集）》，湖南人民出版社，1983，第 24 页。

② 参见〔苏〕尼·伊·拉宾《〈1844 年手稿〉对共产主义的经济和哲学论证》，中共中央马克思恩格斯列宁斯大林著作编译局马恩室编译《〈1844 年经济学哲学手稿〉研究（文集）》，湖南人民出版社，1983，第 25 页。

③ 参见〔苏〕尼·伊·拉宾《〈1844 年手稿〉对共产主义的经济和哲学论证》，中共中央马克思恩格斯列宁斯大林著作编译局马恩室编译《〈1844 年经济学哲学手稿〉研究（文集）》，湖南人民出版社，1983，第 36 页。

的，概念的完善性也有所不同。有的观点认为异化是整个马克思主义形成的出发点。① 对于这一观点要一分为二地看，异化范畴当然很重要，但"异化"概念中包含的思维方法以及价值追求也值得考虑。让人的世界回到人本身更为根本。

如何解读《1844 年手稿》，这是一个难题。不过，不应该以单一的文本来定位马克思的思想。马克思的思想是一个整体，有一个不断发展的过程，要在其思想前后的有机联系中来把握。

马克思以对黑格尔法哲学批判的形式对法学和国家学进行批判，这种批判是具体的，但在具体的批判中已经开始提出一些一般的问题，也开始形成一些可以进行规律性概括的思想。《1844 年手稿》探讨了国民经济学同国家、法、道德、市民生活等的联系。《1844 年手稿》是法国、英国、德国社会主义和黑格尔哲学、国民经济学，以及费尔巴哈的实证人道主义和自然主义批判方法的综合。更为重要的是，《1844 年手稿》中具体的研究和对具体的理论概括是结合在一起的。

另外，从哪个范畴入手来把握《1844 年手稿》也很重要。根据《1844 年手稿》的顺序，显然，工人是一个重要的思想切入点。《评一个普鲁士人的〈普鲁士国王和社会改革〉一文》就已经有对国民经济学的整体定位。英国的国民经济学没有超出资产阶级的政治理智的范畴，对赤贫的认识也很贫乏。马克思采纳了国民经济学的语言，但是不像国民经济学那样把私有财产的现实物质过程抽象成公式和规律，而是要说明这个事实。另外国民经济学总体上把资本家的利益当作最终原因，而马克思关注的则是工人的利益。国民经济学不理解运动的联系，从而把竞争、垄断等学说对立起来，马克思则要把握其中的必然联系。马克思要把握私有制，贪欲和劳动、资本、地产三者的关系，交换和竞争的关系，人的价值和人的贬值的关系，垄断和竞争的关系，即"这全部异化和货币制度之间的本质联系"②。国民经济学总是虚构一种原始状态，马克思则从当前的经

---

① 参见〔苏〕尼·伊·拉宾《论西方对青年马克思思想的研究》，马哲译，人民出版社，1981，第 107 页。
② 《马克思恩格斯全集》第 3 卷，人民出版社，2002，第 267 页。

济事实出发。

马克思在《1844年手稿》中回答的问题与《评一个普鲁士人的〈普鲁士国王和社会改革〉一文》是有关联的。《评一个普鲁士人的〈普鲁士国王和社会改革〉一文》讨论了如何看待工人的赤贫问题。《1844年手稿》则以"异化"来说明。"异化"一词,《德意志意识形态》依然使用,但是更多地强调社会活动的固定化产生的一种统治人而不被人所控制的物质力量。异己性、独立性和不依赖人的意义是交织在一起的。"异化"这一范畴之所以重要,就在于马克思共产主义思想有一个基本的思想,就是人本身的力量最后会成为一种不受人控制的力量,重新控制这种力量就是共产主义的历史任务。这一思想主题其实已经存在于马克思更早的思想之中,不过更多地隐含在自由、权利、国家、法、民主等概念以及相关思想的讨论之中。并且马克思在更早的思想中强调在社会各个领域实现自由,强调人的解放只有人在社会各个层面获得解放时才是可能的。"解放"的含义在《论犹太人问题》中是使人的世界和人的关系回归人自身。显然,"解放"和"异化"都包含一个基本的追求,就是让人重新占有本来属于自己的对象世界。

《1844年手稿》代表着马克思的思想完成了一次总结性的工作,这种总结有很多表现,其中一个表现就是明确了对黑格尔哲学的批判继承。黑格尔哲学的局限在于把人的本质的异化变成了自我意识异化。但是黑格尔要求把对象世界还给人的思想是值得肯定的,尤其是"黑格尔把人的自我产生看做一个过程,把对象化看做非对象化,看做外化和这种外化的扬弃;可见,他抓住了劳动的本质,把对象性的人、现实的因而是真正的人理解为人自己的劳动的结果"[1]。从某种意义上说,《1844年手稿》从思维基本模式上回归了博士论文,不过是在新的唯物主义基础上的回归。博士论文关于世界哲学化和哲学世界化的论述中,以及关于自我意识和世界的关系的论述中,都包含一个思维方法:哲学、自我意识与世界之间存在一种对象性的关系,哲学和自我意识的外化同时也使自身从体系性的束缚中解放出来。在博士论文中,对象性的一个主体是哲学和自我意识,因而

---

[1] 《马克思恩格斯文集》第1卷,人民出版社,2009,第205页。

这一对象性的过程主要还是理论实践的过程。在《1844 年手稿》中，这一过程则是现实的人通过劳动完成的对象化过程，其中包含异化和扬弃的关系。

在黑格尔的《精神现象学》中，黑格尔把劳动看成意识的内在确定性的保证。"劳动对于意识保证了对它自己本身的内在确定性，这种确定性，我们看见，是通过扬弃和享受异己的存在，亦即通过扬弃和享受以独立事物的姿态出现的异己的存在而达到的。"① 但是黑格尔强调的是意识的独立性以及其是由现实性对意识而言成为虚无来实现的。"如果意识是自为的独立的意识，而现实性对它是自在自为地虚无的，那末在劳动和享受中，它就可以达到独立性之感，从而它自身就会是能够扬弃现实性的东西。"② 而马克思对这一思想进行了改造。

关于马克思的异化思想，有很多争论，其中很多问题都与对异化主体的不同理解有关。韩立新说："'主客二分'、'自我异化'、'孤立人'是异化逻辑结构的三个根本特点，其核心在于自我异化。"③ 目前占主导地位的看法是，马克思的异化劳动思想是立足在孤立的个人或者抽象的个人基础上的。"如果我们连什么是异化都不知道，那又何从发现和认识异化的这些具体形式。"④ 过于关注异化的具体形式，会忽视异化同人的"本性""本质"的关系。如山之内靖就认为："'异化劳动'处于将作为出发点的劳动主体作为孤立的个人来理解的立场。"⑤ 山之内靖依此认为马克思的异化劳动思想具有方法论的缺陷，这就是没有将市民社会中的各个人作为在商品经济中形成社会关系的各个人来把握。广松涉也认为，不管

① 〔德〕黑格尔：《精神现象学》（上卷），贺麟、王玖兴译，上海人民出版社，2013，第205 页。

② 〔德〕黑格尔：《精神现象学》（上卷），贺麟、王玖兴译，上海人民出版社，2013，第206 页。

③ 韩立新：《〈穆勒评注〉中的交往异化：马克思的转折点——马克思〈詹姆斯·穆勒《政治经济学原理》一书摘要〉研究》，《现代哲学》2007 年第 5 期，第 4 页。

④ 〔南斯拉夫〕加·彼特罗维奇：《马克思思想的发展和实质》，中共中央马克思恩格斯列宁斯大林著作编译局马恩室编译《〈1844 经济学哲学手稿〉研究（文集）》，湖南人民出版社，1983，第 231 页。

⑤ 〔日〕山之内靖：《受苦者的目光：早期马克思的复兴》，彭曦、汪丽影译，北京师范大学出版社，2011，第 258 页。

工人如何将属于自身本质的类的活动性外化，都绝不可能直接生成劳动产品。对异化劳动的主体进行孤立化或者抽象化的理解必然会把马克思的"类"概念等同于费尔巴哈式的人道主义的抽象概念。① 同时，对异化劳动的主体进行孤立化或者抽象化的理解还会把马克思的异化逻辑等同于黑格尔的异化逻辑。广松涉认为，作为自我异化主体的类存在的人被拟人化了，终究难免形而上学的神秘性。这依然是黑格尔左派中的主体是大我的观点。"《1844年手稿》中的马克思，是将个人作为当事主体加以讨论的，绝没有直接违背类本质存在的终极的'主体＝实体'的设定。"② 广松涉把马克思的异化理解为"主体＝实体"的自我异化，从而认为《1844年手稿》采取的逻辑依然是主体—客体的辩证法。广松涉还依据这样的认识，勾勒了马克思的思想从"异化论"到"物象化论"的发展轨迹。而他所说的"物象化论"强调社会关系采取了物与物的关系的虚幻形式。"社会关系被颠倒为物与物的关系的拜物教化的世界观。"③ 事实上，"物象化"不过是强调"人与人的关系"，这一关系不是在人的存在之外或之上而重置的一个标准，也不是与人的存在相对立的一种存在，而是现实的个人的一种显现。汪信砚等肯定马克思的"类"概念，从作为人的特质的"类"、作为"主体间性"的"类"以及"类"的感性—历史性呈现三个方面阐释了"类"概念的基本规定。汪信砚等认为，在《1844年手稿》中，青年马克思的"类"概念本质上是一种历史唯物主义视域下的概念，它为新世界观的最终形成奠定了重要的思想基础。④ 这一认识对于科学把握马克思的"类"概念非常有意义。但这一认识只是肯定了"类本质"的人是最接近"现实的个人"的一种规定性，其依然认为这种

---

① 汪信砚等说："马克思的'类'概念多被学者们当作一种费尔巴哈式的人道主义的抽象概念而予以否定。"参见汪信砚、柳丹飞《论青年马克思的"类"概念——对马克思〈手稿〉中"类"概念的历史唯物主义解读》，《上海师范大学学报》（哲学社会科学版）2018年第6期，第10页。

② 〔日〕广松涉：《马克思主义的哲学》，邓习议译，南京大学出版社，2019，第357页。

③ 〔日〕广松涉：《马克思主义的哲学》，邓习议译，南京大学出版社，2019，第195页。

④ 参见汪信砚、柳丹飞《论青年马克思的"类"概念——对马克思〈手稿〉中"类"概念的历史唯物主义解读》，《上海师范大学学报》（哲学社会科学版）2018年第6期，第5页。

"人"是基于现实生活中的异化现象而设定的理想状态的人。这一看法依然否定了马克思"类"概念向"现实的个人"概念发展的内在关联性，而把二者看成在根本上是不同的，后者是对前者的超越或者否定。对马克思的"类"概念的科学把握，涉及异化到底是什么的异化的问题，涉及这个异化的主体到底是形而上学式的抽象的个体，还是理想性的概念，抑或是"现实的个人"的问题。对这一问题的辨析涉及对马克思思想发展的独特性的把握，更涉及如何解释从《1844 年手稿》到《德意志意识形态》的思想发展问题。

首先，关于主体性问题，马克思强调不应孤立地把人设定为主体，而应设定为"对象性的本质力量的主体性"①。人的主体性的本质力量的活动是对象性的活动，意味着在本质规定中就包含对象性的东西。人创造和设定对象恰好是因为人本来就是自然界，人的这个活动本身就是对象性的自然存在物的活动。马克思通过对主体性的这一理解实现了自然主义和人道主义的统一，从人创造和设定对象来看有主观性的一面，从人是自然的一部分来看有客观性的一面，自然主义和人道主义、主观和客观之间得到了统一，所以马克思说他发现了把唯心主义和唯物主义结合起来的真理。

马克思的主体观不是纯粹的能动的主体观，而是能动和被动结合的主体观。人的能动性体现在天赋、才能、欲望等方面。人的受动性、受制约性和受限制性体现在欲望的对象不依赖于人的对象而存在于人之外。受动性和能动性之间是统一的关系。激情和热情是人强烈追求自己的对象的本质力量。这是能动的，但是这恰好是因为人感到自己是受动的。

马克思规定了现实的人的基本内涵。现实的，也就是感性的，人是感觉和感性的，从而在自身之外有感性的对象。这一理解与黑格尔以自我意识和抽象的意识为主体有根本的差别。

"扬弃是把外化收回到自身的、对象性的运动。"② 马克思之所以对这一思想感兴趣，就是因为马克思的解放的思想要扬弃对象性本质的异化，从而重新占有对象性本质。这个追求就是人通过消灭对象世界的异化，从

---

① 《马克思恩格斯文集》第 1 卷，人民出版社，2009，第 209 页。
② 《马克思恩格斯文集》第 1 卷，人民出版社，2009，第 216 页。

而现实地占有自己的对象性本质。

一 "第一手稿"(笔记本 I)论异化劳动的规定性

对于"第一手稿"的阐释出现了对立的理论图景:一个图景是异化劳动几乎就代表了《1844 年手稿》的全部,起码成了一种标识;一个图景是异化劳动是一个矛盾重重甚至走入死胡同的理论,马克思后来不得不探究新的理论道路。这两个图景都有其合理性,但又有各自的局限,需要认真研究才能接近真相。这两个图景都有各自的理论预设,这些预设需要探究。异化劳动如果仅仅被当成工人的异化问题,那么异化劳动就只是对特定历史阶段的具体的社会阶级的一种思考,其理论自然无法上升为对人类历史的规律的思考。如果异化劳动既是工人异化事实的分析,同时也是从这一事实中抽象出来的历史逻辑,那么这一历史逻辑就要适用于工人阶级诞生以前的社会历史的分析。但是如果异化劳动的理论思考只是包括如上两个层面,那么,即便进入历史的思考也无法说明异化的起源。异化劳动的起源与异化劳动的主体之间必须具有一致性,只有这样,异化劳动才能在成为一种理论逻辑的同时,也是具有历史性的规律。导致异化劳动在历史上诞生的那个"谁"在工人的异化中变成了历史的现实,并充分展露出来,使二者之间获得了"逻辑"和"历史"的一致性。"第一手稿"之后,异化从主题的位置后退,让位于分工等人类历史问题是一个自然的思考过程。

(一)异化劳动观中的历史意识

如何理解"第一手稿"关于私有财产和异化劳动的论述,以及外化劳动同人类发展进程的关系问题的论述,对于确定"第一手稿"的价值具有重要的意义。"国民经济学从私有财产的事实出发。它没有给我们说明这个事实。"① 马克思还专门提到"两个事物之间的例如分工和交换之间的必然关系"②。这说明马克思关心的是说明两个事物之间的必然关系,把两个事物之间的必然关系看成"应当加以推论的东西",而不是把这种

---

① 《马克思恩格斯文集》第 1 卷,人民出版社,2009,第 155 页。
② 《马克思恩格斯文集》第 1 卷,人民出版社,2009,第 156 页。

必然关系假定为事实、事件。私有制和贪欲是两个事物，劳动和资本是两个事物，交换和竞争是两个事物，垄断和竞争是两个事物，等等。马克思还批评了国民经济学得到的所谓"规律"的局限。"它把私有财产在现实中所经历的物质过程，放进一般的、抽象的公式，然后把这些公式当做规律。它不理解这些规律，就是说，它没有指明这些规律是怎样从私有财产的本质中产生出来的。"① 这段说明表明马克思要探究私有财产的本质以及私有财产诞生的本质根源。马克思还批评国民经济学家在想说明什么的时候总是置身于虚构的原始状态。通过以上内容可以看出，异化劳动是被马克思当成私有财产的本质来看待的，私有财产被看成需要加以推论和阐明的东西。而且马克思坚信自己对异化劳动的阐发不是一般的、抽象的公式，而是对规律的探讨。马克思对虚构的原始状态的批判也说明马克思的探究力求符合历史的真实进程。正是这种精神追求使马克思不断进行新的理论探索，不断发展和完善自己的理论。

关于"私有财产"这一"后果"，马克思讲了两个"因此"。第一个"因此"是从工人的角度来讲外化劳动。"因此，私有财产是外化劳动即工人对自然界和对自身的外在关系的产物、结果和必然后果。"② 第二个"因此"讲的是"人""生命"。"因此，我们通过分析，从外化劳动这一概念，即从外化的人、异化劳动、异化的生命、异化的人这一概念得出私有财产这一概念。"③ 马克思讲两个"因此"并不是简单重复一个意思，而是有一个由具体到抽象的过程。关于这种区分的意义，后文会进一步阐发。但是马克思也说他是从私有财产运动得到外化劳动概念的。"我们从国民经济学得到作为私有财产运动之结果的外化劳动（外化的生命）这一概念。"④ 这样一种看似矛盾的表达，很容易被理解为循环论证，或者被理解为马克思的思想陷入了困局，显示了异化劳动理论自身的局限。⑤

---

① 《马克思恩格斯文集》第 1 卷，人民出版社，2009，第 155 页。
② 《马克思恩格斯文集》第 1 卷，人民出版社，2009，第 166 页。
③ 《马克思恩格斯文集》第 1 卷，人民出版社，2009，第 166 页。
④ 《马克思恩格斯文集》第 1 卷，人民出版社，2009，第 166 页。
⑤ 相关观点分歧参见〔日〕山之内靖《受苦者的目光：早期马克思的复兴》，彭曦、汪丽影译，北京师范大学出版社，2011，第 248 页。

马克思这一看似"循环"的论证恰好包含了其思想的秘密。马克思说:"后来,这种关系就变成相互作用的关系。"① "后来"非常关键,其中包含着一种历史意识。私有财产是历史的结果,但从历史世代更迭的角度看,结果就成了人的活动的前提。私有财产和异化劳动的关系在历史进程中是双重的。私有财产是原因,是前提,一定的个人是在既定的私有财产的环境下从事自己的活动的,这一前提使一些人一开始就处在私有财产被剥夺的状态下,从而使这些人的劳动和本质、关系都随之发生异化。这一思考进路,马克思后来非常重视,在"第一手稿"中也有相应的印记。在论述地产的时候,马克思说:"封建的土地占有已经包含土地作为某种异己力量对人们的统治。"② 私有财产的统治是从土地占有开始的,土地带来了异化劳动,最集中的表现是农奴,他们是土地的附属物。甚至对于土地的继承者来说,也可以说是"土地继承了他"③。对于农奴和领主来说,异化的程度显然不同,土地和土地占有者之间有紧密的关系,土地仿佛是领主的无机的身体。"土地所有者的权利来源于掠夺。"④ 马克思在分析资本的时候,也体现了以私有财产为立足点进行分析的思路。马克思提问道:人们依靠资本,依靠大宗财产的继承,可以得到什么?马克思的答案是能得到对劳动及其产品的支配权力。但私有财产作为前提和原因并不是永恒的社会现象,而是一定历史发展的结果,是一定的、暂时的历史现象。被继承的资本本身是被异化劳动创造出来的。"相互关系"已经触及历史更迭的问题。把握这一点对于把握异化劳动的第一个规定非常重要。从工人出发理解对象的异化,阐发了在资本主义条件下资本积累的源泉问题,异化劳动作为私有财产的规定性为马克思从劳动来探究商品的价值提供了一种思考的方向。而异化的劳动对象对于一定社会成员的先在性的存在特征有利于阐发无产阶级的历史起源。

有观点认为,"第一手稿"的这种论述说明:"马克思意识到第一手

---

① 《马克思恩格斯文集》第 1 卷,人民出版社,2009,第 166 页。
② 《马克思恩格斯文集》第 1 卷,人民出版社,2009,第 150 页。
③ 《马克思恩格斯文集》第 1 卷,人民出版社,2009,第 150 页。
④ 《马克思恩格斯文集》第 1 卷,人民出版社,2009,第 142 页。

稿中的异化论缺乏历史的逻辑。"① 这一观点值得商榷。应该说,恰好因为马克思关注历史的逻辑才诞生了异化劳动理论。这种历史意识体现在三个方面:第一个方面是异化劳动说明了工人命运的暂时性;第二个方面是工人命运到人的异化劳动和抽象,说明了私有财产的暂时性;第三个方面则是通过对异化主体的确定,说明了异化劳动的暂时性,从而落脚到人类及其社会历史本身。

马克思在谈完异化劳动和私有财产的关系以后就谈了二者是如何被理解为暂时性的事物的。私有财产的本质被和"真正人的和社会的财产"联系起来,而异化劳动则被和人的发展的本质联系起来。"人是怎样使自己的劳动外化、异化的?这种异化又是怎样由人的发展的本质引起的?我们把私有财产的起源问题变为外化劳动对人类发展进程的关系问题,就已经为解决这一任务得到了许多东西。"② 私有财产的起源问题转化为外化劳动同人类发展的关系问题,这向归纳历史的发展规律迈出了关键的一步。这一思考方向把异化劳动和私有财产都变成了一定的、历史的、暂时的存在,已经触及探究人类历史的整体规律的层面。"第一手稿"中的"类生活""类本质"就这样取得了初步的历史性的规定。尽管这种历史性的规定还是很初步的,但为深入探究历史发展规律提供了一定的理论要件。

(二)异化劳动逻辑

在《1844 年手稿》中,马克思主要讲了异化劳动的四个方面的规定。关于这四个规定的命名略有差异。如规定为产品的异化、劳动者的自我异化、类的异化、阶级的异化③,再如规定为自然的异化、劳动者的自我异化、类的异化、异化了的社会交往。④ 以马克思自己的说明,第一个规定

---

① 相关观点分歧参见〔日〕山之内靖《受苦者的目光:早期马克思的复兴》,彭曦、汪丽影译,北京师范大学出版社,2011,第 212 页。
② 《马克思恩格斯文集》第 1 卷,人民出版社,2009,第 168 页。
③ 相关论述参见〔日〕山之内靖《受苦者的目光:早期马克思的复兴》,彭曦、汪丽影译,北京师范大学出版社,2011,第 256~292 页。
④ 相关论述参见〔日〕望月清司《马克思历史理论的研究》,韩立新译,北京师范大学出版社,2009,第 53~115 页。

为"物的异化",第二个规定是"自我异化"。① 但马克思讲的"自我异化"有特定的含义,就是指工人与他自己的活动的关系。异化劳动的四个规定都可以称为"自我异化",甚至可以把自我异化分成自我异化形式和相互异化形式。这样一种概念使用方式的确带来了一定的理论困难。从马克思把人与自己的活动的关系命名为"自我异化"中能够看出他对这一异化劳动规定的重视。在论述异化劳动的第三个规定时,马克思插入对类生活的论述,然后讲了如下一段话:"人的类本质,无论是自然界,还是人的精神的类能力,都变成了对人来说是异己的本质,变成了维持他的个人生存的手段。异化劳动使人自己的身体同人相异化,同样也使在人之外的自然界同人相异化,使他的精神本质、他的人的本质同人相异化。"②一般把这一层面叫作"类本质"或者"人的本质"的异化。使用这一概念来说明这一规定时也需要注意,这里讲的类本质,已经包含人和自然的异化、人和自己身体的活动的异化,新增加的内容是"精神本质",而新增加的问题是自己的本质变成"手段"的问题。而目的变成手段离不开精神,但这里的精神的规定性并不意味着唯心的思考方向,人的"精神本质"在于使人与自然、人与自身和人与人之间具有"关系"性,并可以自己去调整这种关系。关于最后一个规定,马克思的讲法是"人同人相异化"③。

如何理解这四个规定之间的关系非常重要,要避免孤立化处理。另外,四个规定是从事实出发进行的理性抽象,在应用于历史现实的分析时不一定要严格按照这一顺序。至于四个规定的关系,是"阶段"还是"方面"呢?如果是经济发展的"阶段"就侧重于过程,那么就意味着四个规定有一定的历史性。异化劳动逻辑的设定本身反映的历史性是否仅限于资本主义形态的社会经济现象呢?这值得进一步探讨。如果是"方面"则侧重于静态结构的把握,这就要分析四个层面之间的逻辑关系。《1844年手稿》对异化的规定不仅仅只有这四个规定,还有其他层面和内容。

---

① 《马克思恩格斯文集》第 1 卷,人民出版社,2009,第 160 页。
② 《马克思恩格斯文集》第 1 卷,人民出版社,2009,第 163 页。
③ 《马克思恩格斯文集》第 1 卷,人民出版社,2009,第 163 页。

另外，除了《1844 年手稿》以外，《德意志意识形态》等其他文本中的异化观与《1844 年手稿》既有一致之处，也有一些差异，其中对异化的规定与四个规定之间有什么关系？这些都值得进一步探究。

与《穆勒摘要》相比，"第一手稿"关于异化劳动的四个规定有明显的思想加工的印记。四个规定是从工人的经济事实出发得出的理论规定。"我们的出发点是国民经济事实即工人及其生产的异化。我们表述了这一事实的概念：异化的、外化的劳动。我们分析了这一概念，因而我们只是分析了一个国民经济事实。"① 对异化劳动的四个规定要有一个定位，这四个规定是从工人这个"点"出发的。

第一个规定中劳动对象、产品同劳动对立反映的是工人劳动的实现表现为失去现实性，对象化表现为对象的丧失和被对象奴役。其具体的表现就是工人被剥夺了生活和劳动的必要对象，工人缺乏消费品（赤贫）、价值、畸形、野蛮、无力、愚钝等都是对象异化带来的结果。这个层面只是工人劳动的本质关系即工人同生产的关系的一个方面。

关于第一个规定，理论界提出了一些值得探讨的问题。如表述的主体问题，除了"工人"以外，是否还包括奴隶、农奴、自营农业主、手工业主等从事劳动的人？马克思对此有一定的说明。从具体层面来说，"劳动"是指具体的历史进程中的劳动，这样的劳动只和工人关联在一起。"劳动对它的产品的直接关系，是工人对他的生产的对象的关系。有产者对生产对象和生产本身的关系，不过是这前一种关系的结果，而且证实了这一点。对问题的这另一个方面我们将在后面加以考察。因此，当我们问劳动的本质关系是什么的时候，我们问的是工人对生产的关系。"② 从这一说明可以看出，"劳动"是具体的，是和"私有财产""资本"对应的概念。如果从自然界的角度来看，劳动和自然界之间并不一定构成直接的关系，奴隶的劳动不过是一种无机的生存条件，农奴的劳动和自然界之间才构成直接的关系。当异化劳动的主体变成"类生活"、变成"人"的时候，"生活""生产""实践""劳动"等概念就具有了一般性，有产者与

---

① 《马克思恩格斯文集》第 1 卷，人民出版社，2009，第 164 页。
② 《马克思恩格斯文集》第 1 卷，人民出版社，2009，第 159 页。

生产对象的关系也包括在内。《神圣家族》中指出有产者也有异化问题，就是思想从具体到抽象发展的结果。进一步抽象的结果就是问题变成了人和自然的一般性关系，变成了生活和生活对象的关系。而对这一关系的阐释，即对象世界的物化和独立化问题就成了关键的问题，物化或者"物象化"成为讨论的主要问题是合乎马克思思想进程的必然逻辑的。把握这一点，就很容易理解《德意志意识形态》为什么从现实的个人和生产条件的关系入手来探究历史发展的规律问题了。

关于第一个规定，还有一个需要探讨的问题是对象的规定性。对象既有"劳动产品"，又有"自然界"。马克思既谈到工人和劳动产品的关系，也谈到工人和自然界的关系。当主体变成"人"的时候，自然界这一对象自然就成了主要讨论内容了。有人认为马克思这里是脱离了社会条件来讨论人与自然的关系的，这是不公允的。异化劳动的四个规定不是孤立的，可以说每一个规定都内蕴其他三个规定才能成立，分成四个不过是把类本质的异化进行一定的逻辑区分。从大自然获得劳动对象不是和社会制度无关的事情，恰好相反，社会关系及其制度在很大程度上影响了自然人化的方式和过程。

通过上文的分析，孤立的人的问题已经得到部分的回答。从具体工人的角度来看，他们不是孤立的人，其中已经前置劳动和资本的分离。从人本身来看，所谓孤立的人的看法把第一个规定孤立起来了。山之内靖说："工人像对待异己的对象那样对待劳动产品，其结果便是形成'异己的对象世界'即异化这样的思考方式的确是主观主义的。"[1] 异化并不是工人主观造成的，也不是工人把自己生命的力量投注到对象中就叫作异化。这涉及何谓"异化"的分析，涉及异化到底是"什么"的异化的问题。真正被异化的不单单是"工人"这样的生命实体，还有"关系"，是有利于工人的关系变成了"异己"的关系。真正被异化的东西包括两个基本要素：一个是"关系"，即对象性关系；一个是主体性，即对人的价值的肯定。前者是关系，后者是主体性，合起来是对象性关系的主体性。人的那

---

[1] 参见〔日〕山之内靖《受苦者的目光：早期马克思的复兴》，彭曦、汪丽影译，北京师范大学出版社，2011，第257页。

种对象性的本质力量成为伤害自身的力量就是异化。马克思强调，设定的并不是主体，而是"对象性的本质力量的主体性"①。这应该说已经非常明确地阐明了异化劳动到底是"什么"的异化的问题。

第一个规定和第二个规定之间是什么关系？到底第二个规定是第一个规定的结果，还是第二个规定才是重要的？是否第一个规定是引子，第二个规定是核心，第三、四个规定是派生的？或者第四个规定是结果？第三个和第四个规定可以合二为一吗？第二个规定是生产行为、生产活动中的异化。这一规定回答的是劳动的内在性和外在性问题，是肯定和否定自己的问题，是感到幸福还是不幸的问题，是体力和智力是否自由发挥的问题，是自愿和强制的问题，是目的和手段的问题，是自由活动和动物机能还是和人的机能关联在一起的问题。那么第一个和第二个规定之间到底是什么关系呢？是活动/生产和产品的关系。后者是前者的总结。在具体的历史条件下，二者的关系会有不同，产品会影响活动，活动也会影响产品。《德意志意识形态》就强调人和生产什么一致，也和怎么生产一致。人是被生产和生产的对象所规定的，二者是一个过程的两个方面，过于拘泥于哪一个是派生的会掩盖问题的实质。《德意志意识形态》从生产方式的角度来把握历史不是马克思的突然发现，而是其思想演进的必然结果。孤立的个人的理解方式无法理解马克思讲的"他在劳动中也不属于他自己，而是属于别人"②。望月清司分析认为，这个别人无论从形式逻辑的认识还是社会历史的认识来说，都是一个异质的"中间地段"，从类中推不出来，从第一个规定中也很难发现这个契机。③

马克思在谈论第二个规定的时候，已经涉及劳动的目的和手段的问题，在谈论第一个规定的时候也曾提及手段问题。而目的和手段问题恰好是第三个规定要重点讨论的。人在运用人的机能时觉得自己是动物，在运用动物机能时觉得自己在自由活动，其实就已经是人的类本质的异化了。第三个规定是至关重要的规定。马克思为了论述第三个规定，插入了对

---

① 《马克思恩格斯文集》第1卷，人民出版社，2009，第209页。
② 《马克思恩格斯文集》第1卷，人民出版社，2009，第160页。
③ 相关论述参见〔日〕望月清司《马克思历史理论的研究》，韩立新译，北京师范大学出版社，2009，第70页。

"类生活"的说明，然后进行了类生活变成手段的说明。在说明之后，又插入了对人和动物的区别的说明，然后阐述了人的类本质的异化。马克思的这一阐释方式非常值得关注。第一个和第二个规定，形成了自然界—劳动对象—劳动产品—劳动活动的链条。劳动和劳动对象已经构成人的类生活的基本要素。这是人同自然界的自我异化。

"类存在物"是说人把自身的类和他物的类当成自己的对象，把自身当作有生命的类来对待，这种对待的方式有实践上的，也有理论上的。人把自身当成对象和普遍自由的存在物来对待，是异化成立的逻辑条件。如果仅仅把自身当成对象来看待，不一定有异化的问题，既把自身当成对象，又把自身当成普遍自由的存在物来对待才有异化的问题。异化的主体是对象性本质力量的主体性，这种对象性本质力量的主体性就是对象性活动中的人的自由存在物的实现问题。自由存在物存在于对象性活动之中，并在其中得以历史性的展开。马克思在工人身上发现了类生活，整个自然界随着工业的发展日益成为人的对象，成为生命活动的材料和工具，成为艺术和自然科学的对象。劳动是生产生活，是产生生命的生活，这就是"类生活"。但对于工人来说肉体需要成了唯一的终极目的，劳动生活成了手段。于是人的自由的有意识的活动也被抽象化了，这样就产生了个人生活的二重化。可以说异化劳动把类生活变成了维持个人生活的手段。

异化劳动前两个规定还没有完全深入主体自身，到了"类存在物"和"类生活"这两个概念的提出，就深入主体自身了，深入人和人自我的关系。异化劳动的前两个规定是在人与自然的关系范围内的，而异化劳动的四个规定涉及人与自然的关系、人同自身的关系，以及人与他人的关系。而人同自身的关系既体现在人与自然的关系中，也体现在人与他人的关系中。因此，四个规定的关系在逻辑上可以解析为人与自然和人与人两个关键环节。这为生产力和生产关系的思考提供了理论准备。

马克思在"第一手稿"中引入"类生活"的概念时，主要涉及自然界和人的活动机能，还没有涉及人的意识问题。人的生产生活、人的类生活的特性就在于是自由的有意识的活动。要讲明类生活就必须讲明人与动物的区别，而讲明人与动物的区别离不开意识问题。异化劳动的第三个规定，是由一组思想组成的，最先表达的是类生活变成个人生活的手段；然后表达的是人自己的生活是自己的意志和意识的对象，是人可以把自由的活动变成手段的原因，这一点触及了人与自身的关系。这样"类生活"的概念的内容就完整了。对象世界是类生活的对象化，生产实践是能动的类生活，人关于自己的类意识构成了类生活的三个基本规定。这三个基本规定对应的就是异化劳动的三个规定。这三个规定都是从人与自然的层面来看的。

"类生活"和"类本质"的概念具有一致的内涵，但是二者有一定的差别。"类本质"更突出了类生活实现了的结果。"人的类本质，无论是自然界，还是人的精神的类能力，都变成了对人来说是异己的本质，变成了维持他的个人生存的手段。异化劳动使人自己的身体同人相异化，同样也使在人之外的自然界同人相异化，使他的精神本质、他的人的本质同人相异化。"① 类本质是类生活实现了的人的本质，其中包括自然界层面的实现、活动层面的实现、精神层面的实现，即自然的类本质、生命活动的类本质和精神本质。马克思在这里是从人与自然关系的两端——"自然界"和"精神的类能力"来定义"人的本质"的。

马克思在讲类生活的异化时说："第一，它使类生活和个人生活异化；第二，它把抽象形式的个人生活变成同样是抽象形式和异化形式的类生活的目的。"② 望月清司认为这里的"个人生活"概念的出现是突然的，因为没有说明类和个体的关系。从望月清司的论述来看，急于找到社会关系的因素使对相关思想的解释出现了偏差。这里马克思讲的类生活并不是从社会关系或者共同体的意义上讲的，而是从人与自然的关系的角度讲的，类与个体统一的意象不是共同体的意象，而是个人生活就是类生活的意象。这里谈论的不是个体从社会中的分裂。③

望月清司从这里发现了从"类"过渡到"社会"的逻辑潜力则是有洞察力的。马克思的确从第三个规定过渡到了人与他人的关系，即异化劳动的第四个规定。前两个规定本来就是在人与自然关系的链条上进行的阐

---

① 《马克思恩格斯文集》第1卷，人民出版社，2009，第163页。
② 《马克思恩格斯文集》第1卷，人民出版社，2009，第162页。
③ 相关论述参见〔日〕望月清司《马克思历史理论的研究》，韩立新译，北京师范大学出版社，2009，第75~78页。

发，因此不过多引入人与人的关系是很正常的。马克思在谈论人与人相异化的时候，也是从前三个规定来说的，即人同人相异化包括人与自己的劳动产品、自己的劳动、自身的关系三个层面。马克思用了"结果""适用"来说明。马克思进行的是逻辑的说明，当然这种逻辑的说明可以和历史的说明，也就是哪个是第一位的、哪个是派生的问题保持一致，但二者毕竟不同。这里的"结果"更多的是逻辑结果，而逻辑的说明更重视现象性的阐发。"适用"一词就在现象性层面解释了人与他人的关系也要从这三个规定的角度来分析。也就是说，只要人同自己的劳动产品相异化，其中一定有人同人的异化发生，因为异己的劳动产品属于谁肯定是需要回答的问题。同样，对于活动也是如此，活动不属于自己，那么属于谁呢？自己的类本质成为手段，那么目的是什么呢？"只有人自身才能成为统治人的异己力量。"[1] 这样人与自我的关系就处在人与自然和人与人关系的关键环节上，人与自我的关系，或者说"类本质"问题，虽然是从人与自然的关系角度提出的，却同时也要从人与人的关系角度来把握。马克思这里讲的"类本质"侧重于人与动物的区别，而类本质的异化涉及自然界、人的精神的能力和类的能力（生产能力），并没有突出人与人的关系，那么类本质中的社会关系是不是就不重要了呢？其实不然，工人同生产和生产对象的关系本身就诞生了资产拥有者的相应关系。人与人的关系的异化是人本质的异化的完成状态。"人的类本质同人相异化这一命题，说的是一个人同他人相异化，以及他们中的每个人都同人的本质相异化。"[2]

如何理解马克思看起来像是从一个孤立的点开始对异化劳动进行论述呢？这是逻辑分析的需要。马克思在讲完异化劳动的四个规定后，又进入现实，从现实的角度说明异化。从现实的角度来说明，需要放在人与人的关系中来说明，只有另外一个人获得对象性本质力量的主体性地位时，异化才能发生。"人对自身的关系只有通过他对他人的关系，才成为对他来说是对象性的、现实的关系。"[3] 马克思强调了在实践的、现实的世界中，

---

① 《马克思恩格斯文集》第 1 卷，人民出版社，2009，第 165 页。
② 《马克思恩格斯文集》第 1 卷，人民出版社，2009，第 164 页。
③ 《马克思恩格斯文集》第 1 卷，人民出版社，2009，第 165 页。

自我异化只有通过对他人的实践的、现实的关系才能表现出来。这样，人与人关系中另外一个主宰的存在是异化劳动前三个规定的原因。从马克思的论述方式来看，其对异化劳动四个规定的论述带有逻辑解析色彩，当回到现实生活的时候，就变成了人通过生产异化的对象生产出人与人的异化，同时人与人的异化也会导致人与自我的异化。这是一种相互性的关系。对于这种相互性关系，"第一手稿"还没有详细阐发。阐发这种相互性关系需要对历史本身进行更充分的说明。根据前文的分析，"第一手稿"已经给出下一步的理论任务。这也表现在"人的发展的本质"[①] 这一说法之中。发展的本质暗示了人的类本质是一个历史发展的过程。

（三）分工论和异化劳动的内在呼应

把"第一手稿"放在《穆勒摘要》之前来解释的一个理由是"第一手稿"分工论不足，以及分工论没有出现在"异化劳动"的论述中，因此二者之间的距离绝不是可以用简单的理论桥梁所能够缩短的。望月清司认为，分工论如果和"类的异化"结合起来，会是出色的分工论。"第一手稿"的分工论不具备这样的契机。异化劳动的第二个规定更适合分工体系还未完备的单纯协作，而第一个规定由于孤立的人的立场，无法将"工人之间的竞争"整合进来。望月清司认为，马克思是从工厂内部高度的技术分工角度把握"分工"的。望月清司还认为，"第一手稿"的分工论给人的感觉不过是控诉资本统治的一个材料，其中明显贯穿着一种工人悲惨的畸形化理论。[②] 这样的分析把"第一手稿"的分工论和异化劳动割裂开来了，使异化劳动失去了和要说明的事实之间的内在联系。"第一手稿"关于分工的论述的确有"材料"的色彩，但马克思对这一"材料"的叙述并不是和异化劳动割裂的，其中隐含了与异化劳动的一定的对应关系。

马克思认为，在一个国家资本和收入增加的时候，社会才会处于日益增长的状态。在论述这一状态的实现条件时，他论述了分工的问题。资本

---

① 《马克思恩格斯文集》第1卷，人民出版社，2009，第168页。
② 相关论述参见〔日〕望月清司《马克思历史理论的研究》，韩立新译，北京师范大学出版社，2009，第99~103页。

的积累和分工的扩大、工人人数的增加之间具有一定的循环关系，而这一循环关系中隐含了异化劳动的第一个规定。因为在这一循环论述之前，马克思阐明了资本的积累意味着工人的劳动产品、生存资料和活动资料在资本家手中的集聚。显然，资本积累的过程包括分工的扩大使工人的劳动产品异化。"分工提高劳动的生产力，增加社会的财富，促使社会精美完善，同时却使工人陷于贫困直到变为机器。"① 马克思还论述了分工的扩大导致工人日益依赖劳动，尤其是片面的、机器般的劳动，这使工人越来越片面化和具有依赖性，人变成抽象的活动和胃。这说明了分工是如何使工人的劳动变成谋生性的、被动的活动的，因此与异化劳动的第二个规定是相呼应的。马克思提到工人在肉体上和精神上都被贬低为机器，因此异化劳动的第三个规定涉及精神的因素。分工还使工人越来越依赖市场价格的波动，导致人的竞争、机器的竞争，以及工人和机器的竞争，这和异化劳动的第四个规定是相呼应的。"第一手稿"在论述分工的时候，是在资本积累和工人劳动的关系中来进行的，然后又论述了分工和工人的异化劳动是如何使工人和资本家处于对立的两极的。这一论述过程显然有一定的"循环性"，异化劳动的第四个规定既是最后的环节，同时也是前置的环节。"第一手稿"在论述分工的时候，异化劳动的第三个规定不是很突出，但是也隐含在其中。

对于异化劳动的质疑，还有一个思考的方式是把马克思的思想等同于费尔巴哈或者黑格尔的思想，这涉及另外一个层面的问题，这里不展开论述。如果能够真正把握马克思异化劳动的内涵，那么这个问题的答案也就不言自明了。那种认为马克思的异化劳动思想存在唐突的逻辑断裂，或者存在逻辑和事实的困难的看法也是有启发意义的。但事实上，异化劳动的逻辑自洽性和对事实（包括历史事实）的解释能力是很强的。导致"马克思已经开始意识到从自我异化的视点向社会关系论的视点的转变"的并不是"唐突的逻辑断裂"或者"方法论的难点＝僵局"②，而是阐发如

---

① 《马克思恩格斯文集》第1卷，人民出版社，2009，第123页。
② 〔日〕山之内靖：《受苦者的目光：早期马克思的复兴》，彭曦、汪丽影译，北京师范大学出版社，2011，第304页。

何从现实的角度来应用或者解释异化劳动的逻辑。其中体现的是逻辑与历史一致的方法论。自我异化和社会关系论本来就是一体的。

异化劳动和私有财产、异化劳动和人的本质的发展的关系应当被看成异化劳动理论的内容之一，而不是因为遇到了理论的困难而无奈进行的一种新探索。在理解马克思的异化劳动的过程中需要区分读者理解过程中思想设定造成的困难与马克思思想真实的困难。那种把马克思的异化劳动理论在总体上等同于黑格尔或者费尔巴哈的思想的理解，已经设定了一个缺乏独创性的马克思思想影像。不管是归结于受到黑格尔形式主义辩证逻辑的束缚，还是归结于费尔巴哈类本质论述形式的束缚，对马克思来说都是不公允的，尤其是认为马克思的"类"还是费尔巴哈意义上的，而不是产品的"交往"体系，更是值得探究的问题。异化劳动的第一个规定放在现实的层面来看是围绕着物的对象世界发生的人与人的关系，显然这个思考是和人与人的围绕物发生的交往关联在一起的。这一思考的继续发展就是"所有制"的概念。人和人之间围绕着人的活动发生的关系涉及劳动分工，而精神本质的规定则涉及精神交往关系。异化劳动理论并不是放弃了市民社会的思考进路，而是继在市民社会中发现市民社会的人的二元分裂，尤其是变成利己的孤立的个人和公民的二分之后，对此进一步的深入解读。马克思在"第一手稿"之后回到对市民社会结构的分析并不是要绕开对工资、资本和地租的分析，而是要在历史进程的宏观阐发方面尝试用人的发展的本质说明异化劳动的产生以及私有财产的诞生和消亡的历史。对地租、资本的分析触及封建主义，落脚在资本主义，在此之前的和之后的历史进程需要补充完整，这样才能构成相对完整的历史思考。马克思采取的是以当下的思考为重点并以当下历史的把握为基点思考前期和后期历史的思路。在"私有财产和共产主义"部分马克思就批评了那种追问谁生了父亲、谁生了祖父的思维方式，而是强调应该关注循环运动。

异化劳动不是思考个人和社会关系问题的阻碍，而是桥梁。从异化劳动到个人和社会的关系的思考不是暴力飞跃，而是自然而然的逻辑开展。"《经济学哲学〈第一〉手稿》基本上是站在孤立人立场上建立起来的'自然＝事物的异化'理论，这种异化论虽然揭示了劳动过程的异化，但是缺乏'协作'的视点，结果使马克思在那个孤立人如何从'类'中脱离出来变成'个体'的问题上陷入了困难的境地。"① 望月清司提出的问题是有意义的。马克思的异化劳动包含个人生活和社会生活关系问题的解决思路。异化论本身就把工人和资本家置于历史进程之中，使其成为暂时的历史现象，成为个人取得的一种社会地位。私有财产作为异己的力量对人的统治，是在资本和劳动的关系中发生的。"资本是对劳动及其产品的支配权力。资本家拥有这种权力并不是由于他的个人的特性或人的特性，而只是由于他是资本的所有者。"② 工人的个体也是如此，工人的地位是一种社会历史性的地位。社会关系的运动不是孤立的个人与个人之间关系的运动，而是以"物""活动"等为中介的。孤立的个人生活是抽象的社会生活，而与个体生活相异化的社会生活是抽象的个体生活。在"第一手稿"中，异化劳动的思考已经包含对个体生活和社会生活的思考。"占有表现为异化、外化，而外化表现为占有，异化表现为真正得到公民权。"③ 外化和异化的私有财产是在社会关系中运动的，个体的外化和占有关系则表现为个体与社会的关系。从个体的角度来看，围绕着个体与私有财产发生的是一种对立和对抗性的关系，在资本主义条件下是工人和资本家的对立。工人作为人存在和作为工人存在是不同的，异化劳动提供的宽广的人的尺度对于定义社会关系的历史发展性和暂时性提供了条件。这就是马克思提出的要解决的任务："从私有财产对真正人的和社会的财产的关系来规定作为异化劳动的结果的私有财产的普遍本质。"④ 对这一任务的解决意味着唯物史观的创立。

二 《詹姆斯·穆勒〈政治经济学原理〉一书摘要》的异化思想

关于《穆勒摘要》的写作时间存在一定的争议。中野英夫认为，《穆

---

① 〔日〕望月清司：《马克思历史理论的研究》，韩立新译，北京师范大学出版社，2009，第99页。
② 《马克思恩格斯文集》第1卷，人民出版社，2009，第130页。
③ 《马克思恩格斯文集》第1卷，人民出版社，2009，第168页。
④ 《马克思恩格斯文集》第1卷，人民出版社，2009，第167页。

勒摘要》是要解决"第一手稿"所留下的课题。① "《穆勒摘要》是《巴黎笔记》中一次重大的认识飞跃,马克思在这里实现了一种话语转折,即从阅读经济学著作的话语系统转折到以哲学话语来思考问题。实际上这是他走向《1844 年经济学哲学手稿》的真实逻辑中介。"② 《穆勒摘要》对于理解《1844 年手稿》和《德意志意识形态》的思想发展有很大的帮助。尤其是其中关于"类生活"及其异化的理解有助于准确定位这一思想的性质和地位。③

把《穆勒摘要》放在"第一手稿"之后来分析,会发现一个理论话题:《穆勒摘要》中有私有财产的起源和外化劳动的关系的分析。这一问题恰好就是"第一手稿"末尾提出的问题,"第二手稿"中对这一问题的回答从历史的节点来说显然是比较靠后的。"第二手稿"以后更多的是分析资本以及私有财产的消亡问题,这从历史节点来看是从当下的历史进程对未来的思考。《穆勒摘要》中则分析了类活动如何外化并进而产生私有财产等问题。这种关联能否成为写作时间先后的证明是另外一个层面的问题,但把握这一关联有助于把握当时马克思对自己提出的问题进行回答的情况,进而分析其后来是如何回答这一问题的。《穆勒摘要》的异化思想非常丰富,涉及异化的很多方面,以单一的方面为标尺来整体界定《穆勒摘要》的异化思想是不够充分的。《穆勒摘要》既有从货币入手谈论"商品经济的异化"的内容,也有谈论工人异化等"阶级的异化"的内容,二者是互相结合在一起的。④ 张一兵认为,《穆勒摘要》显示了马克

---

① 可参考颜岩《〈穆勒摘要〉与〈1844 年手稿〉逻辑关系的再考证——与张一兵先生商榷》,《内蒙古社会科学》(汉文版)2005 年第 2 期;〔日〕中野英夫《谈谈马克思〈詹姆斯·穆勒《政治经济学原理》一书摘要〉的研究进展》,《马克思主义研究》1987 年第 4 期。

② 欧阳英:《马克思政治哲学思想探析:历史、变迁与价值》,中国社会科学出版社,2018,第 57~58 页。

③ 汪信砚、柳丹飞认为:"青年马克思的这一'类'概念本质上是一种历史唯物主义视阈下的概念。"参见汪信砚、柳丹飞《论青年马克思的"类"概念——对马克思〈手稿〉中"类"概念的历史唯物主义解读》,《上海师范大学学报》(哲学社会科学版)2018 年第 6 期,第 5 页。

④ 参见〔日〕中野英夫《谈谈马克思〈詹姆斯·穆勒《政治经济学原理》一书摘要〉的研究进展》,《马克思主义研究》1987 年第 4 期,第 204 页。

思的经济研究开始向总体理论逻辑跳跃，"已经在有意识地建构自己的经济异化理论的完整逻辑框架了"①。张一兵把《穆勒摘要》放在《1844年手稿》之前来解读。韩立新则把《穆勒摘要》放在"第一手稿"之后进行了有深度的解读。韩立新认为："交往异化在思想水平上要高于劳动异化，《穆勒评注》在理论上比《第一手稿》成熟。"② 把《穆勒摘要》放在"第一手稿"之后来思考的理由主要有两个：一个是《穆勒摘要》在一定意义上回答了"第一手稿"末尾提出的问题，即从人的发展的本质来解释劳动外化和异化，从分工和交换来解释异化的起源；一个是异化劳动的四个规定中人与人的异化是最后一个规定，而没有这个规定，前三个规定都无法成立。人与自我的关系是在人与人的对象性的、现实的、实践的关系中发生的，那么就应该优先在历史中考虑这种关系。而人与人的关系方面的异化恰好是《穆勒摘要》重点阐发的内容。《穆勒摘要》谈论分工、交换和货币，谈论地产和资本，其思想进路更为接近《资本论》。从其对地产到工业资本的分析来看，资本是有历史来源的，其中一部分有历史继承性，一些人在历史进程中依凭社会关系的因素继承了私有财产。当资产阶级诞生的时候，也诞生了只能进行雇佣劳动的无产阶级。劳动对象与工人的异化恰好是在历史进程中发生的，对于工人来说，这是一个无法通过个人努力来改变的历史进程。从这一视角来看，以工人劳动对象的异化为起点解释异化无法成为一种科学的历史观。对于这类疑问需要一种整体的思考。手稿性质的写作本身就带有探究性，作者自然会尝试不同的角度和思维进路。从马克思的思想状况来看，其关于"异化"的相关思想是有整体性的。"第一手稿"中的异化劳动的论述是从工人的异化这一经济事实展开的，但马克思已经把异化劳动抽象化了，使其变成了人的"类生活"的异化。这反映了马克思的一种思考，即工人异化的历史事实不过是异化劳动历史发展的充分性的表现，异化劳动诞生的历史更久远。这样就提出了人是怎样使自己的劳动外化的这一问题，进而提出人的发展

---

① 张一兵：《马克思劳动异化理论的逻辑建构与解构》，《南京社会科学》1994年第1期，第17页。
② 韩立新：《〈穆勒评注〉中的交往异化：马克思的转折点——马克思〈詹姆斯·穆勒〈政治经济学原理〉一书摘要〉研究》，《现代哲学》2007年第5期，第12页。

的本质如何引起异化的问题。异化劳动不是单一的理论，其中包含工人的异化和"人的发展的本质"或者说"类生活"的异化。"人的发展的本质"或"类生活"是异化的主体，回答了"谁"异化的问题。这样异化劳动问题就变成一种历史的追问，变成了历史观的问题。异化劳动的四个规定不是单独成立的，只有四个规定完备才构成异化劳动。当从历史规律的角度探究异化劳动时，人与人的关系就需要进入优先的层面来加以探究。

（一）"类生活"的规定性

"第一手稿"的异化劳动理论和《穆勒摘要》的异化思想有什么区别呢？这里也把《穆勒摘要》放在"第一手稿"之后来叙述。这与写作时间的考虑无关，而是为了叙述的方便进行的安排。认定《穆勒摘要》写于"第一手稿"之后的一个理由就是认为"第一手稿"中的异化劳动理论没有《穆勒摘要》中的异化思想合理。这里不直接回答这一问题，因为回答这一问题的前提是弄清楚马克思说的"异化"到底是"谁"异化。这里只是从思想互相补充构成的整体性的角度进行叙述，而不是讨论哪个思想更合理。

《穆勒摘要》对于说明"谁"异化的问题非常有价值。"第一手稿"中的"类生活""类本质"是在论述异化劳动的时候引入的，《穆勒摘要》则正面论述了作为人进行生产的情况。"假定我们作为人进行生产。在这种情况下，我们每个人在自己的生产过程中就双重地肯定了自己和另一个人：（1）我在我的生产中物化了我的个性和我的个性的特点，因此我既在活动时享受了个人的生命表现，又在对产品的直观中由于认识到我的个性是物质的、可以直观地感知的因而是毫无疑问的权力而感受到个人的乐趣。（2）在你享受或使用我的产品时，我直接享受到的是：既意识到我的劳动满足了人的需要，从而物化了人的本质，又创造了与另一个人的本质的需要相符合的物品。（3）对你来说，我是你与类之间的中介人，你自己意识到和感觉到我是你自己本质的补充，是你自己不可分割的一部分，从而我认识到我自己被你的思想和你的爱所证实。（4）在我个人的生命表现中，我直接创造了你的生命表现，因而在我个人的活动中，我直接证实和实现了我的真正的本质，即我的人的本质，我的社会的本质。我们的生产同样是反映我们本质的镜子。"①

这段论述对于说明"谁"异化非常有意义。主体性体现在对个人生命的肯定，对个性特点的肯定，体现在乐趣上面。劳动生产是对象性的活动。这四点规定和"第一手稿"中"类生活""类本质"的规定是一致的。不过，"类生活"的第一个规定是劳动的规定。劳动是生命的自由表现，是生活的乐趣，是主动的活动，是出于内在的必然的需要的活动。"劳动是我真正的、活动的财产。"②"我的劳动是自由的生命表现，因此是生活的乐趣。"③"我在劳动中肯定了自己的个人生命，从而也就肯定了我的个性的特点。"④

第二个规定是产品的规定。马克思强调了在产品的直观中感知个性的物质性，感知权力。不过，在这里马克思论述了人与人围绕着产品发生的类生活的关系。这种关系就是一个人创造的产品符合另外一个人的本质需要，从而物化了人的本质。围绕着产品发生的人性的关系是：一个人创造的产品为另外一个人享用，创造者物化了人的本质，享用者得到与其人的本质需要相符合的产品；创造者因为意识到自己的产品实现了人的本质的价值而感到享受。马克思把劳动排在了劳动产品之前，这是符合正面论述类生活的需要的。

第三个规定依然是类本质的规定。在异化劳动的论述中，类本质涉及目的和手段，涉及精神的本质，涉及人和动物的区别。当类生活是人生活的目的时，人与人也是类的关系。个体的类意识和类生活是如何发生的呢？显然不是孤立的个体直接和类生活关联在一起，而是通过和他人的关系和类生活发生关系。在人与人的交往关系中，彼此互相补充，并被心灵生活所体认。

第四个规定是人与人的关系的规定。在类生活中彼此创造对方的生命表现，在个体生活中确证了个体的社会本质和人的本质。

《穆勒摘要》对"类生活"的阐发突出了"社会的本质"，突出了人

---

① 《马克思恩格斯全集》第42卷，人民出版社，1979，第37页。
② 《马克思恩格斯全集》第42卷，人民出版社，1979，第38页。
③ 《马克思恩格斯全集》第42卷，人民出版社，1979，第38页。
④ 《马克思恩格斯全集》第42卷，人民出版社，1979，第38页。

与人的关系,"类生活"的规定与异化劳动的规定有呼应性,同时其自身也有整体性。

(二) 在历史阐释中的应用

把握马克思的异化学说,重要的一点就是分析马克思是否形成了类本质的异化和复归的循环史观。回答了类生活本身是关系性的、现实性的并不能在根本上回应广松涉的观点。广松涉并不否认这一点。广松涉认为《1844 年手稿》存在"自我异化和自我复归的大循环过程的理论构图"①,并认为这一理论构图存在难点,不管这个构图的主体是类存在的人还是活生生的个别存在的人都无法克服这一构图的难题。自我异化和自我复归的主体的变化的确不能解决异化复归自身的理论难题,问题在于马克思是否真的有这样一个系统的构图。

其一,未开化的野蛮状态。类本质自我异化和自我复归的构图的要件是设定一个完美的原始状态,然后出现异化,最后又复归完美的原始状态。显而易见,马克思反对国民经济学设定原始状态。马克思把异化的思想用于分析历史进程不等同于类本质自我异化和自我复归的构图。如果"异化是指历史上早已创造出来的人的潜在能力的非现实化"②,那么,如果原始人已经创造出完美的类生活的能力,异化的诞生就显得非常不可思议。拉宾认为,"原始形式的劳动异化是人的本质力量不发展的结果"③。他认为原始的异化主要是同自然界相异化。这显然是拉宾自己的思想,不能代表马克思的思想。马克思在《1857—1858 年经济学手稿》中说:"人只是在历史过程中才孤立化的。人最初表现为类存在物,部落体,群居动物——虽然决不是政治意义上的政治动物。交换本身就是造成这种孤立化的一种主要手段。它使群的存在成为不必要,并使之解体。"④ 在这里马

---

① 〔日〕广松涉:《物象化论的构图》,彭曦、庄倩译,南京大学出版社,2002,第 53 页。
② 参见〔比利时〕欧·曼德尔《从〈经济学哲学手稿〉到〈政治经济学批判大纲〉》,中共中央马克思恩格斯列宁斯大林著作编译局马恩室编译《〈1844 年经济学哲学手稿〉研究 (文集)》,湖南人民出版社,1983,第 410 页。
③ 参见〔苏〕尼·伊·拉宾《〈1844 年手稿〉对共产主义的经济和哲学论证》,中共中央马克思恩格斯列宁斯大林著作编译局马恩室编译《〈1844 年经济学哲学手稿〉研究 (文集)》,湖南人民出版社,1983,第 27 页。
④ 《马克思恩格斯全集》第 30 卷,人民出版社,1995,第 489 页。

克思把交换和人的孤立化联系起来,而之前的人的存在形态是部落形式的类存在物。这是一种历史发展规律的说明,不同于类本质异化的公式。"因此,人本身——在未开化的野蛮状态下——以他自己直接需要的量为他生产的尺度,这种需要的内容直接是他所生产的物品本身。因此,人在这种状态下生产的东西不多于他直接的需要。他需要的界限也就是他生产的界限。因此需求和供给就正好相抵。他的生产是以他的需要来衡量的。在这种情况下就没有交换,或者说,交换归结为他的劳动同他劳动的产品相交换,这种交换是真正的交换的潜在形式(萌芽)。"[①] 如何看待这里对未开化的野蛮状态的说明?这是一个难题。结合马克思对人作为人进行的生产的说明来看,这个状态中的需要是"直接的、自私自利的需要"[②]。这种需要和"人的需要"相去甚远。产品中物化的是直接的、自私自利的需要,这种物化和个性特点的物化也相去甚远。如果用异化劳动来衡量,其中没有发生劳动产品和需要的分离,没有发生劳动和自身的分离,人与人也表现为群居的类属性。"野人在自己的洞穴——这个自由地给他们提供享受和庇护的自然要素——中并不感到陌生,或者说,感到如同鱼在水中那样自在。"[③] 从马克思的叙述来看,这是不存在异化的。反倒是穷人在地下室的住所是异己的住所。从马克思的说明来看,马克思并没有采认类本质自我异化和自我复归的图式。人类早期的异化没有得到充分的发展,但和已经充分把人的类本质变成现实的历史阶段相比,类本质的发展也是不充分的。着眼于事实的把握,自然不会受到"异化"和"类本质"一类概念的限制。

其二,谋生劳动的出现和剩余产品的交换。对交换和私有财产、私有制的诞生的说明是《穆勒摘要》中一个重要的思想。《穆勒摘要》已经划分出真正人的生产和异化的生产的界限。这个界限从劳动产品的角度来说,就是看物化的是个性、人的需要还是自私自利的需要:在物化中体现了个性,还是相反;在物化物中感到乐趣,还是不幸;体现自我获得,还

---

① 《马克思恩格斯全集》第 42 卷,人民出版社,1979,第 33 页。
② 《马克思恩格斯全集》第 42 卷,人民出版社,1979,第 33 页。
③ 《马克思恩格斯文集》第 1 卷,人民出版社,2009,第 233 页。

是自我损失；体现权力，还是无权；在产品中使个性变成了物质的、可以直观感知因而是确定无疑的东西，还是相反。这个界限从活动的角度来看，就是劳动是被迫的还是自愿自觉的，是出于内在的必然的需要还是外在的偶然的需要，是自由的生命表现还是相反，与个性疏远还是体现个性，是感到快乐还是痛苦。这个界限从人的观念角度来看，就是感到他人是自己本质的补充、与自己的本质不可分割，从而升华为一种对他人的爱，彼此感到满足，还是相反。

马克思认为交换关系的前提是劳动成为直接谋生的劳动。交换涉及产品的交换，从劳动的过程来说，劳动生产劳动产品。关键是生产劳动产品的目的。谋生的劳动和人的需要、劳动使命没有直接的关系，劳动的发生取决于同人"格格不入的社会组合"①。劳动的使命取决于社会需要，而且社会需要带有强制性。社会需要的意义只在于它是满足劳动者的直接需要的来源。在谋生劳动中，劳动主体和劳动的关系是偶然联系。谋生劳动的目的是谋生、维持个人生存，是谋取生活资料，现实的行动只有手段的意义。在谋生劳动中，产品是作为交换价值和等价物来生产的，而作为等价物生产的产品就是为了交换。等价物的生产意味着生产的多样性。"生产越是多方面的，就是说，一方面，需要越是多方面的，另一方面，生产者完成的制品越是单方面的，他的劳动就越是陷入谋生的劳动的范畴，直到最后他的劳动的意义仅仅归于谋生的劳动并成为完全偶然的和非本质的，而不论生产者同他的产品是否有直接消费和个人需要的关系，也不论他的活动、劳动本身的行动对他来说是不是他个人的自我享受，是不是他的天然禀赋和精神目的的实现。"② 马克思的这一思想非常有意义。在整体谋生劳动的情况下，从具体和表象看，也会有局部的或者外表的非异化性，有类生活的特征。二者可以并存。

《穆勒摘要》中马克思关于个体和社会的思想得到了发展，初步形成了一种思想构造：体现类生活的个人生活—和社会对应的个人生活—社会。通过交换成为收入来源的劳动和积极实现自身的劳动是不同的。体现

---

① 《马克思恩格斯全集》第42卷，人民出版社，1979，第28页。
② 《马克思恩格斯全集》第42卷，人民出版社，1979，第28页。

类生活的个人生活虽然在社会中可能变成一种局部的、个人层次上的非本质的存在，但依然可以是历史叙述的出发点。但这一逻辑起点，总是要和社会中的个人生活的叙述结合在一起。

分工和谋生劳动、交换是一起发展的。产品的相互交换表现为物物交换，而活动的相互补充和交换表现为分工。"分工使人成为高度抽象的存在物，成为旋床等等，直至变成精神上和肉体上畸形的人。"① "现在正是人的劳动的统一只被看作分离，因为社会的本质只在自己的对立物的形式中、在异化的形式中获得存在。分工随着文明一同发展。"②

劳动和劳动产品的关系是交换关系的萌芽，随着剩余产品的出现，劳动和劳动产品的交换关系变成了人与人、人与物的交换关系。剩余产品的出现使自私自利的需要物化在他人的物品中，这使需要和产品的关系出现了颠倒，产品的占有成了衡量需要满足程度的尺度。

产品对交换双方来说都是不以个人意志为转移的、异己的、物化的私利。"现实的、实际的、真正的、在事实上实现的关系，只是彼此排斥对方对自己产品的占有。"③ 产品对交换的一方是目的，对另外一方是手段。"你自己的物品对你来说仅仅是我的物品的感性的外壳，潜在的形式。"④ 剩余产品变成了等价物，因此物不仅对生产的一方具有权力，而且对交换的另外一方具有权力。

与此同时，生产是为了获得收入，人为了占有他人的产品进行着奴隶般的劳动。交换中发生的人与人的关系是异化的关系，交换关系中人的价值即其拥有的物品的价值。"一个人本身对另一个人来说是某种没有价值的东西。"⑤ 需要、愿望、意志反倒成了人与人依赖关系的纽带，它们不能实现人的目的，反倒使人成为手段。交换中发生的思想是以自己的剩余产品换取他人的产品，这样交换就在思想上完成了。愿望成了物品的奴

---

① 《马克思恩格斯全集》第42卷，人民出版社，1979，第29页。
② 《马克思恩格斯全集》第42卷，人民出版社，1979，第29页。
③ 《马克思恩格斯全集》第42卷，人民出版社，1979，第35页。
④ 《马克思恩格斯全集》第42卷，人民出版社，1979，第36~37页。
⑤ 《马克思恩格斯全集》第42卷，人民出版社，1979，第37页。

隶。这甚至导致产生了"物的价值的异化语言"①。

交换剩余产品中发生的异化涉及产品的异化、活动的异化、人与人关系的异化、目的和手段的颠倒，以及人的本质的异化。异化发展的结果不仅有自我异化的形式，还有相互异化的形式。

交换关系发生异化的同时，人的本质的存在状态如何呢？"如果我们被物品弄得互相奴役的状况在发展的初期实际上就表现为统治和被奴役的关系，那么这仅仅是我们的本质关系的粗糙的和直率的表现。"② 人与人在剩余产品的交换中互相补充，一个人为另一个人的需要而劳动是假象。"不是人的本质构成我们彼此为对方进行生产的纽带。"③ 但这并不意味着其中没有本质的关系。

马克思追问的另外一个问题就是交换关系的前提。人通过占有证实自己的人格并把自己和其他人区别开来，于是私有财产就成了人的本质存在，私有财产的丧失或放弃就是人和私有财产的外化。"如果假定一个人是私有者，也就是说假定一个人是特殊的占有者，他通过这种特殊的占有证实自己的人格，并使自己同他人既相区分又相联系，——私有财产是他个人的、有其特点的、从而也是他的本质的存在，——那么，私有财产的丧失或放弃，就是人和私有财产本身的外化。"④ 马克思认为国民经济学没有讲清楚为什么两个私有者需要交换。他认为："交换或物物交换是社会的、类的行为，社会的联系，社会的交往和人在私有权范围内的联合，因而是外部的、外化的、类的行为。正因为这样，它才表现为物物交换。因此，它同时也是同社会的关系的对立。"⑤ 马克思已经区分了三个层次的关系：人和人的社会的、类的关系；人作为私有者的社会关系；私有者之间社会关系的外化。马克思对三个层次的关系的理解是辩证的。私有者之间的关系既有异化的关系，也有类关系。在解释为什么一个私有者要和另外一个私有者进行交换的时候，马克思诉诸类来解释。"对这两种物的

---

① 《马克思恩格斯全集》第 42 卷，人民出版社，1979，第 36 页。
② 《马克思恩格斯全集》第 42 卷，人民出版社，1979，第 37 页。
③ 《马克思恩格斯全集》第 42 卷，人民出版社，1979，第 34 页。
④ 《马克思恩格斯全集》第 42 卷，人民出版社，1979，第 25~26 页。
⑤ 《马克思恩格斯全集》第 42 卷，人民出版社，1979，第 27 页。

渴望，即对它们的需要，向每一个私有者指明并使他意识到，他同物除了有私有权关系以外，还有另一种本质的关系，即他并不是他自认为的那种单独的存在物，而是总体的存在物，他的需要也同另一个人的劳动产品有内在的所有权关系，因为对某种物的需要最明显、最无可争辩地证明：这种物属于我的本质；物的为我的存在、对它的占有，就是我的本质的属性和特点。"① 马克思在解释私有者为什么和其他私有者交换时，认为人有类意识，这个意识要求自己占有对象世界，因为这是对自己的本质属性的占有。这是一种很抽象的哲学说明。

（三）对道德的不道德这一价值现象的分析

《穆勒摘要》对政治经济学有宏观的把握，这就是不能把社会交往的异化形式看成与人的本性相适应的，当成本质的和最初的。

如何理解货币呢？表面上看，财产通过货币实现了转让。马克思认为这不是货币的本质。货币交换中有不同层次的内容。表面的层次是财产的转让；再一个层次是人的产品借助货币中介活动或运动以互相补充；在产品之后是人的社会行动，这个是最根本的。

马克思当时认为人交换的最深层次是由人的类本性决定的，包括喜欢交往，以及占有对象世界才能体现出类本性来。这是最后的层次。货币和类活动的关系是外化的关系，货币还是"人的这种类生产活动的属性"②的转移。货币是排除了私有财产的特殊个性的抽象，是私有财产对私有财产的抽象的关系，而这种抽象的关系是价值，货币是作为价值的价值的现实存在。媒介起到权力的作用，它把"我"间接表现出来，同这个媒介脱离的物，失去了自己的价值，物和货币之间的代表和被代表的关系就颠倒了。

马克思说："信贷是对一个人的道德作出的国民经济学的判断。"③ 信贷把人变成交换的媒介，把人变成某种资本和利息的存在。"人的个性本身、人的道德本身既成了买卖的物品，又成了货币存在于其中的物质。"④

---

① 《马克思恩格斯全集》第 42 卷，人民出版社，1979，第 26 页。
② 《马克思恩格斯全集》第 42 卷，人民出版社，1979，第 19 页。
③ 《马克思恩格斯全集》第 42 卷，人民出版社，1979，第 22 页。
④ 《马克思恩格斯全集》第 42 卷，人民出版社，1979，第 23 页。

信任的基础是不信任，是假仁假义和利己主义。这就提出了伪善的问题。

马克思一直关注人的世界如何回归人本身的问题，这种回归被定义为人的解放。回归的问题涉及对人的世界如何变成了不依赖自己和他人的力量的分析。马克思逐步从思想领域、政治领域过渡到经济领域。如果不从概念名词而是从概念表达的思想来看，"人的解放"和"类本质"两个名词关注的问题有一定的连续性，都是关注人的世界回归人本身的问题。在类本质中，人在对象世界中确证了自身，显然人的世界是属于人本身的。不过，在类本质的概念中，包含人与人的意识的关系，人的自然性与自然界的关系，自然与社会的关系，人与人、人与社会的关系等层面。

三 "第二手稿"（笔记本Ⅱ）中的历史意识

如果从历史时间点来看，"第二手稿"的主要内容又回到了资本主义时代，尤其是资本和工人的问题。马克思讨论了资本和土地、利润和地租等问题。马克思认为，工人和资本彼此是异己的，从而处于漠不关心的、外部的和偶然的相互关系中。和"第一手稿"相比，马克思对工人和资本相互异化的说明已经带有综合的色彩。工人和资本的关系不是简单的人与物的关系，也不仅仅是人与人的关系。因为对于工人来说，资本不过是"完全失去自身的人"①，资本并不是简单的物，而是人化物。对资本来说，工人是活动的、贫困的资本和商品，"劳动是失去自身的人"②。工人和资本的关系包含了异化劳动的全部内容。

值得注意的是，马克思强调了工人和资本的相互性，工人生产资本，资本生产工人。这一说明有助于理解异化劳动中的两端的关系，即自然界、劳动产品和劳动主体的关系，人与人之间的关系。

另外，马克思还指出，工人和资本之间的关系说明工人是一种社会存在，是处于劳动关系之中的人。这样，处于劳动关系之外的人就被忽视了。另外，工人"作为人"的存在和"作为工人"的存在是不同的。"工

① 《马克思恩格斯文集》第1卷，人民出版社，2009，第170页。
② 《马克思恩格斯文集》第1卷，人民出版社，2009，第170页。

人只有当他对自己作为资本存在的时候，才作为工人存在；而只有当某种资本对他存在的时候，他才作为资本存在。"① "国民经济学不考察不劳动时的工人，不把工人作为人来考察，却把这种考察交给刑事司法、医生、宗教、统计表、政治和乞丐管理人去做。"② 这一区分非常重要，表明《德意志意识形态》对"个人"和"一定条件下的个人"的区分是有思想源头的。

马克思强调了人的被生产性，即生产把人生产出来。在工人和资本对立的条件下的生产不断地生产着具有商品规定性的人，生产着具有自我意识和能够自主活动的商品。具有商品规定性的人不仅仅表现在肉体方面，还表现在精神方面。非人化的存在物说的是工人和资本家的不道德、退化和愚钝。马克思说的商品人不仅仅指工人，还包括资本家。这更突出了其对整体的历史进程的把握。

异化劳动的思想在"第二手稿"中更具综合性，主要体现在"私有财产的关系"这一概念中。私有财产的关系的规定是异化劳动的规定的综合。"私有财产的关系潜在地包含着作为劳动的私有财产的关系和作为资本的私有财产的关系，以及这两种表现的相互关系。"③ 马克思的这一说明有所深化，因为围绕"劳动"和"资本"发生的是"关系"，而且劳动和资本之间的关系是相互关系。马克思对"劳动"异化的说明依然延续了异化劳动的四个规定。在这里，私有财产丧失了自己的自然的和社会的特质，因而也丧失了一切政治的和社会的幻象，笼罩在异化上面的表面的人的关系也不再混杂其中了。

马克思还把工业和农业、私有的不动产和私有的动产的差别看成历史的差别，看成资本和劳动对立形成和产生的一个固定环节。地产是还带有地域和政治偏见的私有财产，而资本要在世界发展过程中才会达到抽象的、纯粹的表现。这样马克思就开始表达自己关于世界历史的思想的发展过程。

---

① 《马克思恩格斯文集》第1卷，人民出版社，2009，第170~171页。
② 《马克思恩格斯文集》第1卷，人民出版社，2009，第124页。
③ 《马克思恩格斯文集》第1卷，人民出版社，2009，第172页。

四 "第三手稿"（笔记本Ⅲ）论私有财产和共产主义

（一）共产主义的价值追求

马克思在《莱茵报》时期就表达了要对现有形式的共产主义或社会主义思想进行研究。《1844年手稿》阐述了对私有财产进行扬弃的过程。劳动和资本的对立不是简单的无产和有产的对立，其比无产和有产的对立更内在、更具有能动关系，资本是客体化的劳动，而劳动是私有财产的主体化的本质。劳动和资本互相排除。马克思把蒲鲁东、傅立叶、圣西门等人的社会主义思想和扬弃过程联系起来加以思考。

把关注点放在消灭客体的方面，会忽略劳动才是私有财产的本质这一问题，只是关注从存在形式方面去消灭私有财产，就会关注如何消灭资本的问题。马克思在《1844年手稿》中标注了"蒲鲁东"。显然，马克思倾向于从这一理解的框架来处理蒲鲁东的思想。

关注劳动问题构成了另外一个环节。傅立叶把农业劳动看成最好的劳动，而圣西门关注工业劳动，并且渴望改善工人的状况。但仅仅如此是不够的。

马克思注意到两种力求扬弃私有财产的共产主义形式。第一种形式就是扬弃私有财产。在马克思看来，在这一阶段，共同体同实物世界之间依然是私有财产关系。一面是劳动的共同性承担普遍的资本家共同体的功能，把所有人变成工人；一面是共同的资本，即共同体的普遍性和力量。二者联结的纽带是所支付的工资的平等的共同性。由于现实条件的限制，这一模式的结果必然是否定人的个性，否定个人的才能。而共同经营的对象被当成共同的资本，必然使资本的排他性被取消，而且使那些不能被所有人作为私有财产占有的一切被消灭。结果就是对私有财产的嫉妒心和平均主义欲望达成一种平均主义的完成。马克思认为，这种扬弃不是真正的占有。马克思还讲到另外一种形式即具有政治性质的共产主义。其要害也涉及对私有财产的本质的理解问题。

在《1844年手稿》中，马克思深入经济领域来理解共产主义革命，这个革命的经验基础来自私有财产的运动。在《1844年手稿》中，市民社会和国家的思想得到了进一步的发展。私有财产的扬弃具有决定性和整体性的意义。马克思一贯坚持的整体性思想在《1844 年手稿》中得到了一定的延续。马克思说："因此,对私有财产的积极的扬弃,作为对人的生命的占有,是对一切异化的积极的扬弃,从而是人从宗教、家庭、国家等等向自己的合乎人性的存在即社会的存在的复归。"① 马克思一直坚持的一个思维方法就是人的生存带有整体性,人的社会存在领域需要一种整体性的解放。但是在《莱茵报》时期,马克思还不能掌握这种整体性解放的突破口和根本环节。扬弃私有财产是一个重要的突破口,这种扬弃意味着人的生命自我占有,同时也意味着人的社会存在复归,从而带来社会不同层次的异化的扬弃。

另外,在《1844 年手稿》中马克思也指出,尽管异化的扬弃具有整体性,但是在不同的国家国情条件下,异化的扬弃运动可以从不同的领域开始。但不管怎样,最终都要回到现实的领域,这才是真正的共产主义运动。总体而言,异化的扬弃领域包括意识领域、人的内心的领域、经济的领域、人的现实生活的领域。马克思强调,凡是私有财产运动的结果的东西,都可以是运动的出发点,是扬弃私有财产的出发点。"共产主义的博爱则径直是现实的和直接追求实效的。"② 马克思的这一思想具有非常重要的意义。尽管共产主义总体上要在经济领域展开,但在不同的阶段和不同的国家,经济、政治、文化等不同的领域都有可能成为开始运动的领域。这一论述又回到劳动社会结构性的论述。应该说,这样的论述补足了异化思想的板块,为从经济基础说明上层建筑提供了一定的理论条件。

在《1844 年手稿》中,共产主义更多地和私有财产的扬弃联系在一起。"共产主义是作为否定的否定的肯定,因此,它是人的解放和复原的一个现实的、对下一段历史发展来说是必然的环节。共产主义是最近将来的必然的形态和有效的原则,但是,这样的共产主义并不是人类发展的目标,并不是人类社会的形态。"③ 这样,就提出了一个新的问题,即如何

---

① 《马克思恩格斯文集》第 1 卷,人民出版社,2009,第 186 页。
② 《马克思恩格斯文集》第 1 卷,人民出版社,2009,第 187 页。
③ 《马克思恩格斯文集》第 1 卷,人民出版社,2009,第 197 页。

阐发作为人类社会形态和人类发展目标的共产主义的问题。

（二）类活动思想的进一步论述

在这部分中，异化思想有所深化。私有财产关系不仅仅存在于个体和物之间，共同体和物之间也可以有私有财产关系。"由于它到处否定人的个性"，这种共产主义就成了"私有财产的彻底表现"。[①] 贫穷的、需求不高的人不是共产主义的价值追求。建立在人自由发展的基础上的共同体对物的控制才是共产主义所要追求的价值。

这部分把人与自然的关系和人与人的关系结合起来论述是有意义的。理想的人与自然的关系是：人的本质就是人的自然。人的本质成为自然，自然就是人的本质。类的需要是合乎人性的需要，人对他人的需要更多的是"作为人"的需要。

马克思把类生活的论述的重点放在了社会方面。这是一个重大的思想发展。"正像社会本身生产作为人的人一样，社会也是由人生产的。"[②] 从人与自然的关系来说，人只有作为社会的人与自然发生关系，自然界才能获得人的本质。在社会中，自然界才是人自己的合乎人性的存在的基础。社会是人同自然界完成了的本质的统一。

随着对社会的强调，类生活的概念的重心转移到了社会方面。马克思强调个体从事的科学一类的活动也是社会的活动，这包括材料、语言，科学研究者自身，科学成果，还有科学研究者自身的意识。个体即便是孤立地活动，也是社会生活的表现活动确证。

既然类生活的主体是个体，个体和自然的关系是类生活的关系，那么类生活本身就是一种社会和自然的关系。相应地，对于类意识也要从社会性的角度来理解。人的普遍意识是现实共同体、社会存在物的理论形态的存在。"我的普遍意识的活动——作为一种活动——也是我作为社会存在物的理论存在。"[③] 类意识确证了人的现实的社会生活，在思维中复现自己的现实存在。人是观念的总体，是被思考和被感知的社会的自为的主体

---

① 《马克思恩格斯文集》第1卷，人民出版社，2009，第184页。
② 《马克思恩格斯文集》第1卷，人民出版社，2009，第187页。
③ 《马克思恩格斯文集》第1卷，人民出版社，2009，第188页。

存在。马克思通过这一论述深化了类本质的内涵。人的自为存在的本质更突出了社会性。在人的精神本质的论述上，马克思更强调人的思维是作为人的总体存在的一个层次而存在的，类意识复现类存在，类存在在类意识中确证自己，类意识思考和感知自己的社会存在，人的思维和存在是处于统一之中的。

马克思专门论述了人的感官的问题。个体的器官在形式上直接是社会的器官，自然其中也发生各种关系。私有财产的扬弃就是对人的本质和生命、对象性的人和人作品的感性占有，但这种占有的性质要加以区分。这种占有应该是"人以一种全面的方式，就是说，作为一个完整的人，占有自己的全面的本质"①。人的感官的感觉和思维、直观、欲望、活动、爱直接就是社会性的器官和对象发生人的关系，从而导致人的现实的实现。"对私有财产的扬弃，是人的一切感觉和特性的彻底解放"②，这种解放包括主体和客体两个层面。主体层面是需要和享受摆脱了利己主义性质，客体层面是"自然界失去了自己的纯粹的有用性"③。马克思还提到人以"社会的形式形成社会的器官"④，从而占有别人的感觉和精神。可见，人的感觉和特性的解放也是人的解放的重要内容。

马克思重点结合工业论述了人与自然的关系。私有财产的运动为具有丰富的、全面而深刻的感觉的人提供了现实的条件，具有全部丰富性的人已经成为一种历史运动的恒久的现实。与工业发展相伴的是自然科学，自然科学使非人化充分发展，但也为人的解放做了准备，而工业证明了自然界的人本质以及人的自然本质。工业资本是私有财产完成的客观形式。"只有这时私有财产才能完成它对人的统治，并以最普遍的形式成为世界历史性的力量。"⑤ 从劳动以及人与自然关系的角度阐发世界历史，预示了马克思即将开展的工作。

---

① 《马克思恩格斯文集》第 1 卷，人民出版社，2009，第 189 页。
② 《马克思恩格斯文集》第 1 卷，人民出版社，2009，第 190 页。
③ 《马克思恩格斯文集》第 1 卷，人民出版社，2009，第 190 页。
④ 《马克思恩格斯文集》第 1 卷，人民出版社，2009，第 190 页。
⑤ 《马克思恩格斯文集》第 1 卷，人民出版社，2009，第 182 页。

五 通过对黑格尔的辩证法和整个哲学的批判对异化主体的澄清

在马克思的思想中，异化的主体不是孤立的个人或者实体主体，而是"对象性本质力量的主体性"。"当现实的、肉体的、站在坚实的呈圆形的地球上呼出和吸入一切自然力的人通过自己的外化把自己现实的、对象性的本质力量设定为异己的对象时，设定并不是主体；它是对象性的本质力量的主体性，因此这些本质力量的活动也必定是对象性的活动。"① 主体的欲望、需要、感觉、激情本身有受动的一面，也有能动的一面，合起来说，即人是能动的自然存在物。主体本身包含自然界这一对象性的本质力量，然后又力求在对象世界中表现和确证人的本质力量，这就是"对象性本质力量的主体性"。当主体无法在对象中表现和确证人的本质力量时，这种主体性就失去了。

马克思的这一异化的主体性的设定不同于缺乏对象性活动观念的主客体观念。单线条的"主体—客体"把人当成主体，把自然界等对象世界当成客体，这样就把人从自然界中孤立出来，遮蔽了人在自然界中存在的视野。但是如果马克思当时仅仅把自然界当成客体，那无疑是在重复费尔巴哈的思想。其实不然，马克思这时候已把对象当成人的感性活动、当作实践去理解了。马克思把人的活动理解为对象性的活动，对象尤其是自然界这种对象不仅仅是"对象"和"客体"，因为人的本质力量本身就包含了自然界的力量。从人的角度来看，人是能动的，是主体；但是从自然界的角度来看，人的这一主体性不是绝对的，是带有被动性一面的。在对象性活动中改变的是自身，即自我改变和环境的改变，二者统一于对象性活动之中。人是能动的自然存在物，这就否定了那种单纯强调环境和教育改变人的观点。

人和自然之间的对象性关系成立是因为人和自身有对象性关系，而人和自身的对象性关系涉及人自身的知识。用对象性存在物概括之前关于类生活和类本质的思想对于从类生活过渡到用生活条件和人的关系说明历史是有意义的。马克思不是静止地看待人与自然的关系，而是历史地看待

---

① 《马克思恩格斯文集》第 1 卷，人民出版社，2009，第 209 页。

的。当然，其在论述历史的时候，突出了有意识的因素。

马克思对这一主体性的理解不同于黑格尔。黑格尔的思想被马克思说成"神秘的主体—客体""作为过程的绝对主体"，主体变成了实体，从而颠倒了主语和谓语的关系。"现实的人和现实的自然界不过是成为这个隐蔽的非现实的人和这个非现实的自然界的谓语、象征。"① 当马克思把人理解为对象性活动时，人是现实的人，自然界是现实的自然界。而思维是在这个基础上发生的。不过，思维"是人的本质表现，即在社会、世界和自然界生活的有眼睛、耳朵等等的人的和自然的主体的本质表现"②。

广松涉也认识到了马克思在主体性问题上和黑格尔的差别，但他认为这不过是把绝对精神换成了人的劳动这一现实的历史过程，将统一自然与精神、客体性和主体性的辩证法的历史总过程看作实体—主体，而实体—主体的客观化和再主体化的构图依然被保留着，这样也就没有超出"主体—客体"图式的圈子。③ 从广松涉引用的文献来看，其对马克思的世界历史是人通过人的劳动而诞生的过程这一观点认同度不高。人通过劳动改造自然界，自然界就作为人而存在了；人改造自然界要结成社会关系，人对人的关系中包含着自然界的存在的内容，而人的社会的生成过程就是历史；在这一历史中，进入人的生活的自然是人的现实性的自然，这是人本学的自然界；而人之所以有历史，恰好是因为人能能动地面对自然界，从而在意识中反映出历史。世界历史本身就包含着类生活的基本要素：人与动物的本质区别，人和人的活动；活动的对象世界；人与人结成的社会关系。世界历史的发展也包含这些基本要素的发展。马克思的这一认识是一个非常科学而深刻的认识，没有理由贬低或者否认这一认识的价值。

对象化思想提出以后，马克思依据这一思想又对共产主义进行了一定的原则性的说明，这些原则带有一定的哲学抽象性，但这些原则是有意义的。

其一，对人的对象世界的占有。"无神论、共产主义决不是人所创造

---

① 《马克思恩格斯文集》第1卷，人民出版社，2009，第218页。
② 《马克思恩格斯文集》第1卷，人民出版社，2009，第220页。
③ 〔日〕广松涉：《物象化论的构图》，彭曦、庄倩译，南京大学出版社，2002，第15页。

的对象世界的消逝、舍弃和丧失"①，这一原则很有意义。共产主义的价值指向是让人重新占有所创造的对象世界。这是一个价值原则。当然，要实现这一价值原则，涉及很多层面，尤其是必要的社会联合。此外，对象的丰富性也是社会主义所要求的。新的生产方式产生新的生产对象，共产主义的对象世界和私有制不同。

其二，人的本质力量的发挥。共产主义"决不是人的采取对象形式的本质力量的消逝、舍弃和丧失"②。马克思强调，在社会主义前提下，人的本质力量获得了新的证明，人的本质得到了新的充实。

其三，共产主义"决不是返回到非自然的、不发达的简单状态去的贫困"③。与贫困相对的富裕是和人的需要的丰富性关联在一起的，社会主义恰好要发展这种需要的丰富性。当然，人的需要的丰富性实际上是有特定内涵的，尤其要和私有制条件下的需要区隔开来。私有制条件下的需要和牺牲联系在一起，和新的依赖地位联系在一起。需要的丰富性不同于利己需要的满足，利己需要的满足创造出的是一种支配他人的、异己的本质力量。可以说，共产主义的需要是人的需要，而私有制条件下的需要是粗陋的需要，有非自然性和一定的幻想性。

六　需要·分工和货币

马克思有丰富的需要理论。前面已经阐发过，在谋生劳动的情况下，社会的需要对个人的需要有强迫性。另外，在私有财产的交换中，需要被交换方变成了把人变成手段的东西。在"私有财产和需要"部分，马克思把需要的丰富性和"新的生产方式""新的生产对象"联系起来。"私有制不懂得要把粗陋的需要变为人的需要。"④ 和满足需要的精致化同时发生的却是粗陋和抽象的简单化。资本家的享受是服务于生产的休息。"享受服从于资本，享受的个人服从于资本化的个人，而以前的情况恰恰

① 《马克思恩格斯文集》第 1 卷，人民出版社，2009，第 217 页。
② 《马克思恩格斯文集》第 1 卷，人民出版社，2009，第 217 页。
③ 《马克思恩格斯文集》第 1 卷，人民出版社，2009，第 217 页。
④ 《马克思恩格斯文集》第 1 卷，人民出版社，2009，第 224 页。

相反。"① 共产主义运动的一个内容就是要把需要从异化的状态转变为具有人性丰富性的状态。

异化劳动总体上规定了道德的本质。谋生、劳动和节约、节制，良心和美德等都是国民经济学倡导的道德。但是道德和经济规律之间往往有冲突。"道德用一种尺度，而国民经济学又用另一种尺度。这是以异化的本质为根据的，因为每一个领域都是人的一种特定的异化，每一个领域都把异化的本质活动的特殊范围固定下来，并且每一个领域都同另一种异化保持着异化的关系……"②

消灭异化可以有不同的形式。"异化的扬弃总是从作为统治力量的异化形式出发：在德国是自我意识；在法国是平等，因为这是政治；在英国是现实的、物质的、仅仅以自身来衡量自身的实际需要。"③ 但是，不管什么样的形式，都要有现实的共产主义行动。

马克思还深化了《穆勒摘要》对交换、分工、货币等问题的思考。马克思认为："分工和交换是人的活动和本质力量——作为类的活动和本质力量——的明显外化的表现。"④ 可见，分工是从交换的倾向中产生的，交换的大小限制了分工的大小。人的才能的差异是交换和分工的结果。马克思肯定了分工，尤其是分工显示的人和动物的本质差别。正是分工使人的极不相同的才能和活动方式可以相互为用，并把不同产品汇集成共同的资源。这是人的类活动的特征，是人的社会交往的本质。分工和交换是社会的进步，可以说，在这一状态下，每个人都是商人，社会则是商业社会。但分工和交换降低了单个人的能力。

《1844年手稿》中一个重要的方法论是对国民经济学的批判。在马克思看来，国民经济学把市民社会理解为人人互为手段的需要整体。在这一基础上，国民经济学把握的劳动和分工不过是生命外化的生命表现，无非是人的类活动和类存在物的人的活动的异化和外化的规定。这样理解的劳动和分工是建立在私有制的基础上的，是被当作私有财产的

---

① 《马克思恩格斯文集》第1卷，人民出版社，2009，第235页。
② 《马克思恩格斯文集》第1卷，人民出版社，2009，第228页。
③ 《马克思恩格斯文集》第1卷，人民出版社，2009，第231页。
④ 《马克思恩格斯文集》第1卷，人民出版社，2009，第241页。

本质来理解的。这样把握的劳动和分工触及了工人和资本家的个人，但是却没有把握人的现实的规定性，尤其是类本质的规定性。马克思在《1844 年手稿》中认为国民经济学依靠非社会的特殊利益来论证社会，这一看法延续了他一贯的坚持普遍利益的价值观。"分工和交换是私有财产的形式，这一情况恰恰包含着双重证明：一方面人的生命为了本身的实现曾经需要私有财产；另一方面人的生命现在需要消灭私有财产。"① 分工和交换中存在的类生活因素的发现，有助于把分工和交换看成历史的暂时的现象。

马克思继续对货币问题发表了自己的看法。货币在价值上取得了普遍性的地位，因为它具有购买一切东西的特性。货币成了价值中介和价值衡量的尺度。货币把需要和对象联结起来，把人和自己的生活联结起来，把人和自然联结起来，也把各民族的人联结起来。货币不但能够衡量价值对象，而且成为人的价值的尺度。人的力量受到货币力量的影响，人的特性，包括个性、道德都会受到货币的影响。如对于邪恶与否、诚实与否、有没有良心、是不是善的或者恶的等，货币都会起到一定的颠倒作用。货币也可以把坚贞变成背叛，把爱变成恨，把德行变成恶行，把奴隶变成主人。货币是主客体之间进行价值转换的中介。没有货币的需求是纯观念的。货币具有把观念变成现实和把现实变成纯粹观念的能力。货币交换的不是特定的品质，而是人的、自然的整个对象世界，因而货币所混淆的事物带有普遍性。货币中凝结着社会关系，被认为是"物象论"。货币并不是从孤立的个人的异化推导出来的，不是特定的品质和特定的事物，其交换的是包含人和自然界在内的整个对象世界。其中自然包含着人与人的关系。马克思在论及货币起到的纽带作用时，涉及人自己和人的生活的关系，即活动自身的问题；涉及人与自然界这一对象世界的关系；涉及生活和生活资料的关系；涉及人与人、人与社会的关系。货币颠倒的主体，不是孤立的主体，而是人与人的关系、人与自然界对象的关系、人与自身的活动的关系，这些共同构成了类生活或类本质的内容。

---

① 《马克思恩格斯文集》第 1 卷，人民出版社，2009，第 241 页。

七 《1844年手稿》和《穆勒摘要》的价值

马克思很长一段时间关注的问题是：个人生活变成了利己的生活，而自己的类生活或者社会的生活变成了政治性的生活，二者之间出现了一定的分裂。异化的思想在《论犹太人问题》中有了一定的表达。马克思当时提到丧失了自身的人、外化的人、受非人的关系和自然力控制的人不是现实的类存在物。不过马克思当时是在讨论人信仰宗教的问题时表达这一思想的。人自身的类生活被分裂为利己的个人生活和公民生活、信徒的生活，只有人的解放才能使个体生活成为类存在物，这个时候人自身的固有力量就是社会的力量。马克思在《论犹太人问题》中提到的"人的解放"思想和《1844年手稿》中的类异化思想是有连贯性的。不过，在《1844年手稿》中，类异化思想的表达更为抽象，而且视角也有很大的变化。马克思在《1844年手稿》中是通过自然界和对象世界的异化与劳动的异化来说明类本质的异化的。这与之前的类本质被异化到信仰之中、被异化成政治生活的形式有很大的不同。但其基本的价值追求高度一致，这就是个体生活本身就应当是类生活或者类存在物，社会的力量本身就是人自身固有的力量。

在马克思早期思想发展的历程中，他一直关心私人利益和普遍利益如何统一的问题。马克思先是泛泛地把人民看成普遍的领域，但在认识到市民社会的个人是利己主义的个人的情况下，又该如何在人民的领域实现普遍性呢？随着对无产阶级认识的加深，马克思在无产阶级身上发现了个人利益和普遍利益统一的秘密。他在《论犹太人问题》等文本中涉及了政治解放和人的解放的问题，在《1844年手稿》中，马克思对这一问题又有了进一步的思考。"从异化劳动对私有财产的关系可以进一步得出这样的结论：社会从私有财产等等解放出来、从奴役制解放出来，是通过工人解放这种政治形式来表现的，这并不是因为这里涉及的仅仅是工人的解放，而是因为工人的解放还包含普遍的人的解放；其所以如此，是因为整个的人类奴役制就包含在工人对生产的关系中，而一切奴役关系只不过是这种关系的变形和后果罢了。"① 马克思在无产阶级身上发现了政治解放和人类解放统一的因素。这个结果并不是理论本身逻辑推演出来的，而是对历史发展的一种认识。这就是私有财产发展到资本主义阶段就达到了自身发展的最高阶段。这种发展造成了工人的全面异化，工人的解放本身就意味着私有财产关系的瓦解。马克思之所以会有这样的思考方式，和他早期的思维方法有关系。马克思一直持有的一种思维方法就是，个别事物本身就是普遍事物的特别表现，单个事物或者某一类事物自身的变化要求整体的变化，而个别事物的变化就意味着整体的某种变化。这一思维方法也有助于马克思发现工人阶级的特殊状况所具有的社会历史普遍性因素和内容。

（一）现实的人道主义与共产主义

弗洛姆说："马克思的学说并不认为人的主要动机就是获得物质财富；不仅如此，马克思的目标恰恰是使人从经济需要的压迫下解脱出来，以便他能够成为具有充分人性的人。"② 人的需要和动机是历史的产物，人的发展就是要超越动物式的需要，超越物种的限制。但这是一个历史过程。在对《1844年手稿》的理解中，有人道主义和共产主义的分歧。从文本来看，《1844年手稿》表达的是共产主义思想。共产主义和人道主义是统一的，不过马克思的人道主义不同于资产阶级的人道主义，而是强调私有财产的扬弃对于人的价值实现的意义，其要归还的是"真正人的生命即人的财产"，这被看成"实践的人道主义的生成"③。马克思在这里把共产主义说成实践的人道主义。在写作《德意志意识形态》的过程中，手稿中删除的内容中出现了"'现实的人道主义'即共产主义"④ 这样的表述，从中能够看出，在马克思心目中，共产主义和现实的人道主义是在一个意义上使用的。在《神圣家族》中，马克思也把自己的立场定义为

---

① 《马克思恩格斯文集》第1卷，人民出版社，2009，第167页。
② 参见〔美〕E. 弗洛姆《马克思关于人的概念》，复旦大学哲学系现代西方哲学研究室编译《西方学者论〈一八四四年经济学—哲学手稿〉》，复旦大学出版社，1983，第23页。
③ 《马克思恩格斯文集》第1卷，人民出版社，2009，第216页。
④ 《马克思恩格斯文集》第1卷，人民出版社，2009，第543页。

现实人道主义。马克思进行了删除，也说明他对这一概念的局限性有所思考。

从《1844 年手稿》对"实践的人道主义"的论述来看，自然主义和人道主义统一的完成是一个历史过程，其中已经包含人本学、本体论和社会历史观的统一。

（二）人本学与历史哲学、历史科学

关于人本学、历史哲学和历史科学的问题，应该注意马克思思想的连续性。广松涉说："'历史'只能是'人'的自我异化和自我获得的过程，'人'得以自然而然地、为我地出现的过程。"[①] 这一论断缺乏充分的文本支持。马克思指出，"人的感觉、激情等等不仅是［本来意］义上的人本学规定，而且是对本质（自然）的真正本体论的肯定"[②]。马克思是从人自己的实践的角度来统一人本学规定和本体论规定的，人和自然在实践中获得了统一。"马克思不仅是一位历史哲学家，而且也是一位'人本学家'和'本体论者'，而在他的著作里，'人本学的'分析和'本体论的'分析实际上是分不开的。"[③] 人的人本学规定和本体论规定的统一同时也是一种社会历史性的，因而也是与社会历史规定性统一在一起的。"在人类历史中即在人类社会的形成过程中生成的自然界，是人的现实的自然界。"[④] 人本学的自然界是社会历史性的自然界，人与自然、人与人、人与历史统一在这一规定之中。社会历史和人本学、本体论的统一并不意味着历史科学是建立在人本学和本体论基础之上的，而是三者的有机统一。这一统一体从人的角度说是人本学，从自然角度说是本体论，从社会角度说是社会及社会批判理论，从历史角度说是历史科学。这一统一的科学理论从革命理论的角度来看是指具体推动历史进步而言的，历史科学是就历史具体发展阶段而说的，历史哲学是就对历史一般规律的阐发而言

---

① 〔日〕广松涉：《物象化论的构图》，彭曦、庄倩译，南京大学出版社，2002，第 14 页。
② 《马克思恩格斯全集》第 3 卷，人民出版社，2002，第 359 页。
③ 〔南斯拉夫〕加·彼特罗维奇：《马克思思想的发展和实质》，中共中央马克思恩格斯列宁斯大林著作编译局马恩室编译《〈1844 年经济学哲学手稿〉研究（文集）》，湖南人民出版社，1983，第 230 页。
④ 《马克思恩格斯文集》第 1 卷，人民出版社，2009，第 193 页。

的。这里说的历史哲学，不是旧的历史哲学。要想把握规律，这几个层次是不能割裂的，脱离了任何一点都容易走向谬误。《德意志意识形态》中删掉了一段话，其中提到历史科学、自然史和人类史互相制约。① 这段话重申了《1844 年手稿》的思想。显然，这一表述把《1844 年手稿》的思想理解为一种历史科学。删掉了是否就意味着否定了这一讲法呢？显然不是，这段话相当于注释了第一前提的说法提出的背景。这段话和后面的思想是不连贯的，是多余的，从文本思想的发展来说也是不必要的，因为前面的东西已经包含在这个理解中了。

马克思关于对象性关系的主体性的理解包含了类生活的基本层面和要素。在《1844 年手稿》中，人与自然关系的视角不是一个单一的理论视角，而是包含了依次推进的类生活的关键要素。自然界是人的对象，人自身对于自然界来说也是自然的存在物，因此自然界成为人的活动的对象是类生活的第一个规定性。从对象世界来把握人的类活动，最根本的对象是自然界。人的活动是对象性的活动，对象性的活动说明人是在自然界之中的，人把自然界当成自己改造的对象，并借以表现自己的生命。在《1844 年手稿》中，马克思强调的是现实的对象化。自然界给劳动提供生活资料，提供劳动对象，提供生命活动的材料和工具。自然界是人的精神的无机界，人靠无机界生活，这个无机界的范围是有广阔性差异的。

自然界成为人的类生活的对象化最基本的领域并不是孤立的层面，其中关联着类生活的其他层面。没有改造对象世界的活动，自然界也不会成为人的对象世界。劳动对象是人的类生活的对象化，人在人创造的世界中直观自身。人的类生活的对象化最基本的领域是自然界，人在改造自然界中直观自身，在改造自然界这一对象世界的过程中，自然界成为人的作品和人的现实，人也证明了自己是类存在物。自然界之所以成为类生活的对象，与生产这一人的能动的类生活密切相关。也就是说人与自然的关系中包含着类生活的第二个规定性，而且离开了第二个规定性，第一个规定性也不成立。

自然界在何种意义上成为人的自然界是非常重要的问题。马克思在

---

① 参见《马克思恩格斯文集》第 1 卷，人民出版社，2009，第 516~519 页。

《莱茵报》时期就关注这一问题。"在自然力的这种活动中，贫民感到一种友好的、比人类力量还要人道的力量。"① 自然力的偶然性使贫民发现了自己的权利。人的对象世界包括丰富的内容，当把对象世界规定为自然界时，人与自然的关系问题就转化为人与动物的区别问题，这一问题涉及类本质问题，也涉及人的意识问题。人在自己的知识中确证自身。在人与自然的关系这一维度展开的人的类生活的思考，其实包含丰富的内涵。其中有人与动物的区别，即类本质的思考；而从人与动物的区别还会引申出人的意识问题。人有意识才能把自己的生活变成对象，从而表现为自由的活动。人的生命活动是目的，劳动这种生产活动本身是手段。从人与动物的区别进行分析，还会引申出人的社会性和社会关系的问题，引申出历史问题。人与自然和人与人之间的联系集中表现在劳动产品上面，当思考劳动产品的时候自然就过渡到社会和自然关系的思考。

自然界的改变是在社会中进行的，因而是有历史性的。那么这种历史性是否构成了一种简单的自我异化和复归的图式呢？显然不是这样的，马克思在《1844 年手稿》中论述自然和历史的关系时，并没有构成自我异化和复归的思想图式。马克思是从工业入手来谈论自然界的，其中谈到了地产，也谈到了工人和自然界的关系。显然，马克思当时还没有来得及勾勒自然界成为人本学的自然界的详细历史，但已经有一个宏观的轮廓。

《穆勒摘要》和《1844 年手稿》中的异化思想不仅仅有异化劳动的论述，其是一个思想体系。这个体系的内容非常丰富，包括人和自然的关系问题，劳动产品和人的关系问题，人和自己的劳动活动的关系问题，人和动物的区别问题，人生活的手段和目的问题，人的需要的问题，人的感官以及相应的感觉和思想的问题，人和人的关系问题，个人和类、个人和社会的关系问题，交换和分工的问题，私有财产的诞生和本质的问题，地租和资本的问题，工人的问题，货币的问题，社会结构和层次问题，历史问题。尤其是不能忽视异化劳动的主体，即类生活、类本质问题。《穆勒摘要》、"第一手稿"、"第三手稿"对这些问题的认识也是不断深化和完善的。

---

① 《马克思恩格斯全集》第 1 卷，人民出版社，1995，第 252 页。

异化劳动的四个规定被广泛地运用于其他问题的分析中，但不能用异化劳动代替这一阶段的思想。马克思在《1844年手稿》中总结的异化劳动的四个规定是否还有更多的考虑尤其是历史性的考虑呢？异化劳动的四个规定具有逻辑与历史相统一的特征。这四个规定反映了工人的经济事实，同时其中的逻辑顺序也是克服异化的大致顺序，即从劳动对象开始到劳动和人的类本质，再到人与人的关系。从马克思后来表述的社会主义思想来看，从按劳分配到按需分配完成了劳动的解放，而自由人的联合体则实现了人的本质和真正的人的社会联系。

根据《1844年手稿》的论述，异化劳动的四个规定与对私有财产的分析相关，与对劳动、资本、土地的分析相关，与对工资、资本利润、地租的分析相关，与对分工、竞争、交换的分析相关。《穆勒摘要》当中说："自我异化不仅以自我异化的形式而且以相互异化的形式表现出来。"① 当每个人都同自身相异化的时候，人与人之间的关系也会异化，这样一来，异化就脱离了人而成为物在社会关系中运动的一种模式。

（三）异化思想的丰富性

在《穆勒摘要》中，马克思指出，当劳动成了谋生劳动的时候，自我异化的基本规定就具备了，相互异化的形式就在这一基础上发展起来了。从活动的角度来看，分工意味着活动本身的相互交换和互相补充，这样人的统一劳动就分离成对立物的形式，社会本质就在异化的形式中获得存在。脱离了人的自由自觉活动这一规定性的劳动的异化最初表现为动产和地产的分离，其结果是劳动和资本的分离，生产和消费、交换和分配这些活动似乎都脱离了人而成为自我运动并相互异化的经济运动。

分工还导致产品自身获得等价物的地位。劳动产品同人的外化带来的结果是私有财产拥有者双方都作为它自身和它的异在的代替物相互发生关系，这样就带来了劳动产品的相互异化。一种资本同另一种资本、一种地产同另一种地产的分离，资本同利润、利润同利息以至地产同地租的分离等都是相互异化的经济运动的过程。马克思把分工看成关于异化范围内的劳动社会性的国民经济学用语。相互外化和相互异化离不开交换，相互异

---

① 《马克思恩格斯全集》第42卷，人民出版社，1979，第30页。

化的发展总是和货币的发展联系在一起。在货币中，异化物表现出对人的全面统治。马克思关于异化劳动的分析是从私有财产运动的结果发现的。这个结果有几个明显的现象，其中一个是货币以及围绕货币发生的信用现象。人"在这里只能作为丧失了自身的人、失去人性的人而活动；物的相互关系本身、人用物进行的活动变成某种在人之外的、在人之上的本质所进行的活动"①。货币是排除了私有财产的特殊个性的抽象。因而马克思就把交换理解为与人的本性及个性之间有外化和异化的关系。在《1844 年手稿》和《德意志意识形态》中，这一思想得到了延续和发展。而且，在《论犹太人问题》中，马克思就认识到金钱是人的劳动和人的存在相异化的本质。

相互异化的发展就是发展出一种统一的异化力量，这一异化力量对所有的人都具有异化性。在《1844 年手稿》中，马克思就指出，工人和资本家都是异化的。在《神圣家族》中他有更为清晰的表述。这样就产生一种综合性的把握的视角，即从人和物的关系来把握历史。

当进入宏观的思考领域时，异化劳动就变成了对经济异化的思考，相应地就有政治和思想道德异化的问题。于是马克思回到之前的思想路径，个人和社会的思考关联着社会各个领域的思考。这个思想路径如果纳入历史性的思路，就为历史科学准备了条件。当把历史性置于优先思考的路径时，上述思考不是被全盘否定，而是在历史性思考的进路中适当进行取舍和调整。

异化的主体是类活动和类本质。这就涉及马克思这些概念的性质问题。②《1844 年手稿》在方法论方面较多地说明了和黑格尔现象学的差别，但对和费尔巴哈方法论的区别没有进行充分的说明。这很容易导致把马克思的类本质思想等同于费尔巴哈的思想。在黑格尔那里，异化的主体是实体，是绝对精神。在黑格尔那里，任何对象化都是异化，而马克思则

---

① 《马克思恩格斯全集》第 42 卷，人民出版社，1979，第 19 页。
② 汪信砚、柳丹飞认为："青年马克思的这一'类'概念本质上是一种历史唯物主义视阈下的概念。"参见汪信砚、柳丹飞《论青年马克思的"类"概念——对马克思〈手稿〉中"类"概念的历史唯物主义解读》，《上海师范大学学报》（哲学社会科学版）2018年第 6 期，第 5 页。

肯定对象化，要消灭的不是对象世界而是对象世界的异化规定性。马克思吸收了黑格尔的劳动以及历史性的因素，从而使类本质的异化变成了劳动这种类生活的异化。那种认为"马克思暂时与费尔巴哈完全一致"的看法是不合理的。① 结合其《关于费尔巴哈的提纲》对费尔巴哈的批判来看，《1844 年手稿》中的类本质思想已经不属于费尔巴哈的思想范畴。马克思的类本质思想是从工人的生存事实和私有财产的批判中得出来的，其立足点是人类社会或社会化的人类。费尔巴哈讲的本质是主体固有的又是对象性的本质，而马克思的类本质思想中人是感性实践的人，对象是劳动改造的对象。费尔巴哈依然强调人的内在生活是与自己的类本质相联系的生活。

把握《1844 年手稿》，不能忽略"类生活"范畴。在《1844 年手稿》中，马克思讲的"类生活"已经是"现实的人和现实的自然界"② 了。其中的关键就在于"类生活"的现实性是否直接等于现存。显然，从理论思考的逻辑来说，既等于现存，又不能完全等于现存。如果等于现存，就不存在异化的逻辑，这一概念就失去了历史的意义；如果不等于现存，这一概念就是抽象的，不是感性现实的。《1844 年手稿》中有"作为类活动的人的活动"③ 这样的表述，这显然没有直接把人的活动等同于类活动。现存的人的活动既是类活动，又是一定发展阶段上的类活动。"异化"概念有助于说明这种张力，但如果有更好的论述方式，"异化"概念也是可以舍弃的。

人是一种感性的存在物，就是说人是一种对象性的存在物。《1844 年手稿》非常重视对象世界，类生活中人所创造的对象世界是人的采取对象形式的本质力量。"历史是人的真正的自然史。"④《1844 年手稿》讲的主体性是"对象性的本质力量的主体性"⑤。人的本质规定中就包含对象

---

① 参见〔苏〕尤·尼·达维多夫《〈1844 年经济学哲学手稿〉中的异化问题》，中共中央马克思恩格斯列宁斯大林著作编译局马恩室编译《〈1844 年经济学哲学手稿〉研究（文集）》，湖南人民出版社，1983，第 194 页。
② 《马克思恩格斯文集》第 1 卷，人民出版社，2009，第 218 页。
③ 《马克思恩格斯文集》第 1 卷，人民出版社，2009，第 237 页。
④ 《马克思恩格斯文集》第 1 卷，人民出版社，2009，第 211 页。
⑤ 《马克思恩格斯文集》第 1 卷，人民出版社，2009，第 209 页。

性的东西。类生活强调的是主体性。人的主体性在于外化和对象化这一过程是人来设定的，是肯定了人的价值的。人的自然力、人的生命、人的现实、人的感性这些可以用人的本质概念来指称的东西和对象具有一定的同一性。从人的主体性方面来看，这是自然力、生命力，是人的天赋和才能，是人的需要和欲望，是人的本质力量。人的力量是对象性的本质力量。但这些主体性的本质只有在对象世界中才能得到表现和确证。自然界、感觉是同一个意思。当人失去自己生命表现的对象时，就意味着失去生命。异化就表现为对象世界的消逝、抽象和丧失。当进入历史的领域思考相关的问题时，还需要进行很多理论工作。当从对象世界来看待人的时候，历史的叙述就应该把人的力量的发挥看成结果，在特定的历史阶段，人的类力量更多的是被当作对象来使用的，而不是目的本身。"人确实显示出自己的全部类力量——这又只有通过人的全部活动、只有作为历史的结果才有可能——并且把这些力量当做对象来对待，而这首先又只有通过异化的形式才有可能。"① 这种历史观与那种把历史运动抽象化的认识是不同的。把历史运动抽象化的结果是："这种历史还不是作为既定的主体的人的现实历史，而只是人的产生的活动、人的形成的历史。"②

（四）历史观问题

不管是断裂说，还是其他观点，重点都在于回答《1844年手稿》与《德意志意识形态》的关系问题。否定的看法要么强调《德意志意识形态》是唯物史观，是历史科学，从而否定异化，否定人道主义，否定历史哲学，否定《1844年手稿》的价值观；要么强调《1844年手稿》和《德意志意识形态》等的一致性，而否定《德意志意识形态》的概念和思想主题的变化，用异化、人道主义来解释《德意志意识形态》，甚至整个马克思主义。这说明二者的关系问题的确是一个难题，上述观点本质上都是断裂的观点，并没有很好地说明理论的连续性及发展性问题。

"异化"的逻辑和类生活或类本质的逻辑是一体的。关于异化逻辑和类生活逻辑的历史性问题，学术界都有关注。关于《1844年手稿》中异

---

① 《马克思恩格斯文集》第1卷，人民出版社，2009，第205页。
② 《马克思恩格斯文集》第1卷，人民出版社，2009，第201页。

化和类生活逻辑的历史性，城塚登从马克思对自然的历史性理解等方面进行了阐发。也有学者看到了这一逻辑与资本主义社会和共产主义社会的关联。① 异化逻辑和类生活逻辑是从资本主义的现实中得出的，当异化劳动这一结果被看成原因，并和人类历史联系在一起时，异化逻辑和类生活逻辑就和历史规律问题的探究联系起来了。异化逻辑孕育出了宏大的历史意识，需要对整个历史过程进行科学研究，同时也要概括出历史规律。但异化逻辑和类生活逻辑本身却无法完全支撑或完成这一理论任务，因此，这一概念非核心化和用新的表达保留异化的合理思想就成为必然。这说明，"异化"并没有完全被抛弃，依然是唯物史观的有机组成部分。但异化已经不再是理论基点和核心范畴。

针对强调"异化"是"抽象性"和"非历史的概念"，城塚登提出了不同的看法。"黑格尔的异化的逻辑，不是来自历史意识淡薄的启蒙立场；相反，是黑格尔克服（思想上的）启蒙立场而创立的。"② 马克思继承了"异化"概念的历史性，提出并回答了工人和资本家的异化问题，并把异化的起源和克服看成一个历史问题。"马克思的异化概念，而且构成这一概念的基础——人的立场，是建立在自然和历史的交点上的。"③ 这一认识是合理的。城塚登从扬弃异化的过程也是一个历史过程来解释这一问题。"当马克思探讨这一合乎逻辑的必然性时，辩证地把握历史运动的《德意志意识形态》问世了。当他探讨对象化的活动在商品生产社会——资本主义社会中如何具体地完成了外化和异化活动时，《资本论》诞生了。"④

这一解释忽略了一个视角，即对异化的起源的追问必然要探讨异化产

① 参见汪信砚、柳丹飞《论青年马克思的"类"概念——对马克思〈手稿〉中"类"概念的历史唯物主义解读》，《上海师范大学学报》（哲学社会科学版）2018 年第 6 期，第 5 页。
② 〔日〕城塚登：《青年马克思的思想——社会主义思想的创立》，尚晶晶、李成鼎等译校，求实出版社，1988，第 164 页。
③ 〔日〕城塚登：《青年马克思的思想——社会主义思想的创立》，尚晶晶、李成鼎等译校，求实出版社，1988，第 168 页。
④ 〔日〕城塚登：《青年马克思的思想——社会主义思想的创立》，尚晶晶、李成鼎等译校，求实出版社，1988，第 173 页。

生以前的历史状况。一旦离开当下的历史事实，不管是对过去历史还是对未来历史的科学研究，都离不开对历史规律的把握，这样就不仅仅要描绘历史的发展阶段，还要把握历史规律。这无疑提出了一个问题：如何开展"历史科学"研究呢？对于马克思恩格斯来说，有一个现成的理论路径可以选择，即《1844年手稿》已经提出的思路。这个思路就是把私有财产的起源问题转换为劳动外化、异化的起源问题，以及异化的发展和消除的问题。在《1844年手稿》中，马克思追问了人的劳动外化、异化以人的发展的本质为根据的问题，结合《穆勒摘要》来看，得到的基本结论是这个根据就是类生活。"人的发展的本质"即类本质不断生成，直到最后完成历史，从而开启新的历史过程。《1844年手稿》中提到的"外化劳动对人类发展进程的关系问题"已经提出把握历史发展规律的理论任务，《1844年手稿》为"解决这一任务得到了许多东西"。[①] 显然，《德意志意识形态》是对人类发展问题的进一步回答。"异化"和"类生活"的逻辑对回答未来历史问题是非常有效的，也在对分工、交换和私有财产的起源的分析过程中被运用于过去的历史，但是否可以运用这些逻辑分析异化劳动起源前的历史以及阐发历史发展的一般规律呢？应该说，"类生活"和"异化劳动"等概念如果用于阐发历史的发展规律，有其固有的缺陷，这就使马克思恩格斯既保留了"异化"和"类生活"逻辑的基本内容，同时又进行了一些新的探讨，尤其是突出了异化中包含的历史逻辑，从而实现了"历史的关系"逻辑对"异化"逻辑的超越。

《1844年手稿》中的"异化"已经包含历史性，为什么马克思恩格斯在《德意志意识形态》中说这一概念不再是核心概念了呢？原因在于"历史"本身还没有被自觉地当作理论思考的主题。对私有财产的批判引发了历史意识的发展，历史的三个大的节点已经清晰。从理论任务来说，私有制诞生以前的历史还没有得到阐发，私有制的扬弃历史还要进行系统的论证。另外，即便对历史进程进行了阐发，也不完全等同于对历史规律的概括。"异化"概念在完成上述理论任务方面明显有局限性。

"异化"和"类生活"的概念已经帮助马克思得到一些有价值的东

---

① 《马克思恩格斯文集》第1卷，人民出版社，2009，第168页。

西，这些东西当然要保留下来，但又不能完全解决新的历史任务。这也就不难理解为什么在《德意志意识形态》中既有批判"异化"的思想，也有肯定"异化"的思想。"社会实践只有在价值观点和事实认识观点的结合上才成立。异化概念恰好处于这一结合位置上。"① 也有学者从"异化"概念的价值性和事实性角度解释为什么《德意志意识形态》在否定性意义上使用异化概念的同时，还在肯定性意义上或者打引号使用"异化"。其中的理路在于，"'异化'一词，由于其源自德国古典哲学辩证法的能动性意涵，即将现存事实理解为主体活动的产物（对象化、外化、异化），且又基于主体与其活动产物的肯定或否定关系而对之具有评价意涵，从而兼具事实性与价值性的模糊性，对于表达马克思所新形成的思想，就不失为一个尚佳的选择"②。城塚登把《1844 年手稿》没能展开把劳动和社会历史结合起来理解归结为马克思强调了评价的立场，而忽视了历史的观点。③ 评价的立场对于历史意识的发展也是必要的，正是评价拉开了思想和现实的距离，从而把现实置于过程性之下。但评价要有历史事实的基础，有历史规律的支持。这一解释路径有一定的意义，但是也有局限，就是很容易陷入"意识形态"、"历史哲学"和"历史科学"以及"人道主义"和"唯物史观"的二元对立中，把"价值"和"事实"用于阐释《1844 年手稿》到《德意志意识形态》的思想发展，无法克服"断裂"式解释的局限。另外，上述解释依然没有在总体上回答从《1844 年手稿》到《德意志意识形态》的思想的宏观发展的转换问题。

异化概念在回答异化起源的时候，是围绕分工、私有财产、交换、货币等问题来加以分析的，是从谋生劳动的出现开始分析的。但如何说明异化发生以前的历史呢？显然，从逻辑上说，只能用类生活和类本质来说明，因为异化是类生活和类本质的异化。这就带来了一个理论困难：因为

① 〔日〕城塚登：《青年马克思的思想——社会主义思想的创立》，尚晶晶、李成鼎等译校，求实出版社，1988，第 173 页。
② 王南湜：《〈德意志意识形态〉中的"异化"概念：马克思社会科学理论建构的原点》，《马克思主义与现实》2019 年第 6 期，第 28 页。
③ 参见〔日〕城塚登《青年马克思的思想——社会主义思想的创立》，尚晶晶、李成鼎等译校，求实出版社，1988，第 202~203 页。

类本质和类生活的规定性是从工人和资本家这一历史时代产生的，可以说是历史的结果，类本质和类生活只有在未来才会成为历史的现实。

关键在于这种未来才会实现的历史现实是否已经隐含在实现之前的社会历史进程之中。《穆勒摘要》中马克思已经从私有财产及其交换中发现了类生活和类本质的存在，即"这种物属于我的本质；物的为我的存在、对它的占有，就是我的本质的属性和特点"①。这一思想对于用类生活解释历史发展进程是有利的。在私有财产及其交换中就存在类生活，也就是说异化的历史也是类本质和类生活的现实的历史。对于真正意义上的历史科学来说，要把异化的历史当成类生活发展的历史来加以研究。

拉宾提到《1844 年手稿》中马克思的思想存在某种不协调，即把资产阶级社会的成员称为非社会的人，同时认为人天生是社会的存在物。②关于后面这个观点，的确可以找到证据。《穆勒摘要》认为，真正的社会联系"是由于有了个人的需要和利己主义才出现的，也就是个人在积极实现其存在时的直接产物"③。这里把类生活尤其是真正人的社会联系看成建立在需要基础上的。根据这一论述，有个人需要的地方就有类生活。类生活的思想可以用于说明人类的整个过程，也包括原始社会。这的确是一个问题。异化中是否存在人的类本质呢？或者说异化本身就是类生活？如果异化本身就是类生活，类本质和异化的区别又何在？显然，异化和类本质的思想存在一定的对立性，而且"异化"这个词具有强烈的价值否定的色彩，这不利于事实的描述和把握。异化劳动本身就是特定阶段的人类生活的实存样态，这并不因为它是"异化"的从而把这一历史进程随意在主观上加以取消。

拉宾说："只有放弃把异化范畴普遍化（这并不是根本放弃这个范畴）才能消除这种'本质论的'倾向，并使我们能够不把人的本质理解为在历史以前出现的既有的东西，而把它理解为历史地变化着的社会关系

---

① 《马克思恩格斯全集》第 42 卷，人民出版社，1979，第 26 页。
② 参见〔苏〕尼·伊·拉宾《〈1844 年手稿〉对共产主义的经济和哲学论证》，中共中央马克思恩格斯列宁斯大林著作编译局马恩室编译《〈1844 年经济学哲学手稿〉研究（文集）》，湖南人民出版社，1983，第 34 页。
③ 《马克思恩格斯全集》第 42 卷，人民出版社，1979，第 24 页。

的总和。后来，成熟的马克思就这样做了。"① 拉宾的这段论述还是非常有见地的。要强化异化逻辑和类生活逻辑的把握事实的功能需要做几个工作：一是淡化异化和非异化的对立，尤其是把异化也看成类生活的历史现实形式，这就要把类概念普遍化，把异化概念看成类生活的一个环节和层面；二是人的本质是历史地生成的，而不是已经既定完成然后又发生异化的；三是异化并不是只有否定的价值，其也有积极的价值。从价值或者未来的历史事实来说，"异化"是被否定的对象，但如果从异化的历史事实或者异化产生前的历史为立足点来观察，"异化"就是历史的进步和发展。另外，对历史规律的概括也不允许因为价值观而置历史事实于不顾。《德意志意识形态》对这一点非常肯定。生产力的总和与人作为个人的交往之间由于交往的狭隘性反倒会有一种相对亲缘的关系，但是会慢慢变为漠不关心的形式。这种形式的出现反倒使个人丧失了一切现实生活的内容，成了抽象的个人，这使人能够作为个人彼此发生联系。这说明生产力的某种"异化"反倒促使个人脱离了共同体，出现了个人意义上的相互联系。"异化"造成个人的非现实的生活，也制造了个人及其交往这一历史现实。而人的非现实化也带来了进步的历史现实，尽管这一进步从未来的历史来看是有局限的。对私有财产和"异化"进行肯定，意味着要探究类生活在历史中展开的现实形式，尤其是异化的形式。根据《德意志意识形态》的论述，这些形式可以是物质生活的生产和自主活动是分开的，物质生活的生产是自主活动的次要形式，这显然和分工有关，是与个人本身的局限性发展相适应的；还可以是"劳动现在是自主活动的唯一可能的形式，然而正如我们看到的，也是自主活动的否定形式"②，这显然是私有制高级阶段才会出现的。

还有一种形式就是劳动保留了自主活动的外观或者假象。就像在原始社会，由于人局限在较小的生活范围内，个人被整合在整体中整体面对自然界和对象世界，劳动看起来也是自主的活动。自主活动或者自由自觉的

---

① 参见〔苏〕尼·伊·拉宾《〈1844年手稿〉对共产主义的经济和哲学论证》，中共中央马克思恩格斯列宁斯大林著作编译局马恩室编译《〈1844年经济学哲学手稿〉研究（文集）》，湖南人民出版社，1983，第35页。
② 《马克思恩格斯文集》第1卷，人民出版社，2009，第580页。

活动是类生活和类本质的规定，自然也可以用类生活的思想来分析原始社会。这就等于把原始社会的分析与私有财产诞生之前的类生活的样态、类生活的发展状况的考察联系在一起。《德意志意识形态》使用的"自主活动"在一定意义上保留了类本质的一些思想要素。

的确，异化和类本质的概念用于分析其提出以前的社会尤其是原始社会是有局限的。设定不管是可能的，还是已经拥有的，若在分析其丧失和变为现实的时候发生了变异，就显然是多余的理论设定。"异化"的概念有一定的缺点，即前面有一个没有异化的参照，才谈得上异化。另外相对于异化而言，没有异化显然比异化好。这样的概念说明历史是有局限的。历史是逐渐进步的，理想状态恰好在未来，但不能以未来假定的参照来叙述过去的历史。与其安排这样的理论设定，不如把相关的思想用历史的事实材料来进行验证和分析。"历史科学"的思路就在于要以经验事实为基础，理论的阐释要与经验事实相适应，用理论设定去设想现实历史必然会陷入空洞，甚至走向主观主义。《德意志意识形态》对"异化"思想的处理正是历史科学的要求。

《1844 年手稿》中的异化逻辑和类生活逻辑不应简单地归结于"历史哲学"或"意识形态"的范畴。完全用马克思的异化逻辑和类生活逻辑来叙述整个历史及其规律，依然存在滑入"历史哲学"的范畴的危险。《德意志意识形态》中的异化思想有一个很大的发展，就是对人的本质的异化进行了理论上的划分并批判了抽象的人的本质异化观。如"真正的社会主义"的异化观坚信人的本质是万物的尺度，是世界历史的最终目的，宗教是异化了的人的本质，货币和雇佣劳动等是人的本质的异化。这一看法中的"人"是抽象的人。《德意志意识形态》对"异化"的批判是否包括自我批判呢？马克思恩格斯对"异化"的批判的确进一步澄清了自己的思想的性质。《1844 年手稿》中的"人"不是抽象的人，历史过程虽然用"异化"进行了说明，但历史并没有被完全理解为人的自我异化的过程。尤其要注意的是，《1844 年手稿》中的异化劳动和类本质的思想是从对工人和资本主义私有制的分析中得出的，人依然是屈从于分工的个人，不属于"不再屈从于分工的个人"，因而马克思《1844 年手稿》中的类本质思想不完全属于《德意志意识形态》中提到的那种关于"人"

的理想；《1844 年手稿》和《穆勒摘要》对异化劳动的起源的分析，的确把异化和历史发展规律的探究联系在一起了，但并没有舍弃实际条件，也没有把历史简单地归结为自我异化的过程；马克思自觉从后来阶段的人抽象出人的发展，然后分析这种发展的历史来源，这并不能等同于用后来的理想的人代替过去阶段的人，将后来的关于人的抽象意识强加给过去世代的人；尤其是《1844 年手稿》反对把异化变成意识发展的过程，这也说明了马克思的"异化"和"类本质"思想总体上属于科学探究的范畴，并不是把某种理论认识当成固定不变的意识主体强加给客观历史本身。马克思异化和类生活的思想中包含的历史性，以及经验科学的精神追求，不允许把异化劳动和类逻辑上升为历史的发展规律。应该说，实事求是的科学精神在《1844 年手稿》和《德意志意识形态》中是一贯的，正是这一精神促使马克思恩格斯对异化逻辑和类生活逻辑进行了自觉的扬弃。

不仅异化劳动和私有财产是历史的，类生活也是历史的。那么就有一个更根本的问题：类生活是如何起源的呢？类生活的起源和发展不能从类生活自身得到解释，只能从经验的个人那里得到解释。这样一来，类生活的逻辑就成第二位的了。

马克思的时代意识和历史意识一直处于发展之中。先是对古罗马的关注，然后从对哲学史的关注映射到对当下历史的思考，到对时代问题的思索，然后聚焦到政治解放，初步有了封建社会和资本主义社会的划分，有了对未来人的解放的定位。进而深入经济领域，通过对交换/货币/私有财产、地主和资本的研究，对工人命运的哲学省思，对类生活和异化的思考提出了把握人类历史的理论任务。《德意志意识形态》对《1844 年手稿》的发展主要在于历史本身成为理论思考的主题。当历史本身成为主题的时候，就要确定历史本身的基本逻辑关系，确定历史叙述的起点。

整个人类生活的历史从整体上可以定位为人的本质力量的发展史。这是"类生活"和"类本质"概念的合理引申，但却无法直接用"类生活"概念来表述，因为"类生活""类本质"的概念是和异化逻辑对应的，二者有依存关系。《德意志意识形态》进行这一定位的时候，涉及对象是人的力量对象化、人的活动是人的力量的直接表现等这些"类生活"的基本规定性。但人的本质力量的发展史，不和异化逻辑相对应，因为其失去了抽象性，变成了一种实证的叙述，不是抽象的理论阐发，而是宏观的实证的描述。

（五）现实的个人

"类生活"本身并不是历史的实证的、经验的起点。人类历史开始时的人，在何种意义上具备和发展了类生活，或者说其类生活发展的程度和表现形式恰好是要通过实证的研究才能得到合理的答案。历史的经验的、实证的前提只能是现实的个人，以及"现实的个人生活"①。人同世界的关系是一种人的关系意味着人通过自己的生命表现得到了对象世界的积极回馈，否则人就是无力的、就是不幸的、异化的。这个现实的个人当然是和自然界发生关系的，也是有人与人之间关系的，可以在一定意义上延续《1844 年手稿》中类生活的基本规定性来阐发历史进程。但就经验事实来讲，需要突出社会关系这一层面。《穆勒摘要》中类生活的规定性就是优先考虑人与人的真正的社会联系的。但异化逻辑中的人与人的社会联系，有一种核心的联系没有被突出出来，没有被当成较为重要甚至是核心的联系来加以把握，这就是人与人的社会联系中最根本的世代关系。这种社会关系具有前置性，制约了当下人与人的社会联系，制约了个体与自然的关系的发展。当历史成为理论思考的主题时，这种社会关系就必须提到重要的位置上。

把《1844 年手稿》到《德意志意识形态》理解为从对个人的关注转到对社会的关注并不合适。《1844 年手稿》虽然也分析了个人生活，个人生活不管是离群索居还是群居都是类生活的确证，但其理论的重点却是"类生活"。"类生活"是个人生活的一般概括，如果进入历史叙述的领域，类生活就成了要继续从经验的个人生活来加以证明的问题。

一旦进入历史科学视野，"个人"就不再是逻辑上的设定，而是历史的事实。"个人"失去了始终如一的意义。个人是逻辑分析的一个点，因而可以进行逻辑的解析，但这些逻辑的规定性综合成的历史规定性才是根本的。对于个人来说，出发点总是其自己。但是以自己为出发点的个人，是在一定的历史条件下和关系中的个人，而不是"纯粹的个人"，个人和

① 《马克思恩格斯文集》第 1 卷，人民出版社，2009，第 247 页。

社会关系的关系是历史地变化着的，是历史地发展着的。到了共产主义社会，个人才作为个人参加自己的集合体。之前的个人是作为阶级的成员参与阶级性的社会关系以及相应的生存条件的。但问题在于那种逻辑设定式样的个人是否被彻底排除了呢？或者说哲学抽象出来的个人是否还是一种叙述历史观的理论要件呢？关键就在于要分析马克思恩格斯的"作为个人"这类的表述。当个人脱离阶级的生存条件以后，就会获得暂时的"作为个人"的属性。历史也会诞生一种现实的抽象的个人。而原始社会的个人，则总是以共同体的形式存在着（当原始生产方式被揭示以后，这一问题才得到合理的说明）。个人的逻辑的和抽象的意义要和历史分析联系在一起，这样才是科学的、实证的，否则就成了一种空洞的抽象。

《德意志意识形态》展开历史观论述的方式是值得考察的。《德意志意识形态》中有很多论述的视角，这也加大了研究者对这一文本进行整体把握的难度。其中某些方面和《1844年手稿》有一定的连续性。马克思恩格斯从"现实的个人"出发，现实的个人被解析成个人的活动和物质生活条件，显然这是一种对象性关系，物质生活条件对人既具有先在性同时也是人的活动改造和创造的对象。人活动的对象越具有普遍性，越会成为人的对象，越标志着人的发展。现实的个人这一定位显然扬弃了类生活的基本规定，把其规定放在现实的个人的定位中了。这一处理是非常合理的，既符合经验事实，同时也把已经证明合理的分析框架确定下来。

马克思恩格斯现实的个人这种规定包含两个宏观的分析进路。因为物质生活条件包括人们得到的现成的条件和通过自己的活动创造出来的条件，这就可以展开一种历史更迭的分析。更迭分析就是把人放在世代交替中来看，材料、资金、生产力、先辈的活动是旧的条件，然后是人的活动以及这种活动创造出来的新的条件。人们很容易从后来的历史中抽象出"使命""目的"，其实反映的不过是先前历史对后来历史的积极影响的抽象。

"现实的个人"是《德意志意识形态》中很重要的概念，因为这一概念意味着思考要从经验的前提出发，从而划清和唯心主义思考方式的界限。现实的个人有哪些内涵呢？一个是从人们的活动和他们的物质生活条件来看人，把握现实的个人就是要把握人们的活动和他们的物质生活条件。一个是要有世代交替的历史感。人们的活动有一个前提，这个前提就是他们得到的现成的物质生活条件。人们通过自己的活动又创造出新的物质生活条件。从前者来看，人是剧中人；从后者来看，人是剧作者。关于人与自然的关系，《德意志意识形态》开始的论述比较简略。人类历史的第一个前提就是有生命的个人的存在，因而第一个历史事实就是肉体组织及其与自然界的关系。这是历史的自然基础，这一基础会因为人们的活动而发生变更。人必须生产生活资料，这是由肉体组织决定的。《1844年手稿》认为整个自然界是人的生命活动的材料、对象和工具，是人的直接的生活资料，是人的生活和活动的一部分，是自然科学和艺术的对象。人和动物的区别在于普遍性的差异，就是人可以利用的无机界的范围更广，而且可以把自然界变成人的无机的身体。理清从《1844年手稿》到《德意志意识形态》的思想演变是非常困难的，但却是一件非常有意义的工作。《德意志意识形态》谈论人与自然的关系是作为讨论历史发展的前提来进行的，与《1844年手稿》关注人的类本质以及人与动物的区别不同。这就提出了一个问题，当马克思恩格斯从历史的角度谈论人与自然的关系时，是否意味着否定了《1844年手稿》中关于人与自然的关系的思想呢？应该没有完全否定，不过有了历史的视角，自然界成为人的无机的身体的程度以及自然界的普遍性应该是一个历史发展的过程。《德意志意识形态》强调了自然基础在历史进程中由于人类活动而发生的变更是研究历史发展规律的出发点。马克思恩格斯强调的生产力的普遍发展当然包括自然界越来越成为人的无机的身体。

历史视角的强化当然会引起思考重心的变化，甚至把原来某些思想要素及其之间的相互关系进行一定的颠倒。《德意志意识形态》中也论述了人与动物的区别，如果结合《1844年手稿》来看，就会发现思想发展的一些轨迹。在《1844年手稿》中，马克思强调了人有意识，由于这一点人才会自由活动，人才把自身看成类存在物，把类看成自己的本质。其间有单一的种的尺度和任何的种的尺度，以及运用到对象上程度的不同。对象方面涉及是否生产对象并自由地对待对象的问题，有片面和全面的区别，有直接需要决定的生产和不受直接需要决定时才进行真正的生产的区别。在《1844年手稿》中，马克思很看重意识的作用，到了《德意志意识形态》则指出可以根据意识等来区别人和动物，其中最根本的是人们自己生产他们所必需的生活资料。

《1844年手稿》中的在改造对象世界、通过实践创造对象世界中证明人是类存在物的说法相对抽象。当把实践明确为生产生活资料的活动、把对象世界明确为自然界以后，就比较具体了。生产生活资料当然是通过实践来改造和创造对象世界。人与动物的区别问题在《1844年手稿》中属于人的类本质问题。

《1844年手稿》中马克思也有一定的历史的视角，如果没有对工人阶级生存状况的关注，也就不会有异化劳动的相关思想。如果提出这样一个问题，即在历史进程中人的劳动到底是什么样的，人的类本质的说法就会遇到问题，就要回答具体历史进程中类本质是如何一步步发展起来的。显然，马克思在《1844年手稿》中直接将类本质和异化劳动进行了对比，并且对二者的关系的阐发是逻辑上的阐发，而不是历史的说明。

马克思当时认为，人首先是类存在物，然后才是有意识的存在物。改造对象世界是人是有意识的类存在物的证明。在改造中自然界成了自己的作品和现实，人同时也在对象中直观自身，从而确立了自我存在和自我价值的意识。这样就把重心放在论证人是有意识的这一点上了。显然，《德意志意识形态》有一定的论述重心的转变。不是通过改造对象世界来证明人是有意识的类存在物，而是人的有意识性在其中发展起来。

《1844年手稿》借助有意识性来说明类本质的自由自觉的劳动到异化劳动的转变。人可以有意识地把自己生命的本质当成维护自己生命生存的手段。异化劳动剥夺了对象世界，自然也就使人无法很好地在对象中直观自身，也就剥夺了人关于自身的类意识，从而把人和动物相比的优点变成了缺点。马克思这一论述不是历史性的，而是抽象的论证。

《1844年手稿》和《穆勒摘要》中都提到了"假定"，是否因为"假定"所以就是理想性的，而不具有社会历史的现实性呢？这要看在说明事实的时候，是否一味地拘泥于"假定"而伤害了对事实的把握。如果"假定"没有伤害对事实的把握，并随着对事实的研究的深化而进行调整，这种"假定"就是值得肯定的。异化的主体的那个"谁"是经验的历史的规定，不是单纯的先验规定性。单纯说明马克思"类"概念的现实性还不能合理阐发从《1844年手稿》到《德意志意识形态》的思想发展，还需要探讨历史性问题。从《1844年手稿》到《德意志意识形态》，定位为从探索到定型更为合适。《1844年手稿》明显表现出努力摸索叙述历史发展的合理方案的印记，其中的思想表达并不完全连贯，《德意志意识形态》的思想连贯性明显好于《1844年手稿》。

个体是社会的存在物，是特定的类存在物。这个社会是以实体的形式存在于个体之中的，还是以关系的形式存在于个体之中的？类生活是特殊的个体生活还是普遍的个体生活，其关键就在于类生活存在于个体生活中的形式。显然，广松涉倾向于认为《1844年手稿》中的"类"是实体。这一解释忽略了马克思的人是对象性活动的看法对实体和表象的思考方式有超越的一面，后者总是与一般和个别、唯名论和唯实论联系在一起。

从马克思的论述来看，个体是现实的、单个的社会存在物，具有特殊性；同时人也是作为人的生命的表现的总体而存在的。马克思没有明确辨析生命表现的总体是如何存在于个体之中的。广松涉引用了《1844年手稿》中对死亡的一段论述来阐明人的劳动这一现实的历史过程是实体—主体。马克思提到了"类的统一"①，从字面上看，"类的统一"非常近似于实体的观念。但其实马克思的"类的统一"前面有"似乎"二字，并且结合前面的论述来看，人是类存在物并不仅仅是因为类作为实体内在于个体之中。人是类存在物的原因有很多：人同别人进行直接联系的活动是一个证明；语言是作为社会的产品给予个体的；人做出的东西是为社会做出的；人意识到自己是社会存在物；现实的共同体、社会存在物会表现为人的普遍意识的活动；人本身的存在就是社会的活动；活动和享受不管是不是与他人直接交往进行的共同的活动和享受，都有可能具有社会的活动和社会的享受的性质。马克思的这些论述说明他说的"类的统一"不是实体。马克思在文本的另外的地方提到过共同性，指的是劳动的共同性和共同的资本，由此可见，"类的统一"显然有不同的层次，就人与动物的区别来说，只要是人，其活动就具有一种类的活动的共同性。而在不同

---

① 《马克思恩格斯文集》第1卷，人民出版社，2009，第189页。

的时代等社会条件下，也会有具体的类的共同性。这并不是实体，而是社会关系和历史发展着的类生活。

广松涉在《物象化论的构图》中引用了《1844 年手稿》中说的"循环运动"①。马克思在循环运动中回答的是父母生孩子的问题。如果问谁生了父亲，就是无限的过程，而如果看成"人通过生儿育女使自身重复出现"，人则"始终是主体"②。《物象化论的构图》把这段话理解为是维持了黑格尔式样的实体—主体的客观化和再主体化的构图。这一理解有一定的合理性，但也有一些偏差。自然界对人的生成过程是通过劳动完成的，这里人和自然界都不再是固定的、先验的实体，而是生成的现象。广松涉把主体实体化，也就是把自然界实体化了，这样就人为地夸大了《1844 年手稿》和《德意志意识形态》相关思想的差异。《物象化论的构图》认为《德意志意识形态》强调的是历史世界中的关系态。《物象化论的构图》把《1844 年手稿》的解释路径看成本体论的路径，不过是从"存在主义"的本体论变成了"关系主义"的本体论而已。广松涉的这一看法也不是完全没有意义，的确，《1844 年手稿》中依然存在"本质"一类的概念，有本质和现象、本质和存在一类的区分，还寻求存在与本质、个体和类之间斗争的真正解决。对于这一思维方式的局限的确有必要进行分析，并辨析《德意志意识形态》是如何进一步把视角聚焦在现象的探讨上面的。广松涉强调，《德意志意识形态》从工业来看待人与自然的统一性，在这种统一性中自然和人不再是对等的巨大客体、主体，生产是人与自然的生态学的关联，自然不能被人统一。这就等于把《1844 年手稿》中人与自然的统一理解为从单纯的主体出发把自然当成客体从而统一客体，这与马克思强调的人是自然存在物不一致。另外，人和自然在《1844 年手稿》中也不仅仅被理解为实体，其还是劳动中的生成过程，自然界和人都是生成着的，因而也是有历史性的，是一种可以通过经验来考察的经验现象。工业本身也是劳动生产。自然界通过劳动生产进入人的世界，从而成为人本学的自然界，成为人的自然界，这就进入了劳动对象和

---

① 《马克思恩格斯文集》第 1 卷，人民出版社，2009，第 195 页。
② 《马克思恩格斯文集》第 1 卷，人民出版社，2009，第 195~196 页。

劳动产品的考察。这当然是有理论层次的区别的，《1844年手稿》并不是仅仅从工业来考察人与自然，甚至还考察了农业中的人与自然的关系。

《1844年手稿》中有本质和存在一类的区分，也有"异化"等概念的使用，但这一切都是为了阐发历史而进行的理论探索和理论努力，不代表马克思已经先验地存在一个类本质自我异化和自我复归的理论构图，然后去寻找现实的材料阐发这个构图。《德意志意识形态》还论及人的理想状态不过是从历史发展现实中抽象出来的，然后被人先验地置于历史之中了。这种论述常常被理解为包括了马克思的自我批判。关注《1844年手稿》中的异化思想和对经验事实的分析的紧密联系有利于这些问题的回答。另外，要重视《1844年手稿》力图展开一种历史意识并力求回答历史过程的尝试。其中很多思想只是提出了问题，并没有对问题给出系统的回答。当真正系统回答先前提出的问题时，理论观点的调整也是一个很自然的过程。

第六章 马克思新世界观的酝酿
与初步表达

1844 年到 1845 年，是马克思思想上发生重大飞跃的时期。除了《1844 年经济学哲学手稿》以外，其他文献中蕴含的思想也不容忽视。另外，马克思恩格斯开始在理论上合作，这对于系统地表达新的世界观是非常有帮助的。马克思更为关注现实问题，尤其是对工人的命运的关注，更坚定了他对共产主义的信念。更为重要的是，马克思开始对过去的思想进行一定的反思和总结，进而提出一些规律性的看法，尤其是对历史规律的看法。

一 对无产阶级本质的意识的追问

《评一个普鲁士人的〈普鲁士国王和社会改革〉一文》是马克思和卢格关系分裂的标志。这篇文章写于 1844 年 7 月 31 日，写作地点为巴黎。根据马克思传记作者的研究，在 1844 年春天，马克思和卢格的关系仍然很亲密，但卢格坚持认为自己只对政治感兴趣，而马克思是一个共产主义者，加上生活作风方面的分歧等因素导致了二者关系的破裂。"马克思在《德法年鉴》中并没有使用'共产主义'一词，但在 1844 年春，他明确地采用了这一术语作为对自己观点的简短说明。"[1] 对于马克思的这一价值追求，卢格表达了自己的担忧。主要是因为使无产阶级从困难中解放出

---

① 〔英〕戴维·麦克莱伦：《马克思传》（第 4 版），王珍译，中国人民大学出版社，2008，第 90 页。

来的任务需要一个组织来完成，他担心这会导致困难普遍化。《前进报》是德国激进言论的主要阵地。1844 年初，双周刊德语报纸《前进报》开始在巴黎发行。1844 年 6 月德国西里西亚纺织工人因反对降低工资而发动起义。这篇文章涉及如何看待德国工人起义的问题，在马克思早期共产主义价值观发展历程中有重要地位。

在回答为什么织工起义没有引起国王特别的不安这一问题上，马克思运用了阶级分析的方法。在封建势力、资产阶级和工人阶级三者形成的特殊态势下，工人的起义反倒可能使资产阶级变得更加卑躬屈膝和软弱无能，这就更不可能使普鲁士国王惊惶不安了。从价值观的角度看，无神论者、共产主义者同天主教徒、正统主义者的关系比同新教徒、自由派的关系更疏远。这三者代表了三个不同的观念体系，一个是无产阶级的观念体系，一个是封建地主和封建贵族的观念体系，一个是资产阶级的观念体系。国王在政治上以自由主义为自己的直接对立面，无产阶级和国王之间不是直接的对立关系。

另外一个问题是与织工起义密切关联的赤贫问题。马克思认为，其实英国资产阶级对工人贫困的认识也没有从一般政治的角度寻找原因，而是归结为与自己对立的政党的政治，因而也不懂得社会改革。英国政治经济学在这一问题上也思想贫乏，如有的观点认为是教育的缺乏导致工人不懂得商业的自然规律。马克思认为，贫困问题的确具有普遍意义，管理部门的欠缺并不能回答赤贫的惊人增长问题。设立赤贫部、制定济贫法都是想解决这一问题。另外一种思路就是通过慈善事业解决这一问题。赤贫问题在英国具有普遍的意义，这是由于它成了广泛分布的管理机构的工作对象，并且管理机构的任务不是消灭它，而是强制管束它，并没有采取积极的手段去治理赤贫问题的源头。

马克思思想有很大进展，这主要体现在关于国家和社会的关系的看法上。"国家永远不会认为社会缺陷的原因在于'国家和社会结构'。"① 马克思由对赤贫问题的关注引申到对行政机构管理无能问题的讨论。马克思由这一具体问题的讨论引申出了带有规律性的内容，他先前从普遍和特殊

---

① 《马克思恩格斯全集》第 3 卷，人民出版社，2002，第 385 页。

视角对国家问题的理论认识在现实实践中得到了印证。"国家是建筑在社会生活和私人生活之间的矛盾上，建筑在普遍利益和私人利益之间的矛盾上的。"① 国家不消灭自身，就无法消灭这些矛盾。马克思已经讨论过"国家形式主义"的问题，这一讨论更为具体，也是"国家形式主义"讨论的进一步发展。行政机构的良好意愿当然包括对普遍利益的追求，但这一普遍利益追求会遇到私人利益追求的挑战。这个私人利益追求既包括行政机构的成员自身的追求，也包括市民生活的私人利益追求。"行政管理机构不得不局限于形式上的和消极的活动，因为市民生活和市民活动在哪里开始，行政管理机构的权力也就在哪里告终。"②

马克思的市民社会观念又有了进一步的发展。马克思在《德法年鉴》时期已经认识到市民社会是建立在劳动者阶层的劳动基础上的，在《评一个普鲁士人的〈普鲁士国王和社会改革〉一文》中，马克思把市民社会的概念和工业、商业以及私有制联系在一起。"的确，面对着由这种市民生活、这种私有制、这种商业、这种工业、各个市民集团间这种相互掠夺的非社会本性所引起的后果，行政管理机构的无能成了一个自然规律。"③ 马克思说："这种市民社会的奴隶制是现代国家赖以存在的天然基础，正如奴隶占有制的市民社会是古典古代国家赖以存在的天然基础一样。"④ 市民社会的奴隶制和现代国家是相对应的双方，前者是基础，后者是前者引起的后果，后者的行为受前者的限制和制约。相对应双方单方面的自身改变会引起对方相应的改变，要想消除某一个方面的局限，需要消除对应面的局限。基于这一关系，国家不会相信自己本身的无能，不会相信自己的行政管理机构内在的无能，所以就会企图纠正行政管理机构表面的和偶然的欠缺。

政治理智这个话题是从卢格的思想观点发展而来的，具体讲的是德国当时的政治理智，既包括普鲁士国家的政治理智，也包括卢格这样的思想家的政治理智，还包括资产阶级的政治理智和无产阶级的政治理智。马克思当时讲的政治理智是有具体背景的，总体上是在市民社会的奴隶制和现

---

① 《马克思恩格斯全集》第 3 卷，人民出版社，2002，第 386 页。
② 《马克思恩格斯全集》第 3 卷，人民出版社，2002，第 386 页。
③ 《马克思恩格斯全集》第 3 卷，人民出版社，2002，第 386 页。
④ 《马克思恩格斯全集》第 3 卷，人民出版社，2002，第 386 页。

代国家的矛盾关系的语境下讲的。马克思在这一语境下讲政治理智显示出思想逐步进入新的历史观的轨道。

　　讨论理智问题，并用"理智"这样的概念来谈论问题，首先应该具备科学的关于社会历史的理智。卢格的认识是有局限性的。卢格看不出织工和贵族、专制君主、资产阶级之间的关系中蕴含的社会历史因素，看不出织工反对资产阶级为什么不会引起国王特别的不安。对这一认识的欠缺导致卢格在谈论理智的时候不能够正确评价织工的理论性和自觉性，反倒对自己的理智表现出高度的自信，只扮演"教师"的角色，不去研究"这个事件固有的性质"①。卢格强调思想不能脱离社会原则，人不能脱离共同体，并按照这样的政治理智来思考问题。卢格认为，织工只是局限在小范围内思考问题，当他们产生理智并且政治理智也发现贫困的根源后，问题就解决了。卢格这一分析是有意义的，但是不够深刻，缺乏宏大的社会历史观。如果"把社会理智和社会贫困相对照，把政治理智和政治贫困相对照"②，问题就显现出来了。

　　所谓的"政治理智"建立在私有制基础上，建立在社会丰足基础上，而不是贫穷基础上。马克思把国家看成现存社会结构的"行动的、自我意识的、正式的表现"③。国家和社会结构之间的关系使社会缺陷的普遍原则往往表现在国家原则中，这样就应当从国家的原则中去发现社会缺陷的根源④。受到私有制制约的政治理智会对不同的社会阶层理智的发展形成总体性的制约，每一个阶层的理智都从自身的角度出发思考问题，因此不能突破社会历史的限制。马克思通过引用法国一位国民经济学家的话说明了资产阶级的政治理智就是要求摆脱专横的政治制度。

　　无产阶级不应局限于这种政治理智，而应该拥有自己的社会理智。不管是资产阶级的政治理智还是封建君主或者封建贵族及其思想家的政治理智都不能发现社会贫困的根源。"因为无产阶级在政治形式上思考问题，它就会认为一切弊端的根源都在于意志，认为全部补救办法就在于暴力，

---

①　《马克思恩格斯全集》第3卷，人民出版社，2002，第391页。
②　《马克思恩格斯全集》第3卷，人民出版社，2002，第392页。
③　《马克思恩格斯全集》第3卷，人民出版社，2002，第387页。
④　参见《马克思恩格斯全集》第3卷，人民出版社，2002，第387页。

在于把这种或那种特定的国家形式推翻。"① 无产阶级要认清自己贫困的根源在于资本主义私有制，要认清自己真正的目的，不让所谓的政治理智蒙蔽自己的社会本能。

无产阶级应该具备什么样的政治理智呢？回答就是反对私有制社会，这才是"对无产阶级本质的意识"②。马克思在这篇文章中，还有一个重要的思想发展——非常明确地把政治解放定位为"资产阶级解放"。马克思把魏特林的《和谐与自由的保证》一书看成"论述资产阶级解放——政治解放——的著作"③。马克思很看重德国在提供无产阶级解放的政治理智中扮演的角色，德国无产阶级是欧洲无产阶级中的理论家。作为哲学民族的德国应该走社会主义实践道路，在无产阶级身上找到自身解放的积极因素。

卢格把工人起义的原因归结为脱离了共同体。工人离开的那个共同体不应仅仅从政治方面来分析，更应该从社会的物质生活方面来分析。这涉及二者哪个对人的意义更大的问题，"人比国家公民以及人的生活比政治生活意义更是无穷无尽"④。相应地，脱离人的生活的共同体问题更为严重。马克思对工人脱离的共同体的表述有些模糊，但勾勒出了大概的面貌，其内容指向了生活的生产、交换、消费领域。"工人自己的劳动使工人离开的那个共同体是生活本身，是物质生活和精神生活、人的道德、人的活动、人的享受、人的本质。人的本质是人的真正共同体。"⑤ 马克思当时依然使用了"人的本质"这样的概念，并用人的本质来规定真正的共同体。从马克思的表述方式看，有明显的思想转变的特征。结合他对人的生活的生产的相关看法，人的真正共同体的理论与人的生活的生产和再生产之间具有一定的思想联系。从"真正共同体"到"社会关系的总和"的理论之间也有一定的继承发展关系。

马克思的这一思想的意义非常大。因为这规定了无产阶级的意识和理

---

① 《马克思恩格斯全集》第 3 卷，人民出版社，2002，第 393 页。
② 《马克思恩格斯全集》第 3 卷，人民出版社，2002，第 390 页。
③ 《马克思恩格斯全集》第 3 卷，人民出版社，2002，第 390 页。
④ 《马克思恩格斯全集》第 3 卷，人民出版社，2002，第 394 页。
⑤ 《马克思恩格斯全集》第 3 卷，人民出版社，2002，第 394 页。

智。无产阶级进行的是社会革命，这种革命采取的是整体的观点。马克思肯定织工是"从单个现实的个人的观点出发"① 的，其中表达的真正共同体的观念是不脱离个人的，当真正共同体脱离个人时，人的生活就变成了"非人生活"，自然会引起人的抗议。② 马克思规范了工人起义的内涵，即"具有社会灵魂的政治革命"③。具有政治灵魂的革命追求的不过是使自己成为统治阶层，靠牺牲社会本身的利益，在社会中组织起一个统治阶层。而无产阶级废除旧关系的政治行动体现的是社会灵魂。马克思当时还是从"社会灵魂"的角度使用"社会主义"这一词语的，当社会灵魂在政治行动中体现出来的时候，社会主义就抛弃了"政治的外壳"④。马克思对无产阶级社会革命和政治革命关系的理解较好地阐发了无产阶级的阶段性的历史任务和长远的历史使命。

二 《神圣家族》对共产主义价值观科学基础的探寻

在《神圣家族》（1844 年 9 月到 11 月）"序言"中，马克思恩格斯把自己的学说称为"现实人道主义"。马克思恩格斯在"序言"中预告了他们将正面阐述自己的观点以表达自己对现代哲学和社会学说的态度。

（一）思维和历史的现实主体

《神圣家族》用对象性活动的本质力量异化的思想来解释平等，阐发现实的无产阶级对自我异化本身的认识。异化的思想说明了无产阶级的历史使命，但是现实的无产阶级是否能够认识到这一使命或者完成这一历史使命呢？这必然面临历史使命与现实的关系问题。

《神圣家族》非常重视异化思想的运用，但并不是要构建人的类本质异化和复归的先验的历史观。恰恰相反，《神圣家族》强调历史的主体是经验的人。"真理"和历史一样，主体是"物质群众"。"历史的活动和思想就是'群众'的思想和活动。"⑤

---

① 《马克思恩格斯全集》第 3 卷，人民出版社，2002，第 395 页。
② 参见《马克思恩格斯全集》第 3 卷，人民出版社，2002，第 394~395 页。
③ 《马克思恩格斯全集》第 3 卷，人民出版社，2002，第 395 页。
④ 《马克思恩格斯全集》第 3 卷，人民出版社，2002，第 395 页。
⑤ 《马克思恩格斯文集》第 1 卷，人民出版社，2009，第 286 页。

《神圣家族》虽然使用了类异化的思想，但是在谈论历史的时候，历史的主体是具体的、历史的。马克思之所以能够避免使用异化思想说明历史可能出现的局限，从价值观来说是因为其群众主体的价值观立场，从方法论来说则是因为马克思很好地处理了一般和个别的关系。《神圣家族》揭开了黑格尔式思辨结构的秘密，这个秘密就是从现实的事物中抽象出一般，然后把一般当成实体。就像"果品"和苹果、梨的关系，如果把"果品"当成实体，把苹果当成主体，认为实体就是主体，这就颠倒了个别和一般的关系。这一思维方法使马克思恩格斯不会把作为异化主体的类生活仅仅当成一个抽象的一般存在物，而是会理解成经验性的人。在《1844年经济学哲学手稿》中，马克思已经对涉及人的一般和个别的关系进行了说明。马克思这里指出了自己的历史观的思考方向，这就是历史就是人自身的历史，历史主体是现实的人，而不另外设定一个主体然后说明人是如何产生和形成的。历史就是人自身创造出来的，是既定的主体——既定的人的历史。相应地，异化的主体也是人，异化的力量也是人的力量，这样一来，异化就成了既定的现实的人的历史自身的内在矛盾。"既定的主体的人"这一思想在《神圣家族》中得到了进一步的阐发。颠倒过来以后，一般是具体中的一般，当然在思想当中会超出现实的界限，把具体的利益和一般的人的利益混淆起来。这样，思想就回到了《莱茵报》时期已经表达过的反对把一般和个别相混淆的思想。

既定的现实的人是历史的主体，"异化"涉及历史自身的矛盾性，因此要重点把握这种矛盾性。历史的主体是既定的主体，马克思恩格斯在《神圣家族》中区分了资产阶级和"那样一些群众"，并进而结合这些具体的"群众"的生存条件来理解人的异化问题。关于利益的合不合时宜问题，《神圣家族》认为资产阶级在1789年革命中的利益绝不是"不合时宜的"，它赢得了一切。但这个革命的利益对于资产阶级以外的群众尤其是无产阶级来说则是"不合时宜"的。对于"那样一些群众"来说，这个革命的利益没有体现他们的现实利益，革命的原则和他们的真正的根本原则是不一致的，"他们获得解放的现实条件和资产阶级借以解放自身和社会的那些条件是根本不同的"①。这样一来，就出现了生存条件和人的矛盾性。资产阶级建立起来的适合自身的生存条件对于无产阶级来说恰好是不合时宜的。这样一来，关于无产阶级和其生存条件的关系，《神圣家族》中就出现了两种解释：一种是生存条件异化的解释，一种是生存条件和无产阶级的利益和根本原则相矛盾的解释。这两种解释具有一致性，但也略有差异，前者更突出了生存条件的非人性的一面，而后者则突出了其与无产阶级利益和根本原则的矛盾性。从中可以看出一种思想的轨迹，即从异化的思想发展到社会矛盾的论述。

"历史活动是群众的活动，随着历史活动的深入，必将是群众队伍的扩大。"② 在《神圣家族》中，在异化思想下发展了一些新的思想要素。除了上面提到的以外，还包括人和生存条件之间的异化关系中的相互制约的一面。人的缺点和生存条件是关联在一起的，二者之间既有相互适应的一面，也有矛盾的一面。"在群众以外的进步之敌恰恰是独立存在的、具有自己的生命的、群众的自轻自贱、自暴自弃和自我外化的产物。所以，群众用反对他们的自轻自贱的独立存在的产物的办法来反对他们本身的缺点，就像一个人用反对上帝存在的办法来反对他自己的宗教热忱一样。"③群众以外的进步敌人是群众自我异化的产物，这个说法依然表达了异化的历史观念。在这个说法中没有澄清的一个问题是：外在于那些具有独立性的、具有自己的生命的群众的进步的敌对力量虽然是当下的群众自我异化造成的，但也有一种先在性，这种先在性与当下的群众的自我异化无关，而是与先前世代的群众有关。群众的自我异化造成了人之外的敌对力量只有从宏观上来说才能成立，具体地说，还要看到人是历史的"剧中人"的一面。尽管从总体上可以说人是历史的剧作者，但是具体的人则是历史的"剧中人"。当能够对这种关系进行具体阐发的时候，历史观就更为成熟和科学了。

《神圣家族》揭示了旧群众观的局限，这就是群众并没有被当成现实

① 《马克思恩格斯文集》第 1 卷，人民出版社，2009，第 287 页。
② 《马克思恩格斯文集》第 1 卷，人民出版社，2009，第 287 页。
③ 《马克思恩格斯文集》第 1 卷，人民出版社，2009，第 288 页。

的群众。而共产主义和社会主义的著作家则发现了过去的思想是如何阻碍人类进步的。"人们只有了解英法两国工人的钻研精神、求知欲望、道德毅力和对自己发展的孜孜不倦的追求，才能想象这个运动的合乎人道的崇高境界。"① 真正的现实的人道主义要建立在群众史观基础上，维护和发展群众的利益，消除群众的非人境遇。旧历史观把少数杰出个人与群众对立起来，把群众污名化为精神空虚的群众，把人类分成了积极的精神和物质两个部分。

旧历史观还有一个缺陷就是把"历史"当成了主体，把人当成了历史实现自身目的的手段。事实恰好相反，"历史不过是追求着自己目的的人的活动而已"②。《神圣家族》强调，世俗的社会主义"要求有很具体的、很物质的条件"，这不是低下的事情。这不是对过去的历史发展的被动屈服，而是与过去的历史发展相对立，是积极去创造新的世界，开创新的历史进程。

（二）对现今社会的世界形式的阐发

《神圣家族》在批判鲍威尔等人的思想时，提出了一个问题，即群众是如何被从社会中排除出去，结果造成了"群众的社会"置身于"社会的社会"之外的。"在排除异己方面，社会的做法跟国家的做法其实是一样的，只不过社会做得斯文一些罢了。社会不是把你一脚踢出门外，而是设法使你在这个社会里感到很不舒服，让你自己自愿地走出门外。"③《神圣家族》指出，国家的做法也没有什么两样，因为国家并不排除那些能遵守其一切要求和一切禁令并顺应其发展的人。

群众被排除出去的问题涉及如何理解"现今社会的世界形式"④ 的问题。"现今社会的世界形式"的核心问题是私有财产和国家的问题。《神圣家族》中多次提到"现实的人"。"现实的人"是否就是指现存的人呢？是，但不完全是。因为现存的人不一定就是现实的人，有缺陷的国家和私有财产可以把人变为抽象概念，变为抽象的人。利己的人是现实的，公民

---

① 《马克思恩格斯文集》第 1 卷，人民出版社，2009，第 290 页。
② 《马克思恩格斯文集》第 1 卷，人民出版社，2009，第 295 页。
③ 《马克思恩格斯文集》第 1 卷，人民出版社，2009，第 299 页。
④ 《马克思恩格斯文集》第 1 卷，人民出版社，2009，第 301 页。

也是现实的，但是在市民社会和国家分离的情况下，公民成了抽象的人，利己的人也可以说是抽象的人。在《神圣家族》中，马克思恩格斯讲了这样一段话："必须加以说明的是，国家、私有财产等怎样把人变为抽象概念，或者它们怎样成为抽象的人的产物，而不是成为单个的、具体的人的现实。"① 私有财产和工业、自然科学的发展等是密切联系在一起的，而国家则和宗教关系密切。私有财产和国家两个要素可以代表现今社会的世界形式。

《神圣家族》认为，历史的诞生地是"地上的粗糙的物质生产"②。相比政治、文学和神学方面的重大事件，把自然科学和工业纳入历史运动之中更为重要。认清一个历史时期就是要认清楚"某一历史时期的工业，即生活本身的直接的生产方式"③。这里把工业看成生活本身直接的生产方式，发展了《1844 年经济学哲学手稿》中的"生产方式"的概念。《1844 年经济学哲学手稿》中已经提出"新的生产对象"和"新的生产方式"的问题，并且非常重视工业。《神圣家族》中的"生产方式"概念已经非常接近《德意志意识形态》中的"生产方式"概念。

如何看待"贫穷"问题？《神圣家族》认为，无产阶级和财富是两个对立面，二者构成了一个整体。私有财产产生了无产阶级，无产阶级的雇佣劳动为别人生产财富，为自己生产了贫困。这种贫困不只是肉体上的，还有精神上的，在性质上是非人化的。"无产阶级在获得胜利时，无论如何决不会因此成为社会的绝对方面，因为它只有消灭自己本身和自己的对立面才能获得胜利。到那时，无产阶级本身以及制约着它的对立面——私有财产都会消失。"④

《神圣家族》中延续了"异化"思想，"有产阶级和无产阶级同样表现了人的自我异化"⑤。这种双方都异化的讲法是有意义的，尽管马克思恩格斯强调异化对有产阶级和无产阶级有不同的意义，但其中还是包含了

---

① 《马克思恩格斯文集》第 1 卷，人民出版社，2009，第 358 页。
② 《马克思恩格斯文集》第 1 卷，人民出版社，2009，第 351 页。
③ 《马克思恩格斯文集》第 1 卷，人民出版社，2009，第 350 页。
④ 《马克思恩格斯文集》第 1 卷，人民出版社，2009，第 261 页。
⑤ 《马克思恩格斯文集》第 1 卷，人民出版社，2009，第 261 页。

一定的历史感，为思考物的世界普遍化打开了一个通道。《神圣家族》向唯物史观迈出了重要的一步，其中一个表现是从生活条件和人的关系来思考问题。"如果无产阶级不消灭它本身的生活条件，它就不能解放自己。如果它不消灭集中表现在它本身处境中的现代社会的一切非人性的生活条件，它就不能消灭它本身的生活条件。"① 这一表述中包含了特殊和一般的区分，无产阶级消灭自身的生活条件，这一条件既是特殊的，也是带有一般性的。

《神圣家族》继续探讨了无产阶级的历史作为、目标、历史使命问题。"问题不在于某个无产者或者甚至整个无产阶级暂时提出什么样的目标，问题在于无产阶级究竟是什么，无产阶级由于其身为无产阶级而不得不在历史上有什么作为。它的目标和它的历史使命已经在它自己的生活状况和现代资产阶级社会的整个组织中明显地、无可更改地预示出来了。"② 《神圣家族》不仅在理论上肯定了无产阶级的历史使命，而且在现实上肯定了无产阶级对自身使命的觉醒。

《神圣家族》认为财产、资本、金钱、雇佣劳动是工人自我异化的产物。"在购买的定义中就已经包含这样的意思：工人把自己的产品当做他失去的、异化了的对象来对待。"③ 在工人联合会中，有对"'巨大的'、'不可估量的'力量"④ 的认识。工人讨论"作为人的各种需要"显然是对自己的类生活本质有所认识，工人自己的力量就是对象性的本质力量。在《神圣家族》中，马克思恩格斯坚信，工人"也能在群众的存在中、在生活中真正成其为人"⑤。

《神圣家族》用人的对象性活动的异化来解释平等的概念。《神圣家族》认为："自我意识是人在纯粹思维中同他自身的平等。平等是人在实践领域中对他自身的意识，也就是说，人意识到别人是同自己平等的人，人把别人当做同自己平等的人来对待。平等是法国的用语，它表示人的本

---

① 《马克思恩格斯文集》第 1 卷，人民出版社，2009，第 262 页。
② 《马克思恩格斯文集》第 1 卷，人民出版社，2009，第 262 页。
③ 《马克思恩格斯文集》第 1 卷，人民出版社，2009，第 272 页。
④ 《马克思恩格斯文集》第 1 卷，人民出版社，2009，第 273 页。
⑤ 《马克思恩格斯文集》第 1 卷，人民出版社，2009，第 273 页。

质的统一，表示人的类意识和类行为，表示人和人的实际的同一性，也就是说，它表示人同人的社会关系或人的关系。"① 这里用类的思想来解释平等。类生活是平等的，平等中包含一种自我意识，以及对他人也是类的认识，这是平等的精神内涵。私有财产是异化的平等的定在。《神圣家族》用异化的规定性尤其是人和对象、人和人的关系的规定性论证国民经济学所说的"平等的占有"不过是异化的表现。② 私有财产是"外化了的、自相矛盾的和自我异化的平等的定在"③。

《神圣家族》的很多思想都体现出唯物史观的特征。比如对犹太精神的理解，《神圣家族》强调犹太精神是通过历史、在历史中并且同历史一起保存下来和发展起来的。如何看待犹太精神的发展呢？不是在宗教学说中，而是只有在工商业的实践中才能看到。消除市民社会中的犹太精神，关键在于"消除现代生活实践中的非人性"，消除作为其最高表现的"货币制度"。④

马克思早期思想中有一个一贯性的思维，即对一般和个别的混淆。这种混淆导致了价值的幻相。勘破这种价值幻相是马克思非常感兴趣的一个理论工作。犹太人为使自己的自由的人性得到承认所做的努力，也就是对利己的市民个体的承认，其实无非是要控制现实市民社会中失去控制的精神要素和物质要素，其中包括占有财产的自由和经营自由、信仰宗教的自由。现代市民社会的人是孤立的个人，孤立的个人通过私人利益和无意识的自然纽带联系起来，这样人就成了自己利己需要和别人利己需要的奴隶。普遍人权不过是对这种自然基础的一种承认。政治解放到底具体指什么？《神圣家族》中有比较具体的说明。局部的政治解放是指立宪制国家，完全的政治解放是指民主代议制国家。《神圣家族》还对特权进行了说明，认为特权使人们同普遍整体隔绝开来，同时把他们结合成为较小的排他性整体。

《神圣家族》对市民社会的说明也有一些细节上的发展。比如指出市

---

① 《马克思恩格斯文集》第 1 卷，人民出版社，2009，第 264 页。
② 参见《马克思恩格斯文集》第 1 卷，人民出版社，2009，第 268 页。
③ 《马克思恩格斯文集》第 1 卷，人民出版社，2009，第 266 页。
④ 《马克思恩格斯文集》第 1 卷，人民出版社，2009，第 308 页。

民社会中的自由工业和自由贸易使社会摆脱了封闭状态，从而引起了人反对人、个人反对个人的普遍的斗争。自然生命力因此获得了不可遏止的普遍运动，市民社会的成员都有自己的个性，彼此之间相互隔绝。"民主代议制国家和市民社会的对立是社会共同体和奴隶制的典型对立的完成。在现代世界，每一个人都既是奴隶制的成员，同时又是共同体的成员。"①

关于"人的解放"的含义，《论犹太人问题》中并没有过多说明。《神圣家族》中提到"人的意义上的解放"②。《神圣家族》发现现代世界的形式是一种自由的奴隶制。"这种市民社会的奴隶制在表面上看来是最大的自由，因为这种奴隶制看上去似乎是尽善尽美的个人独立，这种个人把自己的异化的生命要素如财产、工业、宗教等的既不再受普遍纽带束缚也不再受人束缚的不可遏止的运动，当做自己的自由，但是，这样的运动实际上是个人的十足的屈从性和非人性。"③市民社会从外表上看是一个个人独立的社会。事实上，市民社会是一个异化的社会，这种异化表现为生命的要素脱离了普遍纽带的束缚，也脱离了人的束缚，发生了一种不可遏止的运动，从而把人变成屈从的人，伤害了人的人性。越是在这个时候，人越会把掌握自己的生命要素当成自由。追求自由有的时候恰好反映了人和人的生命要素之间的对立性关系和异化的关系。财产、工业和宗教这些生命异化的要素是如何如脱缰的野马一样狂奔起来的呢？国家废除了国教，取消了宗教的政治存在，它们被宣布为非政治性的。特权使社会解体了，社会解体以后进入无政府状态，这样无政府状态就成了市民社会的规律，"每一个个人都同样要成为他人的需要和这种需要的对象之间的牵线者"④。需要注意的是，关于市民生活和国家的关系，《神圣家族》中有很具体的思考，尤其是对社会历史性的思考。在不同的历史条件下，使市民生活维系在一起的力量是不同的。国家在市民生活的维系方面曾经起到非常重要的作用，但是当人与人之间的联系纽带转变为需要和货币的时

---

① 《马克思恩格斯文集》第1卷，人民出版社，2009，第316页。
② 《马克思恩格斯文集》第1卷，人民出版社，2009，第309页。
③ 《马克思恩格斯文集》第1卷，人民出版社，2009，第316页。
④ 《马克思恩格斯文集》第1卷，人民出版社，2009，第322页。

候，"国家是由市民生活来维系的"①。

《神圣家族》中有一个非常明显的思想进展，就是明确使用了"资产阶级社会"的说法，即"以被解放了的奴隶制即资产阶级社会为基础的现代唯灵论民主代议制国家"②。对资产阶级社会的主要特征的认识日益深刻全面，这对于建立科学的历史观、对于共产主义价值来说都是有意义的。《神圣家族》探究了共产主义的唯物主义基础问题。把唯物主义学说当成现实的人道主义学说和共产主义的逻辑基础意味着思想超出了具体的历史分析，开始从具体上升到抽象。

三　《关于费尔巴哈的提纲》中新世界观的天才萌芽

关于马克思思想发展中的分水岭，人们有不同的看法。《德意志意识形态》具有分水岭的地位，而《关于费尔巴哈的提纲》中关于"社会关系的总和"的论述也被认为具有马克思思想前后期的过渡地位。《"路德维希·费尔巴哈和德国古典哲学的终结"一书序言》中说："但是这些笔记作为包含着新世界观的天才萌芽的第一个文件，是非常宝贵的。"③

广松涉认为《德意志意识形态》旧稿中留有赫斯的影子，到了新稿才超越了赫斯的思想影响，唯物史观才得以确立。如果按照这一定位，《关于费尔巴哈的提纲》就被归结为在赫斯的影响之下了。"若用一句话概括其性质，这由十一条组成的《提纲》，是宣告马克思从'费尔巴哈和赫斯之间的中立立场'，几乎完全过渡到赫斯立场的文书。"④ 张一兵认为赫斯对马克思思想的影响体现在"《穆勒笔记》的货币中介为核心的'经济异化'（交往异化）之中，而不是《1844 年手稿》的劳动异化"⑤。把握马克思的思想的关键就是要把握其思想的独特性和创造性。不能把马克思思想从整体上归于黑格尔或费尔巴哈或者其他什么人的思想。渡边宪正

---

① 《马克思恩格斯文集》第 1 卷，人民出版社，2009，第 322 页。
② 《马克思恩格斯文集》第 1 卷，人民出版社，2009，第 324 页。
③ 《马克思恩格斯全集》第 21 卷，人民出版社，1965，第 412 页。
④ 〔德〕莫泽斯·赫斯：《赫斯精粹》，邓习议编译，方向红校译，南京大学出版社，2010，第 242 页。
⑤ 〔德〕莫泽斯·赫斯：《赫斯精粹》，邓习议编译，方向红校译，南京大学出版社，2010，"代译序"第 23 页。

认为，《关于费尔巴哈的提纲》中有浓厚的历史意识，这是费尔巴哈和赫斯所不具备的。尽管赫斯反对孤立的个人，从劳动协作的角度论证了共产主义，但是由于没有从历史发展规律的角度发现孤立的个人是一种历史现象，尤其是资本主义时代市民社会的现象，他并没有完全立足于"人类社会或社会的人类"①。只有发现孤立的个人产生的历史，才能摆脱对单个人和市民社会的直观。"实践活动的唯物主义"一定是历史唯物主义。赫斯也谈实践，谈劳动，并反对个别化的人，但是其历史意识的发展还不够充分。赫斯说："只要实践上没有扬弃人的个别化、个别的人，即使他认识了世界和人类、自然和历史，现实上也只是个别化的人，仍然是作为个别化的人而存在。人们陷入的分离状态，在实践上只有通过社会主义，即人们紧密团结，在共同体中生活，在其中劳动，并通过扬弃私人所得，才能够得到扬弃。"② 个别化的人是随着分工的发展而出现，并随着资本的发展而变成较为普遍的社会现实的。《德意志意识形态》说历史在作为唯物主义者的费尔巴哈的视野之外，说费尔巴哈设定的是"人"，而不是"现实的历史的人"。"随着人类的完成，这种现实生活不是终结，相反，它才真正开始。"③ 赫斯推崇相互交换，认为个体生命活动的相互交换、交往是个人现实的本质。但他没有发现恰好是交换让人成为抽象的个人。分工和交换使生产力和个人相分离，使人成了抽象的个人，在此基础上他们才有可能作为个人彼此发生联系。因此，不能抽象地谈论共同活动，而是要具体地、历史地谈论共同活动，这些共同活动是历史地变化着的，因而也是要根据历史进行变革的。费尔巴哈"所分析的抽象的个人，是属于一定的社会形式的"④。历史视野的限制会使对利己的人的批判缺乏历史观的支持，同时也使类的观念脱离实际的社会历史进程。

个体和类观念没有落实到实际的历史进程中来理解是费尔巴哈的局

---

① 《马克思恩格斯文集》第 1 卷，人民出版社，2009，第 502 页。
② 〔德〕莫泽斯·赫斯：《赫斯精粹》，邓习议编译，方向红校译，南京大学出版社，2010，第 183~184 页。
③ 〔德〕莫泽斯·赫斯：《赫斯精粹》，邓习议编译，方向红校译，南京大学出版社，2010，第 141 页。
④ 《马克思恩格斯文集》第 1 卷，人民出版社，2009，第 501 页。

限，当把二者的关系放在历史进程中进行合理阐释的时候，费尔巴哈的局限就成了新世界观诞生的理论参照。费尔巴哈看到了抽象的、孤立的个体，还看到了内在的、无声的、把许多个人自然地联系起来的普遍性的类。对二者进行合理的历史的阐释，就是唯物史观的任务。《德意志意识形态》说费尔巴哈看到现实的问题尤其是现实的个体生命或生活的缺陷时，只能求助于"最高的直观"，求助于"类的平等化"。这样就把现实的矛盾转入观念之中，并用观念的方式来解决矛盾。费尔巴哈剩下的还没有做的事情就是马克思要做的主要事情。"世俗基础使自己从自身中分离出去，并在云霄中固定为一个独立王国，这只能用这个世俗基础的自我分裂和自我矛盾来说明。因此，对于这个世俗基础本身应当在自身中、从它的矛盾中去理解，并且在实践中使之发生革命。"① 这样，马克思就给自己规定了两个理论任务：一个是把观念和理论还原到现实基础之中，确立思维和存在、理论和实践关系的基本理论和价值原则；一个是阐发世俗基础的自我分裂和自我矛盾，尤其是个体和类的矛盾。

　　《关于费尔巴哈的提纲》第六条关于人的本质的论述引起了很多讨论。② 从后文来看，马克思提到"对这种现实的本质进行批判"的问题。显然，"一切社会关系的总和"本身是历史的，因为接着马克思就谈到了孤立的个体和类的问题，二者的关系显然是"社会关系的总和"优先要解决的问题。资本本身就是社会关系的总和，雇佣劳动也是社会关系的总和。个人因为占有资本而取得一种社会地位和社会本质，个人也因为只拥有雇佣劳动而取得工人的社会本质。但这一"社会关系的总和"不是固定不变的，而是历史的、暂时的。人如何才能获得新的本质呢？这离不开对历史世代更迭的规律的说明。关于"一切社会关系的总和"有很多争议。其中一种观点认为："应当被理解为'他们本身历史的剧中人物和剧作者'正在进行着的感性活动本身——他们在历史舞台上的创造性合奏、合演和合唱。"③ 这一看法的优点是看到了"感性活动"和"一切社会关

---

① 《马克思恩格斯文集》第 1 卷，人民出版社，2009，第 500 页。
② 参见《马克思恩格斯文集》第 1 卷，人民出版社，2009，第 501 页。
③ 汪信砚、程通：《对马克思关于"人的本质"经典表述的考辨》，《哲学研究》2019 年第 6 期，第 32 页。

系的总和"的关系,看到了历史世代更迭。正是这一点区分开了马克思和费尔巴哈、赫斯的思想理论。广松涉把"社会关系的总和"看成赫斯的各个个人的社会的协动关系。而张一兵认为马克思的"社会关系的总和"是对历史性的结构性关系的确认,而不是抽象的人的类交往的共同活动。《关于费尔巴哈的提纲》强调应该把感性看作实践的、人类感性的活动。《德意志意识形态》认为费尔巴哈没有看到现实存在的活动着的人。"社会关系的总和"是建立在实践的、人类感性的活动基础上的。

应该说,马克思和赫斯有一些共同的话语,有相近的理论和实践诉求。比如赫斯说:"我国在观念方面所做的事,就是法国在社会生活中所做的事。"[1] 马克思在《德法年鉴》时期也有类似的讲法。赫斯认为只有共同活动才能实现生产力,《德意志意识形态》中也有类似的讲法。赫斯把共同活动理解为生产性的生命活动的交换、交往,把人的交往理解为人的活动场,交往越发达,生产力越强大。但马克思认为,生产力起决定作用,交换并不单纯显示类的本质,同时也有异化的问题。另外,共同性和人的关系还存在主谓词的问题,人既是主词,也是谓词。《德意志意识形态》批评了费尔巴哈把"共同人"变成"'人'的谓词"。[2] 社会是人的活动的产物,社会关系是人的谓词,但是也要看到,人同时也是谓词,因为人是社会关系的产物。二者之间的关系是相互的,不是谁创造谁的关系。赫斯说:"单个的人同整个社会身体的关系,正像单个的肢体和器官同单个的个体的身体的关系一样。"[3] 就像《德意志意识形态》中讨论的那样:河鱼的"本质"是它的"存在",即水,如果河水被污染,河水就不再是鱼的本质了。如何对待这一矛盾呢?或者是忍受,或者是宣称这种恶劣关系来自自己的精神,显然都没有把握问题的实质。先在的生存条件是主词,一定的个人是谓词;同时,先在的生存条件也是谓词,是人的活动的产物和表现。如果人处于鱼的地位,人会改变水,这就是真正的共产

---

① 〔德〕莫泽斯·赫斯:《赫斯精粹》,邓习议编译,方向红校译,南京大学出版社,2010,第95页。
② 《马克思恩格斯文集》第1卷,人民出版社,2009,第548页。
③ 〔德〕莫泽斯·赫斯:《赫斯精粹》,邓习议编译,方向红校译,南京大学出版社,2010,第138页。

主义者推翻现存的东西的任务。赫斯强调通过实践改变现实，但也强调个人的特性"通过社会的教育而陶冶才现实地成为我们的普遍的所有"①。马克思则强调："环境的改变和人的活动或自我改变的一致，只能被看做是并合理地理解为革命的实践。"②

《关于费尔巴哈的提纲》中包含着新世界观的天才萌芽，如何把握这一"萌芽"呢？这里着眼于分析在马克思后来的思想发展中，提纲中哪些思想被保留并发展了。首先分析"对象性的活动"这一思想。在《1844 年经济学哲学手稿》中，马克思把人理解为对象性存在物，即人的活动是对象性活动，并以此来规定人的类生活。对象性活动最本质的内容是通过劳动实践来改造对象世界，人的对象性活动的本质是劳动实践。这里继续分析《关于费尔巴哈的提纲》第一条③。《德意志意识形态》进一步解释说周围的感性世界本身就是感性活动，就是实践，其中包含主观性和客观性两重因素。就像樱桃树一样，只是由于在一定的社会一定的时期的这种活动被一定的人的感性所感知，从而成为感性确定性的对象。感性世界是构成这一世界的个人的全部活生生的感性活动。

如果单纯从"对象性"这一用语来看，《1844 年经济学哲学手稿》中使用较多，而《德意志意识形态》中不怎么直接使用。这是否意味着"对象性"已经被抛弃或者被克服，不再被当成新世界观的思想要素了呢？显然不能这样简单理解。"对象性"是一个相对抽象的概念，其中包含了很多思想要素。人是对象性的存在物，意味着人能够把外物当成对象，也能把自己当成对象，而"关系"是对象性规定的要素。《德意志意识形态》比较重视"关系"，并对"关系"本身进行了说明。④ 其中对关系的"为我"性的说明阐发了对象性活动的本质。

另外，对象性活动的核心是"为我"性，即主体性，这一主体性是在主客观关系中生发的。人是主体，但是人也是被动的，然后人把对象当

① 〔德〕莫泽斯·赫斯：《赫斯精粹》，邓习议编译，方向红校译，南京大学出版社，2010，第 196 页。
② 《马克思恩格斯文集》第 1 卷，人民出版社，2009，第 500 页。
③ 参见《马克思恩格斯文集》第 1 卷，人民出版社，2009，第 499 页。
④ 参见《马克思恩格斯文集》第 1 卷，人民出版社，2009，第 533 页。

成客体。在主动和被动关系中实现的主体性，就是"革命的""实践批判的"要表达的内涵。"主体性"不同于主体，而是指对象性关系中的主体性。《1844年经济学哲学手稿》中讲的是"对象性的本质力量的主体性"①。人本来就是自然界，然后又把自然界当成了对象，而把自己当成对象又是通过人与人的对象性关系的方式实现的。从类活动的思考发展为人类历史的思考是重要的思想飞跃。关于类活动的历史性问题，《1844年经济学哲学手稿》主要论述了人与自然关系变化完成的人的历史和自然的历史的生成。当从个人的角度看待这一问题的时候，人的历史和自然的历史就成了个体的既定的对象世界。之所以会把《1844年经济学哲学手稿》和《德意志意识形态》看成割裂的，在很大程度是因为忽视了"类生活"概念的积极意义，而只是着眼于"异化劳动"这个概念。由类生活的追问带来的历史性追问，自然而然地发展成对历史发展规律的把握。

既然存在"对象性的本质力量的主体性"，就存在相应的客体性的问题。对象性活动中的人本身就有被动的一面，因此人也有被物化的可能。当对象性的本质力量不再为人所驾驭，不再服务于人的发展的时候，对象性的本质力量就变成了客体性的力量。这种情况可以用"异化"的概念来表达，也可以用其他概念来表达。赫斯讲的劳动虽然区分了自由劳动和被迫劳动，但是没有马克思的观点系统深刻。"如果劳动是在外力的驱使下进行的，那就是一种贬低和压抑人的本性的重负，是一种仅仅为了可鄙的罪恶报酬才去干的恶行，是一种雇佣劳动和奴隶劳动。"②《德意志意识形态》中的"异己""对立""强制力量""破坏的力量"，就表达了这种对象性的本质力量的客体性问题。

《德意志意识形态》对于"对象性"以及与此相关的"异化"从概念上说有放弃或者自我弱化的趋势，但到了后来的经济学手稿和《资本论》，"对象性"等概念以及相应的思维方式又重新进入马克思的思想表达中。以对象性为例，马克思说，"在生产中，人客体化，在消费中，物

---

① 《马克思恩格斯文集》第1卷，人民出版社，2009，第209页。
② 〔德〕莫泽斯·赫斯：《赫斯精粹》，邓习议编译，方向红校译，南京大学出版社，2010，第169页。

主体化"①。这显然把对象化过程更具体化为具体的经济过程。价值和交换价值问题也是用对象化来处理的。"正是劳动（从而交换价值中所包含的劳动时间）的一般性即社会性的对象化，使劳动的产品成为交换价值，赋予商品以货币的属性，而这种属性又意味着有一个独立存在于商品之外的货币主体。"② 关于"异化"概念的回归，这里暂时不进行说明。

《德意志意识形态》对费尔巴哈的批判不仅有助于说明《关于费尔巴哈的提纲》中的思想，也有助于说明《1844 年经济学哲学手稿》中马克思异化思想的本质，还有助于说明马克思思想和赫斯思想在理论上的区别。

《德意志意识形态》中对"异化"问题进行了澄清。一般情况下，人们很容易把《德意志意识形态》中马克思恩格斯对"异化"的批判看成对《1844 年经济学哲学手稿》的自我批判，这样的看法不够周密，其中有自我澄清的因素，但不是全部。应该说，《德意志意识形态》对"异化"的批判把《1844 年经济学哲学手稿》中的"异化"与其他理论的"异化"，尤其是费尔巴哈、赫斯等人的思路区分开来了。在《1844 年经济学哲学手稿》中，马克思和费尔巴哈的思想已经有很大的差别，只是并没有澄清这种差别，直到《德意志意识形态》才进行了澄清，经过这种"清算"，马克思恩格斯就更明确了在新的语境下"异化"到底是讲什么，这自然会限定"异化"的使用，以免和其他思想相混淆。

经过《德意志意识形态》的澄清，马克思恩格斯明确了人的本质异化的观念来自现实的历史，是在现实的历史中从"不再屈从于分工的个人身上"发现了"人"的理想。③ 消灭分工造成的人的异化，并不能靠"人"的理想，而是要在生产力和普遍交往的发展和异化成为不堪忍受的力量的前提下才能消灭。单纯以类本质的人的理想来消灭分工造成的异化和在历史自身的批判因素基础上发展出的批判之间还是有差别的。马克思恩格斯的思路显然是后者。

---

① 《马克思恩格斯全集》第 30 卷，人民出版社，1995，第 30 页。
② 《马克思恩格斯全集》第 30 卷，人民出版社，1995，第 118 页。
③ 《马克思恩格斯文集》第 1 卷，人民出版社，2009，第 582 页。

马克思在《穆勒摘要》中讲的"人的劳动的统一"就是"社会的本质",社会的本质存在于分工中。这里是从人的活动的角度来阐释劳动的异化的。这是后来马克思阐释异化劳动的一个角度。问题是人的劳动的统一在分工中的存在是客观的存在,还是一种主观的存在?是历史中的存在,还是理想的或者价值的悬设?如果仅仅是理想的或者价值的悬设,那么即便承认在分工中存在人的劳动的统一,也很难说是唯物史观性质的,可能存在介于唯物和唯心之间的混杂的情况。在赫斯那里就是如此。赫斯说:"与在自然史中的同样,在人类的历史中,不得不产生动物界,即敌对的诸个人、诸家庭、诸部落、诸民族、诸人种的类的分解。这是因为,这种分解、这种异化是类的最初的现实存在的形式。为了抵达现实存在,类必须进行个体化。"① 在这一论述中,尽管承认了异化是类的现实存在形式,但是"类"在这里具有独立的主体性地位,类为了抵达自身的现实存在,把个体化作为自己异化的环节。赫斯阐明,人的交往是人的现实本质,人类的个体现实本质就是共同活动,这个共同活动有发生史或发展史。单纯从这个角度来看,这是较为客观的对历史的阐发。但是在强调类必须个体化的时候,这种历史性的叙述中隐含着类本质自身从异化到复归的循环,这显然有明显的黑格尔的影响。马克思的论述和赫斯的论述有一些相近之处,但是马克思的论述更具有客观研究的精神,而缺乏类本质的主体性的异化到复归的先验循环色彩。

马克思的论述充满科学探究的精神,这一精神使相关的论述总是逼近历史的事实。和赫斯的论述不同,马克思的异化论述是一个有机的系统。他在《穆勒摘要》中从异化角度对分工的论述并不是仅涉及单一的人的共同活动一个视角,同时还涉及劳动成果的异化问题。"在分工的前提下,产品、私有财产的材料对单个人来说越来越获得等价物的意义。"② 分工导致劳动者把产品看成一种等价物,从而要去交换其他等价物,这样产品就会因越来越缺乏人的个性的意义而物化,劳动本身也就转变成为谋

① 〔德〕莫泽斯·赫斯:《赫斯精粹》,邓习议编译,方向红校译,南京大学出版社,2010,第192页。
② 《马克思恩格斯全集》第42卷,人民出版社,1979,第29页。

生的劳动，活动的异化和劳动对象的异化关联在一起，不可以分开。"生产和消费、活动和精神在不同的人之间和在同一个人身上的分离，是劳动同它的对象以及同它那作为精神的自身的分离。"① 这种分离是一个历史的过程，其发展的结果是人与人关系的异化，具体来说就是工人同资本家的分离。这是由动产和地产的分离发展到劳动和资本的分离的结果。马克思对异化发展的叙述不是简单地将异化逻辑套用到历史进程中，而是进行了具体的经济学研究和历史研究。通过分析如何叙述历史过程也能够区分马克思思想和其他思想，"他们把我们所阐述的整个发展过程看做是'人'的发展过程"②。历史是人的本质力量发展的历史，但是其中包含复杂的过程，包括生产力和生产关系由适应到不适应的过程。

　　整个历史被描绘成"人"的自我异化过程包含一个思想要素，即把"人"强加给每一个历史阶段中所存在的个人，把后来阶段的一般化的个人及其意识强加于先前阶段的个人。类异化的历史观中存在类和个体之间的紧张关系，在对个体的认识上只是局限于眼前的个人的直观，然后通过高级的直观把握类本质的人。马克思恩格斯在批判费尔巴哈的时候指出费尔巴哈"不得不求助于某种二重性的直观"③。因为对眼前的个人不满，便以理想的类本质的人来批判，这是主观性的类本质对现实的个人的批判。马克思的思想与此不同，他认为个人的独立化和孤立化是随着分工发展起来并到了资本主义时代才真正成为时代的人的发展特征的。不管是对利己的个人的强调，还是对纯粹的个人或者类本质的人的强调，反映的都是在既定的历史条件下和关系内发展着自己的各个人从他们自己出发的历史事实，反映的都是个人能动地改变现有关系的需求，反映的都是人对自己的对象性的本质力量的主体性的诉求。孤立的个人和利己的个人是历史的现象，是在历史中产生的，从现实的个人出发不等同于从孤立的个人出发。赫斯反对利己主义，反对孤立的个人，但是只是从类本质的角度来反对，而没有很好地把握孤立的个人是如何在历史中诞生的。孤立的个人的

① 《马克思恩格斯全集》第 42 卷，人民出版社，1979，第 30 页。
② 《马克思恩格斯文集》第 1 卷，人民出版社，2009，第 582 页。
③ 《马克思恩格斯文集》第 1 卷，人民出版社，2009，第 528 页。

观念表现就是"最高存在物",而对孤立的个人的超越就被设定为类本质,从而使二者对立起来。马克思在《德法年鉴》时期就看到了利己的人是暂时性的历史性的存在。在《1844年经济学哲学手稿》中,马克思说:"首先应当避免重新把'社会'当做抽象的东西同个体对立起来。"[①]类生活变成普遍的个体生活是一个历史过程。赫斯的论述显然和马克思不同。赫斯从个体在自然秩序中的不断死亡来说明类生活是目的,而个体是生活的手段。"个体被提升为目的,类被贬低为手段,这是人的生活和自然生活的根本颠倒。"[②]《1844年经济学哲学手稿》也谈论了个体死亡的问题,死亡看起来和类对个体的胜利、类的统一相矛盾,但是特定的个体不过是一个特定的类存在物。

整个历史被描绘成"人"的自我异化过程还包含一个思想要素,就是把"人"描述成历史的动力。从《德意志意识形态》来看,历史的动力显然是生产力。马克思通过对感性实践活动的历史探究,解决了个体和类的关系问题,回答了世代更迭的问题。这样就把个体和类的矛盾还原为历史自身的自我矛盾和自我发展,同时也把理论还原为历史自我矛盾和自我发展之中的一种活动,是社会关系的总和中的一个环节。马克思把人的活动理解为对象性的活动,并区分了理论活动和实践活动。二者都是对象性的活动,但人的活动中最本质的对象性的活动不是理论活动,而是实践活动。人的实践活动是感性的活动,这一思想在《德意志意识形态》中被继承和发展了。感性活动和感性世界具有整体性,理论活动也是对象性的活动,也有对象。正是因理论活动是对象性的活动才使理论能够在实践中被理解。结合《1844年经济学哲学手稿》来看,意识和理论也是人的一种存在方式,感性的人的活动的世界包含意识和理论活动。这是整体性的理解。因为意识和理论活动不管是从主体还是客体来说都是历史性的,所以意识和理论活动会随着实践的变化而变化,这就要求从人的实践中理解意识和理论。这是第二个层次。对实践的不同理解,会带来不同的实践

---

① 《马克思恩格斯文集》第1卷,人民出版社,2009,第188页。
② 〔德〕莫泽斯·赫斯:《赫斯精粹》,邓习议编译,方向红校译,南京大学出版社,2010,第143页。

活动方向，"对实践的理解"是意识和理论能动性的表现。赫斯说："现在，精神哲学的任务在于成为行动的哲学。"① 马克思对理论和实践的关系的理解不是单一的，而是一个多角度的思想系统。主体的感觉的全面性和对象世界的丰富性显然属于感性的世界，但这一结果要在实践的基础上达成。思维的真理性、思维的现实性和力量需要通过实践获得。改变世界不是进行价值悬设去批判现实，而是发现现实中产生的自我批判，进而用理论和实践的力量去推动这种自我批判的历史进程。赫斯说："哲学作为单纯的说教被否定，应该在社会生活中实现。"② "我们人应该成为现实的类的存在，这是社会主义者的要求。"③ 但这里更多的是"应该"的悬设。这种"应该"的悬设也反映了现实的"应当"，这就需要把现实的"应当"讲清楚。讲清楚现实生活中的共产主义这个"应当"正是历史唯物主义的价值意蕴。

四　《评弗里德里希·李斯特的著作〈政治经济学的国民体系〉》与唯物史观创立的理论准备

李斯特是德国政治经济学历史学派先驱，他的《政治经济学的国民体系》于1841年问世。这本书主张限制外贸，提出以生产力为基础的国家经济学，反对以交换价值为基础的古典经济学。马克思的《评弗里德里希·李斯特的著作〈政治经济学的国民体系〉》写于1845年3月，并从五个方面进行论述。

其一，阶级分析方法的运用。马克思在批判李斯特该书的过程中运用了阶级分析的方法，这是非常值得注意的。马克思认为李斯特的观点不过是德国资产者的愿望的一种表达。德国资产者没有掌权，因而提出了一种矛盾的观点，给国家提出的要求却是自身向国家让步，接受国家干预市民

---

① 〔德〕莫泽斯·赫斯：《赫斯精粹》，邓习议编译，方向红校译，南京大学出版社，2010，第96页。
② 〔德〕莫泽斯·赫斯：《赫斯精粹》，邓习议编译，方向红校译，南京大学出版社，2010，第187页。
③ 〔德〕莫泽斯·赫斯：《赫斯精粹》，邓习议编译，方向红校译，南京大学出版社，2010，第199页。

社会的领域，干预和调整工业。德国的资产者想发财，但是在信守唯心主义的社会氛围下只好宣称自己猎取的不是恶的交换价值，而是无限的精神生产力。德国的资产者希望自己独占对自己同胞的剥削，就提出保护关税，鼓吹自我牺牲、禁欲主义。德国资产者希望工业制度达到繁荣的程度就把工厂制度创造的社会组织说成真正的社会组织。德国资产者玩弄共产主义，实际上提倡的是唯心主义，是某种可厌的对唯物主义的伪装。

其二，肯定物质生产劳动的价值。"把物质财富变为交换价值是现存社会制度的结果，是发达的私有制社会的结果。废除交换价值就是废除私有制和私有财产。"① 李斯特不懂得工人是一种交换价值，工人把他的力量和片面发展的能力卖给资本。工人的活动就是劳动，是创造私有财产源泉的私有财产，私有财产就是物化的劳动。工人的劳动是非自由的、非社会的，被私有财产决定并且创造着私有财产。"谈论自由的、人的、社会的劳动，谈论没有私有财产的劳动，是一种最大的误解。"② 马克思坚持和发展了自己在《1844 年经济学哲学手稿》中关于工人劳动的看法。这里针对的是李斯特的看法。李斯特认为，除体力劳动是生产性的以外，行政官和教师等人的精神劳动也是生产性的。李斯特把后者生产的东西说成生产力，把前者生产的东西说成交换价值，而且认为衡量一个国家的发展水平的标准主要在于后者。这不仅否认了工人劳动的价值，也没有发现交换价值和私有制的关系。

其三，在对时代主题的把握中阐发世界历史的价值方向。李斯特强调民族性是与时代的主题相背离的。资产者的所谓民族性就是他们利益的共同性，这是资产阶级社会的力量。德国的资产者想要让这种力量符合他们自己的利益。马克思《评弗里德里希·李斯特的著作〈政治经济学的国民体系〉》中的工业观和《1844 年经济学哲学手稿》中的工业观相比是有一定的继承和发展关系的。在《1844 年经济学哲学手稿》中，马克思已经把工业和私有制联系在一起加以考虑了。工业利用考究、粗陋的需要进行投机。英国的酒店则有私有制的明显特征，酒店的奢侈表明了工业的

① 《马克思恩格斯全集》第 42 卷，人民出版社，1979，第 254 页。
② 《马克思恩格斯全集》第 42 卷，人民出版社，1979，第 254 页。

奢侈和财富与人的关系。《1844年经济学哲学手稿》认为，工业是一本打开的关于人的本质力量的书。工业产生的对象性存在、人的类活动、人的本质的联系，都是人的本质力量的现实化。人的类活动在自身异化的工业中、在有用的对象中存在。自然界的人的本质、人的自然的本质，自然界同人之间、自然科学同人之间现实的历史的联系都包含在工业之中。马克思对工业的分析中隐含着对生产力和生产关系的区分，尽管还不那么明确。工业中有"自己的和自然的力量"，也有"环境"。① 存在于工业中的"力量"受到特定历史时期的物质条件的限制，但最终会超越这种限制。"消除人类不得不作为奴隶来发展自己能力的那种物质条件和社会条件的时刻已经到了。"② 工业当然会带来买卖利益，但是更重要的是对人的发展的意义，所以人才是"应当"的原则。工业中有"应该发展的东西"，这一"应该发展的东西"有与自身相适应的基础，能够为这一基础提供帮助的是"工业中只有同工业本身相矛盾才能发展的东西"③。

其四，生产力和交往关系的辩证理解。当前的工业活动、工业环境和工业时代当然应该重视，但是不能仅仅停留在现有制度之内。马克思认为应该区分工业生产力和工业生存条件，不能把二者混为一谈。马克思是在"现代制度下"④ 讨论生产力的，这样考察的生产力有非常丰富的内涵，不仅包括"劳动更有效"，也包括"自然的力量"和"社会的力量"的成效，还包括"使劳动更加便宜或者使劳动对工人来说生产效率更低了"。⑤ 这一考察方式显然和生产关系的思考有关，结合既定的生产关系和制度来思考生产力，就会看到生产力的发展对不同的社会阶级有不同的意义。"生产力从一开始就是由交换价值决定的。"⑥

其五，生产力的价值内涵。在马克思看来，李斯特美化了生产力。其实在资本主义制度下人力和马力具有一样的地位。"那里谈到水力、蒸汽

---

① 《马克思恩格斯全集》第42卷，人民出版社，1979，第257页。
② 《马克思恩格斯全集》第42卷，人民出版社，1979，第258页。
③ 《马克思恩格斯全集》第42卷，人民出版社，1979，第258页。
④ 《马克思恩格斯全集》第42卷，人民出版社，1979，第263页。
⑤ 《马克思恩格斯全集》第42卷，人民出版社，1979，第263页。
⑥ 《马克思恩格斯全集》第42卷，人民出版社，1979，第263页。

力、人力、马力。所有这些都是'生产力'。人同马、蒸汽、水全都充当'力量'的角色，这难道是对人的高度赞扬吗?"① 发展生产力并不是要否定人的价值，而是要肯定人的价值。马克思对在现代制度下生产力对工人的伤害进行了阐发。② 其中提到肉体的伤害、精神空虚、职业单调等内容。私有制条件下的生产力的发展和工人的"生产能力"的发挥，和工人"象人一样从事活动""发展人的本性"是有冲突的。③

马克思还认为，以间接的自我出卖的奴隶制为原则的制度使被称为"善"的东西——"个人的或社会的善的东西"④ 都有利于资产者。占主导地位的所有制对社会各方面都会产生影响，从而使社会发展具有整体性的特征和阶段性的特征。

从以上论述可以看出，马克思强化了对共产主义价值观的唯物主义基础的论述，在进行相关论述的过程中，还提出了一些唯物史观的基本思想，从而使共产主义价值观逐步奠定在更为科学的理论基础之上。

---

① 《马克思恩格斯全集》第 42 卷，人民出版社，1979，第 261 页。
② 参见《马克思恩格斯全集》第 42 卷，人民出版社，1979，第 261~262 页。
③ 《马克思恩格斯全集》第 42 卷，人民出版社，1979，第 261~262 页。
④ 《马克思恩格斯全集》第 42 卷，人民出版社，1979，第 260 页。

第七章 《德意志意识形态》对共产主义价值观的系统阐发

《德意志意识形态》的写作大约开始于 1845 年秋，到 1846 年 5 月主体部分基本结束。1847 年 1 月到 4 月，又补充了"真正的社会主义"这一部分。根据马克思在 1859 年的说法，这部手稿是以批判黑格尔以后的哲学的形式来阐明自己的见解与德国哲学的意识形态见解的对立，并清算自己从前的哲学信仰。由于"费尔巴哈"章存在复杂的文献学问题，还有就是马克思恩格斯的分工问题，想要深入把握文本还有很多工作要做。本书只就《马克思恩格斯全集》以及《马克思恩格斯文集》中呈现出来的文本从整体上进行一定的阐发。

在整体上把握《德意志意识形态》一直是一个难题，本书认为《德意志意识形态》和以前的文献相比最大的不同是"历史"成为思想的主题。"历史"的问题在《1844 年经济学哲学手稿》中已经被提出和加以讨论，《神圣家族》中更是明确了历史的主体是既定的从事实践和认识活动的现实的人，即群众是历史的主体。而《德意志意识形态》是一次思想抽象的努力，也是对过去的思想进行反思并系统地加以整合的努力。

一 《德意志意识形态》第一章对共产主义价值观的阐发

有的观点认为《德意志意识形态》第一章的底稿出自恩格斯，并认为马克思在克服异化逻辑上晚于恩格斯。这一观点的一个根据就是把需要理解为吃喝的人是恩格斯。这里不对马克思恩格斯的思想进行区分。

（一）第一章［Ⅱ］第一部分对历史的重构

第一章［Ⅱ］的内容，主要是对费尔巴哈的批判，前文已经论述过，这里重点阐发批判费尔巴哈以外的内容。关于"历史的第一个前提"到"历史不外是各个世代的依次交替"这一部分内容，城塚登认为："对这一部分，我想把它称作'积极地重新构造历史'的尝试。这是因为，如后面我们将要看到的那样，这一部分是考察的在'没有异化的条件'下人的活动（历史的形成），尔后的部分考察的是'社会分工'的结果产生的种种异化形式，并提出了克服异化的活动就是建立共产主义——这是《形态》一书的结构。而且，从这个结构来看，虽然《形态》中各个内容同《手稿》很不相同，但是同《手稿》的结构极为相近。"① 可见这一部分内容的价值是很高的。

其一，马克思恩格斯区分了生活和生产，应该说二者的价值都不容忽视。尽管马克思恩格斯强调了生产的重要性，但是把生产和生活结合起来谈的。第一个历史活动是生产物质生活本身，生产是历史的基本条件。马克思恩格斯强调要关注这一基本事实的全部意义和全部范围。《1844年经济学哲学手稿》已经认识到生产物质生活的活动的意义，并且也对自然史与人类史的统一进行了思考，到《德意志意识形态》就更明确为生产物质生活的活动是历史活动，而且是一切历史的基本条件。从这一论述看，不应该把生产的价值孤立化，而应该把生活的价值和生产的价值结合起来分析，并且要进行一定的历史性的分析。

其二，关于需要的部分。需要在之前的思想中也被看成涉及人的类生活和类本质的关键要素。在之前的思想中，马克思重点区分了人的需要和粗陋的需要的差别、需要的丰富性和占有性或者拥有性的差别，以及需要成为手段和目的的差别。这些差别的强调与区分异化和非异化有关。在《德意志意识形态》这一部分的内容中，马克思恩格斯没有太多去进行区分，而是强调了工具引起的新的需要的历史地位。就马克思的需要思想来说，这是一个新的思想，与以前侧重用交换来讨论需要不同，这里探究了

① 〔日〕城塚登：《青年马克思的思想——社会主义思想的创立》，尚晶晶、李成鼎等译校，求实出版社，1988，第206页。

满足需要的工具本身对历史的影响。另外，马克思恩格斯在论述家庭关系的时候通过对需要的分析阐发了家庭的地位是如何变成从属地位的。这种论述勾勒了从家庭到新的社会关系的演进规律。

其三，关于生产自己生命的人们如何生产社会关系的问题，《德意志意识形态》进行了具体的论述。马克思恩格斯对于原初历史关系的四个要素或方面的分析的第三个方面与类生活分析的第三个和第四个方面相对应，也是从人生产物质对象进而生产自身分析到生产出人与人的关系。不过，《德意志意识形态》的分析更为具体，而且更具有历史的视野。生产自己生命的人们开始生产另外一些人，这产生了夫妻、父子关系，而且这些关系慢慢变成从属的关系，由此开始对社会关系发生发展的历史规律展开论述。

其四，《德意志意识形态》的一个思想进展是在论述了私有财产的暂时性和私有财产是一个历史过程之后，重点论述社会关系的历史性以及历史性演进的规律性。《1844 年经济学哲学手稿》已经把自然关系和社会关系结合在一起进行论述，《德意志意识形态》则进一步强调生产自己的生命和生产他人的生命表现为双重关系。"社会关系的含义在这里是指许多个人的共同活动"，从后文来看这一讲法与对交换的历史的关注相关。这种共同的活动方式因为有历史性，自然具有"一定的社会阶段"的特征。① 与对工业的关注相关的是把"生产方式"概念提升为说明历史规律的概念，生产方式与"一定的工业阶段"相呼应。显然，这部分内容的重构性特征最为明显。因为自然和社会的关系凝结成一个整体，成了社会的基础。这不仅说明了历史，而且说明了社会的结构。"而这种共同活动方式本身就是'生产力'；由此可见，人们所达到的生产力的总和决定着社会状况。"②

马克思恩格斯论述的原初历史关系的四个要素或方面相比类本质及其异化的论述，具有较高的重构性。其中最主要的是把意识放在了四个要素之外来论述。在类本质的论述中，意识问题占据了核心位置，人与动物的

---

① 《马克思恩格斯文集》第 1 卷，人民出版社，2009，第 532 页。
② 《马克思恩格斯文集》第 1 卷，人民出版社，2009，第 532~533 页。

差别主要在于人有意识，所以人才成了自由的存在物，才把自己和对象当成对象看待，从而才有异化的问题。《德意志意识形态》和《1844 年经济学哲学手稿》相比，对人和动物的差别的说明的侧重点还是有变化的，那就是更为突出人的历史性。也可以说动物是没有社会关系和人与自然的关系的，也没有相应的历史性。马克思加的边注指出，人们必须以一定的方式生产自己的生命使人们有了历史。在《1844 年经济学哲学手稿》的"第三手稿"的内容中马克思已经把意识看成社会的产物，但没有对意识的产生进行历史性的说明。《德意志意识形态》的手稿中删去了一句话："我对我的环境的关系是我的意识。"① 人和环境，包括和自然环境及社会环境的关系是第一位的，还是意识是第一位的，还是二者是直接等同的呢？意识是关系的本质规定，还是意识是在关系的基础上产生的呢？显然，在《1844 年经济学哲学手稿》中这是一个带有摇摆性或者说没有给出明确回答的问题。意识和关系的确有一定的同时性，有一定的同一性，但从根本上说，意识是由于交往的需要才产生的。

对于这"四个要素"评价不一，有的观点认为这是恩格斯的思想，笔法滞缓。望月清司从马克思的边注中发现了马克思和恩格斯思想的差别。马克思有一个边注："人们之所以有历史，是因为他们必须生产自己的生命，而且必须用一定的方式来进行：这是受他们的肉体组织制约的，人们的意识也是这样受制约的。"② 望月清司把这段解释为：四个要素无法说明创造和积累活动的历史过程。肉体的需要只有在决定生产方式的时候才有意义，语言产生的原因是共同体中的个人在生活生产时形成的生产共同性。望月清司说："我们找到了区别底稿执笔者恩格斯的人→社会观与底稿的旁注者马克思的社会→人学观的线索。"③

《德意志意识形态》还有一个重要的思想发展，就是把分工和意识问题联系在一起，认为物质劳动和精神劳动的分离才是真正的分工。意识和关系之间既有同一性，又出现了分离，自然就有矛盾存在。马克思恩格斯

---

① 《马克思恩格斯文集》第 1 卷，人民出版社，2009，第 533 页。
② 《马克思恩格斯文集》第 1 卷，人民出版社，2009，第 533 页。
③ 〔日〕望月清司：《马克思历史理论的研究》，韩立新译，北京师范大学出版社，2009，第 145 页。

尤其重视孤立的个人的观念造成的束缚对生活的生产方式和交往形式造成的限制。意识本来是内在于生活的生产方式和交往形式之中的，但分工造成了二者的分离和矛盾。意识和现存社会关系的矛盾不一定出现在民族范围内，意识和实践可以成为不同民族的特征，也可以成为一个民族内部民族意识和普遍意识的矛盾。

《1844 年经济学哲学手稿》已经把关注点转换到人在特定领域的异化以及特定领域之间的异化问题，但是除对道德等异化现象进行说明以外，并没有详细说明社会领域的异化问题。《德意志意识形态》把意识问题放在四个要素之外论述，看起来似乎弱化了意识问题，因为在异化劳动的论述中，这个问题处于核心位置，即第三个规定性的位置，并且类生活的所有规定性都涉及意识问题。但如果从文本的整体叙述过程来看，马克思恩格斯的处理非常巧妙。因为意识的论述恰好是与社会结构矛盾的论述关联在一起的，意识自身的矛盾依然是非常重要的矛盾。意识和"现存实践的意识"是不同的东西。[1] 既然是不同的东西，如果沿用异化的话语来说，就是"异化"的。城塚登就是以异化来解释的。城塚登把这部分内容描绘为分工造成异化，共产主义克服异化，并认为私有制、阶级分裂和国家以及社会活动的分析概括了《论犹太人问题》等前期的异化分析成果，但没有将社会活动的异化同劳动的异化联系起来。马克思恩格斯的确是用带引号的"异化"来说明分工造成的矛盾的。但是这里的"异化"的内涵和《1844 年经济学哲学手稿》中的"异化"相比是有变化的。这里的"异化"更着眼于"矛盾"，除上文已经论述的意识的矛盾以外，还论述了其他矛盾。

关于分工的论述，马克思恩格斯依然坚持活动和活动的产品的划分，认为劳动和产品不平等的分配产生了所有制。由此，私有财产的论述转化为私有制的论述："所有制是对他人劳动力的支配。"[2] 关于私有制的起源问题，马克思恩格斯则认为在家庭中已经有所有制的萌芽。

在这部分，《德意志意识形态》用分工解释个别利益、特殊利益和公

---

① 《马克思恩格斯文集》第 1 卷，人民出版社，2009，第 534 页。

② 《马克思恩格斯文集》第 1 卷，人民出版社，2009，第 536 页。

共利益的矛盾。共同利益以个人之间的相互依存关系存在于现实之中，并以"普遍的东西"存在于观念之中。特殊利益总是和真正的公共利益或虚幻的共同利益对抗，对于特殊利益来说，共同利益是"异化"的，即异己的和不依赖于它们的。特殊利益视角下的普遍利益也被特殊化了，从而成为一种独特的"普遍利益"。马克思恩格斯对马克思以前表达的关于民主制、国家等的思想进行了升华，民主制的奥秘就在于其在特殊利益和特殊化的独特的"普遍利益"之间不一致的状况下活动。马克思阐释过的关于国家形式化的思想，被进一步表述为以一种虚幻的"普遍利益"来对特殊利益进行实际的干涉和约束。以前马克思曾经表达过对真正民主制的好感，在《神圣家族》中，马克思恩格斯认为民主制依然是政治解放的比较完备的形式。但到了《德意志意识形态》，则把争取选举权的斗争以及民主政体、贵族政体和君主政体相互之间的斗争看成虚幻的形式，其内容则是不同阶级间的斗争。这个看法总结了《莱茵报》时期以来的相应思考成果。

马克思一直在追问异化的力量的来源问题，这个来源是人自身，到了《德意志意识形态》则进一步阐发了分工导致社会生产力异化的思想。马克思在《1844年经济学哲学手稿》中说："斯卡尔培克把人的生产的本质力量或者说生产性的本质力量分为两部分：（1）个人的、他所固有的力量，即他的智力和从事一定劳动的特殊素质或能力；（2）来源于社会——不是来源于现实个人——的力量，即分工和交换。"① 《1844年经济学哲学手稿》提到了对象性的本质力量、人的本质力量的现实性，提到了工业是人的本质力量的展示，也提到了自然力、生命力，还提到了人的精神的类能力、劳动的力量、人的体力和智力、对象成为异己的力量、土地成为异己的力量、工业的权力或者工业资本的权力。在《德意志意识形态》中，对于支配人的力量的认识有了新的发展，这就是共同活动形成的扩大的生产力。这一认识视角是有一定的变化的。因为对象异化形成的力量着眼于个人和自然的关系，而生产力的异化则着眼于个人和社会的关系。自然形成的分工使人的活动成为异己的力量，这一过程是如何形

---

① 《马克思恩格斯文集》第1卷，人民出版社，2009，第241页。

成的呢？分工限制了人的活动范围，从而也就限定了人自身是什么样的社会存在。"受分工制约的不同个人的共同活动产生了一种社会力量，即成倍增长的生产力。"① 这样的阐释的确开启了阐释历史客观规律的路径。这种社会力量是客观的，它支配着人们的意志和行为。这种力量有自己的发展阶段。

结合前文的内容来看，马克思恩格斯的这一阐发非常重要。因为实践的意识是内在于个人的活动之中的，只有找到不依赖于人的意志和行为的力量才能说明意识是如何成为一种被决定的存在物的。另外，并不能因为生产力是一种异化的力量而否定它，恰恰相反，生产力的巨大增长和高度发展是共产主义的必需的前提。

马克思恩格斯在论述分工的时候加入了论述共产主义的一段话。② 对于这一段论述，望月清司给予了较低的评价。他给出的理由是：这里讲的共产主义不是运动，而是理想的社会；社会不是个体的交往而更像是作为个体外在存在物的共同体；逃避大工业的田园诗般的地域性共产主义；没有把分工当成历史理论的构成要素。这一看法有一定的道理，但是忽略了人可以随自己兴趣做事不过是对消灭劳动的一种形象的说明。望月清司力图说明马克思和恩格斯的区别，即一个坚持普遍交往论，一个坚持废除分工论。望月清司认为，恩格斯把体力劳动和脑力劳动的分离与阶级统治联系起来同马克思将其与城市和农村的分离联系起来也是不同的。他还认为，恩格斯坚持的是"所有形态史论"。③ 这是由其废除分工论决定的。废除分工论的理论进路是：分工→不平等的分配→私人所有→家庭内部潜在的奴隶制。这一论述把分工和私人所有、阶级统治、国家结合在一起。望月清司用《德意志意识形态》中哲学家从不再屈从于分工的个人身上看到了"人"的理想的说法证明应该扬弃的是分工和社会交往的异化形式，而不是劳动和社会分割与结合本身，并由此认为关于世界市场和大工业的论述部分属于马克思的思想。其实认为共产主义发生在普遍交往和世

---

① 《马克思恩格斯文集》第 1 卷，人民出版社，2009，第 537~538 页。
② 参见《马克思恩格斯文集》第 1 卷，人民出版社，2009，第 537 页。
③ 〔日〕望月清司：《马克思历史理论的研究》，韩立新译，北京师范大学出版社，2009，第 174 页。

界市场的条件下，与认为世界市场是异己的力量需要加以克服并不矛盾。

马克思恩格斯的思想有了一个新的发展，那就是阐发了关于人的世界历史性存在的思想。这样就把个人是社会关系的存在物的思想更具体化了。与此相关的是普遍交往。生产力和交往成为一种普遍的因而不堪忍受的力量的前提是生产力的普遍发展和世界交往，这样就使单个民族的变革依赖于其他民族的变革。这样占统治地位的各民族的变革就具有"'一下子'同时发生的行动"的性质。"共产主义对我们来说不是应当确立的状况，不是现实应当与之相适应的理想。我们所称为共产主义的是那种消灭现存状况的现实的运动。这个运动的条件是由现有的前提产生的。"①

马克思恩格斯把制约生产力和受生产力制约的交往形式称为市民社会。但对于市民社会和国家的关系并没有在这部分进行说明，只是提了出来。这一阐发把市民社会的概念变成了经济关系的概念。

（二）第一章［Ⅱ］第二部分对共产主义价值观的进一步论证

城塚登认为，那种认为《德意志意识形态》舍弃了异化理论的想法是草率的。"在《形态》中，把自我异化和异化的克服这一主体的过程，理解为在社会条件历史地发展中产生的自我矛盾（生产力和社会关系之间的矛盾，以及同现存秩序全面对抗的阶级的形成）和克服这一矛盾的社会总体的运动。"② 城塚登认为，自我对象化、对象的脱离到占有这一过程被放在社会条件下进行把握，是从社会关系以及历史的角度来理解的结果。第二部分内容被认为和前部分在写作时期上是分离的，有可能是后写的。

马克思恩格斯有一个新的思想发现，就是创造观念的人受所处历史时代的制约，这使观念要在历史中来理解。前期历史对后期历史产生积极影响的东西被当下的思想家抽象出来就变成了"使命""目的"一类的东西，这是从当下历史中得出的抽象物。这造成了一种假象——后期历史是前期历史的目的。

---

① 《马克思恩格斯文集》第 1 卷，人民出版社，2009，第 539 页。
② 〔日〕城塚登：《青年马克思的思想——社会主义思想的创立》，尚晶晶、李成鼎等译校，求实出版社，1988，第 209 页。

城塚登的分析是有启发意义的，不过有些把问题复杂化了。那些能够成为个体对象的东西，本身就有先在性，人才是对象性的存在物，只不过《1844年经济学哲学手稿》中更多地论述了自然对象。如果以经验的、现象的思维方式来看待这个对象，那么个体的对象是先在的生产力和社会关系，以及先在的思想文化。历史就是各个世代的交替的说法把历史理解为对象性活动了。材料、资金和生产力是不断改变的环境，后代所继承的不仅仅是环境，还有活动本身，而且活动本身也会改变，并因此改变环境。活动和活动对象之间的关系被当成了历史性的关系，这说明马克思把原来的类生活的思想要素彻底地换成了历史的主题。

在这一部分，马克思恩格斯强调异己的力量支配的增长是与单个人的活动扩大为世界历史性的活动联系在一起的。这部分内容与第一部分内容是连续的。马克思恩格斯把世界历史的力量更具体化为世界市场的力量。这种力量之所以是必要的，在于现实关系的丰富性决定了个人精神上的现实丰富性，在于个人与世界生产的实际联系，在于要摆脱民族和地域的局限，在于要利用全球生产的能力。类本质和类能力的现实内容就表现为现实的世界历史的发展。自然形成的世界历史性的共同活动的最初形式是各个人的全面的依存关系，这种力量本来是由人们的相互作用产生的，但现在变成了完全异己的力量。这样一来，"异化"就变成了相互作用产生了一种相互依存并且不受人们控制的力量。马克思恩格斯进一步解释了他们的观点，可以用思辨的方式解释成作为主体的社会就是类，而异化就是类的自我产生，从而把前后相继彼此相联系的个人说成从事自我产生的活动的个人，但是不能将其理解成"唯一者"。从马克思恩格斯的论述来看，他们力图给予异化更明确的界定。

在这部分内容中，马克思恩格斯论述了革命的必要性和意义，尤其是无产阶级革命的必要性和意义问题。异己的社会力量尽管是异己的，但各阶级在不同社会中都会力求去积极控制和使用这种力量，使一定的生产力能够得到利用。但是这种利用之所以没有在整体上摆脱这种力量的异己性，主要在于这种利用是以阶级对抗的形式完成的。那些财产状况占据优势的阶级更具备利用一定生产力的条件，"这个阶级的由其财产状况产生的社会权力，每一次都在相应的国家形式中获得实践的观念的表现"①。争取控制异己的力量的活动表现为阶级统治和针对以前实行统治的阶级的斗争，革命不过是力求控制异己的社会力量的一种形式罢了。

但是旧的革命并没有彻底达成对异己的社会力量的控制，其没有摆脱对抗的形式，从而没有使劳动的性质发生根本的改变。"迄今为止的一切革命始终没有触动活动的性质，始终不过是按另外的方式分配这种活动，不过是在另一些人中间重新分配劳动"②，旧的革命并没有结束劳动的谋生劳动性质。那么，新的性质的革命如何才能发生呢？

机器和货币形成的生产力形成了破坏性的力量，这种力量所破坏的社会成员形成了一个阶级，这个阶级承担了社会的一切重负。这个阶级就是无产阶级，无产阶级就性质来说已经成为社会一切阶级、民族等解体的表现。这个阶级中产生了必须实行彻底革命的意识即共产主义意识。马克思恩格斯也强调了这个意识普遍地产生的重要性，无论是人们现实地发生普遍变化还是观念上发生普遍变化，都需要革命。

（三）第一章［Ⅱ］第二部分对历史观的总结

《德意志意识形态》中讲市民社会有一个奇特的论述方式："从市民社会作为国家的活动来描述市民社会，同时从市民社会出发阐明意识的所有各种不同的理论产物和形式，如宗教、哲学、道德等等，而且追溯它们产生的过程。"③ 有观点认为："这种描述本身实际上也会使市民社会的基础地位受到理解上的削弱。"④ 应该说，这反映了马克思恩格斯经济基础和上层建筑关系思想中存在同时性、决定性和相互性等多重关系。国家和观念均以市民社会为基础，市民社会决定国家，但也要以作为国家的活动来理解市民社会。这样一来，理论本身既反映市民社会也反映国家的内容，市民社会是国家的基础和观念上层建筑的基础。在《德意志意识形态》中，市民社会指的是交往形式，重点是商业生活和工业生活，以及

---

① 《马克思恩格斯文集》第 1 卷，人民出版社，2009，第 542 页。
② 《马克思恩格斯文集》第 1 卷，人民出版社，2009，第 542~543 页。
③ 《马克思恩格斯文集》第 1 卷，人民出版社，2009，第 544 页。
④ 欧阳英：《马克思政治哲学思想探析：历史、变迁与价值》，中国社会科学出版社，2018，第 617 页。

在交往中发展起来的社会组织。至于这种组织是政治性的还是私人性的，那是历史发展中的不同样态。市民社会可以是政治性的，是行使国家领导权的领域。国家没有分离出去，市民社会就是国家；国家也可以分离出去，但市民社会依然承担国家领导权的功能。那么市民社会是否包括思想文化呢？回答是它包括实践中的意识，但独立的理论形态的思想文化是上层建筑，不属于市民社会的领域。

马克思恩格斯认为，所谓"人的本质"的现实基础是那些个人的生存条件，这些条件除了生产力的总和之外，还包括社会交往形式的总和。马克思恩格斯强调不能从历史中排除人与自然的关系。这说明，马克思恩格斯把生产力的总和和社会交往形式的总和等看成把人与自然的关系纳入历史进行思考的必然结果。马克思恩格斯进一步强调实行全面变革的物质要素的重要性，以及反抗旧社会所依据的"总和活动"和旧的"生活生产"本身的重要性。

（四）第一章［Ⅰ］论分工和所有制

城塚登认为第一章［Ⅰ］的内容是修订稿，并认为这一部分内容进一步拉大了和《1844年经济学哲学手稿》的距离，而和《〈政治经济学批判〉序言》的论述一致。这部分内容与第一章［Ⅱ］的内容相比，的确更为简练。望月清司认为，这部分内容中讲的"现实的个人"可以算是马克思本人的思想，并认为这部分内容突出了"社会的"。望月清司还认为，食品的再生产的累积无法说明近代市民社会历史的特殊的生产等同于交往方式。此外，望月清司还关注这部分内容中关于人口增加的说明。

其一，现实的个人涉及的要素不再进行分别论述，而是综合成一个整体。这部分突出了个人从事活动的前提。这一部分内容确认了人类历史的第一个前提是有生命的个人的存在。确认这个事实同时就要确认个人和自然的关系。人是什么样的，同他们生产什么、怎样生产是一致的，因此，个人是什么样的，取决于其进行生产的物质条件。

其二，这一部分对所有制问题进行了更深入的论述。民族的生产力表现在该民族分工的发展程度上，分工导致了劳动及其产品的不平等的分配。每一个分工体系内有大致相近的个人和劳动材料、工具和产品的关系，这样一来，不同分工体系内个人之间的交往也受到了所有制的影响，由此就形成了所有制的演进脉络。

这一部分内容对分工的论述的确和其他地方的论述不完全相同，尽管分工也是和所有制联系在一起，但无论是从劳动产品和劳动分配的视角来阐释，还是从相互关系的角度来阐释都是有差异的。这部分侧重于讲关系，在论述分工的时候自然会着眼于民族内部和外部交往的发展。侧重于关系还有一个优点，就是和异化的思想自然衔接，因为异化不过是围绕产品和活动本身发生的关系。如果分工能够历史地说明这种关系，异化范畴自然就可以退出了。因为着眼于民族分工，工商业和农业的分工以及城市和乡村的分工自然就是比较重要的了。

关于部落所有制的内容，望月清司也注意到其和将原始所有制理解为家庭所有制的不同，这涉及最初的本源形式是部落还是家庭的问题。望月清司认为，这部分内容关于所有制的论述中，恩格斯插入的话与分工侧重于关系的说法不是很协调，对所有制的第二种和第三种形式的论述依然延续了私人所有制发展的视角，而不是个人之间结成的相互关系。望月清司进一步认为，恩格斯缺乏探索市民社会历史原点的眼光，没有把眼前的历史现象看成分工的发展阶段，因而也就没有揭示出在大工业和世界市场基础上的资本家分工的历史特征。这被望月清司理解为"所有形态史论"。

其三，这部分内容中还有一个值得关注的地方就是区分了实证科学和哲学。尤其是指出，描述人们实践活动和实际发展过程的真正的实证科学也有抽象，不过这个抽象是为了给整理历史资料提供方便，指出历史资料的各个层次的顺序。

（五）第一章［Ⅲ］和第一章［Ⅳ］对历史观的进一步阐发

第一章［Ⅲ］这一部分内容进一步论述了思想独立化的根源。对异己的社会力量的占有，当然是符合全体社会成员的利益的，而且越是符合全体成员的利益，这种努力越能成功。进行革命的阶级就是作为全社会的代表出现的，其利益与非统治阶级的共同利益相关联。每一个新阶级赖以实现自己统治的基础总是会不断拓展。但是，阶级的利益毕竟是特殊的利益，这就诞生了阶级内部的分工，一些思想家把统治阶级的利益说成普遍利益，从而使占统治地位的思想变得越来越抽象。

望月清司认为，马克思的史论是分工史论，这一分工史论的要点是从城市和农村的分离到大工业。第一章〔Ⅳ〕的思想非常丰富。其中一个论述的视角是生产工具的视角。马克思恩格斯对生产工具进行了自然形成的和文明创造的之区分。前者人受自然形成的统治，后者人受劳动包括积累起来的劳动资本的统治。这显然是从劳动对象的角度来分析的。这一分析把劳动对象进行了细化，区分了自然界和文明的世界。

自然形成的生产工具把人结合在家庭、部落和土地上；而在文明创造的生产工具的情况下，各个人互不依赖，通过交换集合在一起。前者的交换是人与自然之间的交换，后者则是人与人之间的交换。

马克思恩格斯还把体脑分工发生的时间点定位与文明创造的生产工具关联在一起。在自然形成的生产工具情况下存在小工业，但是这种工业没有不同个人间的分工，而在文明创造的生产工具情况下，工业却依靠分工才能存在。前者所有者对非所有者的统治可以依靠个人关系和共同体，而后者则必须采取物的形式，通过货币。马克思恩格斯强调了大工业的重要性，因为在小工业中所有制与生产工具和劳动还保持着一致性，到了大工业，才发生了私有制和生产工具的矛盾。

在这部分内容中，关于一般政治的出现有了更为细致的分析，马克思恩格斯把行政机关等的出现看成城乡分离的结果。城乡对立是个人被迫从事某种活动最鲜明的反映。城市标志着人口、生产工具、资本、享受和需求的集中。马克思恩格斯把劳动看成最主要的凌驾于个人之上的力量，这依然延续了《1844年经济学哲学手稿》的思路。另外，他们将资本和地产的分离也与城市和乡村的分离结合在一起论述。因此，消灭城乡的对立被看成共同体的首要条件之一。

马克思恩格斯分析了中世纪手工劳动和特殊劳动是如何发展出行会的，以及行会是如何造就平民的。从人与对象关系和人与人的关系角度来看，生产和交往本来是结合在一起的，一定的生产总是和一定的交往联系在一起。马克思恩格斯在《德意志意识形态》中指出二者在社会历史中是可以分离的，商人这一特殊的阶级承担了交往的社会功能。大工业通过普遍竞争迫使所有个人的全部精力都处于紧张状态，并开创了世界历史，在私有制条件下，生产力只是得到了片面的发展，并没有全部得到利用。大工业还造就了一个消灭了民族特性的阶级，使劳动成为不堪忍受的东西。

需求促使现存生产力得以结合，这种结合创造了劳动组织的形式，这些形式就是所有制的形式。在广泛国际交往的条件下，生产力和交往形式的矛盾也可以在不发达国家内发生。

马克思恩格斯通过分工的论述重新回到了个人这一话题上面。他们认为，竞争虽然把个人会集起来，但是那种每天都在产生孤立状态的条件下的个人的有组织的势力也在重复产生着。与单个人隶属于分工同类的现象是个人隶属于阶级，这是由生活条件的预先确定性决定的，个人的发展是在历史地前后相继的等级和阶级的共同条件下进行的。先在的共同的东西还包括普遍观念。

马克思恩格斯进一步分析了个人和社会关系抽象化的根源，其根源在于分工。个人的力量（关系）由于分工转化成了物的力量。分工使社会关系独立化，从而使社会关系中的个人屈从于某一劳动部门以及与之相关的各种生活条件之下的生活，这对于个人来说，是具有抽象性的；而每一个人的个人生活因为失去了现实的内容也变成抽象的了。与此相关的是个人和阶级的个人的区别，是人作为个人和作为阶级成员的差别。

马克思恩格斯把各个时代的生产力和交往形式看成各个人的生存条件，这种条件具有偶然性，对这一条件的不受阻碍的利用，被称为个人自由。马克思恩格斯因此分析了未来历史的发展方向，这一方向就是消灭分工，使个人和共同体都变成现实的。联合把那些偶然的作为某种独立的东西同单个人对立的条件变成了人可以控制的条件，这就消除了人的发展前提的自发性，自觉地把一切自发形成的前提看作前人的创造。这就是共产主义运动要做的事情。

在阐发世代更迭问题的过程中，马克思恩格斯引入了个人行动和活动尤其是自主活动的概念，并把这一概念和生产力的概念联系起来。这样的生产力概念的着眼点并不仅仅是由于分工而物化的力量，还包括个人力量。这一说明的前提是承认个人面临的既定条件也是由一些个人创造的，先前时代传给后来时代的是生产力和交往形式。个人交往的条件是与他们个性相适应的条件，是个人自主活动的条件，个人的自主活动生产交往形式。一定条件和个人的片面性和现实局限是相适应的。在这个关系中，最具有能动性和变化性的是个人的行动和活动，自主活动的发展使交往形式变成了桎梏，因而为了适应个人进步的自主活动，诞生了新的交往形式。"由于这些条件在历史发展的每一阶段都是与同一时期的生产力的发展相适应的，所以它们的历史同时也是发展着的、由每一个新的一代承受下来的生产力的历史，从而也是个人本身力量发展的历史。"①

马克思恩格斯论述了生产力和个人力量发展的自发性。这种自发性表现为发展的出发点是地域、部落和民族、劳动部门，表现为发展屈从于获得胜利的利益。马克思恩格斯还回答了后代人是否可以依靠先前时代理论家的问题，指出旧的交往形式并不是一下子就退出历史舞台的，而是会形成一种虚假共同体的传统权力。马克思恩格斯还分析了移民中进步的个人与旧的国家的交往形式不适应的问题，这些个人会在新的空间中发展新的交往形式。马克思恩格斯还论述了占领的问题。占领是受占领对象制约的，所面临的生产力发展水平会决定征服者采纳的共同体形式。这样，马克思恩格斯就以具体的例证阐发了生产力决定交往形式的历史发展规律。

个人本身力量发展的历史可以说明历史的最根本的动因和价值。这就要对个人的力量和生产力的概念进行一定的区分，分析二者关系的历史发展规律。货币使生产力变成了与"作为个人的个人的交往"无关的形式，变成一种物的形式的总和性的力量，成为与各个人分离的特殊世界，个人成为抽象的人。

马克思恩格斯追问了人的力量压倒人自身的原因。"各个人过去和现在始终是从自己出发的。他们的关系是他们的现实生活过程的关系。为什么会发生这样的情况：他们的关系会相对于他们而独立？他们自己生命的力量会成为压倒他们的力量？"② 问题的答案就在于私有制的力量，而根源则在于分工使生产力独立化。"各个人——他们的力量就是生产力"③，但是分工尤其是货币使生产力和人分离了。"因此，一方面是生产力的总和，生产力好像具有一种物的形式，并且对个人本身来说它们已经不再是

---

① 《马克思恩格斯文集》第1卷，人民出版社，2009，第576页。
② 《马克思恩格斯文集》第1卷，人民出版社，2009，第587页。
③ 《马克思恩格斯文集》第1卷，人民出版社，2009，第580页。

个人的力量,而是私有制的力量,因此,生产力只有在个人是私有者的情况下才是个人的力量。"① 这样,马克思恩格斯就通过分工和货币回答了个人力量奴役自身的问题。在这一思路下,劳动以及交往、劳动对象脱离人自身的问题就在一个新的理论基石上得到了新的回答。劳动作为联系个人和生产力的力量失去了自主活动的假象。这就勾勒了劳动的历史演进过程,先是自主活动和物质生活由不同的人承担,物质生活的生产是自主活动的从属形式,不过这一自主活动是与各个人的局限性相关的;然后劳动失去了自主活动的假象,物质生活是目的,而自主活动可能的形式和否定形式则是手段。

对象世界不再单纯地被理解为劳动产品或者自然界,而是生产力的总和以及普遍交往。其中起到决定性作用的是生产工具。生产工具和个人本身的才能的一定总和的发挥相互制约。占有除了受到对象的制约以外,还受到方式的制约,这就要求普遍的联合。"在无产者的占有制下,许多生产工具必定归属于每一个个人,而财产则归属于全体个人。现代的普遍交往,除了归属于全体个人,不可能归属于各个人。"② 在这一条件下,自主活动才同物质生活一致起来,各个人向完全的个人发展,受制约的交往向个人本身的交往转化,这消除了自发性和特殊条件的偶然性。

二 《德意志意识形态》对共产主义价值观的澄清

把握《德意志意识形态》的共产主义价值观,需要厘清观念的界限,而这又涉及方法论问题。

(一)对施蒂纳共产主义观的批判

《德意志意识形态》对很多错误的共产主义观进行了批判,其中对施蒂纳共产主义观的批判具有一定的代表性。

其中一个值得总结的地方是占有的一般性和特殊性问题。地主的占有和工厂主的占有不同,更与工人对某物的占有不同,后两者是特定的占有。地主的占有是有社会历史阶段性特征的,如果泛泛地讲成"一般占

---

① 《马克思恩格斯文集》第 1 卷,人民出版社,2009,第 580 页。
② 《马克思恩格斯文集》第 1 卷,人民出版社,2009,第 581 页。

有",就抹杀了其中的社会历史区别。从这些特定的占有中的确可以抽象出一般,这个"一般"就是对他人劳动的支配,就是私有者对某物的占有。这个"一般"从更为宏观的历史进程来说,也是特殊的、暂时的历史存在。如果不能科学地把握占有,就会陷入单向的思考:要么主张消灭个人的财产或者消灭财产,结果就是普遍没有财产;要么主张让所有的人都有财产,结果又重新陷入了普遍的私有制。这样的思考没有把握住对立的本质,真正对立的不是拥有财产和没有财产,而是私有者和没有财产的无产者。

另外一个值得总结的地方涉及个性问题。把占有泛化为抽象的一般,很容易把个人的独自性等看成私有财产,看成自己的个性的组成部分,这样就利用"个性"范畴把利己主义的社会历史规定性取消了。恰当的做法是区分物品和私有财产,尤其要看到"私有财产不仅夺去人的个性,而且也夺去物的个性"①。这个问题涉及共产主义革命的对象问题,涉及共产主义革命的价值目标问题。剥夺私有财产恰好是解放人的个性,实现物的个性。

个人和社会的关系是一个复杂的系统,从历史角度看,关系相对于个人有先在性,但这种关系又在个人交往的基础上产生和发展着。其中还涉及生产、交换等关系,以及生产力和生产关系的问题。如果再考虑到经济、政治和文化的层次性,这种关系就有更多的层面。把社会仅仅看成给个人提供"获得"的存在,就不能理解社会是建立在人与人相互关系基础上的。"社会主义者说:我需要什么,社会就给我什么;而利己主义者则说:我需要什么,我就为自己拿什么。如果说共产主义者举止态度如同游民,那么利己主义者的行为就像所有者。"② 这样还会把共产主义者变成"空想财富的人"。社会应该被理解为单个的生命相互作用的产物,而不应被看成一种和单个的生命发生特殊的相互作用的特殊的存在。单个人对社会的要求是由社会现实发展产生的。施蒂纳在处理个人和社会的问题上没有摆脱孤立的个人的立场。

---

① 《马克思恩格斯全集》第 3 卷,人民出版社,1960,第 254 页。
② 〔德〕麦克斯·施蒂纳:《唯一者及其所有物》,金海民译,商务印书馆,1989,第 288 页。

劳动的问题也非常重要。劳动有活劳动，也有积累起来的劳动；劳动有主体，也有手段、对象。劳动还有分工的问题，有社会阶级的分别。把财产归于社会占有，把劳动归于个人占有，看起来肯定了劳动是人的资产，人在劳动面前看起来平等了，却回避了消灭雇佣劳动的问题。自我劳动带来的幸福看起来很诱人，但是离开对劳动性质的分析，这样的价值最终是落空的。

马克思恩格斯强调共产主义的特质是"以研究人的本性为基础的实际信念"，这一阐发肯定了"肉体需要"，认为"人们的头脑和智力的差别，根本不应引起胃和肉体需要的差别"。[1] 马克思恩格斯还阐发了按需分配原理："活动上，劳动上的差别不会引起在占有和消费方面的任何不平等，任何特权。"[2]

对于"永恒的人权""自我否定的爱""幸福"等问题需要具体分析，而不能简单地把这些概念和共产主义联系在一起。施蒂纳不懂得在特定的时代条件下权利其实是特权，不了解阶级关系决定的"幸福"，没有揭示利己主义和自我牺牲对立的物质根源，更不懂得"随着物质根源的消失，这种对立自然而然也就消灭"[3]。马克思恩格斯指出："无论利己主义还是自我牺牲，都是一定条件下个人自我实现的一种必要形式。"[4]

施蒂纳虚构共产主义的基本思路是制造社会和个人的对立。在他看来，社会占有财富就意味着人成为游民，这样人就处于被强制的状态，而共产主义又要求人获得物质和精神财富，这就导致把劳动理解成人的唯一财富，并通过劳动保证人与人的平等和相互协作。因为人的劳动是人的唯一财富，这样实际上人就变成了"游民"，变成了只有精神财富的人。在施蒂纳看来，这保证了所有人都有天赋平等的权利，但是却取消了人的平等权利。只有精神财富的"游民"社会只能诉诸精神的原则来实现，因而共产主义就必然推崇自我牺牲和爱的原则。施蒂纳在对共产主义进行了这种虚构之后，基于利己主义的立场又对自己虚构的共产主义展开了批

---

① 《马克思恩格斯全集》第 3 卷，人民出版社，1960，第 637 页。
② 《马克思恩格斯全集》第 3 卷，人民出版社，1960，第 638 页。
③ 《马克思恩格斯全集》第 3 卷，人民出版社，1960，第 275 页。
④ 《马克思恩格斯全集》第 3 卷，人民出版社，1960，第 275 页。

判。在施蒂纳看来，私有财产是不能被消灭的，因为人有自己的独自性，有自己的意见，这都是人的财产。另外诉诸自我牺牲也和利己主义相悖，因为利己的个人是主人，他的共产主义把社会当成主人，颠倒了主仆关系。施蒂纳自己虚构了一种共产主义，然后又对虚构的共产主义进行批判，因此对其观点进行批判是非常必要的。

（二）共产主义观的物质基础

对唯物主义和唯心主义的价值观进行原则上的区分对共产主义来说是非常重要的。"对唯心主义者来说，现实不过是现实事件的理论抽象"①，现实事件成了旧世界走向灭亡的象征，不是事件，而是事件的观念象征被看成了现实。这种颠倒使追求共产主义的价值目标的过程变成了一种观念的活动，这样一来有产者就可以高枕无忧了。共产主义的价值实现过程是一个现实社会运动，是严峻的社会变革，而不是"安逸的、和平的改变"，不是"宁静的、舒适的生活"。②

地方由于世界交往的发展而摆脱了地方局限性，也就为思维的全面性提供了基础。个人的发展和生活条件相关，生活条件给个人发展某种特性提供了材料和时间。个人特性发展的方式受到材料的限制，也受到"其他特性被压抑的程度和性质"③ 的影响。这就回答了世界交往对于人的全面发展的必要性问题。生活条件如果是片面的，"这个人就不能超出单方面的、畸形的发展"④。

就思维来说，思维是"个人的思维"，是"由他的个性和他在其中生活的那些关系所决定的思维"⑤。人是思维的主体，不过这个人是现实的人，现实的人的个性决定思维，而现实的人的个性又是和这个人所处的关系联系在一起的，因而也可以说发生在人身上的各种关系决定思维，甚至"思想和观念成为独立力量是个人之间的私人关系和联系独立化的结

---

① 《马克思恩格斯全集》第 3 卷，人民出版社，1960，第 639 页。
② 《马克思恩格斯全集》第 3 卷，人民出版社，1960，第 639 页。
③ 《马克思恩格斯全集》第 3 卷，人民出版社，1960，第 296 页。
④ 《马克思恩格斯全集》第 3 卷，人民出版社，1960，第 296 页。
⑤ 《马克思恩格斯全集》第 3 卷，人民出版社，1960，第 296 页。

果"①。把意识问题放入社会历史的视角去看待意识陷入谬误的根源具有重要的意义。思想的系统化与分工有关。

如果颠倒了现实和观念的关系也可以说是一种"异化"的话，这种颠倒的根源也在于现实的分工以及人的力量成为独立的异己的力量。观念的独立化发展造成了现实历史和观念历史的颠倒。马克思恩格斯分析了把历史变为观念史的根源。观念和思想的内容是自己和"人们的各种关系"，是"整个社会"，是"条件"，是"交往形式"。② 当这些内容被抽象化后，人们以为是这些观念在支配着历史。这个分析依然把意识的对象和根源看成人，不过对这个人的叙述具有综合的色彩。其中包括单个人自身、社会、围绕着人所发生的各种关系，以及生存条件。颠倒了个别与一般的关系是把观念变成主体的根源，但在这里则指出最主要的颠倒是对历史地、现实地存在的个别的、特殊的人进行的颠倒。

渡边宪正认为："马克思沿用了《1844 年经济学哲学手稿》中的异化论的理论结构，并将人的自主活动与交往形式的变革结合了起来。"③ 应该说，《1844 年经济学哲学手稿》的异化逻辑包括社会领域自身的异化以及相互异化的问题，这一问题涉及社会的经济基础和上层建筑的关系，但对这一问题并没有详细展开。《德意志意识形态》把《1844 年经济学哲学手稿》中的相关思想展开了，在展开过程中有一定的思想变化，因此并不完全是原来的理论结构。

上文已经说明思维和意识的颠倒问题。对于观念的问题也要有历史的视野。《德意志意识形态》运用唯物史观分析了封建制度和教阶制。"教阶制是封建制度的观念形式；封建制度是中世纪的生产和交往关系的政治形式。"④ 这一阐释说明了经济基础和上层建筑的关系，政治制度不过是生产和交往关系的政治形式。而思想观念和政治制度的关系不过是同一个阶级思想家和本阶级的关系的一种表现。

---

① 《马克思恩格斯全集》第 3 卷，人民出版社，1960，第 525 页。
② 《马克思恩格斯全集》第 3 卷，人民出版社，1960，第 199~200 页。
③ 〔日〕岩佐茂、小林一穗、渡边宪正编著《〈德意志意识形态〉的世界》，梁海峰、王广译，北京师范大学出版社，2014，第 36 页。
④ 《马克思恩格斯全集》第 3 卷，人民出版社，1960，第 191 页。

科学把握经济基础和上层建筑之间的关系离不开辩证法，其中包括内容和形式的辩证关系。资本主义时代的思想是由该时代的社会基础决定的。"资产阶级道德就是资产者对其存在条件的这种关系的普遍形式之一。"①

把握一般和特殊的辩证关系也非常重要。一般和个别、一般和特殊的关系也体现在历史领域。比如家庭可以具有资产阶级的性质，这种性质家庭的解体不妨碍"家庭本身继续存在"②。

特定的历史时代有整体性的特征，也有局部的或个别的表现。比如在买卖逻辑盛行的情况下，"个性自由""荣誉""礼仪心""羞耻心"就变成了资产者关于竞争的道德界限的伪善保证，资产者一直都在践踏无产者的"个性自由""荣誉""礼仪心""羞耻心"。

把握历史过程中的辩证关系还要辩证分析思想的积极作用和消极作用。功利论局限于资产阶级的条件，批判了阻碍资本主义发展的条件，但"功利论至少有一个优点，即表明了社会的一切现存关系和经济基础之间的联系"③。功利论总体上受现实制约，而公益论虽然有积极意义，但也陷入了空洞的说教。

把握历史过程中的辩证关系还要合理地处理抽象和具体的关系。比如在现代资产阶级社会中，有很多具体的关系，但是这些具体的关系"服从于一种抽象的金钱盘剥关系"④。功利主义的"利用"范畴则是对"我和别人发生的现实的交往关系"⑤ 的抽象。

历史性当然包含对抽象的一般性观念的消解。把平等的意识看成历史的产物就消解了那种把平等置于"自然联系"的普遍本性基础上的观念。法的问题也是一样。法有一般的形式，内容却取决于阶级关系。法反映的内容有经济基础一般性的共同条件，也有共同利益。

资产者和无产者的价值对立在很早的历史阶段就出现过，并被道德论

---

① 《马克思恩格斯全集》第3卷，人民出版社，1960，第196页。
② 《马克思恩格斯全集》第3卷，人民出版社，1960，第196页。
③ 《马克思恩格斯全集》第3卷，人民出版社，1960，第484页。
④ 《马克思恩格斯全集》第3卷，人民出版社，1960，第479页。
⑤ 《马克思恩格斯全集》第3卷，人民出版社，1960，第480页。

者所批判。但是这种对立在不同的社会发展阶段有不同的实质和表现，如在资本主义社会是资产阶级和无产阶级的对立。德国的"真正的社会主义"看不清共产主义体系是现实运动的表现，而任意地把这些体系和德国哲学联系起来，尤其是和黑格尔、费尔巴哈的哲学联系起来。

渡边宪正认为："对于'生产力与交往形式的矛盾'的理解，应该以异化理论为基础。"① 该如何说明这一问题呢？马克思恩格斯表述了生产力异化的思想，但这并不属于旧人本主义的思想，相反，其肯定了生产力对于历史发展的意义和价值。"在个人利益变为阶级利益而获得独立存在的这个过程中，个人的行为不可避免地受到物化、异化，同时又表现为不依赖于个人的、通过交往而形成的力量，从而个人的行为转化为社会关系，转化为某些力量，决定着和管制着个人……"② 凝结在社会关系中的力量是生产力，这种力量不依赖于个人的力量。个人的物化和异化与个人利益变为阶级利益关联在一起。在生产力内部也会存在作为生产力的人和其他生产力之间的矛盾。比如，马克思恩格斯指出，无产阶级自身就具有一种生产力的地位，而且这种地位也在不断地被其他更强大的生产力排挤着。工人"从单纯的生产力的地位中，即从他唯一赖以糊口的地位中，被其他更强大的生产力排挤掉了"③。

在《德意志意识形态》中，还可以发现生产方式异化的思想印迹。"在一定的、当然不以意志为转移的生产方式内，总有某些异己的、不仅不以分散的个人而且也不以他们的总和为转移的实际力量统治着人们……"④ 这就提出了个人如何重新掌握这种力量的问题。生产和消费的矛盾的解决主要依靠生产方式的实际改变。

《德意志意识形态》非常重视世代关系。当时讲的世代关系涉及"后代的肉体"以及"积累起来的生产力和交往形式"。⑤ 马克思恩格斯强调

---

① 〔日〕岩佐茂、小林一穗、渡边宪正编著《〈德意志意识形态〉的世界》，梁海峰、王广译，北京师范大学出版社，2014，第 40 页。
② 《马克思恩格斯全集》第 3 卷，人民出版社，1960，第 273 页。
③ 《马克思恩格斯全集》第 3 卷，人民出版社，1960，第 326～327 页。
④ 《马克思恩格斯全集》第 3 卷，人民出版社，1960，第 273～274 页。
⑤ 《马克思恩格斯全集》第 3 卷，人民出版社，1960，第 515 页。

了前代对后代的决定关系，后代价值创造的过程离不开前代的价值积累。但对于世代关系，马克思恩格斯后来还有更具体的阐发，那就是共产主义要让当代决定过去，当下活动的个人对既定事物的掌握有更重要的价值。

谈及价值问题总离不开个体的价值和他人的价值，"一个人的发展取决于和他直接或间接进行交往的其他一切人的发展"①。马克思恩格斯认为是需要、他们的本性、他们求得满足的方式、两性关系、分工和交换把人与人联系起来的。不能孤立地看交往的价值，个人间的交往背后是"生产力和需要的一定发展阶段"②。马克思恩格斯肯定正是"个人相互间的这种私人的个人的关系、他们作为个人的相互关系"③重新创立了现存的关系。

是什么造成了个人价值的片面化？是分工。关系和活动方式本身会有自己的独立性，从而造成个人对一定关系的依赖。"在竞争中个性本身就是偶然性，而偶然性就是个性。"④竞争范围内的生产和交往条件表现为独立的力量，"表现为对人说来是偶然性的手段"⑤。货币是分工条件下交换的重要中介，货币关系同整个生产和交往关系是联系在一起的。马克思恩格斯对社会关系独立化的分析非常具体，认为交换手段的普遍化和独立化加剧了"生产和交往的各种关系的独立"⑥。

《德意志意识形态》中对唯物史观的阐释是包含价值起点和价值方向的。个人之间的相互关系创造出来的社会关系日益独立化使个体的价值变成了从属性的。这种独立化还从经济领域向政治、观念的领域发展。"在分工的范围内，私人关系必然地、不可避免地会发展为阶级关系，并作为这样的关系固定下来"⑦，这使"非人"的问题变得更为复杂。统治阶级的发展是"非人的"，因为交往的发展范围狭小导致统治阶级的发展范围狭小，所以在智力方面也有其局限性。被统治阶级用以满足自己需要的方

---

① 《马克思恩格斯全集》第 3 卷，人民出版社，1960，第 515 页。
② 《马克思恩格斯全集》第 3 卷，人民出版社，1960，第 515 页。
③ 《马克思恩格斯全集》第 3 卷，人民出版社，1960，第 515 页。
④ 《马克思恩格斯全集》第 3 卷，人民出版社，1960，第 436 页。
⑤ 《马克思恩格斯全集》第 3 卷，人民出版社，1960，第 436 页。
⑥ 《马克思恩格斯全集》第 3 卷，人民出版社，1960，第 462 页。
⑦ 《马克思恩格斯全集》第 3 卷，人民出版社，1960，第 513 页。

式也是"非人的"。

要改变这种"非人"的状况不是单一的事情，而是综合性的，是社会历史性的。要改变的是整个社会关系的独立化和物化，要改变的是对抗性的社会关系。从这一意义上说，"共产主义革命"是"个人自由发展的共同条件"。① 但这个共同条件的发展是一个社会历史的系统性工程。从消灭分工到形成新的政治结构或消除政治机构，既涵盖社会的经济基础，也涵盖上层建筑。这一过程不仅具有社会系统性，而且具有历史性。这一过程是价值实现的过程、限制逐步消灭的过程，也是生产力积极发展的过程，还是"迫切需要的实在动力和满足，是个人权力的扩展"② 的过程。

---

① 《马克思恩格斯全集》第 3 卷，人民出版社，1960，第 516 页。
② 《马克思恩格斯全集》第 3 卷，人民出版社，1960，第 345 页。

第八章　马克思共产主义价值观的
公开问世

从《哲学的贫困》到《共产党宣言》，马克思对共产主义价值观进行了较为系统的阐发。"这里所言的新世界观，指的就是以马克思的名字命名的马克思主义。"[①] 这一新世界观的核心内容是唯物史观以及依据唯物史观对无产阶级的历史使命的回答。

一　阐发对伦理性问题的看法

马克思强调，"共产主义者必须首先对自己所处的环境有个清楚的认识"[②]，"在党内，必须支持一切使党前进的因素，但不能陷入无聊的、伦理性的辩论"[③]。1846 年 5 月马克思恩格斯合著的《反克利盖的通告》对于理解共产主义价值观具有重要的意义。其中有如下启示。

其一，要从对工人阶级的实际效果来看待共产主义观。克利盖的华丽的辞藻虽然也是在"共产主义"的名义下讲的，却会使无产阶级意志颓废，这足以说明其观念的虚假性和危害性。《反克利盖的通告》中的决议就指出，克利盖的荒诞观念如果被工人接受，就会使他们的意志颓废。

其二，克利盖讲爱，把爱当成目的，当成手段，把人与人的关系变成

---

① 余源培、付畅一：《新世界观的第一次公开问世：〈哲学的贫困〉当代解读》，复旦大学出版社，2012，第 88 页。
② 《马克思恩格斯全集》第 4 卷，人民出版社，1958，第 23 页。
③ 《马克思恩格斯全集》第 4 卷，人民出版社，1958，第 25 页。

爱的关系，希望成为爱的使徒。他认为，充满爱的心灵必然发展成共性的圣灵，应该建立爱的王国和爱的世界，用爱把一切人团结起来。他甚至把共产主义的目的说成让全人类全部生命服从于心的跳动。关键并不在于爱的价值本身，而在于如何实现爱。共产主义是现实的历史运动，而不是通过心灵的努力来把人的关系变成爱的关系。克利盖不谈现实的历史运动，自然也不准备改变现实，不想剥夺任何人的私有财产，只想保证穷人的劳动机会。克利盖推崇那种共性的伟大精神的探求，强调用忘我精神去帮助穷人，力图用教育的方式来实现共产主义，教会人类共同劳动和共同享用劳动果实。这些价值追求从表面来看很值得肯定，但问题是要面对和解决实际问题，而不是把问题和疑惑解释为先入为主的成见和固执。

其三，共产主义运动的过程和目标。马克思肯定美国发生的抗租运动，认为这个运动会促进现代资产阶级社会工业制度的发展，但这个运动是无产阶级运动的成果，其攻击的是一般土地私有制，其结果必然导向共产主义。克利盖看不到运动的最终最高的目的而将之限定在运动的特定目标上，把某些人的具有次要意义的运动形式夸大为一般人的事业。共产主义最初可以以土地运动的形式出现，这也可以是无产阶级运动在一定条件下的必要的初步形式，但是如果局限在土地运动的狭隘目标上，就不是共产主义了。这"无非是把一切人变成私有者而已。这种梦想就象梦想把一切人变成帝王和教皇一样，既无法实现，也不是共产主义的"①。这一追求反映的仅仅是小资产者、破产的小店主、师傅和农民的诉求。

其四，对无产阶级形象的把握。克利盖心目中的无产阶级形象是不真实的，人类的实际问题被虚幻的词语掩盖了。克利盖宣称无产阶级就是人类，现在人类却变成无产阶级的一种身份了。无产阶级的确代表人类的利益，但是这不是不同的人格的问题，不是用人类的人格来矫正"下贱"的人格的问题。即便其中涉及人格问题，也是历史运动的问题。

二 共产主义价值观决定性观点在《哲学的贫困》中的公开问世

蒲鲁东在 1846 年出版了《经济矛盾的体系，或贫困的哲学》，即

---

① 《马克思恩格斯全集》第 4 卷，人民出版社，1958，第 12 页。

《贫困的哲学》。从书名就可以看出，蒲鲁东是从经济学和哲学两个角度来论述贫困等问题的。蒲鲁东把范畴的逻辑展开引入了经济学领域。1859年马克思说："我们见解中有决定意义的论点，在我的1847年出版的为反对蒲鲁东而写的著作《哲学的贫困》中第一次作了科学的、虽然只是论战性的概述。"①

《哲学的贫困》序言指出蒲鲁东犯有双重错误，是拙劣的经济学家和拙劣的哲学家。蒲鲁东主张废除由财产产生的不劳而获，同时保存私有制本身，保障劳动自由交换的权利。蒲鲁东把私有财产制度作为肯定，把社会主义作为否定，力求在更高一级的立场上将两者综合。由此便产生了他的以依据自然价值的交换为原则的相互扶助理论。蒲鲁东的这一著作给马克思提供了从哲学、政治经济学和科学社会主义相统一的角度论述自己的新世界观的机缘。《哲学的贫困》是马克思主义经典文献中发表最早的文本，与《德意志意识形态》相比，《哲学的贫困》的唯物史观更加具体化。

（一）剩余价值学说的萌芽

《哲学的贫困》诞生了剩余价值学说的萌芽。

马克思指出，产品的交换价值和价格受到供求关系影响，任何东西只有在对它有需求的时候才说得上多或少。而蒲鲁东把毫无用处但极端稀少的物品和高价格联系在一起，把日常必需品和数量多且一钱不值联系在一起。很明显，蒲鲁东忽略了数量众多是人创造的，不单纯是自然发生的。

资产阶级的财富增长了，但工人阶级的状况并未因社会财富的增加而得到改善，关键就在于所谓的集体财富不过是资产阶级的财富。"这就是社会，是建立在阶级对抗上的社会关系。这不是个人和个人的关系，而是工人和资本家、农民和地主的关系。"②

产品的交换并不是简单的个人交换，而是社会性的个人交换。"产品的交换方式取决于生产力的交换方式。"③ "个人交换也和一定的生产方式相适应，而这种生产方式又是和阶级对抗相适应的。因此，没有阶级对抗

---

① 《马克思恩格斯全集》第31卷，人民出版社，1998，第414页。
② 《马克思恩格斯全集》第4卷，人民出版社，1958，第135页。
③ 《马克思恩格斯全集》第4卷，人民出版社，1958，第117页。

就不会有个人交换。"① 和谐、公平是价值概念，价值概念的真实内容需要结合生产方式来加以确定，尤其是要联系生产方式的对抗性来加以确定。

工人和资本家之间也存在一定的交换关系，资本家付给工人工资，工人付出劳动，这种关系并不是单纯的个人与个人之间的交换关系。考察生产力的发展和劳动的剩余要在这种对抗关系的前提下进行。"然而这些条件恰恰也是发展生产力和增加劳动的剩余的必要条件。因此，要获得这种生产力的发展和这种劳动剩余，就必需有阶级存在，其中一些阶级日益富裕，另一些则死于贫困。"② 马克思所说的这些条件是指私人资本的积累，以及现代分工、工厂、无政府状态的竞争、雇佣劳动制度等。为什么工人阶级付出劳动反而贫困呢？人们为什么会买卖劳动呢？

由于劳动被进行买卖，所以它本身就是商品。人们买卖商品不是为了从这个东西中取得效用，不是为了直接消费，而是将其当作生产工具，劳动也因此具有价值。"劳动'值'多少取决于食物的贵贱，取决于劳动人手供求量的大小等等。"③ 劳动商品的生产也需要劳动时间。"劳动的自然价格无非就是工资的最低额。"④ 这样剩余价值学说就呼之欲出了。劳动作为商品得到的工资受到供求关系以及竞争的影响，基本上就是工人维持基本生活的价格。

那么工人劳动的价值和工资之间是什么关系呢？显然，工人劳动的价值更高。同一时间内生产一个具体的商品会有一个数值，如果把这个具体的商品换成其他所有的商品的话，会有一个最低的数量值和一个最高的数量值。反过来也一样，生产一件具体的商品也会有一个最低时间值。这样就可以定位价值。"价值不是由单独生产某种产品所必要的时间构成，而是与同一时间内所能生产的一切其他产品的数量成比例。"⑤ 抽象劳动决定价值，因而要用劳动价值来衡量商品的价值。蒲鲁东却"把用商品中

---

① 《马克思恩格斯全集》第4卷，人民出版社，1958，第117页。
② 《马克思恩格斯全集》第4卷，人民出版社，1958，第135页。
③ 《马克思恩格斯全集》第4卷，人民出版社，1958，第100页。
④ 《马克思恩格斯全集》第4卷，人民出版社，1958，第94页。
⑤ 《马克思恩格斯全集》第4卷，人民出版社，1958，第121页。

所包含的劳动量来衡量的商品价值和用‘劳动价值’来衡量的商品价值混为一谈"①。一个被雇佣的工人的劳动价值从同一时间内所能生产的产品来看显然是要高于工资的，这就为解释剩余价值开辟了道路。因为等价交换的原则不能说明资本和劳动的交换，马克思就有了具体劳动生产使用价值、抽象劳动生产价值这一思想的萌芽。

在阐发马克思的价值观的时候有一个难题就是异化劳动论和劳动价值论的关系问题。常规的看法往往把二者看成互相否定的关系，认为马克思思想的发展有一个用异化劳动论否定劳动价值论然后又用劳动价值论代替异化劳动论的过程。②异化劳动论和劳动价值论是不同的，但二者之间也有相互肯定的关系。也要看到，马克思在阐发劳动价值论的过程中，运用了异化劳动论思想。劳动价值论和异化劳动论的确构成了一种经济事实的分析路径和哲学分析路径的差别，但这两条路径在《1844 年经济学哲学手稿》中是相辅相成的。马克思在重点发展经济事实的分析路径的时候，也保留了异化劳动论思想的一些积极因素，从而实现了二者的有机结合。

在《1844 年经济学哲学手稿》中，异化劳动论所依据的经济事实就包括马克思对工人的工资的论述。工人的工资不管是提高还是下降，其意义都会被抵消。劳动价格和生活资料的价格相比，后者更为稳定，所以工人的工资基本上可以维持劳动期间的生活费用和养家糊口的费用。工人的地位就是商品的地位。工人还要为谋求工作，也就是为了占有劳动本身而斗争。单纯地看到这一点，也就能看到劳动是物，劳动是商品是一种抽象的看法。劳动是商品恰好是在资本家和工人的关系中发生的。劳动是商品这一事实是需要说明的，是有历史性的，而不能把劳动是商品当成永恒的历史事实。正是为了说明这一点，马克思提出了工人的劳动是异化劳动的理论。显然，在对工人的工资的分析过程中，马克思着眼的是具体劳动，而异化劳动的论述带有一定的抽象性。

工人的劳动和工人的生命力物化在劳动对象之中，自身具有雇佣劳动

① 《马克思恩格斯全集》第 4 卷，人民出版社，1958，第 97 页。
② 参见〔德〕瓦·图赫舍雷尔《马克思对李嘉图劳动价值论的承认和这一理论在〈哲学的贫困〉中的运用》，载姜海波编著《马克思〈哲学的贫困〉研究读本》，中央编译出版社，2013，第 323 页。

的性质，物化的成果则是资本。资本和雇佣劳动的分析与异化劳动的分析是一体两面。工人的生命力和劳动物化在劳动对象之中，如果从价值论的角度来解释，就构成了资本的价值源泉。

《哲学的贫困》进一步论述了劳动是商品的问题。劳动作为商品也具有交换价值，这个价值与生活资料的价格有关，也和劳动人手的供求关系有关。人们为什么要买卖劳动这种商品呢？蒲鲁东用劳动本身来解释，认为就是因为劳动有价值，并进而用劳动时间来解释，蒲鲁东用构成财富的各种产品的比例性关系来定位价值，他认为生产最有效用的东西需要的时间最少。关键在于劳动时间不是自然的劳动时间，而是最低限度的时间。"千万不要忽视，一种东西的价值不是由生产它的时间来确定，而是由可能生产它的最低限度的时间来确定，而这种最低额又是由竞争来规定。"①马克思指出，如果承认产品的价值由劳动时间来确定，同样也应当承认，"在以个人交换为基础的社会中，单只这种摇摆运动已使劳动时间成为价值尺度。完全构成了的'比例性关系'是不存在的，只有构成这种关系的运动"②。一方面是具体劳动时间以及劳动生产的商品，另一方面是这种具体劳动时间以及相应的产品在交换体系中实际的结果。这样具体劳动时间的价值就要被社会必要劳动时间来衡量，劳动产品的价值就要被纳入交换体系中来衡量。

当工人的劳动被纳入社会关系的总和以后，工人的劳动就要结合工资来衡量，还要结合生活资料的价格和工人之间的竞争关系来衡量。这样一来，就出现了一种关系——工人的具体劳动时间、劳动产品和工人得到的工资之间不对等的关系。生产力的交换方式包括参加生产的各种劳动的交换，这决定了产品的交换方式。③"个人交换也和一定的生产方式相适应，而这种生产方式又是和阶级对抗相适应的。因此，没有阶级对抗就不会有个人交换。"④

在《哲学的贫困》中"异化"暂时退场了，这引出一个疑问：是不

---

① 《马克思恩格斯全集》第4卷，人民出版社，1958，第107页。
② 《马克思恩格斯全集》第4卷，人民出版社，1958，第106页。
③ 参见《马克思恩格斯全集》第4卷，人民出版社，1958，第117页。
④ 《马克思恩格斯全集》第4卷，人民出版社，1958，第117页。

是其中的思路和异化发生了冲突？关于这个问题可以从《资本论》中寻找一些线索。在《资本论》中，异化劳动论和剩余价值论之间得到了高度的统一。马克思强调资本关系使工人处在和自己劳动的实现条件的异化状态中。"资本关系实际上把内在联系隐藏在使工人由于这种关系而处于和自己劳动的实现条件完全无关、外在化和异化的状态中。"①在马克思看来，资本本身是过去的和无酬的劳动，但是这种劳动转化为资本以后就成了同工人相异化的形态。"于是，那种以生产资料的形式参与活劳动过程的过去劳动所取得的不断增长的重要性，就被归功于这种劳动的同工人本身相异化的形态，即它的资本的形态，虽然这种劳动是工人的过去的和无酬的劳动。"②马克思认为，一切剩余价值都是无酬劳动时间的化身。资本自行增殖的秘密在于资本对别人的一定数量的无酬劳动的支配权。这样一来，剩余价值和异化就被紧密地联系在一起。工人"进入过程以前，他自己的劳动就同他相异化而为资本家所占有，并入资本中了，所以在过程中这种劳动不断对象化在为他人所有的产品中"③。这一过程促进了异化的发展。随着资本的演化，剩余价值也越来越隐蔽。马克思还把表现为对他人劳动的单纯占有的利润产生的原因归结为生产资料的异化。生产资料转化为资本，就和实际的生产者相异化了。④生息资本是资本"最异化最特别的形式"⑤。剩余价值和土地联系在一起，剩余价值的源泉就完全被掩盖起来了，"剩余价值的不同部分互相异化和硬化的形式就完成了"⑥。马克思还指出，资本越来越表现为社会权力，"资本表现为异化的、独立化了的社会权力"⑦是与社会相对立的。这为社会与生产条件的结合创造了条件。

---

① 《马克思恩格斯全集》第46卷，人民出版社，2003，第99页。
② 《马克思恩格斯全集》第44卷，人民出版社，2001，第702页。
③ 《马克思恩格斯全集》第44卷，人民出版社，2001，第658页。
④ 参见《马克思恩格斯全集》第46卷，人民出版社，2003，第495页。
⑤ 《马克思恩格斯全集》第46卷，人民出版社，2003，第939页。
⑥ 《马克思恩格斯全集》第46卷，人民出版社，2003，第940页。
⑦ 《马克思恩格斯全集》第46卷，人民出版社，2003，第293页。

（二）平等价值观的物质基础

马克思认识到历史进入了"普遍买卖的时期"①。德行、爱情、信仰、知识和良心是价值概念，德行的价值也会受到交换的影响，从而被商品化，成为买卖的对象。这样的认识把价值观放在其物质基础上来理解。

蒲鲁东要求适应观念顺序的历史而不是适应时间次序的历史，主张把经济学的范畴编成一定的次序，这样就可以从纯粹的、永恒的、无人身的理性的运动中去寻找这些观念的来历。而事实上，经济范畴只是生产方面社会关系即生产关系的理论表现，纯粹的形式上的运动、运动的纯粹的逻辑公式是实际运动的抽象。

马克思指出，人按照自己的社会关系创造了相应的原理、观念和范畴。观念和范畴是历史的暂时的产物。历史也创造了原理，原理属于世纪，就像 11 世纪出现权威原理，18 世纪流行个人主义原理。"平等趋势是我们这个世纪所特有的。"②

一些价值范畴以及相应的价值观的出现及演化遵循的是生产力和社会关系的发展规律。马克思认为，蒲鲁东的逻辑是对的，确实是在竞争这种社会关系下发展生产力的，但蒲鲁东对此进行的表述却是有问题的，他把竞争说成自由最时髦的方式、价值的构成、平等到来的条件、命运的法规、永恒公平的启示等。蒲鲁东讲的自由、平等、公平等价值是蕴含在竞争中，受到竞争的规律调节的。竞争之所以被理解为命运的法规、永恒公平的启示，就是因为蒲鲁东不理解价值观由经济规律决定。

对于平等等价值，尤其要从经济生活中的对抗关系来理解。"只要是资产者，他就不能不把这种对抗关系当作不允许任何人损人利己的、以和谐与永恒的公平为基础的关系。"③ 公平、平等的内容是对这种对抗关系的反映，离开这种对抗就无法把握建立在资产阶级和无产阶级阶级对抗基础上的平等和公平的本质。考虑到这种对抗关系，对于一些看起来不那么高尚的价值观就会有新的观察视角，比如利己主义。资产者也反对损人利

---

① 《马克思恩格斯全集》第 4 卷，人民出版社，1958，第 80 页。
② 《马克思恩格斯全集》第 4 卷，人民出版社，1958，第 153 页。
③ 《马克思恩格斯全集》第 4 卷，人民出版社，1958，第 117 页。

己，但是他们的损人利己要维护的是对抗关系以及在对抗关系基础上的交换关系。利己主义"是以社会为前提，即以共同的目标、共同的需要、共同的生产资料等等为前提的"①。

以经济和社会生活中的对抗关系为基础来分析平等等价值观，才是辩证法。蒲鲁东认为，好的方面和坏的方面，即益处和害处加在一起就构成每个经济范畴所固有的矛盾。蒲鲁东把辩证运动的全部过程归结为简单对比善和恶，并且要消除恶，结果"辩证法没有了，代替它的至多不过是最纯粹的道德而已"②。蒲鲁东追求的经济范畴的好的东西就是平等，分工、信用、工厂，一切经济关系都仅仅是为了平等的利益才被发明的。"他认为，好的东西，最高的幸福，真正的实际目的就是平等。"③ 蒲鲁东把平等变成经济的原始意向、神秘的趋势、天命的目的，不了解这不过是在历史运动到新世纪以后出现的趋势。蒲鲁东想要取消坏的方面，不尊重历史规律。农奴、特权、无政府状态是封建主义坏的方面，但是这些恰好是引起斗争的因素，也正是这些引起斗争的因素使资本主义得以萌芽。

马克思指出，蒲鲁东"不是把经济范畴看做历史的、与物质生产的一定发展阶段相适应的生产关系的理论表现"④。马克思也有批判的视野，这种批判的视野指出一种价值方向，这一价值方向本身就是一种科学。从马克思的论述来看，不仅需要研究现实的物质条件的运动，还要研究现实的物质条件的运动产生的解放的因素，以及产生的现实的历史批判力量。当认识到这种力量的时候，努力去实现或者促进现实条件产生批判力量就既是一种科学的活动，也是一种价值的活动。但要注意这种价值的活动不同于先验地构想出解决社会问题的公式。

（三）社会机体及其规律

《哲学的贫困》在唯物史观诞生和发展中有重要的地位和意义。蒲鲁东把社会体系分解为单个社会，然后再用时间顺序，通过观念构建的运动把这些社会环节联结起来，组成一个整体。对于这一点，马克思进行了批

---

① 《马克思恩格斯全集》第 4 卷，人民出版社，1958，第 176 页。
② 《马克思恩格斯全集》第 4 卷，人民出版社，1958，第 147 页。
③ 《马克思恩格斯全集》第 4 卷，人民出版社，1958，第 152 页。
④ 《马克思恩格斯全集》第 21 卷，人民出版社，2003，第 58 页。

判。"谁用政治经济学的范畴构筑某种思想体系的大厦，谁就是把社会体系的各个环节割裂开来，就是把社会的各个环节变成同等数量的互相连接的单个社会。其实，单凭运动、顺序和时间的逻辑公式怎能向我们说明一切关系同时存在而又互相依存的社会机体呢？"① 在这里，马克思强调的是关系的同时存在以及相互依存。理解这一点非常重要。生产力决定生产关系、经济基础决定上层建筑并不是单线条的，其中包含同时存在、相互依存，也包括时间上的先后顺序等关系。

在《德意志意识形态》中，马克思已经强调人是在既定的环境、生产力等前提下进行活动的。历史是一种世代更迭，这种世代更迭使人既是剧中人，又是剧作者。"只要你们把人们当成他们本身历史的剧中人物和剧作者，你们就是迂回曲折地回到真正的出发点，因为你们抛弃了最初作为出发点的永恒的原理。"② 总体上说，历史是人的历史，但每一代人从诞生的那一刻起就遇到既定的社会关系，遇到既定的生产力，遇到既定的文化传统，这些先在的东西是前代人生活的条件，是他们创造的，因而是人的历史的组成部分。从这一点来看，人是剧中人。

"每一个社会中的生产关系都形成一个统一的整体。"③ 不应把所有权作为一种独立的关系、一种特殊的范畴，所有权在社会关系下发展着，想要说明一种所有权就要描绘全部社会关系。"在每个历史时代中所有权以各种不同的方式、在完全不同的社会关系下面发展着。因此，给资产阶级的所有权下定义不外是把资产阶级生产的全部社会关系描述一番。"④ 马克思的这一思想有非常重要的意义，社会机体的整体性要求在把握其中的某一要素和某一层次的问题时联系整体和其他要素来考察。

马克思的整体观有非常重要的意义。生产力是在生产关系中发展的，这种关系是同生产力的发展水平相适应的关系。离开特定的生产关系，人的力量就不是现实的力量，不会变成现实的生产力。在理解生产力决定生产关系的原理时需要把时间性的因素考虑进去。生产力是在生产关系中发

---

① 《马克思恩格斯全集》第4卷，人民出版社，1958，第145页。
② 《马克思恩格斯全集》第4卷，人民出版社，1958，第149页。
③ 《马克思恩格斯全集》第4卷，人民出版社，1958，第144页。
④ 《马克思恩格斯全集》第4卷，人民出版社，1958，第180页。

展的，二者从适应到不适应，而引起不适应这种变化的根本因素是生产力。马克思在表述生产力引起生产关系的变化的时候恰好是从生产关系入手的。"为了正确地判断封建的生产，必须把它当做以对抗为基础的生产方式来考察。"① 财富是在对抗中形成的，生产力"和阶级对抗同时发展"②。马克思的这一类表述非常值得推敲，其中蕴含了从现象出发的思维方式。封建生产方式中就包含了对抗关系，生产力和财富是在这种关系下创造和发展的，二者具有一定的同时性。同时，还有一定的历时性，生产关系并不是不变的，而是随时都在变化的。促成变化的不是关系本身，而是生产力和生产方式。在对抗性的社会关系中的双方，每一方的生产力和生产方式的变化都会引起关系的变化。"这些阶级中一个代表着社会上坏的、否定的方面的阶级怎样不断地成长，直到它求得解放的物质条件最后成熟。这难道不是说，生产方式、生产力在其中发展的那些关系并不是永恒的规律，而是同人们及其生产力发展的一定水平相适应的东西，人们生产力的一切变化必然引起他们的生产关系的变化吗？"③ 在不同的生产关系中发展的生产力，由于生产关系的对抗性而表现为一种阶级关系，生产力在不同的阶级的怀抱中发展着。在其中发展的新的生产力意味着新的阶层或者阶级的出现，意味着生产关系和阶级关系的变化。

在《哲学的贫困》中，马克思的生产力思想得到了很大的发展，尤其是回答了阶级对抗与生产力的关系。"当文明一开始的时候，生产就开始建立在级别、等级和阶级的对抗上，最后建立在积累的劳动和直接的劳动的对抗上。没有对抗就没有进步。这是文明直到今天所遵循的规律。到目前为止，生产力就是由于这种阶级对抗的规律而发展起来的。"④ 马克思在这里提出了积累的劳动和直接的劳动的对抗的说法，这是非常有意义的。积累的劳动最集中的表现是物化的财富，直接的劳动最集中的表现是人的劳动力，这样二者直接的关系就拥有了物和人的关系的外观。展开来看，这一看法也和剧中人、剧作者的看法相一致。生产力和上层建筑的关

① 《马克思恩格斯全集》第4卷，人民出版社，1958，第154页。
② 《马克思恩格斯全集》第4卷，人民出版社，1958，第155页。
③ 《马克思恩格斯全集》第4卷，人民出版社，1958，第155页。
④ 《马克思恩格斯全集》第4卷，人民出版社，1958，第104页。

系不应简单地理解成单线条的。马克思提到在资产阶级的怀抱中发展了生产力。生产力不是抽象的，无论是生产力的主体，还是生产工具、生产对象，总是具体的。不同主体的生存方式中涉及生产工具和生产对象，这样一来就有生产力上的差别。虽然阶级对抗的规律中发展了生产力，但阶级对抗属于上层建筑的范畴，如何理解生产力是由阶级对抗的规律而发展起来的？马克思这时候强调社会要素的有机性和同时性、相互制约性。从同时性来看，阶级对抗和生产力的发展具有同时性。新阶级和旧阶级的分别也是一种生产力的分别，而新阶级的生产过程内部也孕育着自身的矛盾，就像工业的发展中蕴含着资产阶级和无产阶级的矛盾一样。从相互制约性来看，是生产力的发展使阶级的分别得以产生，新的生产力促使新的等级或新的阶级得以诞生，生产力具有决定性。被压迫阶级的解放必然意味着新社会的建立。"被压迫阶级的存在就是每一个以阶级对抗为基础的社会的必要条件。因此，被压迫阶级的解放必然意味着新社会的建立。要使被压迫阶级能够解放自己，就必须使既得的生产力和现存的社会关系不再继续并存。在一切生产工具中，最强大的一种生产力是革命阶级本身。革命因素之组成为阶级，是以旧社会的怀抱中所能产生的全部生产力的存在为前提的。"① 马克思的这一段论述非常有价值。生产力的决定作用首先表现为既得的生产力和现存的社会关系不再继续并存，这时候被压迫的阶级就获得了解放自身的条件；生产力起到前提作用，即旧社会产生的全部生产力促使革命因素组成阶级；然后革命阶级及其斗争就成了新生产力发展的集中表现。

马克思指出，蒲鲁东不明白一定的社会关系是人们生产出来的。"社会关系和生产力密切相联。随着新生产力的获得，人们改变自己的生产方式，随着生产方式即保证自己生活的方式的改变，人们也就会改变自己的一切社会关系。"② 在这里，马克思的生产方式概念就是指保证自己生活的方式，生产力指的是手工磨、蒸汽磨，这是生产工具的范畴。"分工、

① 《马克思恩格斯全集》第 4 卷，人民出版社，1958，第 197 页。
② 《马克思恩格斯全集》第 4 卷，人民出版社，1958，第 144 页。

使用机器以及利用自然力和科学的力量可以增加人的生产力"[1]，人们是按照自己的物质生产的发展建立相应的社会关系的。"在《手稿》中，马克思提出的人的本质力量的概念中蕴涵着生产力的内容，即人自身所具有的自然力，如欲望、激情、劳动能力是一种对象化的力量。"[2] 人把自身的内在力量对象化是一种较为抽象的讲法。《1844 年经济学哲学手稿》中蕴含的生产力内容还是抽象的，但也是有意义的。生产力是人的本质力量的对象化，但除此而外，生产力的概念更是一个历史观的概念。人的本质力量的对象化，需要借助生产工具来完成，从不同的历史时期来看，典型的生产工具可以用来作为生产力发展水平的标志。"手工磨产生的是封建主为首的社会，蒸汽磨产生的是工业资本家为首的社会。"[3] 但生产力的主体始终是人，其本质是人的本质力量的对象化，是人的本质力量。抽象的人的本质力量还不能构成现实的生产力，人的本质力量要变成生产力，需要外化为对象物，需要在生产关系中实现。这样一来，个体的本质力量就成为受限制的力量，生产力就客观化为一个独立于人的物的世界，而人本身反过来成为生产力的一个环节。

（四）作为一种革命的科学的共产主义

《哲学的贫困》对无产阶级的历史进行了说明。无产阶级起先是封建社会的残存物，然后在资产阶级内部发展出了现代无产阶级。工人阶级最初还不是一个自为的阶级，他们为了维护工资组成同盟；工人阶级要维护工资就需要维护同盟，这样就成为自为的阶级。

无产阶级的发展与社会主义思想的发展密切相关。空想社会主义产生和存在的条件是：无产阶级尚未发展到足以确立为一个阶级；无产阶级同资产阶级的斗争尚未带政治性；生产力在资产阶级的怀抱中尚未发展到足以使人看到解放无产阶级和建立新社会必备的物质条件。马克思在论述空想社会主义的时候说，"由历史运动产生并且充分自觉地参与历史运动的科学就不再是空论"[4]。这说明这一科学可以成为革命的科学，也可能会

---

[1] 《马克思恩格斯全集》第 4 卷，人民出版社，1958，第 134 页。
[2] 陈先达：《走向历史的深处：马克思历史观研究》，北京师范大学出版社，2017，第 354 页。
[3] 《马克思恩格斯全集》第 4 卷，人民出版社，1958，第 144 页。
[4] 《马克思恩格斯全集》第 4 卷，人民出版社，1958，第 158 页。

成为空论。

在《哲学的贫困》中，马克思继续阐发自己关于政治革命和社会革命的看法。马克思强调，无产阶级和资产阶级的斗争必然演变为全面的革命。因为阶级与阶级之间的斗争是政治运动也是社会运动，社会运动不排斥政治运动，政治运动同时又是社会运动，所以无产阶级的政治革命是必要的。

当然无产阶级的政治革命也不能停留在夺取政权的阶段，还要消灭一切阶级。因为消灭一切阶级是无产阶级解放的条件。"只有在没有阶级和阶级对抗的情况下，社会进化将不再是政治革命。"① 资产阶级的旧社会崩溃以后形成的并不是新阶级新政权的统治，而是"消除阶级和阶级对立的联合体"②。这里的联合体是代替资产阶级社会的新的社会形态。这种新的社会形态有自己特别的规定性，尤其是社会效用的大小有了新的规定性。"花费在某种物品生产上的时间将由这种物品的社会效用大小来确定。"③

财产关系的总和的现实形态是作为生产关系存在的，法律不过是对生产关系的意志的表现。分析资产阶级经济的历史起源，就是要分析人类存在的无机条件与人的活动存在之间的分离的历史起源问题。马克思认为，在奴隶制和农奴制的关系中没有这种分离，社会的一部分被另一部分当作只是自身再生产的无机条件来对待。奴隶同劳动条件之间没有任何关系，奴隶的劳动是作为生产的无机条件与其他自然物列为一类的。

三 《马克思致帕维尔·瓦西里耶维奇·安年科夫》对唯物史观的进一步阐发

《马克思致帕维尔·瓦西里耶维奇·安年科夫》写于 1846 年 12 月 28 日。张一兵介绍说马克思当时正在修改《德意志意识形态》第一章，这封信体现了马克思思想在 1845 年超越赫斯的抽象实践唯物主义之后的

① 《马克思恩格斯全集》第 4 卷，人民出版社，1958，第 198 页。
② 《马克思恩格斯全集》第 4 卷，人民出版社，1958，第 197 页。
③ 《马克思恩格斯全集》第 4 卷，人民出版社，1958，第 105 页。

关键飞跃。这种飞跃集中体现在科学地引出了新的现实批判张力，创立了科学批判话语。1847年以后，马克思不再直接以哲学逻辑的方法批判现实。张一兵认为这封信可以准确地表现《德意志意识形态》创作过程中马克思的真实思想和新的想法，另外也能够最真实地展现马克思《哲学的贫困》的原初思想语境。[①] 该文关注马克思"一定的""历史的""暂时的"用语的深刻内涵是有意义的。青年马克思有浓厚的历史意识，并在这种意识的发展中看出了"政治解放"的历史局限性，看出了私有制的历史暂时性，到这封信则从历史规律方面说明了"社会形式"的具体性、历史性和暂时性。马克思这一理论发现除解决了否定抽象的价值悬设以后如何生发出对现实进行批判的张力问题，从而不再从价值悬设的"应该"与"是"的矛盾中引出批判的张力以外，还有更丰富的理论意义。

张文认为，1844年时青年马克思的异化劳动理论的深层逻辑依旧是旧式的人本主义思路。马克思讲的人和自然、人和人、存在和本质等的矛盾的本质还是"应该"与"是"的矛盾，其逻辑思路的内驱力还是价值悬设的超越性。关于《1844年经济学哲学手稿》中"是"与"应该"的问题，可以进一步深入探讨。但是有一点是清楚的，这就是马克思对"是"的把握是越来越科学、越来越深入的。马克思具有浓厚的探究真理的热忱，这一探究精神既表现为对理论的兴趣，也表现为对实践的热情。另外值得关注的是：马克思的价值追求为什么没有成为认识现实的障碍，没有陷入主观化，反而促进了对现实的客观认识呢？这与马克思善于学习有关。马克思不断学习哲学、政治经济学、历史学等知识，并不断超越自我。另外，和马克思有为人类幸福奋斗的理想也有关，这一理想使马克思超越自我和时代的局限性，深入历史深处，不断探索历史的发展规律。

在《马克思致帕维尔·瓦西里耶维奇·安年科夫》中，马克思对《哲学的贫困》表达的相关思想进行了更为清晰的阐发。马克思运用阶级分析的方法分析蒲鲁东的思想，把蒲鲁东的思想定位为小资产阶级性质的。

---

① 参见张一兵《一定的历史的暂时的：科学批判理论的新基点——解读〈马克思致安年柯夫信〉》，《江汉论坛》1997年第2期，第48页。

马克思分析了蒲鲁东陷入错误理论的原因是用头脑中的奇妙运动代替了现实的历史运动。蒲鲁东把表现资产阶级关系的范畴神化为独立物，神化为永恒的东西。其根本原因在于他不能看出资产阶级生产形式是一种历史的和暂时的形式。"他们之所以犯这个错误，是由于在他们看来作为资产者的人是一切社会的唯一可能的基础，是由于他们不能想象会有这样一种社会制度：在那里人不再是资产者。"①

马克思对唯物史观的阐发有两个角度。一个角度是从经济过程讲到政治国家，讲到观念关系。经济过程主要指生产、交换和消费，经济形式主要指交换和消费形式，和经济形式相适应的社会关系指社会形式、交往关系，例如各种特权、行会和工会制度。和经济过程相对应的是市民社会。马克思当时的市民社会概念主要是指社会制度形式、家庭、等级或阶级组织。国家是"市民社会的正式表现"②。

另一个角度是世代更迭。生产力对社会形式的决定作用，从世代更迭的角度来看，其恰好是在先在的生产关系中发生的，这构成了一种相互作用。"可见，生产力是人们应用能力的结果，但是这种能力本身决定于人们所处的条件，决定于先前已经获得的生产力，决定于在他们以前已经存在、不是由他们创立而是由前一代人创立的社会形式。"③ 这样一来，不仅生产力是一种既得的力量，社会形式和交往方式也是既得的。"社会——不管其形式如何——是什么呢？是人们交互活动的产物。人们能否自由选择某一社会形式呢？决不能。"④ 从世代更迭来看，社会形式具有先在性，人不能自由选择某一社会形式。但是人可以放弃或者改变某一具体的社会形式。"人们永远不会放弃他们已经获得的东西，然而这并不是说，他们永远不会放弃他们在其中获得一定生产力的那种社会形式。恰恰相反。为了不致丧失已经取得的成果，为了不致失掉文明的果实，人们在他们的交往［commerce］方式不再适合于既得的生产力时，就不得不改

---

① 《马克思恩格斯文集》第 10 卷，人民出版社，2009，第 50 页。
② 《马克思恩格斯文集》第 10 卷，人民出版社，2009，第 43 页。
③ 《马克思恩格斯文集》第 10 卷，人民出版社，2009，第 43 页。
④ 《马克思恩格斯文集》第 10 卷，人民出版社，2009，第 42 页。

变他们继承下来的一切社会形式。"①

《德意志意识形态》中有一定的个体活动和这一活动的现实条件的区分。这一区分是非常有意义的,一方面,肯定了个体及其活动是历史叙述的出发点;另一方面,这一个体又是在现实的条件下进行活动的。这一区分使人没有在历史观中"空场",历史一直是人的历史。这一区分还有一个优点,就是生产力发展的历史成为人的历史恰好是在历史中完成的,其中可能存在生产力发展伤害个体发展的情况。总的来说,"人们的社会历史始终只是他们的个体发展的历史"②。"他们的物质关系形成他们的一切关系的基础。这种物质关系不过是他们的物质的和个体的活动所借以实现的必然形式罢了。"③

《马克思致帕维尔·瓦西里耶维奇·安年科夫》阐发了生产力、生产关系等社会运动要素的相互关系,阐发了其在历史更迭中的有机性,从而更明确了生产力在历史进程中的价值地位。

四　《共产党宣言》诞生前夜共产主义价值观的阐发

《哲学的贫困》之后,1847 年到 1848 年初,马克思对无产阶级及其革命有了更为清晰的认识。其中《"莱茵观察家"的共产主义》写于 1847 年 9 月 5 日,《道德化的批评和批评化的道德:论德意志文化的历史,驳卡尔·海因岑》写于 1847 年 10 月底,《拉马丁和共产主义》写于 1847 年 12 月 24 日。1847 年 11 月 29 日,在伦敦举行的纪念 1830 年波兰起义十七周年的国际大会上,马克思发表了《论波兰》的演说。

(一)　对社会问题的唯物主义阐释

《哲学的贫困》之后,马克思对社会结构的认识更为清晰,将社会问题中包含的价值问题放在经济制度中加以阐释,并对相关的错误观念进行了批判。1847 年 10 月写作的《道德化的批评和批评化的道德:论德意志文化的历史,驳卡尔·海因岑》对这一思想进行了阐释。一方面,马克

---

① 《马克思恩格斯文集》第 10 卷,人民出版社,2009,第 43~44 页。
② 《马克思恩格斯文集》第 10 卷,人民出版社,2009,第 43 页。
③ 《马克思恩格斯文集》第 10 卷,人民出版社,2009,第 43 页。

思区分了财产权力和政治权力；另一方面，他又强调不能把经济和政治割裂开来，还强调了社会机体的有机性。

在批判卡尔·海因岑的过程中，马克思进一步分析了财产权力和政治权力的关系，并以此来分析经济与政治的关系。"可见，在我们面前有两种权力：一种是财产权力，也就是所有者的权力，另一种是政治权力，即国家的权力。"① 当资产阶级夺得政治权力以后，整个统治就变为资产阶级对整个社会的统治，而不是个别资产者对自己的工人的统治。资产阶级建立国家权力就是为了保卫自己的财产关系，现代资产阶级的财产关系靠国家权力来维持。财产权力涉及所有制问题，而政治权力涉及政治上层建筑。

社会问题是不能离开经济政治关系来讨论的，因为社会问题最根本的还是财产问题。财产问题是这个时代全世界的历史性问题，要结合现代资产阶级社会来思考。国家权力越是具有资产阶级性质，相应的社会问题就越尖锐。社会问题也是政治的问题。"人们的政治关系同人们在其中相处的一切关系一样自然也是社会的、公共的关系。因此，凡是有关人与人的相互关系问题都是社会问题。"② 社会问题当然也会表现为观念问题，尤其是表现为价值观念的问题。但价值观念是以经济和政治为基础的。社会问题，尤其是财产问题不能简单地用良心、公平等来解释。"一个人拥有一切而另一个人一无所有"，以及"个别人一般可以拥有某些东西是否公平"，"也不能归结为类似的简单的良心问题和关于公平的词句"。③

在对社会进行层次区分的同时，马克思还强调有机性。私有制不是一种简单的关系，而是"资产阶级生产关系的总和"④。拉马丁认为人把许多东西占为己有是一种自然规律和一种生活条件，所有制是宇宙中生活原则的组织。马克思认为拉马丁没有看到占有空气和占有社会产品是有差别的，野蛮时代和文明时代、当下的时代也是有差别的。"所有这些资产阶

① 《马克思恩格斯全集》第4卷，人民出版社，1958，第330页。
② 《马克思恩格斯全集》第4卷，人民出版社，1958，第334页。
③ 《马克思恩格斯全集》第4卷，人民出版社，1958，第334页。
④ 《马克思恩格斯全集》第4卷，人民出版社，1958，第352页。

级生产关系都是阶级关系"①，"阶级间的关系的变化就是历史的变化，是整个社会活动的产物，总之，是一定'历史运动'的产物"②。

（二）以社会机体思想回答无产阶级的历史使命

值得关注的一点是，马克思用宏大的历史视野来看待工人阶级的历史任务。工人要取得胜利，团结是前提。在社会历史进程中，会有一定的同时性现象，即历史阶段性特征汇集在一个时间点上。如工人阶级已经开始登上历史舞台的时候，封建主义和资产阶级的统治还在进行着搏斗。这就给工人阶级提出了如何对待二者的问题，一个是消灭资产阶级的财产关系，一个是保存封建的财产关系。"问题就在于什么能使无产阶级取得更多的手段以达到自己目的：是目前的政治制度即官僚统治，还是自由派想望的制度即资产阶级统治。"③ 马克思认为是后者。资产阶级统治会让无产阶级得到崭新的武器，同时提高无产阶级的地位，使无产阶级成为一种公认的力量。工人阶级要反对封建主义，但同时"工人丝毫也不能把资产阶级革命当做自己的最终目的"④。

"莱茵观察家"对无产阶级的理解是狭隘的，只是限于农民和短工等，而且把无产阶级看成被动的，即被援助的对象。马克思则强调无产阶级渴望自己的援助。"莱茵观察家"表现出同情饥饿人民的样子，但又说人民愚蠢，根本不能参与政治。马克思指出，无产者、小农和城市贫民才是真正的人民。"无产者本身必须成为权力，而且首先是革命的权力。"⑤无产者既反对封建主义，也反对资产阶级的统治。在《"莱茵观察家"的共产主义》一文中，马克思从无产阶级的根本利益出发，分析了所得税等税收的价值问题。马克思认为所得税出自资本家的利润，通过竞争，这种资本家的所得税就得到了补偿；所得税不会使无产阶级获得利益。"工人的存在的全部价值只不过在于他是一种生产力而已；资本家就是这样来

①　《马克思恩格斯全集》第4卷，人民出版社，1958，第352页。
②　《马克思恩格斯全集》第4卷，人民出版社，1958，第352页。
③　《马克思恩格斯全集》第4卷，人民出版社，1958，第210页。
④　《马克思恩格斯全集》第4卷，人民出版社，1958，第347页。
⑤　《马克思恩格斯全集》第4卷，人民出版社，1958，第331页。

对待工人的。"①

马克思特别提到了"使资产阶级生产方式必然消灭、从而也使资产阶级的政治统治必然颠复的物质条件"②的重要性。无产阶级要认清自己的最终目的，但这不意味着不顾现实的历史运动，恰好相反，无产阶级的最终目的要在一定的历史条件下实现。相应的"物质条件尚未在历史进程中、尚未在历史的'运动'中形成以前，即使无产阶级推翻了资产阶级的政治统治，它的胜利也只能是暂时的，只能是资产阶级革命本身的辅助因素（如 1794 年时就是这样）"③。

（三）论证国际友爱的所有制基础

1847 年，马克思的世界历史思想有了重大的进展。这一思想的一些基本方面得到了一定的阐释。其中一个问题是对物的世界的普遍依赖性的形成。自由贸易扩大了生产力，但也造成了对世界市场的依赖性和对自由贸易的"或多或少的依赖性"④。

另外一个问题是交往关系的普遍发展与相应的生产关系的限制的矛盾。在《关于自由贸易的演说》中，马克思分析了工人的命运与资本增殖的关系。资本增殖虽然对工人有利，但在这种情况下，工人一样会陷入贫穷。原因就在于，在现代社会条件下，自由贸易是"资本的自由"⑤。生产力的扩大必将带来生产关系的革命，"自由贸易制度加速了社会革命"⑥。

还有一个问题是阶级对立和民族对立。自由贸易带来的社会革命包含阶级对立和民族对立，因而必然表现为阶级革命和民族革命。"自由贸易引起过去民族的瓦解，使无产阶级和资产阶级间的对立达到了顶点。"⑦在《论波兰》中，马克思认为，现存的所有制关系是一些民族剥削另一些民族的原因。"无产阶级对资产阶级的胜利也就克服了一切民族间和工

① 《马克思恩格斯全集》第 4 卷，人民出版社，1958，第 456 页。
② 《马克思恩格斯全集》第 4 卷，人民出版社，1958，第 331 页。
③ 《马克思恩格斯全集》第 4 卷，人民出版社，1958，第 331~332 页。
④ 《马克思恩格斯全集》第 4 卷，人民出版社，1958，第 458 页。
⑤ 《马克思恩格斯全集》第 4 卷，人民出版社，1958，第 456 页。
⑥ 《马克思恩格斯全集》第 4 卷，人民出版社，1958，第 459 页。
⑦ 《马克思恩格斯全集》第 4 卷，人民出版社，1958，第 459 页。

业中的冲突。"① 资产阶级总是联合起来反对本国的无产阶级，但各民族真正团结的基础是共同利益，而利益一致，"就必须消灭现存的所有制关系"②。因此，"无产阶级对资产阶级的胜利同时就是一切被压迫民族获得解放的信号"③。

在不改变资本主义所有制关系的前提下，自由贸易能在世界各国之间建立起友爱关系的背后是世界范围内的剥削关系。正因如此，无产阶级不能寄托在资产阶级的"慈爱"上，而是要通过社会革命来解决问题，推动历史的前进。"他们必须通过旧社会的灭亡才能获得一切；旧社会的灭亡将使一个不再以阶级对立为基础的新社会建立起来。"④

五 共产主义的价值宣言

共产主义者同盟的前身是 1836 年的正义者同盟，其是由手工业工人组成的德国政治流亡者秘密组织。德国正义者同盟在 1846 年底派人到布鲁塞尔及巴黎邀请马克思恩格斯参加同盟。恩格斯参加了 1847 年夏在伦敦召开的第一次代表大会，这次大会将同盟改为"共产主义者同盟"。根据恩格斯《德国的社会主义》的看法，《共产党宣言》标志着德国社会主义运动中法国工人共产主义的支流和由于黑格尔哲学的解体而产生的理论运动两个派别的融合。《共产党宣言》是无产阶级政党和无产阶级革命的旗帜，对科学社会主义理论的发展、整个国际共产主义运动产生了巨大的影响，具有不可估量的价值和意义。

《共产党宣言》问世以后，科学社会主义的发展体现在两个方面：一个方面是以科学实践观为基础，对科学社会主义基本原理进行系统的论述；另一个方面是根据时代条件的变化提出具体的观点和政策，指导国际共产主义运动。区分科学社会主义的基本思想和基本原理、区分对应实践可以变化的部分，是运用科学社会主义必须面对的一个理论和实践课题。而后的科学社会主义的发展可以看成对《共产党宣言》的运用。

---

① 《马克思恩格斯全集》第 4 卷，人民出版社，1958，第 409 页。
② 《马克思恩格斯全集》第 4 卷，人民出版社，1958，第 409 页。
③ 《马克思恩格斯全集》第 4 卷，人民出版社，1958，第 409~410 页。
④ 《马克思恩格斯全集》第 4 卷，人民出版社，1958，第 410 页。

《共产党宣言》标志着马克思的共产主义价值观的形成。这一点在《共产党宣言》的开头就有明确的说明。既然叫作"宣言",就是共产党人向全世界公开自己的观点、目的和意图,也可以说就是对共产主义价值观的一次高度概括和系统说明。马克思在 1859 年说:"在我们当时从这方面或那方面向公众表达我们见解的各种著作中,我只提出恩格斯与我合著的《共产党宣言》和我自己发表的《关于自由贸易的演说》。"[1] 马克思恩格斯的著作有的偏向于探究问题,有的偏向于对公众阐发自己的观点,二者互相结合,整体地反映了其思想的面貌。

共产主义理论的价值何在?价值的源泉又在哪里?在于"了解无产阶级运动的条件、进程和一般结果"[2]。共产主义价值观离不开"条件""进程""一般结果"三个方面。

结合相关序言的论述来看,广义的"条件"包含了社会经济、政治和文化观念等方面的基本条件。这些条件其实就是《共产党宣言》的第一部分"资产者和无产者"所交代的内容。概括起来,可以说基本条件就是社会不能在资产阶级的统治下存在下去了,资产阶级的生存不再同社会相容了。资产阶级的生存条件和社会发展的矛盾是无产阶级运动的条件,正是这种不相容性决定了"资产阶级的灭亡和无产阶级的胜利是同样不可避免的"[3]。

从理论的应用来讲,要更深入地了解工人阶级解放的真正条件,这是被后来的实践证明的正确的思想。"反资本斗争中的种种事件和变迁——失败更甚于胜利——不能不使进行斗争的人们明白自己一向所崇奉的那些万应灵丹都不灵,并使他们的头脑更容易透彻地了解工人解放的真正的条件。"[4]

共产党人的理论原理不是静止的,而是要随着实践的变化而发展的;同时,这个原理的基本原则和观点要能反映无产阶级运动过程中的一些关键的环节、要素和方面。可以说,《共产党宣言》概括了无产阶级运动过

---

① 《马克思恩格斯全集》第 31 卷,人民出版社,1998,第 414 页。
② 《马克思恩格斯选集》第 1 卷,人民出版社,1995,第 285 页。
③ 《马克思恩格斯选集》第 1 卷,人民出版社,1995,第 284 页。
④ 《马克思恩格斯选集》第 1 卷,人民出版社,1995,第 263 页。

程中从逻辑上考察必然涉及的一些关键的环节、要素和方面。

（一）历史进程中的内在价值

恩格斯对《共产党宣言》基本思想的说明非常有意义。从唯物史观角度来看，《共产党宣言》写作虽然不是为了系统阐发唯物史观，但是运用了唯物史观，而且其中包含着唯物史观思想。对于无产阶级的历史地位和历史使命问题，《共产党宣言》是从历史发展的规律的角度来阐发的。

其一，阶级斗争的内在价值。"至今一切社会的历史都是阶级斗争的历史。"[1] 如何理解这一论述呢？随着原始公社的解体，社会开始分裂为阶级。这样一来，历史大致上就被划分为三个大的阶段：第一个阶段，阶级斗争还不是社会发展的重要表现形式；第二个阶段，社会以对抗的形式发展，尤其是以阶级对抗的形式发展；第三个阶段，随着阶级的逐步消亡，社会的发展是以个体的自由发展为条件的联合体的发展。在对这一历史的宏观把握中，需要分析个人的自由发展与阶级对抗的关系问题。

阶级对抗的论述和后来个人的自由发展的论述并不矛盾，阶级本身已经包含关于个人的历史发展的思考。关于个人和阶级的关系，《哲学的贫困》中的社会有机体论述是非常重要的一个论述。社会有机体意味着，个人和阶级之间是有相互性关系的，在存在阶级对抗的情况下，个人是在阶级范围内发展的，同时，阶级也是个人相互作用的产物。作为阶级的前提的个人不是孤立的，不是想象中的个人，而是现实的个人。正是因为存在这种关系，随着历史的发展才有个人自由发展基础上的联合发展的可能。

"阶级"有广义和狭义两种用法。广义的"阶级"也指称自由民和奴隶、贵族和平民、领主和农奴、行会师傅和帮工。狭义的"阶级"主要指资产阶级和无产阶级。"在近代，人格的个人和阶级的个人相区别乃至相分离，这是必然的。反而言之，在近代以前，两者一般是一致甚至是结合在一起的。"[2] 这个论述引入了人格的个人来思考阶级，这的确非常有

---

[1]　《马克思恩格斯选集》第1卷，人民出版社，1995，第272页。

[2]　〔日〕渡边雅男：《马克思的阶级概念》，李晓魁译，社会科学文献出版社，2015，"译者序"第2页。

意义。在《德意志意识形态》中，马克思恩格斯提到了德国国家有独立性，"等级还没有完全发展成为阶级"①。在谈到资产阶级是一个阶级，不再是一个等级的时候，提到资产阶级是在全国范围内而不是在一个地域内组织起来的，其通常的利益具有一种普遍的形式。这里强调了等级和阶级的不同，这种不同是普遍性方面的差异，其中包括人的活动范围的普遍性的发展，以及普遍利益的发展。在《〈黑格尔法哲学批判〉导言》中，马克思把无产阶级说成特殊的等级，是表明一切等级解体的等级。马克思还把德国的等级说成特殊阶级，提到诸侯和君王、官僚和贵族等。这说明马克思恩格斯的阶级概念是有历史性的，一方面，阶级的概念适用于分析分工和私有制诞生以后的社会阶层的对抗性的发展；另一方面，资产阶级诞生以后才出现真正意义上的阶级。

对立性的概念蕴含在阶级概念之中，既然是阶级就意味着一些人的共同利益和另外一些人的共同利益相互对立。阶级涉及共同的或者近似的生存条件，当个人处于这样的生存条件下时，其就是阶级的成员。但这里面涉及一个问题：个人的视野还有存在的合理性吗？马克思没有完全否认。《德意志意识形态》经常提到"作为个人"，这和作为阶级的成员是不同的。在对这一问题的解释中存在两种倾向：一种是完全否认对"作为个人"进行理论阐释的必要性和合理性，既然人是社会关系的总和，作为个人的个人就是纯粹的理论抽象；另外一种是把作为个人的个人从历史现实和社会现实中抽象出来变成纯粹的个人。从马克思恩格斯的思想来看，用社会有机体的思想来理解，个人和阶级之间是有相互关系的，个体一出生就处在一定的历史阶段、一定的社会关系中，处在阶级社会也就是处在阶级关系中。同时，个体的出发点总是自己，因此，个体在既定的阶级关系中，又改变着这种关系，个体也会寻找使自己转变为另一个阶级的条件。这种情况在社会变迁过程中表现得最为明显。在《德意志意识形态》中，农奴可以零零散散地解放出来。另外，这种解放不是阶级的解放，而是不超出等级制度的范围的解放。阶级内也有个人自由，个人在阶级内有相应的阶级的个人具有的自由。

---

① 《马克思恩格斯选集》第 1 卷，人民出版社，1995，第 132 页。

　　阶级的概念不是没有了个人的因素，而恰恰是个体的个人因素的某种发展的结果。资本家个体的个性更多的是由明确的阶级关系决定和规定的，而贵族和平民个体的个性和贵族、平民的规定性是不可分割的，其中个体的个性是隐蔽的。《德意志意识形态》中经常把等级和阶级放在一起使用。

　　个人的发展受阶级决定，是因为生活条件是预先确定的。另外，阶级的形成也保留了从单个人进行论述的理论视角，单个人要反对另外一个阶级，所以组成了新的阶级。历史是阶级斗争的历史和历史是个人本身力量的发展史之间是不矛盾的。个人和阶级都是人，总体上可以说历史是个人本身力量发展的历史。生产力的发展可以是以地域、部落、民族和劳动部门为出发点的发展，也可以以阶级的形式表现出来。分工和阶级有关，但分工不直接等同于阶级，阶级差别不是行业差别，分工可以在同一阶级内部造成不同的工种。

　　海因岑力图跳出经济条件这一现实的基础，靠"人性"超越现实条件。"单独的个人并不'总是'以他所从属的阶级为转移，这是很'可能的'；但是这个事实不足以影响阶级斗争，正如少数贵族转到 tiers état〔第三等级〕方面去不足以影响法国革命一样。"① 贵族转到第三等级的时候就加入了资产阶级，阶级并没有因为"人性"的追求而消失。阶级发展的价值在于其中包含的共同利益的发展，包括人的力量的社会性的发展，也包括个体的价值的发展，当然具体个体的价值在其中可能是被伤害的。

　　无产阶级不是自发性的阶级，而是自为性的阶级。自为性恰好意味着个人性和个人的自足性的发展。"每个人的自由发展是一切人的自由发展的条件"② 这样的联合体中包含了个人的价值实现和联合体的价值实现两个方面。个人的价值实现即自由，但是其不是孤立的个体的自由，而是每个人的自由发展。联合体则是一切人的自由发展。这样，个体在历史现实性上就成为真正意义上的个人。

---

① 《马克思恩格斯全集》第 4 卷，人民出版社，1958，第 344 页。
② 《马克思恩格斯选集》第 1 卷，人民出版社，1995，第 294 页。

阶级对立是有历史形式的，每个时代的情况不尽相同，但是这些历史形式也有共性。这个共性就是过去各个世纪所共有的事实，即社会上一部分人对另一部分人的剥削。

其二，生产力与生产关系的发展。市场、交换的发展带来的需求的发展使封建的或行会的工业经营方式被工厂手工业代替，进而又被现代大工业代替。这个过程同时也是资产阶级诞生和发展的过程。从封建的或行会的工业经营方式，到工厂手工业，再到现代大工业，生产方式发生了历史性的飞跃。相应的交换方式的变化则是从海外殖民到市场发展，进而是世界市场的发展。与交换方式变化相应的则是资产阶级和无产阶级的诞生和发展。

资产阶级所创造的生产力的内容包括：自然力的征服、大陆的开垦、河川的通航，即人对劳动对象的开发；机器的采用、轮船的行驶、铁路的通行、电报的使用，即生产资料的利用；化学的应用，即科学技术生产力；人口则是生产力中的劳动力要素。这些生产力是在封建社会生产关系（封建农业和手工工场组织、封建的所有制关系）中产生的。新的生产力，包括机器、化学、轮船、铁路、电报等的运用使封建的所有制关系不再适应已经发展的生产力。

类似的运动同样发生在无产阶级反对资产阶级斗争的过程中。在资本主义社会的生产关系当中同样产生了新的生产力和新的阶级即无产阶级。现代生产力和生产关系的矛盾表现为：制成品被毁灭，生产力被毁灭，生产过剩。

所有制关系的价值表现为促进生产力的发展，当所有制关系成为生产力发展的障碍的时候，就开始了变革的过程。《共产党宣言》强调，一切所有制关系都经历了经常的历史更替。

其三，经济基础与上层建筑的关系的论述。阶级本身是生产力发展的产物，是生产方式和交换方式的产物。《共产党宣言》指出，资产阶级发展的每一个阶段都伴随着相应的政治上的进展。《共产党宣言》还指出，观念是变化的，促使观念改变的因素是生活条件、社会关系、社会存在。

其四，对资本主义价值的批判。《共产党宣言》从历史进程来看待一个阶级的作用。如资产阶级在反对封建主义方面起过革命的作用：以人与人之间的利害关系、交易关系破坏了封建宗法关系；把情感淹没在利己主义打算的冰水之中；用贸易自由代替了特权自由；用公开剥削代替了被掩盖的剥削；第一个证明了人的活动能够取得什么样的成就；要求对生产工具、生产关系、全部社会关系不断进行革命，具有变革性和创新性；推动民族发展新工业，挖掉工业脚下的民族基础，民族的片面性和局限性日益成为不可能，推动民族开放；迫使其他民族采用资产阶级的生产方式和资产阶级的"所谓的文明"；使农村屈服于城市的统治；导致政治的集中。

但是资本主义的发展导致了阶级的生存和发展与社会的存在和发展的对立。"资产阶级生存和统治的根本条件，是财富在私人手里的积累，是资本的形成和增殖；资本的条件是雇佣劳动。"① 在《共产党宣言》中，马克思恩格斯给资产阶级所有制下了一个定义。"但是，现代的资产阶级私有制是建立在阶级对立上面、建立在一些人对另一些人的剥削上面的产品生产和占有的最后而又最完备的表现。"② 马克思恩格斯的这个定义不是一种无主体的考察方式，而是有主体的。现代资产阶级的私有制是建立在阶级对立上面的，阶级对立当然是不同的两个主体的对立。所有制关系涉及人与物的关系，人与物的关系和人与人的关系是交织在一起的。资产阶级和无产阶级的关系是由产品的生产和占有决定的，少部分人占有私有财产，大部分人没有私有财产。财产是在资本和雇佣劳动的对立中运动的。"资本是集体的产物，它只有通过社会许多成员的共同活动，而且归根到底只有通过社会全体成员的共同活动，才能运动起来。因此，资本不是一种个人力量，而是一种社会的力量。"③ 活劳动和已经积累起来的劳动相比，前者是手段，后者是目的。工人的命运是过去支配现在，表现为对历史的一种被动性和不自由性，甚至资本家也是如此，"在资产阶级社会里是过去支配现在"④。

资产阶级的存在和社会的存在是对立的，资本的增殖和资产阶级的生存条件会导致工人贫困，甚至到了要资产阶级来养活的地步。这样资产阶级灭亡的历史进程就开始了。

---

① 《马克思恩格斯选集》第 1 卷，人民出版社，1995，第 284 页。
② 《马克思恩格斯选集》第 1 卷，人民出版社，1995，第 286 页。
③ 《马克思恩格斯选集》第 1 卷，人民出版社，1995，第 287 页。
④ 《马克思恩格斯选集》第 1 卷，人民出版社，1995，第 287 页。

（二）无产阶级运动的前提条件与"共产主义的特征"

从价值观的角度来说，无产阶级的行动如何才是善的行动呢？《共产党宣言》对"共产主义的特征"的说明和这一前提条件密切相关。"共产主义的特征并不是要废除一般的所有制，而是要废除资产阶级的所有制。"① 把所有制问题提到"特征"的程度显然表明马克思恩格斯对这一问题极其重视。共产主义价值观的一个核心内容就是消灭私有制，"同传统的所有制关系实行最彻底的决裂"②。

这里对"共产主义的特征"的表述显然具有"过程性"的意味。因为"消灭"说明有消灭的"对象"存在，而且消灭本身是一个过程，不同国家的"消灭"过程更是千差万别。

另外，对消灭私有制问题不能进行单一的、片面的理解，要结合马克思恩格斯的相关论述进行整体的把握。而一些相关的论述具有更高的原则性和更广阔的实践适用的空间。

要结合人的自由、独立的基础来理解消灭所有制问题。消灭所有制并不是要消灭个人的自由和独立，消灭资产阶级所有制正是为了让活动着的个人更有独立性和个性，"正是要消灭资产者的个性、独立性和自由"③，从而使个人获得"构成个人的一切自由、活动和独立的基础的财产"④。

要结合提高工人的生活水平来理解消灭资产阶级所有制问题。"在共产主义社会里，已经积累起来的劳动只是扩大、丰富和提高工人的生活的一种手段。"⑤ 这个结果显然需要一个过程才能彻底实现。

要结合对财产的性质的分析来理解消灭资产阶级所有制问题。要改变的是财产的阶级性质，让财产由阶级性质的变为真正社会性质的。

要结合消灭剥削来理解消灭资产阶级所有制问题。共产主义要剥夺的是"利用这种占有去奴役他人劳动的权力"⑥，要实现的则是所有人拥有

---

① 《马克思恩格斯选集》第 1 卷，人民出版社，1995，第 286 页。
② 《马克思恩格斯选集》第 1 卷，人民出版社，1995，第 293 页。
③ 《马克思恩格斯选集》第 1 卷，人民出版社，1995，第 287 页。
④ 《马克思恩格斯选集》第 1 卷，人民出版社，1995，第 286 页。
⑤ 《马克思恩格斯选集》第 1 卷，人民出版社，1995，第 287 页。
⑥ 《马克思恩格斯选集》第 1 卷，人民出版社，1995，第 288 页。

占有社会产品的权力。

要结合人对历史的能动性、独立性来理解消灭资产阶级所有制问题。"在资产阶级社会里是过去支配现在"①，过去对现在的支配体现在"资本"对活劳动的支配。共产主义要使财产"失掉它的阶级性质"，"用积累起来的劳动""扩大、丰富和提高工人的生活"。"在共产主义社会里是现在支配过去。"②

针对不同的问题，相应的历史条件也会不同，"进程""一般结果"自然都会有不同的面貌，需要进行不同的理论原则概括，需要有更为复杂的实践运用的权衡。

（三）无产阶级运动的进程和一般结果

社会主义是一个实践过程，共产主义理论就是要大致描绘这一实践过程的关节点和所要解决的任务，以及这一过程可能达到的结果。这一实践过程从社会结构和层次来讲，包括经济、政治、文化等方面。经济层面是根本的、起决定作用的层面，这是坚持唯物史观和剩余价值学说的必然要求。

从经济方面来看，《共产党宣言》大致肯定了需要有一个生产工具集中在国家手中进而增加生产力的总量的阶段。

无产阶级运动过程中如何对待家庭、民族、国家这些社会组织形式问题也是《共产党宣言》很关注的。

是一国革命还是同时革命，是一国胜利还是同时胜利？民族独立和无产阶级国际联合是什么关系？无产阶级运动中如何处理民族国家之间的关系？这些都是后来社会主义实践中遇到的很复杂的问题。《共产党宣言》对于回答这些问题是很有帮助的。

从过程的角度来看，"无产阶级首先必须取得政治统治，上升为民族的阶级，把自身组织成为民族"③，然后无产阶级逐步消灭民族对立，实现无产阶级的国际联合。"民族内部的阶级对立一消失，民族之间的敌对

---

①　《马克思恩格斯选集》第1卷，人民出版社，1995，第287页。
②　《马克思恩格斯选集》第1卷，人民出版社，1995，第287页。
③　《马克思恩格斯选集》第1卷，人民出版社，1995，第291页。

关系就会随之消失。"①

在这个过程中有几个关节点，在不同的实践条件下可以强调不同的关节点。其中一个关节点就是无产阶级取得本国的统治权，这是不可跨越的关节点。"如果不就内容而就形式来说，无产阶级反对资产阶级的斗争首先是一国范围内的斗争。每一个国家的无产阶级当然首先应该打倒本国的资产阶级。"② 这是就形式来说的，就内容而言，无产阶级的斗争应该具有普遍性，因为"现代的工业劳动，现代的资本压迫，无论在英国或法国，无论在美国或德国，都是一样的，都使无产者失去了任何民族性"③。从形式来看，一国胜利或者一国革命是一个逻辑环节，但不能因为这一逻辑环节否认其他逻辑环节的重要性。

另一个关节点就是把自身组织成民族。这一关节点后来被实践证明是很重要的。意大利文版序言指出："不恢复每个民族的独立和统一，那就既不可能有无产阶级的国际联合，也不可能有各民族为达到共同目的而必须实行的和睦的与自觉的合作。"④

从政治进程来看，大致要经历无产阶级联合为阶级，使自己成为统治阶级，消灭旧的生产关系进而消灭阶级差别和阶级对立，进而消灭自己这个阶级的统治等阶段。"当阶级差别在发展进程中已经消失而全部生产集中在联合起来的个人的手里的时候，公共权力就失去政治性质。"⑤ 从思想角度来看，精神产品的占有和生产方面也要有相应的过程。

（四）共产主义和其他社会主义流派的价值区分

共产主义处理和其他社会主义流派的关系的总的原则是：共产党要保持独立性，起到领导的作用，可以根据实践的情况进行一定的合作，但总体上要把握共产主义和其他社会主义之间的界限。"他们应该认清自己的阶级利益，尽快采取自己独立政党的立场，一时一刻也不能因为听信民主

---

① 《马克思恩格斯选集》第 1 卷，人民出版社，1995，第 291 页。
② 《马克思恩格斯选集》第 1 卷，人民出版社，1995，第 283~284 页。
③ 《马克思恩格斯选集》第 1 卷，人民出版社，1995，第 283 页。
④ 《马克思恩格斯选集》第 1 卷，人民出版社，1995，第 269 页。
⑤ 《马克思恩格斯选集》第 1 卷，人民出版社，1995，第 294 页。

派小资产者的花言巧语而动摇对无产阶级政党的独立组织的信念。"①

在《共产党宣言》中，马克思恩格斯认识到，在当前同资产阶级对立的阶级中，只有无产阶级是真正革命的阶级，因此，"在实践方面，共产党人是各国工人政党中最坚决的、始终起推动作用的部分"②。当然，这并不意味着共产党和其他工人政党是对立的，共产党是代表整个无产阶级反对资产阶级利益的政党，是代表无产阶级的整体利益的政党。

从马克思恩格斯的批判来看，其大致包括两个基本的部分：一部分是对社会主义思想的阶级基础及其本性的分析，一部分是对社会主义思想的内容和特征的说明。相比较而言，前者更具有相对稳定的原则性的意义。其可以引申的基本原则是：要从社会阶级基础来分析各个社会主义流派及其思想。这样一来，社会主义思想的分析首先就要进行阶级的分析。而对阶级的分析对于后来的实践发展也是有一定的参考价值或指导意义的。另外，受阶级利益决定的思想特征方面，也有一些稳定的表现。

《共产党宣言》描绘了封建的社会主义的一些具体表现，包括反对资本主义，站在工人阶级对立面等。这些表现需要结合实践条件的变化来理解和运用。封建的社会主义的局限性是"完全不能理解现代历史的进程"③。《共产党宣言》中这样的说明是有原则性的价值的。

《共产党宣言》对小资产阶级的社会主义进行了深刻的描述。小资产阶级是过渡阶级，所以在表达利益的时候，会讲一些抽象的超越各个阶级的东西，如正义、人民，希望矛盾永远调和。他们是在各个阶级夹缝中生存的，懂得各种矛盾（包括两极分化）。小资产阶级的社会主义是从小资产阶级的立场出发替工人说话的，但实质主张不外是工业中的行会制度、农业中的宗法经济。

《共产党宣言》也对空想社会主义进行了说明。当无产阶级解放的物质条件还只是资产阶级时代的产物的时候，价值观容易陷入空想。这一看法对于保证价值观的科学性是有启发意义的。为了保证价值观不陷入空

---

① 《马克思恩格斯选集》第 1 卷，人民出版社，1995，第 375 页。
② 《马克思恩格斯选集》第 1 卷，人民出版社，1995，第 285 页。
③ 《马克思恩格斯选集》第 1 卷，人民出版社，1995，第 295 页。

想，需要时刻把握时代性，把握无产阶级解放的物质条件。马克思恩格斯认为空想社会主义看不到无产阶级的历史主动性，看不到无产阶级解放的物质条件，夸大个人活动和理论的作用，力图在资产阶级和无产阶级的阶级对立基础上改善社会一切成员的生活状况。空想社会主义的主张是有意义的，但其意义必然是"同历史的发展成反比的"。①

结合前提条件、进程和一般结果来理解科学社会主义的基本原理，有助于根据实践的变化，科学合理地进行理论的创新，提出符合实践要求的政策，推动共产主义运动健康发展。

---

① 《马克思恩格斯选集》第 1 卷，人民出版社，1995，第 304 页。

第九章 马克思共产主义价值观的
特质与内涵

一 马克思共产主义价值观的特质

（一）共产主义价值观的阐释路径

如何把握共产主义价值观？这里采用以下几个路径进行阐释。第一，可以参考社会主义核心价值观来把握。可以参照社会主义核心价值观的基本内容，对马克思相应的价值观进行阐发。考虑到马克思的思想不能完全与社会主义核心价值观——对应起来，在参照社会主义核心价值观对马克思早期共产主义价值观进行阐发的时候，应当对对应性较高的概念进行论述。

第二，可以参考马克思主义价值观这一概念来理解。"马克思主义价值观是以无产阶级的根本利益和全人类的解放为出发点的价值观。"[①] 这一对马克思主义价值观的定位也适用于共产主义价值观。共产主义是关于无产阶级解放条件的学说，而无产阶级的解放和人类的解放是密切关联在一起的。鉴于共产主义的实现是一个现实的历史过程，是现实的运动，对共产主义的把握不能仅仅局限在历史结果和目标的层面上。现实历史性的内容也包含在共产主义价值观之内。

第三，最基础最根本的是要以马克思的相关论述尤其是关于共产主义

---

① 罗国杰主编《马克思主义价值观研究》，人民出版社，2013，第97页。

的论述为基础。

根据以上三点阐发马克思早期的共产主义价值观的内涵，主要包括如下几个方面的内容。

其一，从马克思早期对共产主义和社会主义的直接论述中概括共产主义价值观的内涵。

其二，把握人类在历史发展过程中提出的价值观念和思想范畴，但这些观念马克思进行了自己的阐释，从而具有了新的思想内涵，如自由、平等、权利等价值观。

其三，在与其他社会主义流派的区别中把握马克思的共产主义价值观。

其四，把握马克思早期的共产主义价值观不应仅仅关注一些价值范畴，同时也应关注经济、政治领域的基本价值观。[①] 价值概念和价值观的概念密切相关，但是价值概念不等于价值观的概念。对客观世界的把握属于世界观的范畴，同时对客观世界的把握本身也蕴含一定的价值追求。本书对马克思早期共产主义价值观的把握也会在一定程度上延伸到事实的领域。不过，在延伸到事实领域的过程中，会尽力保持一定的价值观念的观察视角。

之所以会把马克思对事实性的论述也纳入价值观的讨论范畴，主要是因为在马克思本人那里，观念问题最终是要被归结为事实尤其是社会历史事实来理解的。

另外，从实践的角度来看待马克思的思想，思想对现实的指导作用包含价值观念的引领作用。理论对现实的指导作用既包括认知的作用，也包括价值观念的引领作用，二者往往是密切联系在一起的。"在任何足以具备解释价值或批判力量的社会理论中，关于价值的陈述与关于事实的阐释和陈述密不可分。"[②]

（二）"马克思主义与道德"提出的问题

马克思拒斥的是一般的道德观念，还是具体的道德观念呢？关于这一

---

① 参见罗国杰主编《马克思主义价值观研究》，人民出版社，2013，第161页。
② 〔加〕凯·尼尔森：《马克思主义与道德观念——道德、意识形态与历史唯物主义》，李义天译，人民出版社，2014，第38~39页。

问题有不同的理解。一种理解是拒斥全部道德观念，一种理解是拒斥某种特定的道德观念。显然，应理解成拒斥阶级社会那种表面上具有普遍性而在实质上是特定阶级利益的表达的道德观念。马克思特别注重揭露所谓普遍的道德观念的特殊性基础。

但是简单地这样给出答案是不够的。在承认道德观念具有相对于生产方式的相对性的时候，也要看到在生产力和生产关系存在矛盾的情况下，在存在阶级对抗的情况下，普遍利益往往取得一种观念普遍性的形式，并以这种形式存在。这种观念普遍性尽管有一定的虚幻性，但在特定的情况下，也反映一定的现实的普遍利益。从实践的角度来说，只要有恰当的分析程序，并保持一定的自我反思性，那么以观念的方式表达普遍利益也会促进普遍利益的发展。这种普遍性不应当理解成对跨历史的道德实在或者道德真实性的回应，而应当理解成具体历史条件下社会基础中诞生的普遍利益。

在"马克思主义与道德"的问题上很难得到突破性进展的一个很重要的原因是，仅仅局限在被经济基础决定的伦理道德层面来谈论马克思主义理论中的道德问题。这一层面的道德问题属于意识形态的范畴。分工导致了人的力量成为扩大的并且主宰人的力量，这种力量与生产关系之间不断产生矛盾，社会在对抗中发展和进步，相应的普遍利益则以道德等形式被表达出来。分工，尤其是脑力劳动和体力劳动的分工，以及分工必然导致的阶级对抗是道德普遍性的深刻的现实基础。在分工存在的社会条件下，道德总是存在把特殊的阶级利益普遍化的问题。可以把马克思的思想分成三个层次来考察：一个层次是存在阶级统治情况下的道德，这一层次的道德从属于存在分工的历史阶段；一个层次是尚未发生分工和分工消亡以后人的价值或者道德的情况；一个层次是在分工的情况下，表达人的价值历史存在状况的相应的道德价值观念。进行这样的区分是非常必要的。凯·尼尔森就讨论过一种类似的解决方案。这一解决方案就是区分道德社会学和意识形态社会学，区分作为意识形态的道德理念和作为上层建筑的道德理念。"我们可以搞清楚为什么马克思主义者能够恰当地声称——作为一种道德社会学的论述形式——道德是意识形态，而同时又允许马克思、恩格斯以及其他人谴责资本主义的压迫和不人道，允许他们前后一致地谈论（尤其是在个人的反应中）什么才是共同的人类规范和社会主义义务，什么才是一个真正人道社会的大致轮廓。"① 共同的人类规范和社会主义义务、真正人道社会的大致轮廓对应上述第二个和第三个层次，对资本主义等的批判对应第一个层次。

"马克思主义与道德"问题较为复杂，如果仅仅拘泥于以下三个问题，则很难获得突破。这三个问题是：①道德价值是变化的；②道德价值的变化与社会生产力以及相应的生产方式的发展相一致；③在任何时代占统治地位的道德价值都是那些在经济上占统治地位的阶级的道德价值。② 把握马克思的道德价值观不能单单拘泥于以上三个问题。

当社会制度的形式不再是阶级统治的时候，相应的生产力、生产方式和上层建筑之间就不再是矛盾的关系，人的社会存在不再表现为社会结构性的分裂或者二元化，社会存在与人的个体存在得到了高度的统一，这个时候如果也存在道德价值的话，道德价值直接就成了人的社会生活的文明表现。这一层次的道德价值本身就是内在于生产力和生产方式的价值，就是内在于上层建筑的价值。这一意义上的道德价值显然不同于存在明显的社会对抗情况下的道德价值。如果把道德概念仅仅局限于意识形态的层面来理解，那么也可以说未来的共产主义社会将消灭这类道德。这个层次的价值就可以理解为"用某些非道德的价值来取代道德的价值"③。如果把未来共产主义社会中每个人全面而自由发展表现出来的美德和伦理关系也说成道德价值的话，未来共产主义的道德价值显然与存在社会对抗情况下的道德价值不同。凯·尼尔森认为，在没有阶级和国家的社会里依然会有一定的冲突，依然会需要道德或受到道德公平支撑的法律来处理这些冲突。凯·尼尔森把未来共产主义社会的道德说成不是意识形态的道德，他认为，在无阶级社会中普遍利益有可能表现为伦理，这样道德就不再是道

---

① 〔加〕凯·尼尔森：《马克思主义与道德观念——道德、意识形态与历史唯物主义》，李义天译，人民出版社，2014，第307～308页。

② 参见〔美〕奥尔曼《异化：马克思论资本主义社会中人的概念》，王贵贤译，北京师范大学出版社，2011，第53页。

③ 〔加〕凯·尼尔森：《马克思主义与道德观念——道德、意识形态与历史唯物主义》，李义天译，人民出版社，2014，第313页。

德意识形态，在无阶级社会中道德反倒保持了自身的完整性。"在无阶级社会中拥有一种非意识形态的道德将会是怎样的？"① 至于这种道德是解放的道德，还是伦理的道德，抑或是包括权利的道德，则需要进一步探究。不管怎样规定其内容，其核心和灵魂都是明确的，即这种道德是基于个体的自由自律和需要的人性丰富性发展起来的。显然，要想很好地回答"马克思主义与道德"问题，需要拉大历史观的长度，这样一来，马克思主义和伦理学之间的矛盾问题就不再是一个不可解决的问题了。

英国的史蒂文·卢克斯有一本书的名字就叫作《马克思主义与道德》，应该说"马克思主义与道德"是一个话题域，其中包含丰富的内容。西方一些学者提出这样的问题，其中包含对实践问题的思考，即从道德实践的角度去审视马克思主义理论在现实生活中带来的实际道德后果。这种思考已经脱离马克思主义理论本身的追问。鉴于西方一些学者讨论的是"马克思主义与道德"的话题，而由于"马克思主义"涉及整体的把握，从整体上把握不仅需要非常高的学术素养，也需要合理的思维方法和正确的价值观，这里只把相关的话题引到马克思早期看法上来讨论，以便提供较为具体的案例为回答上述问题准备思想资源。

这一话题中讲的"道德"是一个泛泛的概念，包括正当和善，包括责任、义务、权利、平等、正义、美德、人格等。不同的学者关注的核心概念会有一定的差异。

这一问题的核心是马克思的道德观点是不是对立的态度的混合。如果不是对立的态度的混合，其背后的一致性是什么？这是一个问题。从马克思早期思想来看，马克思的人的自由而全面的发展是一个具有高度一贯性的价值观念。这种高度一贯性的价值观念就是从原始公有制一直延续到未来共产主义社会的价值观，这种价值观内在于变动的历史个体之中，具有不同的表现形式，到未来共产主义社会则会变成现实。

马克思的思想中是否承认有客观的道德真理和永恒的道德原则，是否拒绝所有的道德词语，是否反对道德说教，是否进行了道德批判？这是这

---

① 〔加〕凯·尼尔森：《马克思主义与道德观念——道德、意识形态与历史唯物主义》，李义天译，人民出版社，2014，第318页。

一讨论中提出的需要回答的问题。《德意志意识形态》中有不提道德上的要求这类表述。如"这就对任何一种道德，无论是禁欲主义道德或者享乐道德，宣判死刑"①；"共产主义者根本不进行任何道德说教"②；"共产主义者不向人们提出道德上的要求，例如你们应该彼此互爱呀，不要做利己主义者呀"③。马克思在《法兰西内战》中说："工人阶级不是要实现什么理想，而只是要解放那些由旧的正在崩溃的资产阶级社会本身孕育着的新社会因素。"④ 关于这个问题，只要对马克思的历史观有充分的把握，这类表述都不难理解。这类表述都是有具体的话语场景的，尤其是为了批评那些错误的看法时表达出来的。如果换一种历史背景，也可以说工人阶级的理想就是要使资产阶级社会中的新的社会因素获得解放，当这些新的因素成长为一种完全的新社会的时候，共产主义社会就到来了。

关于这一问题的核心观点是：马克思关于道德的观点在表面上看存在对立的态度。不应夸大这种字面上的矛盾现象。其实所谓对立的态度，不过是因为观察问题的立足点存在历史性的差异。站在不同的历史时间节点来看待具体的道德观念，当然就会有看似矛盾的答案。但正是这种矛盾性反映了道德生活的真实和实质。

其实，马克思的道德观念非常明确。马克思反对讲平等的权利和公平的分配是为了反对扭曲现实主义的观点。从实践的角度来说，如果关注到唯物主义基础，并依靠这一基础来使平等的权利和公平的分配的观念具有社会历史的真实性，自然就可以讲平等的权利和公平的分配的问题。这涉及道德的派生性问题，经济的内容往往以道德的形式存在。当然，是否具有一种历史形式，在这种历史形式中道德就内在于个人的社会生活之中，从而构成一种内生性的道德则是需要加以讨论的，或者说是否存在真正的人类社会或社会化的人类的道德形式是需要探究的问题。人类天性作为财富成为目的、自由王国、丰富的个性、自由人的联合体等都可以看成内在于人类生活的价值。

---

① 《马克思恩格斯全集》第 3 卷，人民出版社，1960，第 490 页。
② 《马克思恩格斯全集》第 3 卷，人民出版社，1960，第 275 页。
③ 《马克思恩格斯全集》第 3 卷，人民出版社，1960，第 275 页。
④ 《马克思恩格斯选集》第 3 卷，人民出版社，1995，第 60 页。

共产主义要消灭资本主义，自然对资本主义物质基础上的道德价值观念持批评的态度。建立在资本主义生产方式基础上的公平观念显然无法成为新社会建设的指南。处理"马克思主义与道德"问题关键还是要坚持唯物史观，把握道德的历史性。那种属于所有人自身的而非建立在对抗性社会关系基础上的道德的诞生是一个历史过程。对于道德问题，不能采取僵化的态度，而是要根据历史条件的变化采取不同的态度和形式。

（三）马克思早期的道德观

关于马克思主义理论中的道德问题，存在很多讨论。其中有两种对立的思路：一种思路拒绝以道德的范畴、道德价值观评价现实、指导现实；另外一种思路则过于强调道德概念，从而忽视了道德概念的社会历史性。这一问题的关键在于在应用马克思主义指导现实的时候是否可以进行道德评价和道德辩护，以及如何进行道德评价和道德辩护。对于这一问题，可以从马克思主义的经典著作中寻找答案。

就马克思的早期思想而言，一个基本事实就是马克思批评了把共产主义等同于某种具体的道德诉求的观点，但这不意味着马克思完全否定了道德的积极意义。理论阐释就是要寻找合适的解释方式把马克思的思想事实揭示出来。

把马克思的早期思想放在道德哲学中来进行审视也是可以的。放在不同的学术传统中，会在不同的层面发掘出马克思思想的特殊意义，并提供新的理论生长点。但也要看到，虽然马克思有很多对道德的论述，但在总体上马克思的早期思想不属于道德哲学的范畴。从不同的学术传统出发来阐释马克思的早期思想应该设定一个标尺：这种阐释只是在某个层面上对马克思思想的一种解读。"在这类争论面前，我们要问的是，是否应该存在一种马克思主义的伦理理论，甚或，是否可能存在一种马克思主义的伦理理论？"[1] 问题应该聚焦在对马克思主义的伦理理论进行构建的时候如何反映经典作家的思想原貌上。

在中学作文中，马克思追求高尚的德行。马克思关心伦理道德如何摆

---

① 〔加〕凯·尼尔森：《马克思主义与道德观念——道德、意识形态与历史唯物主义》，李义天译，人民出版社，2014，第34页。

脱不高尚的限制的问题，关心德行如何成为对真正完美的追求，从而摆脱粗野的力量、利己主义、对荣誉的渴求和勇敢的行为的问题。马克思推崇好善的热情。马克思关心如何使德行摆脱世俗的东西，追求使德行超凡脱俗，更加温和，更近人情。当时马克思还没有从历史观的角度回答这一问题，但已经包含对德行的批判。

马克思当时把高尚的德行看成一种可以稳定地抵御世俗和人对世俗的追求的力量。当马克思形成唯物史观之后，可以把其对历史发展的未来的描绘看成对这一高尚的德行的追求的延续。

马克思当时把优秀品质和时代风尚当成衡量一个时代的标准。如果从后来的唯物史观的观点来看，道德的派生性似乎无法成为标准。但从马克思当时的追求来看，这里构成标准的是那种更近人情的道德。当马克思发现内在于历史进程的未来价值的时候，那种未来的价值也可以构成评价先前时代的一种价值尺度。

在博士论文中，马克思推崇伊壁鸠鲁，相应的笔记对伊壁鸠鲁的道德思想给予了肯定。个别事物的标准是个别事物自身被规定的东西即目的和善。当这种东西不再是"应有"的时候，就成了个别事物自身的现实的东西。"这个主体说出关于应有，关于目的的判断。实体丧失了它的观念性，把它变为主观精神，这样一来，主观精神本身成了实体的规定本身，成了实体的谓语；同时实体本身对于主观精神来说降为独立存在物的直接的、没有得到证实的、仅仅是独立存在物的现存组合。所以，谓语的规定在关系到某个存在的东西时，它本身就是直接的，又因为这个存在的东西是生气勃勃的人民精神，那么谓语的规定就是个别人物的实际规定，就是教养和训诫。实体性的应有是表现它的主观精神的真正规定；所以世界的目的是主观精神自己的目的，传授这一目的是它的使命。所以它无论在自己的生活中或学说中都体现了目的，善。它是进入了实际运动的哲人。"① 主观精神的真正规定及实体性的应有，体现在哲人身上就是人民的精神。当哲人和人民的精神之间不再是教养和训诫的关系的时候，当主观精神的实体性规定就是人民的精神自身，人民的精神就是哲人的精神的时候，这

① 《马克思恩格斯全集》第40卷，人民出版社，1982，第68页。

种精神价值就是未来社会的价值。

马克思从伊壁鸠鲁哲学这里发现了那些精神上的异化现象。"经验的恶的实质究竟何在？就在于个人囿于他的经验的本性而违背自己永恒的本性"①，当人抛弃了自己永恒的本性后，就存在于孤立状态之中，存在于经验中。这样，本来属于人自己的善、本来属于不受世界制约的自由人的运动就变成了孤立的经验的个体的外在物。不动心和安宁本来属于个体自身的连续性，但对未来缺乏信心导致了恐惧，从而使个人同不动心的内在关系被当成外在的关系来经验了。经验恶行的一切后果的共同体变成了一种经验物的集合。未来社会的价值也可以说成每个个体都成为自为存在，社会也成为自为存在，"个人便脱离他的其他规定，个人被规定为一个个人"②。伊壁鸠鲁的"哲人"及其"心灵的宁静""正是摆脱其日常束缚而被神化了的个体性"③。当马克思发现所谓的日常束缚有社会历史的阶段性的特征的时候，摆脱日常束缚就成了他对未来社会的追求。

如果说在博士论文时期，马克思还是从精神的外在化来阐发道德的脱离了人的自在存在的，那么到了《黑格尔法哲学批判》中，他则发现了道德是非国家的、国家是非道德的这一现象。马克思认为，黑格尔阐释了现代私法的道德，国家是以道德抽象为前提的伦理生活，作为虚幻的东西的现实性是伦理生活的从属环节。

到了《1844 年经济学哲学手稿》，马克思则从异化的角度阐释了道德问题。每一个领域都是人的一种特定的异化，异化的领域之间也是异化的关系。这使道德的尺度和国民经济学的尺度都成为衡量人的尺度。国民经济学道德尺度要求人谋生、劳动、节约和节制，富有良心和美德。但同时存在的却是世俗的和纵欲的社会现实。如果说《1844 年经济学哲学手稿》从经济层面剖析了道德的时代局限的话，《神圣家族》则从民族国家的角度阐释了道德是如何受到利己主义的制约的。约束民族的利己主义，诞生了普遍国家制度的利己主义，这样民族的利己主义就是普遍国家制度的自

① 《马克思恩格斯全集》第 40 卷，人民出版社，1982，第 81 页。
② 《马克思恩格斯全集》第 40 卷，人民出版社，1982，第 82 页。
③ 《马克思恩格斯全集》第 40 卷，人民出版社，1982，第 82 页。

发的利己主义。

《德意志意识形态》把道德与体力劳动和脑力劳动的分工联系起来，并把道德看成意识形态，强化了道德的历史视角。有了这样的历史的视角，有产者和无产者的道德就是不同的，包括良心在内的道德也是由人的知识和全部生活方式决定的，从某种意义上说是不道德生产了道德家。

在发现了道德的历史性和社会性以后，马克思有没有一个稳定的道德追求呢？该如何表达这种追求呢？佩弗认为："就算我们能证明马克思的首要价值之自由（作为自我决定）、人类共同体和自我实现，但这并没有解决他实际所持的道德理论的总体类别这个问题。"① 佩弗希望把马克思的道德理论归到既定的伦理学流派中，倾向于把马克思看成混合义务论者，认为自由和人的自主权是马克思心目中的最根本的价值，这是特定的非道德的善。从价值观的角度来解决这一问题有一定的优势，首要的价值可以不拘泥于作为一种道德价值而存在。把马克思的思想划归到既定的伦理学理论框架中会带来很多的疑难。不管是划归到功利主义，还是划归到其他什么理论都会带来疑难。马克思的道德观带有历史主义的特征，但这并不意味着陷入相对主义，而是很好地处理了普遍和特殊的关系问题。

二 马克思价值观的来源

马克思主义的三个来源和三个组成部分给马克思价值观的形成和发展提供了思想的营养，其中当然包括价值观的继承和发展。德国古典哲学、英国古典政治经济学和法国空想社会主义中包含的价值观是马克思价值观的当然来源。

对于列宁关于马克思主义的三个来源和三个组成部分的说法，学术界有不同的看法。邹东涛强调"实践是马克思主义的惟一来源"②。这一观点把理论来源看成"流"，把实践看成"源"。价值观的形成当然是多种因素作用的结果，家庭、学校和社会的价值观，思想文献中的价值

① 〔美〕R. G. 佩弗：《马克思主义、道德与社会正义》，吕梁山、李旸、周洪军译，高等教育出版社，2010，第 85 页。

② 邹东涛：《实践是马克思主义的惟一来源》，《中国社会科学院研究生院学报》2002 年第 4 期，第 11 页。

观，个人内心的选择，人生的经历等都会对价值观的形成产生影响。邹文还提出了另外一个理由，即"来源"的相应俄文应该翻译成"史料""文献"。对于这一看法，高放进行了一定的反驳。高放认为，理论来源实践有直接实践，有间接实践，而理论来源本身就是间接的实践来源。另外，"流"也可以变成"源"。高放强调不同质的理论之间也有源流关系。① 实践是马克思价值观的根本源泉，但不应表述为唯一源泉。实践在马克思的思想中具有基础地位。1842～1843 年，马克思作为《莱茵报》的编辑遇到了现实和理论之间的矛盾，即如何对莱茵省贫苦群众的物质利益问题表态，如何对摩泽尔地区农民的物质利益问题表态，如何对某些社会集团的物质利益问题表态。这使马克思开始关注物质的生活关系，关注物质的生活关系的总和。对现实实践的关注使马克思的价值观发生了重大的变化。

有学者强调马克思主义有十几个思想理论来源和组成部分，其中包括"政治学、军事学、历史学、法学、社会学、文化学、教育学、人类学等"②。也有专门强调马克思思想的人类学来源的，其中包括"英、美、德、俄的人类学思想"③。

也有强调欧洲的思想文化传统的，主要是近代欧洲文化四个主流传统："基督教的传统、形而上学的传统、人文主义的传统和科学（主义）的传统。"④ 这一说法有一定的合理性，但参考列宁的看法是有意义的。从把握马克思的价值观的角度来看，结合马克思的思想和西方文化传统的关系来观察是有意义的。不过需要合理地确定这些思想影响的大小。从欧洲早期思想来考察马克思的思想有很多思路，如考察希腊城邦，考察亚里士多德，考察伊壁鸠鲁。麦卡锡强调马克思批判资本主义的实质与方法的

---

① 参见高放《马克思主义难道没有理论来源吗——"三个来源"提法不能改译为"三种史料"》，《理论前沿》2003 年第 9 期，第 27～29 页。

② 高放：《马克思主义难道没有理论来源吗——"三个来源"提法不能改译为"三种史料"》，《理论前沿》2003 年第 9 期，第 29 页。

③ 俞吾金：《马克思主义的第四个来源和第四个组成部分——纪念马克思逝世 110 周年》，《学术月刊》1993 年第 8 期，第 42 页。

④ 张允熠：《马克思主义形成背景中的欧洲文化传统》，《马克思主义研究》2012 年第 6 期，第 76 页。

伦理根基在古人那里。不过，不应把马克思和古希腊思想的联系与三个理论来源对立起来。列宁的《又一次消灭社会主义》一文针对司徒卢威"从亚里士多德到马克思"的提法，强调中间经过了整个古典政治经济学。

列宁强调的三个来源和三个组成部分是马克思学说中"直接继续"的部分，除此以外，还有其他部分。这一点，列宁是有明确表述的。"马克思主义同'宗派主义'毫无相似之处，它绝不是离开世界文明发展大道而产生的一种故步自封、僵化不变的学说。恰恰相反，马克思的全部天才正是在于他回答了人类先进思想已经提出的种种问题。他的学说的产生正是哲学、政治经济学和社会主义极伟大的代表人物的学说的直接继续。"① 尝试从历史传统的角度来破解马克思与伦理学主题的诸种争议是有意义的。把握马克思的价值观尤其是共产主义价值观需要回到具体的思想发展过程中，需要从人类思想的成果中领悟马克思思想的意义。正如麦卡锡所说："在其早期与晚期著述之间并不存在断裂。"② 因此，需要把握马克思思想前后一贯的思想逻辑，并从一贯使用的逻辑区分中把握思想内容及其价值取向的演变和思想价值的转变。

麦卡锡注意从马克思思想体系的总体来把握马克思的价值观是值得肯定的。"社会生产关系，科学技术在物质生产中的应用，阶级组织与异化劳动的本质，基于抽象劳动和剩余价值的经济体趋向于过度生产、消费不足、比例失调以及利润率下降的宏观经济特征，所有这些研究都是伦理和社会公正的总体性理论的组成部分。伦理与社会公正深埋于马克思本人的思想体系之中。"③ 麦卡锡提出的伦理和社会公正的总体性理论是有一定的意义的，不过需要具体分析和阐释。麦卡锡提出的几个方面是可以参考的，其中包括个体的潜能、道德自治与自我决断等。④ 在麦卡锡看来，马

---

① 《列宁专题文集·论马克思主义》，人民出版社，2009，第66~67页。
② 〔美〕麦卡锡：《马克思与古人——古典伦理学、社会正义和19世纪政治经济学》，王文扬译，华东师范大学出版社，2011，第5页。
③ 〔美〕麦卡锡：《马克思与古人——古典伦理学、社会正义和19世纪政治经济学》，王文扬译，华东师范大学出版社，2011，第7页。
④ 〔美〕麦卡锡：《马克思与古人——古典伦理学、社会正义和19世纪政治经济学》，王文扬译，华东师范大学出版社，2011，第8~9页。

克思的伦理和社会公正的总体性理论来自西方传统，马克思有一种得自西方传统的实质伦理，而这种实质伦理构成了马克思对资本进行伦理批判的道德命令，同时也是要求社会变革的道德命令。马克思价值观的来源需要具体的、历史的考察，并符合马克思思想的本来面貌，符合马克思的思维方法。马克思有丰富的思想创造，需要立足在创造性的角度来把握，以某种其他思想为立足点虽然也会提供新的观察视角，但不能忽略或者抹杀马克思思想的创造性和独特性。

三　共产主义价值观：事实与价值的统一

如实地说明事情的本来面目具有解释的价值，同时也具有指导人们去做什么的价值。马克思的共产主义价值观是事实和价值的高度统一。这种统一的基础就在于观念和理论反映的是现实的物质条件的运动中产生出来的自身批判和自身解放的因素。对这种因素的反映可以表述为一种科学理论，也可以表述为一种价值观。当表述为价值观的时候，这一价值观就是科学的价值观，是事实和价值相统一的价值观。这种价值观可以是"从对历史运动的批判的认识中，即对本身就产生了解放的物质条件的运动的批判的认识中得出科学"①。现实的历史运动本身已经产生现实的批判，认识不过是对现实的批判的把握。建立在这一基础上的道德批判本身就属于科学的批判的范畴。这种道德的批判不同于主观的、先验的批判。马克思的思想是纯描述性的或说明性的，还是也同时具有评价性、规范性的成分？如有评价性的成分是否就意味着有道德判断或道德假设呢？"问题在于，一个人是否有一个关于道德的善的哲学理论，与他的规范性判断和原则是否是道德判断和原则二者之间并无直接关系。"②

（一）科学与价值

事实与价值问题与科学问题相关。对科学的理解涉及如何理解马克思的价值观问题。

---

① 《马克思恩格斯全集》第 21 卷，人民出版社，2003，第 58 页。
② 〔美〕R. G. 佩弗：《马克思主义、道德与社会正义》，吕梁山、李旸、周洪军译，高等教育出版社，2010，第 197 页。

《德意志意识形态》所说的真正的实证科学是描述人们实践活动和实际发展过程的。这一看法和《1844年经济学哲学手稿》中的看法是有连续性的。自然科学要变成人的科学，对于自然界的看法要纳入社会关系中才完整。就像对一张桌子的研究，可以用自然科学的方法，但这种研究无法揭示桌子在社会关系中的地位和性质，其中包含所有、使用等关系。显然，把自然和社会结合起来才能全面把握一张桌子的本质和属性。描述人们的实践活动的科学本身包含了使现实世界革命化的要求。这种"科学"不是与价值无关的，使现实世界革命化本身就是促使一种新的价值产生的过程。

马克思强调的"科学"往往是在与空想或者从头脑中构造体系相对立的意义上来使用的。空想主义理论家创造各种理论体系，在自己的头脑中寻找科学。而马克思所说的"科学"则关注眼前发生的事情，并且表达这些事情。"这个由历史运动产生并且充分自觉地参与历史运动的科学就不再是空论，而是革命的科学了。"① 这里所说的"科学"是和"空论"对应的。革命的科学本身就需要自觉地参与历史运动，也是由历史运动产生的。当一种价值是由历史运动产生的，并且是对眼前发生的事情的表达的时候，这种"价值"就满足了"科学"的一个条件。当一种价值在上述基础上对于充分自觉地参与历史运动有意义的话，这种价值也属于"科学"的范畴。自觉地参与历史运动，离不开价值和价值观，而这种价值观要有意义，要科学，又离不开对眼前发生的运动进行深刻的把握。

另外，"科学"并不意味着不能对铁的规律进行调控，而对铁的规律的调控本身就是一种价值需求。国民经济学把本来属于资本主义时代的特殊现象和特殊规律说成永恒的普遍的现象规律，这样就把资本主义说成了永恒的东西，而看不到资本主义是必然要灭亡的。在分工基础上发展起来的一些不以人的意志为转移的客观规律的确是一种长期统治人自身的人的力量，但其终究还是人的力量。共产主义正是要驾驭这种力量。"马克思著作的字里行间隐约暗示我们，一旦认识到了，一旦有意识地照此行动起

---

① 《马克思恩格斯选集》第1卷，人民出版社，1995，第155页。

来，这些同样的'铁的规律'将为对生产过程自觉的社会控制所取代。"①历史规律和历史价值不是对立的，历史规律宣告了一些所谓的"规律"的暂时性和时代性，是历史价值最深刻、最可靠的基础。只有在这一基础上才能回答无产阶级在历史运动中所担当的任务。

马克思反对空想和幻想。科学的价值观和不科学的价值观的区别就在于价值观所反映的历史条件是解放的历史条件还是幻想的条件，也在于价值观仅仅是个人的发明活动还是社会活动。马克思恩格斯并没有完全否定空想社会主义的价值，因为这一幻想的产生也是有现实基础的，就是无产阶级发展还不够时，会有一种对社会进行普遍改造的本能，这种本能的表达就是空想社会主义。空想和幻想虽有积极意义，但会随着历史的发展失去实践意义和理论根据。马克思恩格斯的这一论述为把握道德价值观念问题提供了一种理论参考。在马克思的思想中，评价性表述和认知性表述具有高度的统一性。"在马克思的著作中不存在评价性和认知性表述的区别。"② 某种道德价值观念会反映社会的一定需求，只要发现其中的社会需求，并通过物质的途径来解决问题，那么这些道德价值观念就成了社会变革的合理的引导。

（二）意识的"真"的价值

如何解释在马克思的思想中存在的对道德化的怀疑与道德评价的倾向并存的情况呢？在马克思的早期思想中能够找到解决这一问题的答案。人的社会存在方式既包括经济存在、政治存在，也包括观念的存在。观念的存在往往把人现实中无法实现的理想表达出来。人的自我的观念实现如果缺乏现实基础就带有一定的虚幻性。但也要看到，这种以观念的方式来达到自我实现的方式本身蕴含着把握现实发展需求的秘密。这样一来，对待观念或者理论领域的问题，就必须结合现实进行反思，把握观念反映的现实内容，并在现实的基础上重构观念。这样一来，对待观念问题必然会有批判和建构两个层面，而且这两个层面是不可分开的。

---

① 〔美〕保罗·托马斯:《马克思主义与科学社会主义——从恩格斯到阿尔都塞》，王远河、王克军译，江苏人民出版社，2011，第50页。

② 〔美〕保罗·托马斯:《马克思主义与科学社会主义——从恩格斯到阿尔都塞》，王远河、王克军译，江苏人民出版社，2011，第31页。

为了更好地以马克思相对成熟的思想为尺度来看待相应的思想，这里以《共产党宣言》为例来分析马克思是如何看待意识或者理论陷入误区这一问题的。

《共产党宣言》指出，共产党人的理论原理之所以是真理，就在于了解无产阶级运动的条件、进程和一般结果，是现存的阶级斗争、眼前的历史运动的真实关系的一般表述。从马克思对其他思想陷入误区的根源的批判中，可以总结出很多教训。

第一，阶级属性限制了对真理的把握。比如贵族也反对资产阶级，表现出对无产阶级的关心。

第二，国情中的某种历史发展的局限性的限制。比如德国的社会主义，由于资产阶级才刚刚开始反对封建专制制度的斗争，这使这种社会主义的思想表现是关于真正的社会、实现人的本质的无谓思辨。

第三，现实事物有两面性，现实事物的发展有不同的方向，这也会使思想对现实的认识陷入片面性，同时也可能因为某种价值追求而遮蔽了对现实的把握。比如保守的或资产阶级的社会主义愿意要现代社会的生存条件却不要由这些条件必然产生的危险，他们拒绝使这个社会革命化和瓦解的因素。

第四，过于突出个人的发明和思想设计的意义，比如空想社会主义就陷入了这样的误区。

《共产党宣言》提到的上述四个方面不是孤立存在的，往往是并存的。

《道德化的批评和批评化的道德：论德意志文化的历史，驳卡尔·海因岑》一文对海因岑的批判也有很多值得总结的经验。人的意识、观念和理论脱离真理的道路，最根本的表现是颠倒了意识和存在的关系，也颠倒了理论和现实的关系。"同时可以精确地看出，这种理论上的表现以其所处实际运动的阶段的不同而反映出空想主义的、教条主义的、学理主义的程度也往往不同。"[①]

另外，人的认识和理论之所以会脱离真理的轨道也与认知方法有关。海因岑意识不到理想主义词句和现实主义实质之间的联系。"所谓人们就

---

① 《马克思恩格斯全集》第4卷，人民出版社，1958，第353页。

是指那些以‘人类’目的为幌子、为‘资产阶级’利益冲锋陷阵，但同时又没有意识到理想主义词句与其现实主义实质之间的联系的诚实正直而胸襟开阔的幻想家。"①

　　马克思在批判16世纪的粗俗文学的时候说，"以同样自高自大的态度把市侩式的书本上的一知半解同人民的智慧对立，把所谓‘人的理智’同科学对立"②，即仅仅依靠书本上的知识而脱离人民的智慧是观念陷入误区的一个原因。

　　海因岑的思想陷入误区还因为他的思想缺少辩证性，从而陷入单一的思考。"‘人的理智’来自‘生活深处’，并且不会因为任何哲学的或其他学术研究而破坏自己天然的习性，它的全部粗俗性格表现在：在它看出有差别的地方就看不见统一，在它看见统一的地方就看不出差别。"③ 蒲鲁东则在辩证问题上陷入了另外的误区，即不能正视现实的矛盾性，而只是想要其中好的方面。另外，把经济问题形而上学化为肯定、否定和否定之否定的公式似乎得到了纯粹运动的公式，却使对现实的辩证运动的把握陷入贫乏。理性的抽象是必要的，但这种抽象也会陷入某种思想的惰性，以为只要发明运动的纯粹逻辑公式就可以回避对现实运动的辛苦的研究。

　　形而上学的抽象性也会使思想远离真理的轨道。如克利盖就陷入了形而上学的夸大的误区。不过，他陷入形而上学的夸大的误区的表现是"把共产主义和圣餐混为一谈"④。

　　意识陷入误区往往是因为不能超越时代局限性。比如在私有财产盛行的时代，人的感觉很容易被拥有的感觉限制。"一切肉体的和精神的感觉都被这一切感觉的单纯异化即拥有的感觉所代替。"⑤ 感觉的异化同异化劳动一样，也存在一些基本的规定。其中一个规定就是对象，当对象成为私有物的时候，对象世界也就变成了纯粹的有用性的世界，这使人的精神

---

① 《马克思恩格斯全集》第4卷，人民出版社，1958，第348页。
② 《马克思恩格斯全集》第4卷，人民出版社，1958，第322页。
③ 《马克思恩格斯全集》第4卷，人民出版社，1958，第332页。
④ 《马克思恩格斯全集》第4卷，人民出版社，1958，第13页。
⑤ 《马克思恩格斯文集》第1卷，人民出版社，2009，第190页。

世界也异化了。精神世界的异化也表现在主体方面，人的感觉还不是社会的人的感觉，感觉的丰富性才发展起来。"对私有财产的扬弃，是人的一切感觉和特性的彻底解放；但这种扬弃之所以是这种解放，正是因为这些感觉和特性无论在主体上还是在客体上都成为人的。"① 意识是人的本质规定性，有意识的生命活动把人和动物区分开来。自由的规定性以及"关系"都与意识有关，因为有意识，所以人把自己的生命活动变成自己意志的对象。语言也是作为社会产品给予人的，科学等活动是人的社会活动。思维和存在虽有区别，但同时彼此又处于统一中。人的感觉、思维、直观、情感等人的感官的功能是通过对象性关系发生的，人的感官在形式上直接就是社会的器官。社会的人的感觉不同于非社会的人的感觉。这样一来，人的全部精神活动都是有历史性的。创造具有丰富性的、全面而深刻的感觉的人也是历史发展的需要。

《德意志意识形态》分析了意识的普遍化及陷入虚幻的根源，以及意识取得历史的主体性地位的根源。生产力和生产关系、经济基础和上层建筑的矛盾使意识表达的普遍性失去了自身的内涵，而变成了特殊利益的表达。因而要使意识变成真实的，需要从经济基础着手。《德意志意识形态》尤其分析了主客观颠倒后观念成了历史的主体的问题。意识要保持自身的真理性就需要时刻反省其社会基础，反省时代的限制。蒲鲁东等人把历史看成观念的历史，从历史发展的世代更迭来看，其中反映了一个基本的历史事实，这就是人是在既定的文化传统中出生并接受教育形成思想的，这使人感觉到某种观念具有先在的决定性。

观念在社会变革中也有很大作用，马克思在创立唯物史观的过程中，并没有否定观念的作用。《神圣家族》在提到私有财产瓦解的时候指出："只有当私有财产造成作为无产阶级的无产阶级，造成意识到自己在精神上和肉体上贫困的那种贫困，造成意识到自己的非人化从而自己消灭自己的那种非人化时，才能做到这一点。"② 对于无产阶级来说，意识到私有财产是自己精神上和肉体上贫困的原因，意识到自己的非人化，对于消灭

① 《马克思恩格斯文集》第 1 卷，人民出版社，2009，第 190 页。
② 《马克思恩格斯文集》第 1 卷，人民出版社，2009，第 261 页。

私有制同样重要。价值观的力量在于真实，在于实际地改变现状。

价值观要实现自身的价值需要把握历史的真实，具有科学精神。共产主义价值观本身就包含了科学的精神，不存在二者之间如何协调统一的问题。马克思自觉地意识到思想本身的本末倒置问题，从而提出了社会存在决定社会意识的根本原理，并坚持用这一原理来克服人从关于自己的实践的"想象"和"观念"出发的问题，而把对社会发展起决定作用的积极力量定位为人的实践。马克思对"社会存在"与"社会意识"的区分保证了共产主义价值观成为一种实证科学，这一点也保证了马克思共产主义价值观的科学性，并使这种价值观获得了发展的生命力。一个不可忽略的事实是，人们总是活在既定的思想传统之中，接受某种思想传统，又去改造或者突破某种思想传统。就像马克思所说的那样，先辈们的传统纠缠着活人的头脑。价值观也有一定的继承性。过去的价值观基于过去的社会形态而产生，当今人们接受过去的价值观也是基于当今的社会形态，如果仅仅看到价值观继承和发展的历史，而看不到价值观的社会或者社会阶级基础，看不到价值观的时代基础，就会把价值观本身的历史继承性绝对化。现实的实践的历史被非历史化的同时却把观念的历史弄成了有神秘联系的自我规定的过程，就会陷入历史唯心主义。

价值观要实现自身的价值，需要体现辩证精神。共产主义价值观科学地处理了远和近的关系问题，最近的目的就代表运动的未来。如恰当地处理了一般和个别的关系，思想的一般以反映多样的现实为坚实的物质基础。主流价值观具有一定的总体性、普遍性，在功能上起到"社会黏合剂"的作用，它通过提供集体共有的价值观与规范把社会成员联合到一起，并起到稳定社会的作用。主流价值观具有一定的共识性，如标准化，以此作为交流的共有基础；如象征统一化，通过构建统一的象征，形成集体认同感和归属感。这种普遍性和共识性需要通过发展公共利益来获得支持。

价值观的生命力在于面向实践，实际地改变现状。价值观不仅是一种独立的、静止的观念系统，更存在于具体的实践过程之中，具有实践性。意识是对现实的反映，因此需要回到现实的实践来理解意识。观念要描述人们的实践活动及其实际发展过程，应该是一种真正的知识。当然，观念对现实的描述，包含了对现实的改造。共产主义价值观的理论原理是对现实发生的无产阶级登上历史舞台，逐步消灭阶级、实现劳动的解放和每一个人的自由全面发展的过程的理论表现。

共产主义价值观具有鲜明的主体性，面向的是无产阶级和大多数的社会大众。无产阶级的价值观是彻底的革命的意识。从形式上来看，无产阶级反对资产阶级的斗争首先是一国范围内的斗争。这使马克思主义必然要和国情相结合，体现民族精神。就内容而言，无产阶级的斗争应该具有普遍性，反映无产阶级的共同命运，从而拥有广泛的群众基础。

观念要根据实践的变化及时进行创新。一方面是理论上的创新，要解决传统和当代的合理对接问题，保持观念连贯性以及形象上的统一性；另一方面是要推动实践创新，改造社会现实，推动社会的全面进步和发展。

（三）科学性和价值性的统一：马克思的人道主义思想

阿尔都塞在《保卫马克思》中讨论了马克思主义和人道主义这一问题。这一问题涉及很多方面，从马克思思想发展的角度来说，涉及如何理解《1844年经济学哲学手稿》到《德意志意识形态》的思想飞跃。阿尔都塞强调，在马克思的思想中，"社会主义"是个科学概念，而"人道主义"则仅仅是个意识形态概念，人道主义概念不提供认识现实的手段。阿尔都塞认为，《德意志意识形态》属于科学范畴，而《1844年经济学哲学手稿》则属于意识形态范畴。阿尔都塞还认为，《关于费尔巴哈的提纲》划分了这种断裂的较早的界限，这种断裂发生在1845年。阿尔都塞把马克思的早期思想划分为自由—理性主义（1840~1842）和社团—理性主义（1842~1845）两个阶段，还划分出康德-费希特的问题系、费尔巴哈的人本主义问题系、黑格尔的问题系。在这种分类中，《1844年经济学哲学手稿》被划归到黑格尔的问题系中，这是一种黑格尔主义解读模式。阿尔都塞把马克思1845年以前的思想归结为人道主义的，其中1842年以前属于理性加自由的人道主义，马克思这时是从人的自由和理性的本质来理解历史的；1842年到1845年占主导地位的是费尔巴哈的"共同体的"人道主义。阿尔都塞认为，从1845年开始，马克思同把历史和政治归结为人的本质的理论彻底决裂，确定了人道主义为意识形态并加以批判，又发展出了"生产力""生产关系"等新的科学概念，代替了个体和人的本质等旧概念。

1.《1844 年经济学哲学手稿》中的"实践的人道主义"

把《1844 年经济学哲学手稿》到《德意志意识形态》的思想发展过程描述为从人道主义到摒弃人道主义的过程是一种较为流行的阐释。而其中又涉及如何理解《1844 年经济学哲学手稿》中马克思的人道主义思想的问题。其中一个认识上的偏差就是把《1844 年经济学哲学手稿》中的人道主义等同于启蒙运动的人道主义。如弗洛姆就以人道主义解释《1844 年经济学哲学手稿》，说马克思哲学的"目标是使个人主义得到充分体现，正是这个目标指引着西方的思想，从文艺复兴、宗教改革运动一直到十九世纪"[①]。这一说法忽视了马克思对个人的关注并不完全等同于文艺复兴以来发展的个人主义观念。类似的偏差还表现为把《1844 年经济学哲学手稿》中的人道主义理解为费尔巴哈式的人本学。"中国学术界直到 20 世纪 90 年代才开始逐步重视对马克思的'类'概念的研究，在此之前，马克思的'类'概念多被学者们当作一种费尔巴哈式的人道主义的抽象概念而予以否定。"[②] 这一偏差的出现与对马克思早期思想中的人是什么的理解有关。阿尔都塞说："历史的'主体'是特定的人类社会。"[③] 这一说法是比较模糊的。马克思恩格斯对历史的叙述是从一定的历史条件下的个人即现实的个人出发的。另外，在《莱茵报》时期，马克思就发展出了从社会历史来理解人的思想。人的权利和自由的实现依赖于人在社会各个领域都拥有权利和自由。正是这一思路使马克思逐步探究了思想领域、政治领域和经济领域人的生存和解放的问题。社会领域的横向结构的逐步探究与历史的时间性的延展是联系在一起的。到《1844 年经济学哲学手稿》，马克思揭开了异化劳动和私有财产的关系，从而提出了人类社会历史的发展过程和发展规律问题。

---

① 〔美〕E. 弗洛姆：《马克思关于人的概念》，复旦大学哲学系现代西方哲学研究室编译《西方学者论〈一八四四年经济学—哲学手稿〉》，复旦大学出版社，1983，第 22 页。
② 汪信砚、柳丹飞：《论青年马克思的"类"概念——对马克思〈手稿〉中"类"概念的历史唯物主义解读》，《上海师范大学学报》（哲学社会科学版）2018 年第 6 期，第 10 页。
③ 〔法〕路易·阿尔都塞：《保卫马克思》，顾良译，商务印书馆，2010，第 228 页。

　　另外一种努力是有意义的，就是力图肯定《1844 年经济学哲学手稿》中马克思人道主义的特殊性。拉宾认为："马克思认为，无产阶级人道主义是唯一现实的人道主义。"① 《1844 年经济学哲学手稿》的确提到了"人道主义"。马克思把人的自我异化的积极扬弃的共产主义说成"完成了的人道主义＝自然主义"②，说成把唯物主义和唯心主义结合起来的真理。③ 这种人道主义归还真正人的生命，是"实践的人道主义的生成"④"积极的人道主义"⑤。马克思这里所说的"人道主义"，是人的类生活的实现状态。拉宾的理解有合理的一面，也有不足。这种人道主义是类生活的实现状态，当然和无产阶级有关，但还不能完全说成"无产阶级人道主义"。这种人道主义的实践性，当然是要维护无产阶级的利益才能成为现实的，但对无产阶级利益的维护是和人的一切奴役的解放关联在一起的，这种人道主义既是无产阶级的人道主义，也是人类解放的人道主义，二者不可分割。从人类解放的角度来说，这种人道主义是真正关心一切人的利益的人道主义。

　　《1844 年经济学哲学手稿》中这一"实践的人道主义"与历史观不是割裂的——尽管当时的历史观还有不足——自然也不存在所谓的"人道主义"和"唯物史观"、革命学说、社会批判理论的"断裂"或者替代的问题。这一人道主义不仅是理想主义的，而且是历史规律把握到的历史发展的必然结果，因而是马克思历史意识发展的证明和结果。而其实现需要革命的实践，需要超越资本主义以及资本主义人道主义的局限性。

　　《论犹太人问题》中对"人的解放"的论述已经给出人类历史的发展方向，对"无产阶级"的论述已经给出实现这一方向的主体，而"武器的批判"也给出了实现的手段。但是在《论犹太人问题》中，这一方向虽然有一定的历史观的基础——当下历史现实被置入一个批判的视野，未

---

① 〔苏〕尼·伊·拉宾：《〈1844 年手稿〉对共产主义的经济和哲学论证》，中共中央马克思恩格斯列宁斯大林著作编译局马恩室编译《〈1844 年经济学哲学手稿〉研究（文集）》，湖南人民出版社，1983，第 13 页。
② 《马克思恩格斯全集》第 3 卷，人民出版社，2002，第 297 页。
③ 参见《马克思恩格斯全集》第 3 卷，人民出版社，2002，第 324 页。
④ 《马克思恩格斯全集》第 3 卷，人民出版社，2002，第 331 页。
⑤ 《马克思恩格斯全集》第 3 卷，人民出版社，2002，第 331 页。

来历史走向也大致明确，当下的现实的历史来源问题也有一定的回答——其历史观基础却是不牢固的，当马克思把对私有制的批判转变为对异化劳动和人类前途的关系的论述以后，"人的解放"的理论基础才更系统、更深入。异化劳动揭开了资本主义时代人道主义的神秘面纱，工人阶级的生存现实说明资本主义人道主义不过是资本和劳动的自由，是利己主义的人道主义和孤立的个人的人道主义。理论上的那种人道主义，不过是把人抽象化以后一种理想性的表达。异化劳动理论说明不仅工人是异化的，而且资本家也是异化的，人自身的异化变成了一种历史现实，那么也就提出了实现人的本质的现实历史任务。《1844年经济学哲学手稿》中的人道主义，既是对未来社会人道主义实现结果的阐发，也是对资本主义时代人的价值的颠倒现象的批判，还是对历史提出的历史任务以及如何实现这一历史任务的阐发，是人本学、人道主义和历史观（包括经验实证和理论抽象两个方面）、革命与社会批判理论的统一。

因为《1844年经济学哲学手稿》中的"人道主义"已经是和现实的人、历史观、革命理论高度融合在一起的思想，其中包含政治经济学、科学社会主义、哲学的高度统一性。马克思指出，"人的感觉、激情等等不仅是［本来意］义上的人本学规定，而且是对本质（自然）的真正本体论的肯定"①。马克思是从人的实践的角度来统一人本学规定和本体论规定的，人和自然在实践中获得了统一。人的人本学规定和本体论规定的统一同时也是一种社会历史性的，因而也是与社会历史规定性统一在一起的。人本学的自然界是社会历史性的自然界，人与自然、人与人、人与历史统一在这一规定之中。社会历史观和人本学、本体论的统一并不意味着历史科学是建立在人本学和本体论基础之上的，而是三者的有机统一。这一统一体从人的角度说是人本学，从自然角度说是本体论，从社会角度说是社会及社会批判理论，从历史角度说是历史科学。这一统一的科学理论从革命理论的角度来看是就具体推进历史进步而言的，历史科学是就历史具体发展阶段而言的，历史哲学是就对历史一般规律的阐发而言的。是历史哲学，而不是旧的历史哲学。就对规律的把握来说，这几个层次是不能

① 《马克思恩格斯全集》第3卷，人民出版社，2002，第359页。

割裂的，脱离了任何一点都容易走向谬误。"'唯物史观'是历史科学，其基本特征是具有经验性与实证性，而历史哲学作为哲学的一个部类则具有超验性与思辨性。历史哲学的研究理路在于探索历史发展的意义或价值，其根本精神在于对历史发展做出批判性反思，这是与旨在对历史事实做出'描述'或'经验观察'的历史科学完全不同的研究理路与认识方式。"① 从《1844 年经济学哲学手稿》对"实践的人道主义"的论述来看，自然主义和人道主义的统一的完成是一个历史过程，其中已经包含人本学、本体论和社会历史观的统一。阿尔都塞认为，人道主义概念不能思考人的实在，但是可以作为信号具有指示方向和目的地的实际意义，原因就在于"一切人道主义的意识形态全都求助于道德"②。《1844 年经济学哲学手稿》中的"实践的人道主义"显然并不属于阿尔都塞的这一意识形态的规定。

2.《德意志意识形态》及以后马克思对"人道主义"的运用

在《1844 年经济学哲学手稿》中，马克思不反对人本学和本体论，但给出了自己的新的处理方式和新的理解。对旧概念给出新的解释是理论发展的常用方式。但对旧概念进行新的解释有一定的缺点，就是要时刻澄清二者的不同。理论的创新总是离不开新概念的创造。但是新概念也容易出现一个问题，就是人们总以为新概念已经完全抛弃旧概念表达的内容和价值的合理性，从而把二者对立起来。《1844 年经济学哲学手稿》中的"人道主义"具有给旧概念新解释的特征。《德意志意识形态》中使用的生产力概念也是旧概念的新解释。

《德意志意识形态》及以后的一个重要的理论任务是对旧"人道主义"进行批判。资产阶级常常用"人道"来对资本主义生产方式进行标榜，并把资产阶级赖以统治的条件看成历史的极限。但实际上，资本家的人道的实际内容是受到雇佣劳动制度制约的。"资本家的人道就在于以尽可能低的价格购买尽可能多的劳动。"③ 受这一生产方式的制约，资产阶

---

① 游兆和：《论历史哲学的本质及其与历史科学的区别——兼评学界同仁对马克思有关论述的误解》，《学术研究》2016 年第 7 期，第 18 页。

② 〔法〕路易·阿尔都塞：《保卫马克思》，顾良译，商务印书馆，2010，第 245 页。

③ 《马克思恩格斯全集》第 6 卷，人民出版社，1961，第 638 页。

级标榜的人道主义实际上是非人道的。资产阶级炫耀人道主义，"现在奴隶解放了，于是人们便挑选出动物界当作'人道主义'的无害对象"①。"讲人道的资产者们"不理会大部分居民遭受的痛苦，却敬重利润之神，只要人的痛苦有益于钱袋，人的痛苦就被抛到脑后了。

在存在资产阶级和无产阶级对立的社会历史条件下，也可以有无产阶级人道主义。在存在对抗的社会条件下，人道不人道在对抗性双方那里是不同的。对资产阶级来说人道的东西，对无产阶级恰好是不人道的。无产阶级人道主义就是要剥夺资本家通过资本或者中央行政机构对社会生产进行非人道的统治的权力。《工人议会纲领》中提到反对"各工业部门现行的各种压迫工人的非人道做法"②，无产阶级人道主义的主旨在于消灭资本主义所有制以及由此带来的对无产阶级的伤害，至于是采取专政的方式还是较为和平人道的方式属于手段的问题，而且这一手段的选择也不是任意的，是建立在一定实际基础之上的，即受到工人阶级自身的发展程度影响。马克思指出英国工人阶级"将采取较残酷的还是较人道的形式，那要看工人阶级自身的发展程度而定"③。

阿尔都塞把社会主义人道主义划分成两种形式，一个是"无产阶级的人道主义"④，一个是"社会主义个人人道主义"⑤。阿尔都塞认为社会主义人道主义拒绝对人的一切歧视，拒绝战争，其任务是从非人向人过渡，其基本论题是个人自由发展、遵守社会主义法制、尊重个人人格等。阿尔都塞把社会主义人道主义理解为意识形态。"人道主义的本质是意识形态。"⑥ 阿尔都塞突出了人对环境的依附关系，并由此把意识形态看成必要的。这一理解与马克思的追求并不完全吻合。在马克思看来，人类社会向共产主义方向发展的过程，恰好是个人的独立性和普遍性大发展的过程，其结果是人的自由个性的发展，是人的全面而自由的发展。因而社会

---

① 《马克思恩格斯全集》第25卷，人民出版社，2001，第692页。
② 《马克思恩格斯全集》第13卷，人民出版社，1998，第729页。
③ 《马克思恩格斯全集》第44卷，人民出版社，2001，第9页。
④ 〔法〕路易·阿尔都塞：《保卫马克思》，顾良译，商务印书馆，2010，第216页。
⑤ 〔法〕路易·阿尔都塞：《保卫马克思》，顾良译，商务印书馆，2010，第216页。
⑥ 〔法〕路易·阿尔都塞：《保卫马克思》，顾良译，商务印书馆，2010，第227页。

主义和共产主义的人道反映的恰好是人的独立、自由和全面发展的需求。

阿尔都塞把社会主义人道主义定性为意识形态也不够科学。社会主义人道主义具有观念性，具有价值性，但是这种人道主义的发展始终是建立在一个经济过程的基础上的，否则这种意识形态就无法和那种打着社会主义旗号的资产阶级自由主义的人道主义划清界限。无产阶级是采取人道的还是阶级斗争的方式是受到工人阶级自身的发展制约的。人道的发展需要一定的物质和交往条件。人的全面而自由的发展是建立在高度发达的生产力以及交往的普遍发展的基础上的。人道的发展不单单是一种价值观，更是一个现实的历史过程。

阿尔都塞认为，历史唯物主义不能设想共产主义社会没有意识形态。阿尔都塞设想的共产主义的意识形态是"科学世界观"或者"共产主义人道主义"。把社会主义或者共产主义人道主义意识形态化，也就是道德化和主观化，是不可取的。这抛弃了马克思一贯坚持的人道主义的科学追求。如果单纯从道德、价值的角度来定位社会主义或者共产主义人道主义，就无法和资产阶级自由派的社会主义人道主义划清界限。在资产阶级向社会主义或共产主义过渡的过程中，在特定的条件下，还会出现一种资产阶级的社会主义，或者说一种夹杂着资产阶级人道主义观念的社会主义或者共产主义。这种人道主义观念往往具有社会主义的外表，而其基础依然是资产阶级的生产方式。这种类型的人道主义会有各种具体的表现形态。马克思在给卢格的信中谈到卡贝等人的共产主义时认为，他们的共产主义是一种教条的抽象概念。"这种共产主义本身只不过是受自己的对立面即私有制度影响的人道主义原则的特殊表现。"[1] 受私有制度影响的人道主义一个惯常的理论进路就是把共产主义化为资产阶级自由主义的人道主义。《共产党宣言》提到有一种"人道主义"属于保守的或资产阶级的社会主义。马克思曾经指出卢格"企图把共产主义作为自己'人道主义思想'的最新成果而据为己有"[2]。这类打着社会主义旗号的人道主义诉诸人道、正义和慈悲之类的温情，却忽略了人道不人道、公平不公平是要

---

① 《马克思恩格斯文集》第 10 卷，人民出版社，2009，第 8 页。
② 《马克思恩格斯全集》第 49 卷，人民出版社，2016，第 115 页。

由研究生产和交换的事实的科学来确定的。"像海因岑这类不仅否认阶级斗争，甚至否认阶级存在的无知的蠢材只不过证明：尽管他们发出一阵阵带有血腥气且又自以为人道的叫嚣，他们还是认为资产阶级赖以进行统治的社会条件是历史的最后产物，是历史的极限"①，资产阶级自由主义的社会主义脱离现实臆造的一切阶级协调和幸福的制度都不过是空中楼阁。

　　社会主义或共产主义人道主义不仅仅是一种意识形态，还是一种科学。在《德意志意识形态》的手稿中，马克思谈到革命的必要性的时候删去了一段话，这段话中提到"'现实的人道主义'即共产主义"②。这段话之所以被删掉从文义来看应该并不是因为"'现实的人道主义'即共产主义"这一表述。在《论土地国有化》手稿中，马克思也删掉了"人道"两个字。"生产资料的全国性的集中将成为由自由平等的生产者的各联合体所构成的社会的全国性的基础，这些生产者将按照共同的合理的计划进行社会劳动。这就是19世纪的伟大经济运动所追求的人道目标。"③有"人道"两个字会强化经济运动的主观性而淡化经济运动的自然结果的内涵。另外，删除"人道"两个字不影响整个句子的意思。《神圣家族》当中提到了"现实人道主义"。"现实人道主义在德国没有比唯灵论或者说思辨唯心主义更危险的敌人了。"④

　　显然，《德意志意识形态》及以后，马克思对于使用"人道"是比较谨慎的。因为使用"人道"一词很容易和资产阶级的人道主义以及有社会主义外表的人道主义相混淆。但这并不意味着不可以讲社会主义或者共产主义人道主义。社会主义人道主义可以定位为替代资本主义过程以及向共产主义过渡阶段的人道主义。至于这种人道主义发展所要经历的阶段和具体的形式要根据生产力和生产关系的发展状况而定。马克思在论述公社的时候指出，公社是社会解放的政治形式，"不是全人类复兴的运动，而只是有组织的行动手段"⑤。社会主义或者共产主义人道主义的科学性就

①　《马克思恩格斯全集》第49卷，人民出版社，2016，第79~80页。
②　《马克思恩格斯文集》第1卷，人民出版社，2009，第543页。
③　《马克思恩格斯选集》第3卷，人民出版社，2012，第178页。
④　《马克思恩格斯文集》第1卷，人民出版社，2009，第253页。
⑤　《马克思恩格斯选集》第3卷，人民出版社，2012，第143页。

在于恰当地评估了历史发展的阶段性特征。在资本主义向社会主义过渡的时期，阶级斗争和人道主义并不是截然对立的，因为人自由联合的劳动条件代替劳动受奴役的经济条件要逐步完成。

3. 马克思人道主义思想的意义

因为马克思对"人道"一词的使用非常谨慎，马克思主义者是否可以不用这一词语来表达自身的价值追求呢？这要根据历史发展的情况而定。

"人道"这一词语有助于把握历史发展本质上是人的本质力量的发展，对于科学把握马克思主义是有意义的。发展生产力是为了使人像人一样从事活动，是为了发展人的本性。生产力的概念是非常重要的，但是物质的发展最终要落实到人的发展和生活改善上来。生产力的主体和客体的区分是非常重要的。人作为主体在对象化为客体的过程中保持主体性，这种对象化就是人道的发展。人类历史的人道主义的发展最根本的是人通过历史的发展逐步摆脱物种的限制从而获得更大的自由。人从物种规定或某一规定性中生产自己逐步发展到生产出人的全面性，就意味着人道主义的发展。人道的发展不是一个抽象的概念，而是从多个层面体现出来的，其核心精神是自然史和人类史的统一。在《莱茵报》时期，马克思就指出，贫民在捡枯树枝的活动中感受到了自然力是友好的、比人类力量还要人道的力量。人道的发展体现在人相对自然界的普遍发展和自由方面，更表现在人与人、人与社会的关系方面。人与人的关系的人道的发展和人与自然关系的人道的发展是紧密结合在一起的。可以把人的全面而自由的发展看成马克思主义人道主义思想的核心内容。亚当·沙夫认为："社会主义的人道主义的目标就是个体的全面发展和由此而来的自由。"[①]

根据马克思对巴黎公社的论述，社会解放有政治、全人类复兴运动两种根本形式，这两种形式也构成了无产阶级解放和人类解放的阶段性特征。把握马克思人道主义的科学性和价值性的统一是非常有意义的。

只有把握人道主义的经济基础以及相应的历史发展阶段，才能把握马克思主义人道主义的特质。马克思主义人道主义和非马克思主义的人道主

① 〔波兰〕亚当·沙夫：《人的哲学》，赵海峰译，黑龙江大学出版社，2014，第102页。

义最主要的区别体现在科学性方面。马克思主义人道主义的科学性主要表现在：从生产、交换和分配等经济过程，从生产方式本身来理解人道主义；从社会历史发展的阶段和程度来理解人道主义。

无产阶级人道主义是和全人类的复兴运动密切结合在一起的，不可偏废某一方。在脱离现实条件情况下讲全人类的复兴运动就会陷入抽象，而仅仅拘泥于无产阶级人道主义就会失去历史的方向感。《神圣家族》曾经指出："有产阶级和无产阶级同样表现了人的自我异化。"① 无产阶级人道主义要逐步发展为全人类的复兴运动。"无产阶级在获得胜利时，无论如何决不会因此成为社会的绝对方面，因为它只有消灭自己本身和自己的对立面才能获得胜利。"②

四 人的价值

（一）人类解放的价值

类本质和共产主义价值观是什么关系？二者之间当然存在一定的发展和超越的关系：共产主义价值观超越了类本质。但也应该看到，共产主义价值观并没有否认人的类本质。恩格斯在《共产主义原理》中是这样定义共产主义的："共产主义是关于无产阶级解放的条件的学说。"③ 无产阶级的解放关联着人类的解放。

1. 中学时期的人类幸福价值观

马克思在中学时期就萌发了关于人类幸福价值观的思想，其中值得注意的有四点内容。

其一，关注人类的德行的价值。马克思关注人在历史上如何才能达到崇高和高尚。为了达到崇高和高尚，需要好善，需要有知识，需要认识真理，需要坚定的理性和持久稳定的快乐。马克思当时关注的是实现这一价值面临的挣扎，以及肉体原则和精神原则之间的斗争。

其二，对人的类本性的把握离不开人与动物的区分，并且往往从人与自然的关系的角度入手来区分人与动物。马克思在中学时期表达了人的类

---

① 《马克思恩格斯文集》第 1 卷，人民出版社，2009，第 261 页。
② 《马克思恩格斯文集》第 1 卷，人民出版社，2009，第 261 页。
③ 《马克思恩格斯选集》第 1 卷，人民出版社，1995，第 230 页。

本性的朴素思想。人类趋向于高尚是人和动物不同的地方，人超越自然划定的范围也是人与动物不同的地方，人能够选择也是人和动物的区别。

其三，现实职业选择的思考涉及个体和劳动的关系，包含着思考人的活动和人的本质之间的关系的可能性。如果从社会历史观的角度来看，人的职业选择有受限制的一面。马克思当时只是很朴素地认识到职业选择由偶然机会和假象决定的情况，还不太清楚职业选择由偶然机会和假象决定的社会历史根源。马克思当时只是从个体的角度去思考的，当从更多的人的职业选择来思考的时候，个人命运及价值的实现就和社会历史联系在一起了。社会历史限定了个体通过自己的职业活动进行独立创造的空间。"能给人以尊严的只有这样的职业，在从事这种职业时我们不是作为奴隶般的工具，而是在自己的领域内独立地进行创造。"[①] 按照后来马克思的思想，个体自由创造性的劳动的普遍实现是一个历史过程。马克思后来从人的类活动的角度来思考人和人的活动的关系，并把自由自觉的活动当成类活动的本质特征。

其四，马克思没有把人的本性拘泥于个体的角度来思考，而是纳入了他人和社会的视角。"人的本性是这样的：人只有为同时代人的完美、为他们的幸福而工作，自己才能达到完美。"[②] 马克思这一朴素的表达，包含着人的社会性思想内容。

2.《莱茵报》时期的人类自由价值观

道德的基础是人类精神的自律。马克思从普遍自由的角度来把握人类的本性，认为自由是人的本质。当时马克思还是以内在观念的本质的尺度来把握现实的。马克思把自由看成"全部精神存在的类本质"[③]。马克思把人类活动看成自由的活动，相应的人类活动的产物在本质上也应该是自由的。马克思反对那种认为人类的一切都不完善的看法。"因为如果类是坏的，种还能是好的吗？"[④] 马克思反对为了保存一个良种而抛弃整个人类。马克思提到对自己得救感到绝望会把个人的弱点变成人类的弱点，阻

---

① 《马克思恩格斯全集》第 1 卷，人民出版社，1995，第 458 页。
② 《马克思恩格斯全集》第 1 卷，人民出版社，1995，第 459 页。
③ 《马克思恩格斯全集》第 1 卷，人民出版社，1995，第 171 页。
④ 《马克思恩格斯全集》第 1 卷，人民出版社，1995，第 167~168 页。

止人类遵循天生的自然规律。"这些人怀疑整个人类，却把个别人物尊为圣者。他们描绘出人类本性的可怕形象，同时却要求我们拜倒在个别特权人物的神圣形象面前。我们知道个人是弱小的，但是同时我们也知道整体是强大的。"①

马克思当时认为："自由的每一特定领域就是特定领域的自由，同样，每一特定的生活方式就是特定自然的生活方式。"② 马克思当时肯定没有特定名称的一般自由，把这种一般自由看成类，这种类的自由有不同的种的自由，如行业自由、财产自由等。马克思把种的自由和一般自由的关系看成相互制约的关系，如果种的自由出了问题，那么一般自由也就出了问题。马克思当时"把人类的爱同等级的仇恨对立起来"③，把人体现自己的本质看成人道的。

3. 1843 年致阿尔诺德·卢格的信中体现的价值观

在"马克思主义与道德"问题上，发展马克思的道德规范思想是可以的，但应该和教条划清界限。"新思潮的优点又恰恰在于我们不想教条地预期未来，而只是想通过批判旧世界发现新世界。"④ 马克思当时把卡贝等人所讲授的共产主义看成一种教条的抽象概念，并认为这种共产主义是受私有制影响的人道主义原则的特殊表现。马克思更看重消灭私有制，认为卡贝等人的共产主义在根本上并不能消灭私有制。马克思当时认为存在某种想象的和可能存在的共产主义，这为他在未来探讨新的共产主义留下了理论的空间。

1843 年 9 月马克思给卢格的信反映出，类本质思想和共产主义之间还有一定的张力，但也有统一的一面。马克思还没有完全采纳"共产主义"这一名称，但在"社会主义"这个概念的使用中，他把社会主义和真正的人的本质联系在一起。但这并不意味着二者在价值观上是不能统一的。"然而整个社会主义的原则又只是涉及真正的人的本质的现实性的这

① 《马克思恩格斯全集》第 1 卷，人民出版社，1995，第 184 页。
② 《马克思恩格斯全集》第 1 卷，人民出版社，1995，第 190 页。
③ 《马克思恩格斯全集》第 1 卷，人民出版社，1995，第 427 页。
④ 《马克思恩格斯全集》第 47 卷，人民出版社，2004，第 64 页。

一个方面。"① 马克思随之强调了宗教问题和政治问题的重要性。"我们的全部意图只能是使宗教问题和政治问题具有自觉的人的形态,像费尔巴哈在批判宗教时所做的那样。"② 这封信反映了当时马克思思想的实际面貌。

马克思强调,不是教条地以新原理面向世界,而是从世界的原理中为世界阐发新原理。现实的生活当然是政治国家,"至于谈到现实的生活,那么正是政治国家,即使它还没有自觉地充满社会主义的要求,也以它的一切现代形式包含着理性的要求",政治国家处于理想使命和现实前提的矛盾中,等级制度和代议制度之间的区别"只是用政治的方式来表明人的统治同私有制的统治之间的区别"③。私有制统治之后是什么呢?当批评家把代议制度从政治形式提升为普遍形式的时候,真正人的本质的现实性也就实现了。这样一来,就显示出批评家的局限性。马克思在《论犹太人问题》中讲"人的解放"。人的解放就是使人的世界和人的关系回归人自身。这和政治解放不同,政治解放中人的价值的实现是把人归结为利己的、独立的个体,归结为公民,"我们的全部意图只能是使宗教问题和政治问题具有自觉的人的形态"④。

4.《莱茵报》以后对实现人类解放的主体的发现和历史观论证

《莱茵报》以后,马克思通过对市民社会的分析,以及对社会主义思想的认识,逐步把无产阶级看成实现人的价值和人类解放的主体性力量。

当马克思找到实现人的价值和人类解放的主体以后,经过对经济学的深入研究,在类本质和类活动的意义上肯定了人类解放的价值。

在对分工、交往的研究的基础上,马克思和恩格斯一道表达了世界历史的思想,从历史观的角度论证了生产力的普遍发展和交往的普遍化对于共产主义的意义,从而把人类解放的价值奠定在坚实的历史观的基础之上。

马克思的人类价值观是科学的价值观,与那种主观的人类价值观是不同的。克利盖把人类和"下贱"的人区分开来,以形而上学臆想的人类

---

① 《马克思恩格斯全集》第 47 卷,人民出版社,2004,第 65 页。
② 《马克思恩格斯全集》第 47 卷,人民出版社,2004,第 66 页。
③ 《马克思恩格斯全集》第 47 卷,人民出版社,2004,第 65~66 页。
④ 《马克思恩格斯全集》第 47 卷,人民出版社,2004,第 66 页。

来克服人的"下贱"人格。马克思认为，这样就把"全人类""人道""人类"变成了华丽的标记，使实际问题变成了虚幻的词句。克利盖也把无产阶级和人类联系起来，不过他讲的不是具有世界历史意义的革命运动，而是把革命运动化为爱和恨、共产主义和利己主义的对立。克利盖把无产阶级讲成人类或者宣称无产阶级要以人类身份来行动。但克利盖要用爱把人类联合起来，教会人类劳动和共同享用劳动果实，这不是现实的社会历史观点。克利盖发现了共产主义者对爱的热情流露、舍己为人的决心、对共同体神圣的渴望，如果说这些认识有一定的合理性的话，也只能从现实的社会历史运动来理解。

（二）个体个性的价值

在马克思的共产主义价值观中，个体处于什么样的价值地位呢？回答这一问题是非常重要的。这里结合马克思恩格斯的个性观来进行一定的分析。如果从《1857—1858年经济学手稿》来看，人类社会发展的第三个阶段是"自由个性"[①] 阶段。这一"自由个性"是有前提和基础的。

马克思的这一思想说明"个性"是一个历史性的概念。在"自由个性"阶段，个体的特性得到了充分的解放。从个人的角度来说，前提是多方面需要的发展和全面能力体系的发展，基础是个人全面发展。在"自由个性"达成之前，有一个个体获得"独立性"的历史阶段。这说明"独立性"构成了自由个性的历史前提。独立性阶段为个人全面发展提供了历史条件。"'局限性'、'片面性'和'全面性'相对应。马克思恩格斯从不同层次来描绘了人的发展的片面性：如物种限制的片面性；人与自然关系方面的片面性，如人在孤立的地点上发展，面对和改造的自然领域被限制在较小的领域等；人与人关系方面的片面性，如部落、封建的或等级的共同体限制了社会性的发展，民族的局限性等；人的精神发展的片面性，如只是局限在精神领域内解决问题而忽略了精神的社会存在基础等。'普遍性'也是马克思恩格斯常用来说明个性的概念。"[②]

---

① 《马克思恩格斯全集》第30卷，人民出版社，1995，第108页。
② 张丽君：《论马克思恩格斯的"个性"观》，《湖北大学学报》（哲学社会科学版）2020年第3期，第103页。

个性涉及需要问题,自由个性涉及需要的丰富性和人性化,涉及历史形成的需要逐渐代替自然需要,涉及对物种限制的超越。需要的问题在《1844 年经济学哲学手稿》和《德意志意识形态》中都有所论述。马克思在批评施蒂纳的时候辨析了人的个性问题中包含的自然和社会的关系问题。他认为,把社会历史条件加给个人的偶然性说成人的自然,说成人的个性的内在联系,把社会条件带来的偶然性说成必然性,会遮蔽个性的社会历史视野。马克思曾经指出,交换关系很容易导致"对我的自然个性漠不关心"①。马克思恩格斯把现代资产阶级社会说成"自我异化的自然个性和精神个性的社会"②。共产主义价值观中包含自然个性和精神个性的解放的内容。

个性问题涉及主体和客体的关系问题。在人的发展的三阶段的论述中,马克思恩格斯是以"从属于"的方式来表述的,且他们的话语是有一定的变化的,在《1844 年经济学哲学手稿》中较多使用"异化""外化"等词语,在《德意志意识形态》中用得较多的则是"异己""独立化""异己性""偶然性"等话语。"控制""支配""奴役"等词语表达了主客体关系的不同样态。恩格斯在《社会主义从空想到科学的发展》中提到共产主义社会人成了自由的人,成为"自身的主人""自然界的主人""自己的社会结合的主人"③。

马克思思考个性问题的一个线索是货币和私有制。马克思发现私有制导致了人的个性同自己的疏远。④ 个人的个性和资本的个性是互相冲突的。马克思的这一思考进路延展出一种个性观的社会历史视野。这种延展表现为《1844 年经济学哲学手稿》中对封建领主和土地之间的个性关系的思考。人的性格和个性把人和地块联系在一起。如封建领主和土地之间有一种个性关系,"地块随它的领主而个性化"⑤。历史性的延展还把个性的概念指向了对未来的思考,"到处否定人的个性"成了"粗陋的共产主

---

① 《马克思恩格斯全集》第 30 卷,人民出版社,1995,第 200 页。
② 《马克思恩格斯文集》第 1 卷,人民出版社,2009,第 324 页。
③ 《马克思恩格斯选集》第 3 卷,人民出版社,1995,第 760 页。
④ 参见《马克思恩格斯全集》第 42 卷,人民出版社,1979,第 38 页。
⑤ 《马克思恩格斯全集》第 3 卷,人民出版社,2002,第 261 页。

义"的一个特征①。

历史意识发展的结果使马克思和恩格斯一起在新的历史观的话语下重构了自己的个性思想。这种重构有很多表现，其中一个是把个性范畴纳入了生产力和生产关系的话语体系中，从个人相互交往的条件与人们的个性的关系来说明历史规律。在矛盾发生以前，生存条件是与"他们的个性相适合的条件"②。

这种重构的另外一个表现是马克思恩格斯还说明了"非人的东西"这样的话语产生的生产力基础问题，以及相应的阶级关系问题。③

这种重构还有一个重要表现就是马克思恩格斯区分了"有个性的个人"和"偶然的个人"。如何理解"有个性的个人"与"偶然的个人"呢？

其一，"有个性的个人"与"偶然的个人"是否构成了不同的历史发展阶段？一种观点认为，"偶然的个人"即抽象的个人，是个人发展的第二阶段；"有个性的个人"即真正的个人，是个人发展的第三阶段。④ 另外一种观点认为，"有个性的个人"与"依附的个人"同义，"偶然的个人"与"独立的个人"同义，未来社会的个人形态是"自由个性的个人"。⑤ 还有一种观点则把"偶然的个人"看成随着分工、私有制的萌生而产生的，并会随着分工、私有制的灭亡而消失。⑥ 另有一种观点反对把"有个性的个人"与"偶然的个人"固定在人类社会发展的不同阶段，而是将其看成社会阶级分化以及不同阶级经验的事实。⑦

---

① 《马克思恩格斯全集》第 3 卷，人民出版社，2002，第 295 页。

② 《马克思恩格斯选集》第 1 卷，人民出版社，1995，第 123 页。

③ 参见《马克思恩格斯全集》第 3 卷，人民出版社，1960，第 507~508 页。

④ 参见李志《论马克思的"偶然的个人"概念及其扬弃》，《哲学研究》2005 年第 2 期，第 106、108 页。

⑤ 杨楹、周世兴说："作为'物的依赖关系'社会的个人形态，'偶然的个人'与'独立的个人'同义，是对与'依附的个人'同义的'有个性的个人'的超越；扬弃'偶然的个人'的未来社会的个人形态不是'有个性的个人'，而是'自由个性的个人'。"参见杨楹、周世兴《论马克思的"偶然的个人"》，《哲学研究》2008 年第 11 期，第 26 页。

⑥ 参见路红梅《重新理解马克思恩格斯的"偶然的个人"》，《理论探讨》2011 年第 4 期，第 68 页。

⑦ 参见朱连增《有个性的个人与偶然的个人——试析唯物史观视阈中生产力和生产关系之矛盾的承受者》，《宝鸡文理学院学报》（社会科学版）2010 年第 4 期，第 12 页。

其二，"有个性的个人"和"偶然的个人"具体指哪些人，或者是哪个阶级、阶层？有的学者认为，"有个性的个人"即"等级的个人"，"偶然的个人"包括资本主义社会的所有个人。① 有的学者则认为，"偶然的个人"是资本主义社会的无产者。② 还有学者认为，"偶然的个人"是一个社会中被统治阶级的成员，"有个性的个人"是指一个社会中统治阶级的成员。③

关于这一问题还有进一步探讨的必要。把握这一问题的关键就在于要确认"有个性的个人"指称的历史事实是什么。"有个性的个人与阶级的个人的差别，个人生活条件的偶然性，只是随着那本身是资产阶级产物的阶级的出现才出现。"④ 无产阶级是资产阶级的产物，"随着资产阶级的诞生而诞生的无产者，以及资本主义社会条件下的无产者的个性属于'有个性的个人'"⑤。小生产对人的自由个性的发展也是有利的，但个人普遍取得独立性的地位是随着社会关系的高度物化和普遍化才形成的。这种个人取得独立性的地位对于资产阶级和无产阶级有不同的历史意义。资产阶级的个性更多地表现为资产者的个性，而不是个人的个性。阶级关系决定和规定了他们的个性。把资产者的个性划归到"偶然的个人"的范围是比较合适的。物的独立性对于无产阶级来说则有另外的意义，即因为失去了这些物质的力量而使个性得到强烈的发展。历史发展的价值趋势则是要保护、发展无产阶级的个性，并"使自己的个性得以实现"⑥。结合"自由个性"来看，"偶然的个人"、"有个性的个人"和"自由个性"勾

---

① 参见周世兴《论马克思的"有个性的个人"》，《教学与研究》2007 年第 12 期，第 30 页。

② 参见路红梅《重新理解马克思恩格斯的"偶然的个人"》，《理论探讨》2011 年第 4 期，第 67 页。

③ 朱连增认为："'偶然的个人'不过是那些由于丧失生产资料以及其他社会资源而难以表现、发展自身能力的个人，这些个人实际上属于一个社会当中被统治阶级的成员。""通常一个社会统治阶级的成员才可能成为'有个性的'。"参见朱连增《有个性的个人与偶然的个人——试析唯物史观视阈中生产力和生产关系之矛盾的承受者》，《宝鸡文理学院学报》（社会科学版）2010 年第 4 期，第 12 页。

④ 《马克思恩格斯选集》第 1 卷，人民出版社，1995，第 119~120 页。

⑤ 张丽君：《论马克思恩格斯的"个性"观》，《湖北大学学报》（哲学社会科学版）2020 年第 3 期，第 107 页。

⑥ 《马克思恩格斯选集》第 1 卷，人民出版社，1995，第 121 页。

勒了历史进程中个人和个体价值发展的宏观样态。

（三）人民群众的价值主体地位

在博士论文时期，马克思就推崇人民的精神，并看到人民的精神和哲人的精神之间的教化关系。

《莱茵报》时期，马克思关心农民的利益，关心贫穷问题。人民才是社会的主体，是社会生活的真实的内容。随着对市民社会的研究，马克思对人民的认识逐步深入。

《"莱茵观察家"的共产主义》认为，真正的人民是无产者、小农和城市贫民。这些人是不会让国王牵着自己的鼻子走的。"法国的路易十六也向自己的人民发出过呼吁。三年中间他不断地呼吁一部分人民去反对另一部分人民，并到处寻找自己的人民，真正的人民，忠于他的人民，但始终没有找到。"①

在《神圣家族》中，马克思恩格斯已经开始表达人民群众是历史的主体的思想，并通过分析那种把精神当成历史的主体的思想发生的根源，区分了历史观中的唯物主义和唯心主义。

对于那种贬低无产阶级及其历史作用的思想倾向，马克思指出："但对不希望把自己当愚民看待的无产阶级说来，勇敢、自尊、自豪感和独立感比面包还要重要。"②

（四）对利己主义的批判

在马克思早期思想中，可以发现他持续进行的对利己主义的思考和批判。在《关于林木盗窃法的辩论》中，马克思指出，利益只考虑自己，它所念念不忘的只是自己。私人利益把自己看作世界的最终目的。

随着对市民社会和国家认识的深入，马克思认为，市民社会成员的权利不过是利己的人的权利，这是同其他人并同共同体分离开来的权利。因此，历史发展阶段上的人权没有超出利己的人。这样，利己的人的产生就被置于一种历史的思考之中。封建社会瓦解后剩下了自己的基础，这个基础就是利己的人。现实的个人以利己的个体形式出现，真正的人以抽象的

---

① 《马克思恩格斯全集》第 4 卷，人民出版社，1958，第 221 页。
② 《马克思恩格斯全集》第 4 卷，人民出版社，1958，第 218 页。

公民的形式出现。马克思还用这一思想分析了德国有节制的利己主义。

在《穆勒摘要》中，马克思对利己主义概念的使用有一定的变化，把利己主义和个人的需要联系在一起，认为真正的社会联系是由于有了个人的需要和利己主义才出现的。这样就把利己主义看成个人积极实现其存在的产物。

上文的看法是否和把利己主义与资本主义的诞生联系在一起相矛盾呢？回答是不矛盾，这一看法意味着马克思在逐步进行一种历史规律的探索。个人积极实现自己是在特定的历史条件下进行的活动，这样利己主义本身也是历史的。《德意志意识形态》就指出，利己主义是在一定条件下个人自我实现的一种必要形式。分工造成了个体的孤立化，自我的实现自然就会表现为利己主义，但真正的利己的个人是随着私有制的成熟而完成的。

《哲学的贫困》中指出，利己主义者都是在社会中靠社会来进行活动的。利己主义也是以共同的目标、共同的需要、共同的生产资料等为前提的。

《共产党宣言》对资产阶级的批判包括对道德的破坏作用的批判。这就把人与人之间的关系变成了赤裸裸的利害关系和金钱关系，道德变成了利己主义。资本主义把人的尊严变成了交换价值，职业令人尊崇和敬畏的神圣光环被抹去了。资本主义亵渎了一切神圣的东西，包括令人尊崇的观念和见解。封建的社会主义的道德具有虚假性，在现实生活中不顾信义、仁爱和名誉去做买卖。《共产党宣言》对道德的虚伪性进行批判不是要否定道德，而是要维护道德的真实性。而这种真实性要求在行动中坚持道德的原则，要求道德的内容和道德的理想之间是一致的。显然，这一点的实现需要奠定在一定的社会现实生活基础上。

五 从社会主义核心价值观的视角对马克思共产主义价值观的审视

运用马克思的思想指导社会主义实践，关键还在于依据具体的国情、具体的历史进程的历史现实以及这一现实中提出的历史任务来思考价值观问题。马克思的共产主义价值观与社会主义价值观之间虽然不是一一对应的关系，但可以以后者对前者进行一定的阐释。社会主义作为通向共产主义的历史阶段，其价值观自然有其历史的阶段性特征。

（一）富强价值观

如何从马克思早期思想中阐发可以与富强对应的价值观呢？这里主要从货币、金钱和财产等角度进行阐发。

《共产党宣言》对共产主义进行了阐发，其中对资本主义的批判主要是财富的增长并没有改变工人的贫困，资产阶级反倒需要反过来养活工人。要想让更多人拥有财富就需要消灭私有制，而共产主义不是要让更多人没有财产，富裕是共产主义的价值观之一。"财产问题从来就随着工业发展的不同阶段而成为这个或那个阶级的切身问题。"[①]《共产党宣言》强调，共产主义并不是要消灭作为人的自由的前提的财产。在私有财产条件下，无产阶级和财富是作为对立面存在的。当无产阶级不再是社会财富的对立面的时候，财富就成了每个人自由发展的条件。

（二）民主价值观

关于民主与马克思主义的联系的问题在历史上有不同的看法，这些看法随着历史的变化而有所变化。[②] 的确如此，马克思发现了代议制的市民社会基础，发现了代议制与私有制的统治的关联。当市民社会和国家的矛盾消解后，就要探讨代议制的普遍性问题，这样就提升到了一个新的历史阶段。马克思曾经提出过真正的民主制，但在早期的思想发展中，随着共产主义价值观的成熟，马克思转向了唯物史观的表达方式。

这样，马克思的民主价值观就包括对资产阶级的民主形式的批判和对未来社会的思考等不同层次的内容。无产阶级民主需要采取国家形式、管理形式和政治形式，然后逐步发展为广泛的社会形式。

在《法兰西内战》中，马克思把公社看成一种具有广泛代表性的政治形式，认为其是劳动在经济上获得解放的政治形式。"公社给共和国奠定了真正民主制度的基础。但是，无论廉价政府或'真正共和国'，都不

---

① 《马克思恩格斯全集》第 4 卷，人民出版社，1958，第 335 页。
② 参见薛晓源主编《马克思主义综论》（Ⅲ），中央编译出版社，2015，第 344 页。

是它的终极目标，而只是它的伴生物。"①

（三）文明价值观

分工以来的社会相对于之前的社会是文明的。但只有到了资本主义时代，人类才进入了更为文明的时代。《共产党宣言》肯定了资产阶级对文明的促进作用，资产阶级使未开化和半开化的国家从属于文明的国家。但建立在资本主义生产方式基础上的文明是有局限的。

更高级的文明要求对物的使用更具有人性的性质，这就要求生态文明。人化的自然界产生出感觉的人性。马克思也肯定人性的价值，不过和作为马克思批判对象的"人性"理论是有区别的。比如海因岑讲人性，是脱离了阶级性来讲人性，是脱离具体的人来讲人性。另外，对人性的根本内涵的理解也是不同的。如海因岑硬要"一切阶级在'人性'这个炽热的思想面前消失"②。现实的人当然可以有人性的追求，但是这种追求总是要在改变生存条件过程中去实现。人性也不是人们固有的属性，而是在实践中不断生成着的属性。共产主义是人类文明进程的新的起点。

（四）权利价值观

布坎南肯定了《论犹太人问题》对把握马克思的权利思想的意义。布坎南根据马克思的思想概括出七个命题。③ 布坎南概括出来的命题涉及如何理解人的权利和公民权的问题。如果把"人的权利"概念看成市民社会的成员的权利，那么就意味着"人的权利"的概念是和利己主义关联在一起的，是和对共同体的脱离相关联的，是和孤立的个人相关的。"公民权利"和"人的权利"概念一样，都具有历史性，将伴随资本主义的灭亡而消失，这一概念对于共产主义社会没有存在的必要性。

布坎南对这些命题进行了重构，重构后有四组命题。④ 他主要强调了人的权利和公民权利的必要性在于受到阶级利益冲突以及相应的利己主义

---

① 《马克思恩格斯选集》第3卷，人民出版社，1995，第58页。
② 《马克思恩格斯全集》第4卷，人民出版社，1958，第344页。
③ 参见〔美〕艾伦·布坎南《马克思与正义》，林进平译，人民出版社，2013，第79~85页。
④ 参见〔美〕艾伦·布坎南《马克思与正义》，林进平译，人民出版社，2013，第86~87页。

的存在。当必要性的基础失去的时候，这些价值也就不需要了。

布坎南的重构总体上看是可行的。但其中也有一些问题需要探讨。其中要注意的一个问题是：在《论犹太人问题》中"人权""公民权"是很具体的概念，是针对鲍威尔的思想进行批判而得来的。不应把"人权"和"公民权"的概念等于"权利"的概念。对此，布坎南把"人权"看成一个最为一般的范畴，然后包含"人的权利"和"公民权利"两个子范畴。"'人权'是一个最为一般的范畴——其他两个作为子范畴被包括在内。"① 布坎南的用法显然是在一个不同于马克思的语境中使用的。在马克思那里，"权利"是一个一般的范畴，"人权"和"公民权"为其子范畴。并且，马克思重点论述的是"人权"而不是"公民权"。

依此来看，布坎南所说的"不同于公民权利的人的权利"就是马克思所说的"人权"。布坎南提出的七个命题大概反映了马克思的思想。"人权"概念的内涵就是把市民社会的成员称为人，而他们的平等、自由、安全和财产就是人权。而市民社会的成员是利己的人，是孤立的人，是脱离了共同体的人。当市民社会的成员在历史上退出舞台以后，人权概念自然就失去了自己的基础，没有了价值。从理论建构的角度来说，"人权"的概念只是对市民社会中利己的人有价值。这样一来，马克思的人权思想就可以分为三组命题。第一组命题是人权的内容和基础是市民社会的成员及其自由、平等、安全和财产。第二组命题是"人权"概念起到保护市民社会成员并且给市民社会成员自身和共同体划定界限的作用和价值。因而这一概念起源于个体的单子化以及由此产生的冲突。而"人权"的概念起到在冲突的环境下达成一定程度的和谐和公正的作用。第三组命题是随着市民社会利己主义个人以及市民社会和政治国家矛盾的消除，"人权"概念的社会基础也就消失了，因而"人权"概念也就失去了它的价值和积极意义。

需要注意的是，"人权"和"公民权"是对应的概念。在《论犹太人问题》中，马克思没有过多地论述公民权的问题，但是其基本思路和《黑格尔法哲学批判》是一致的。因为市民社会和国家的分离，公民实际

---

① 〔美〕艾伦·布坎南：《马克思与正义》，林进平译，人民出版社，2013，第78页。

上是一个抽象的公共领域，相应的公民权也是抽象的。"人权"和"公民权"两个概念反映的是市民社会和国家的关系，二者共同构成了政治解放以后的权利状况。公民以及公民权的抽象性体现在政治共同体的追求成了一种口号，献身精神也被利己主义抵消了。这样公民身份和政治共同体就被贬低为一种手段。谋求政治解放的人的意识是颠倒的，实际上在实践中正是二者的对立性导致了"人权"也得不到保障。自由这一人权一旦同政治生活发生冲突，就不再是权利。这就是说，所谓的保障"人权"在某种程度上是虚假的。

政治解放既然要被人的解放所取代，"人权"和"公民权"的概念自然也就失去了其积极的意义。这就带来了一个新的理论问题。在人的解放的情况下，还要不要使用"权利"的概念呢？布坎南说："假如他批判的仅是权利概念的某种历史形态，那我们也许可以期待他在批判的同时对这种权利做出仔细的限定，然而，他并没有提供出这方面的限定。"① 这一看法并不合理。"人权"和"公民权"是特定的概念，二者是市民社会和国家分离的结果，使用这两个概念说明人的权利本身就是一种限定。可以说，马克思批判的不是一般性的人的权利。市民社会的人是孤立的人，如果市民社会的成员是人，那么人作为社会存在物的领域相应的社会或者政治共同体难道不是"人"吗？即便是在政治解放的条件下，人也应该包括私人和公民，二者都是人的权利的领域。在《黑格尔法哲学批判》中，马克思曾经提到市民社会和国家一方摆脱了自身的局限性，二者就都超越了自身。真正的人既是一个个体，也是一种社会存在物，私人和公民是一体的，这样的权利才是人的权利。显然，这样的权利就是按需分配情况下的人的权利。

从实践应用和理论构建或者规范主义的思路来看，"权利"的概念，包括"人权"和"公民权"的概念都有其积极意义。马克思有一个基本的价值观，即维护普遍利益。"人权"在马克思心目中并不是一个普遍的概念，而是特权。而"公民权"虽然关系到共同体，但是是抽象的普遍性。

---

① 〔美〕艾伦·布坎南：《马克思与正义》，林进平译，人民出版社，2013，第88页。

普遍权利的思想之所以能够通向共产主义，还在于马克思把人的权利问题和自然联系在一起，和财产联系在一起。"权利"的概念包含对社会关系的理解，也包含对人与自然的关系的理解。而这两个方面之所以能够统一起来就在于对人的活动的理解，即在人的活动中把握人的本质。在《关于林木盗窃法的辩论》中，马克思在展开自己的论述的时候，把自然发生的自然的本质及偶然的存在造成的枯树枝和贫民的先占权相对应，认为在自然力的这种作用中，在人捡枯树枝的活动中，贫民发现了自然界比人类力量还要人道的力量；马克思还把特权者和那种能够预先被确定的私有财产相对应。在这里，人与物的矛盾和人与人的矛盾是交织在一起的。人在与物的关系中发现自己的权利，是因为这种关系直接影响到了人与人的关系。私有财产保护意义上的"人权"概念之所以值得批判，就在于这一权利概念既没有实现人的本性，也没有实现物的本性。物的本性被私有财产的属性异化了，而人的本性变成了利己的属性。这一认识使"权利"的概念可以通向公有制的观念。

（五）自由价值观

相比其他价值观而言，马克思比较看重自由。幸福时代的价值就包含自由。奥古斯都时代为什么也是自由的呢？各种自由都消失了，甚至自由的任何表面现象全都消失了，但是罗马人没有觉得他们的自由受到了剥夺。

当马克思推崇自我意识的时候，自我意识被看成了绝对自由的心脏。自由就是要拥有充分的精神上的公民权。抽象的个别性以其最高的自由和独立性、以其总体性表现出来，就是全部的定在。

《莱茵报》时期，马克思的自由观有非常丰富的内容，涉及很多方面的问题。其中一个是普遍和特殊的问题。一方面，马克思反对特权的特殊自由，维护"人类本性的原则上的"[1] 自由，维护"人类本性的普遍自由"[2]；另一方面，也维护反映特定自然的生活方式的特定领域的自由。后者强调的是人按照自己的方式成为自由人。马克思用类和种的关系来解

---

[1] 《马克思恩格斯全集》第 1 卷，人民出版社，1995，第 162 页。

[2] 《马克思恩格斯全集》第 1 卷，人民出版社，1995，第 163 页。

释自由遇到的现实矛盾。自由是一个类，类下面是同一个类即没有特定名称的一般自由的不同种。这一处理方式说明马克思的自由观有具体的一面，普遍自由恰好体现在个体自由之中。

另外，还要看到"自由"的概念除和"人的本质"的概念关联在一起，强调自由的反对者在反对自由的现实的时候也实现着自由以外，还和"生活"的概念关联在一起。"自由不仅包括我靠什么生活，而且也包括我怎样生活，不仅包括我做自由的事，而且也包括我自由地做这些事。"①"靠什么"是对象的问题，"怎样"是方式的问题，当进入社会历史的视野以后，这一问题就变成了生产力和生产方式的问题。马克思区分了现实的自由和观念的自由。自由的首要条件是自我认识。自由包括内在的观念，也包括观念的体现，"自由的体现，就是实际的善"②。马克思反对把自由看成恶的，反对那种认为自由产生恶的观念。自由和任性是不同的。从自由的生活角度讲自由，其中包含了科学实践观的萌芽。自由的生活有其自由的自然规律，这一规律是国家法律的基础。

在《1844 年经济学哲学手稿》中，马克思认为人有内在的美的尺度，把人有自由看成人的类本质。《神圣家族》指出，发达的现代国家的基础是生活要素摆脱了政治上的特权束缚并获得自由发展的市民社会。马克思认为，市民社会的奴隶制表面上看来是最大的自由，但看似独立的个人把异化的生命要素的运动当作自己的自由，而这种运动体现的是个人的十足的屈从性和非人性。《德意志意识形态》分析了资产阶级统治下个人比先前自由，但更屈从于物的力量。《共产党宣言》批判了资产阶级用没有良心的贸易自由代替了无数特许的和自力挣得的自由。

（六）平等价值观

不应该仅仅聚焦在道德能否成为社会选择的恰当基础的问题上，而应该聚焦在如何使马克思的道德价值等相关的观念可以更好地指导社会实践的问题上。问题的关键在于正义等价值观能否成为社会行动的指南和社会建设的合理基础。这个问题的答案很明确，在社会行动过程中完全替代掉

① 《马克思恩格斯全集》第 1 卷，人民出版社，1995，第 181 页。
② 《马克思恩格斯全集》第 1 卷，人民出版社，1995，第 166 页。

道德观念是不可行的，但仅仅局限于道德观念，而忽视道德观念产生和变革的基础也不可行。不应该把马克思对道德哲学的质疑等同于拒绝道德。尼尔森认为马克思恩格斯并未拒绝平等主义的道德。① 对于这类难题，本书的解决思路是：从人的存在的整体性和社会整体性以及历史发展的阶段性来考虑。人的存在既是个体性的存在，也是类的存在，更是社会性的存在。人的社会性存在包括经济的层面，也包括观念的层面。因而社会行动的基础包括价值观念的引导和革新，社会行动更应该奠定在经济基础之上。把共产主义描绘为在社会行动选择中替换掉道德观念的方案是不合适的，同时仅仅描绘为是一种道德选择方案也是不科学的。

米勒从四个方面把握平等：分配的平等、权利的平等、态度的平等以及公正的标准。米勒认为马克思批判的是态度的平等。"马克思通过将这种真诚的平等与在阶级社会中进行有效变革所需要的态度进行对比，来批判这种真诚的平等。"② 如果从平等的规范或者对他人的关心和尊重的角度来看，马克思的确认为这是受生产方式决定的，不能单纯依靠态度、规则来实现平等。但这并不意味着马克思对规则或者关心、尊重的平等持否定的态度。马克思所要表达的是，规则或者关心的态度会受到生产方式和对抗性的社会关系的影响，从而使态度的实质和其观念的表达不一致。要想使态度的平等变为现实，需要一定的社会基础。

马克思早期的平等观有几个思考进路。一个思考进路是从市民社会和国家的角度来思考。马克思认为法国大革命完成了从政治等级到社会等级的转变过程。"社会的不平等在北美东部各州也表现得比任何地方都突出，因为在这里社会的不平等不象在别的地方那样为政治的不平等所掩盖。"③ 法国大革命使全社会的等级差别变成了社会差别，这样人在社会的世俗生活中是不平等的，在政治世界中是平等的。这样就诞生了个人主义原则的平等，个人的存在是最终目的，活动、劳动和内容等都是手段。

---

① 〔加〕凯·尼尔森：《马克思主义与道德观念——道德、意识形态与历史唯物主义》，李义天译，人民出版社，2014，第34页。

② 〔美〕R.W. 米勒：《分析马克思——道德、权力和历史》，张伟译，高等教育出版社，2009，第27~28页。

③ 《马克思恩格斯全集》第4卷，人民出版社，1958，第335~336页。

另外一个思考进路是类本质。平等和自我意识是具象思维和抽象思维表达的同一个东西。平等是类意识和类行为，就社会关系来说是人把别人当作同自己平等的人来对待，意识到别人是同自己平等的人。平等意味着人同人的社会关系或者人的关系平等。从这一意义上来说，平等是共产主义的基础，是共产主义的政治论据。但马克思反对空想社会主义那种平均主义的平等观，认为这种平等是粗陋的。

《哲学的贫困》也论述了平等的价值。蒲鲁东认为，好的方面和坏的方面构成了经济范畴固有的矛盾，平等是经济范畴的好的方面。蒲鲁东力求通过经济范畴的运动来克服不平等。马克思认为，平等的趋势是19世纪特有的，但是这不是说平等是过去各个世纪经济运动的天命的目的或者原始的、神秘的趋势。马克思不否认平等的价值，关键是平等和不平等是有现实的历史运动的基础的。马克思以封建主义为例说明了正是坏的方面如农奴状况、特权、无政府状态引起了斗争，从而促进了资产阶级的发展。只是追求道德方面的积极价值，而忽视社会历史的现实运动就会阻碍历史的进步进程。如果消灭封建主义的坏的方面，会使资产阶级的发展在萌芽时期就被切断了。

《德意志意识形态》批判了从普遍的本性引申出"人类平等"和共同性，认为人所共有的关系像平等的意识一样是历史的产物。

这样就遗留下来一些问题，需要进一步回答。如果德国的自我意识和法国的平等表达的类意识和类行为是历史和时代提出的问题，是历史提出的人的理想的话，这一理想就是将来的历史现实。那么对从普遍的本性引申出的"人类平等"的批判并不意味着否定人类平等，而是把人类平等问题置于历史的演进过程中来加以理解。

（七）正义价值观

如何处理马克思主义与正义的关系逐渐成为一个体现时代精神的理论与实践课题。几乎所有的社会主义理论和实践都面临这一问题。其中首先遇到的一个问题就是：马克思是否积极地使用这一概念来表达自己的思想？其中包括是否使用正义概念批评资本主义，是否使用正义概念描述未来的共产主义。在马克思看来，追求权利平等的正义范畴成为时代的范畴是需要一定的历史条件的，到了资产阶级和无产阶级时代这一命题才会被清晰地提出来。当这一范畴成为时代的范畴以后，人们会把过去的时代理解为非正义的，因为人们会以新时代的正义观念去衡量历史。这样一种思维方式存在的问题是把一种具有特殊性的观念普遍化地应用于以往的历史之中，从而忽略了历史本身包含的多样的正义性。同样，当现实的某一种生产方式需要变化的时候，人们会把变革这种生产方式的特殊性需求表达为永恒正义的需求。这样就可能忽略某种正义需求相对于其对应的生产方式有其本身的正义性。这种情况说明，用正义范畴描述现实，很容易把具体的生产方式的变革需求表达为普遍的需求。这样一来就忽略了历史中存在的生产方式和现实的生产方式本身包含的正义价值和正义内容。从这一意义来说，人们需要克服正义使用过程中把特殊性上升为普遍性带来的消极意义。如何才能克服正义范畴使用过程中混淆普遍性和特殊性带来的混乱呢？关键就是要结合唯物史观、政治经济学，并坚持辩证思维，运用辩证法，注意正义需求的历史性、具体性，把普遍性和具体性结合起来，把理论和实践结合起来。马克思恩格斯在思考正义问题的时候，思想中渗透了对普遍性和特殊性范畴的科学理解，尤其是对特殊性和具体性的强调。马克思恩格斯非常强调不能混淆资产阶级正义观念和无产阶级正义观念，不能把无产阶级的正义要求混同于资产阶级的正义需求。马克思恩格斯强调这一点，是和他们认为正义具有历史性相一致的。

马克思认为，财产的公平和不公平的问题不能归结为简单的良心问题，而是要结合分工、交换等来分析。[①]《哲学的贫困》指出，资产者把对抗关系当作以和谐与永恒的公平为基础的关系，而把损害这种对抗关系当成损人利己的。这说明经济基础对道德具有颠倒的作用。被认为有道德的东西往往在经济基础领域有更根本的尺度。如果经济基础领域的尺度是不公平的，那么道德上的公平就失去了其真实性。马克思从经济基础的角度来思考公平并不是否认公平的价值，而是使相关的道德价值追求更为科学合理。

马克思恩格斯指出，无产阶级不能基于自身对公平正义的渴望而忽略对雇佣劳动制度提出变革的要求。这就要区分次要的困苦和制度带来的困

---

① 参见《马克思恩格斯全集》第 4 卷，人民出版社，1958，第 331 页。

苦，区分次要的弊病和制度的弊病。马克思恩格斯认为，在资本主义条件下，"正义"往往成为一种手段，正义只不过是一个装饰，谈论正义有可能会起到论证现实的作用，但回避了所要解决的真正问题。"所有这些对正义和仁爱的让步，事实上只是一种手段，可以使资本加速积聚在少数人手中并且压垮那些没有这种额外收入就活不下去的小竞争者。"① 在不改变雇佣劳动制度的情况下所实现的正义和仁爱只是解决了次要的困苦。只是满足于这个层面的正义的实现显然是不充分的。在《工资、价格和利润》中马克思指出问题在于要追问："一定的生产制度所必需的和不可避免的东西是什么？"②

无产阶级需要区别自身的正义观念和各种社会主义宗派的正义观念。马克思恩格斯很关心如何区别的问题。③ 要对这些观念加以区别就离不开唯物史观和辩证法。"要么是真正的奴隶制，即赤裸裸的专制制度，要么是真正的自由和真正的平等，即共产主义。"④ 真正的自由和真正的平等有丰富的内涵，其中一定涉及个人和社会的关系，涉及社会各个层次，另外还涉及历史发展问题，而不单单是观念的问题。

无产阶级需要科学地表达自己的正义观念。无产阶级的正义需求是具有特殊性的正义需求。这种特殊性就在于在特殊的正义需求中包含了历史发展的必然的要求。无产阶级的正义需求客观上具有一定的普遍性，这种普遍性是从现有的条件中产生出来的。

马克思恩格斯有时也顺着"正义"的话语体系来推论共产主义制度的合理性，社会主义要消灭旧社会带来的不公正现象，为社会主义奋斗包含着追求正义的动机和目的。但这种描述是建立在唯物史观和政治经济学的基础之上的。无产阶级的共产主义追求内含了正义的追求，共产主义制度也是正义所要求的。共产主义是正义和平等已经实现了的社会制度，所以无产阶级也不能把自己当下的变革生产方式的价值要求简单地等同于未来社会的价值观念系统，而是要具体问题具体分析。

---

① 《马克思恩格斯选集》第 4 卷，人民出版社，1995，第 421 页。
② 《马克思恩格斯选集》第 2 卷，人民出版社，1995，第 76 页。
③ 参见《马克思恩格斯全集》第 25 卷，人民出版社，2001，第 16 页。
④ 《马克思恩格斯全集》第 3 卷，人民出版社，2002，第 476 页。

（八）法治价值观

马克思的法治思想非常丰富，在此略微补充叙述《莱茵报》时期他的法律和法治思想。在这一时期，马克思遇到了法律和特权的矛盾。[①] 马克思还遇到了立法的形式和内容的矛盾。马克思看重法律的形式，即通用性和必然性的形式，并以此来思考习惯法问题。贵族的习惯法不过是为了谋取特权，力求在习惯中为超出法律规定的合理界限寻找合理性的依据。这就提出了要肯定什么习惯、把什么样的习惯看成法的问题。谋取特权的习惯不能成为习惯法，这种习惯同合理的法的概念相抵触。习惯和法之间有复杂的关系，当一种习惯成为习惯法的时候就意味着这种习惯成了一种实在法的习惯。不同阶层的实在法的习惯在特定的社会历史条件下是互相抵触的。这样一来就提出了一个问题，即通用性的、必然性的形式的法律建立在什么基础上的问题。

马克思通过对事物的法理本质的寻求来保证法律成为普遍的规范。马克思把法律看成人的生活的自觉反映，看成人的行为本身的内在的生命规律。实际的法律与法律的自由的存在是同义的，在法律规范中自由具有了一般性和对个人的超越性。

在《莱茵报》时期，马克思虽然把理性看成法律的本质，但对人的行为的内在的生命规律的寻求使其思想指向了人生活本身。贫民和贵族的习惯法的区别意味着人的生活本身是存在对抗性的。其中值得肯定的是贫民的习惯法，这种习惯法本身是法的内容，即人的生活的生命规律。这样一来，法和特权的思考使马克思的法的思想包含两个层面：一个是受到特权影响的一面，一个是反映生命的自由规律的一面。

在《德意志意识形态》中，马克思恩格斯以自己的方式回答了权力是法的基础和意志是法的基础的问题。马克思恩格斯认为法律不过是作为国家权力基础的那些关系的一种征兆、一种表现。由共同利益所决定的意志的体现就是法律。

在《德意志意识形态》中马克思恩格斯还表达了关于法律消亡问题的相关思想。在生产力还没有发展到足以使竞争成为多余的东西的时候，

----

① 参见《马克思恩格斯全集》第1卷，人民出版社，1995，第121页。

尽管被统治阶级有消灭竞争、消灭国家和法律的意志，但这是不可能的事情。当关系发展到足以实现这些意志的时候，消灭法律才是可能的。

（九）"联合"价值观

马克思在 1843 年给卢格的信中表达了联合起来的重要性。马克思在找寻"联合起来的力量"，把他和卢格从事的事业称为"联合起来的力量的事业"。① 很快，马克思就把"联合"的问题与工人阶级和共产主义联系在一起了。马克思发现，工人阶级是"联合起来的力量"，而工人阶级的事业则是共产主义。

在《1844 年经济学哲学手稿》中，马克思有一段关于联合的论述。联合的价值有两个：一个是手段的价值，无产阶级的联合是为了宣传，这是手段的价值；另外一个是目的的价值，其中包含了兄弟情谊。无产阶级的联合更值得肯定，因为这种联合具有历史性，其中包含了人类和人性的价值。无产阶级登上历史舞台意味着人的类本性的实现具有了一定的历史条件，其中一个表现就是联合。这种联合是基于共同的社会地位的联合，这种联合也意味着劳动中包含的社会性的实现。所以马克思说，这一联合"由于劳动而变得坚实"，并"放射出人类崇高精神之光"。②

地产分散地存在于不同的占有者手中，导致了劳动的分散。如果以合理方式的联合建立与土地的关系，那么土地就不再是买卖的对象，而是成为人的自身的财产；针对土地的劳动就会变成自由劳动和自由享受。"资本家的联合是常见的和有效的，工人的联合则遭到禁止并会给他们招来恶果。"③ 关于"联合"这一词语的使用的特别意义，拉宾的认识④是有一定的合理之处的。马克思肯定了工人和手工业者联合的意义，其中有崇高的人类之光。"交往、联合以及仍然以交往为目的的叙谈，对他们来说是充分的"⑤，其中包括兄弟情谊。

① 《马克思恩格斯全集》第 47 卷，人民出版社，2004，第 67 页。
② 《马克思恩格斯文集》第 1 卷，人民出版社，2009，第 232 页。
③ 《马克思恩格斯全集》第 3 卷，人民出版社，2002，第 223 页。
④ 参见〔苏〕尼·伊·拉宾《〈1844 年手稿〉对共产主义的经济和哲学论证》，中共中央马克思恩格斯列宁斯大林著作编译局马恩室编译《〈1844 年经济学哲学手稿〉研究（文集）》，湖南人民出版社，1983，第 16 页。
⑤ 《马克思恩格斯全集》第 3 卷，人民出版社，2002，第 348 页。

在《哲学的贫困》中，马克思阐发了作为目的的"联合"。这种联合是工人阶级在发展进程中创造的，这个联合体将替代资产阶级社会。这个联合体是消除了阶级和阶级对立的联合体。这个联合体不是原来意义上的政权，也就是说不再是作为资产阶级社会内部阶级对立的正式表现的政权。因为消除了阶级对立，可以说人的联合已经是作为自由的个体进行的联合了。不过，关于自由的个体的联合的思想是在《共产党宣言》中明确表达的。

在《哲学的贫困》中，马克思还区分了共产主义价值观意义上的"联合"与泛泛而讲的"联合"。资产阶级社会的联合不过是建立在竞争上的联合，而作为共产主义价值观内容之一的联合是代替资产阶级社会的新的社会形态。

《共产党宣言》中的"联合"价值观体现了马克思先前思想的综合。自由人联合体是对共产主义目标的说明。而全世界无产者联合起来，则具有过程性，具有手段的意义。这样一来，马克思表达的共产主义"联合"价值观就包含两个层次的基本内容：一个是无产阶级的联合，一个是自由人的联合。从无产阶级的联合到自由人的联合是一个历史过程。从结果的角度来看，无产阶级的联合具有手段的意义。

《共产党宣言》把"联合"看成"无产阶级获得解放的首要条件之一"①，看成阶级行动的条件。随着无产阶级内部的利益、生活状况越来越趋于一致，工人阶级开始联合起来保卫自己的工资，这种经济斗争的成果是工人越来越扩大的联合，这使工人阶级的斗争从经济斗争的性质转变为政治斗争的性质。无产阶级不仅在反对资产阶级的过程中需要联合，在取得政权之后也需要联合。由无产阶级的联合到自由人的联合，联合自始至终都是基本的要求。联合是共产主义价值观的内容之一。

六 马克思共产主义价值观的规范性

要结合国情和社会发展阶段合理应用马克思的伦理道德思想。"在道德哲学的向度内阐释或重建马克思哲学的规范基础，就成为马克思政治哲

---

① 《马克思恩格斯选集》第1卷，人民出版社，1995，第291页。

学这个理论课题的一个前提性工作。"① 马克思在《哥达纲领批判》中表达了相关的思想。如果脱离现实的社会历史过程来谈论消灭不平等，就会陷入抽象化。② 马克思恩格斯有时候也使用伦理道德范畴来描绘自己对理想社会的看法。如果价值观的范畴是历史上已经诞生的范畴，使用这样的范畴表达当代社会发展阶段或者未来社会的价值追求就需要有一种新的方法论来避免把旧的生产方式的内容带到价值观中来。对此，马克思恩格斯提供的解决方式就是用唯物史观等来鉴别价值观的内容和性质，用辩证方法来使用价值观范畴。③

我国目前还处在社会主义初级阶段。就目前全人类的社会发展阶段来看，依然处于资本主义社会向共产主义社会的转变时期。在这一转变时期，存在各式各样的社会发展程度不同的国家。历史发展阶段不同、国情不同，对待价值观也会有不同的方式。如由马克思在资本主义社会条件下反对抽象地谈论社会的道德诉求，到在新的社会主义社会条件下大力弘扬和发展社会主义的道德价值内涵；由说明价值观受到旧社会条件下社会生活基础的影响而有局限性，到新的社会条件下大力弘扬社会主义新道德和新风尚；由旧的条件下强调无产阶级政党的现实主义观点的重要性，到新的条件下强调一定的理想主义的重要性；由旧的社会条件下强调社会经济对社会道德价值演进的决定性作用，到在新的社会条件下强调发展价值共识的意义。

在应用的时候，马克思的思想就具有了一定的评价性作用，起到一定的道德律令的作用。即便一种理论不是道德理论也可以起到道德评价的作用，发挥一定的道德功能。规范性问题也起源于理论应用于实践的需要。正义在马克思这里不是从人类理性抽象地得出的，而是基于社会历史观得出的。正义可以成为衡量人类行为的标准，不过这一标准是基于当下社会对过去社会，或者基于未来社会对当下社会，或者基于被压迫者等对当下社会提出的衡量标准。艾伦·伍德说："马克思自己谴责资本主义的理

---

① 李佃来：《政治哲学视域中的马克思》，中央编译出版社，2018，第3页。
② 参见《马克思恩格斯全集》第25卷，人民出版社，2001，第25~26页。
③ 参见张丽君《马克思的权利思想》，《政治学研究》2005年第4期，第94~95页。

由，包含在他关于资本主义生产方式的历史起源、组织功能和未来趋势的综合理论中。这一理论本身并非道德理论，也不包括任何诸如此类的特定道德原则。"[1] 的确，马克思的理论具有高度的综合性，这一综合理论在整体上不能归结为道德理论，但也包含道德理论和道德原则。这一综合理论有纵向和横向两个宏观线索，横向的线索是社会的经济基础和上层建筑的结构，纵向的线索是世代更迭，而二者是交错在一起的，把二者扭结在一起的是现实的个人。

从规范性的角度阐释马克思的思想，需要把握这一综合性。理论的综合性会使对于同一个问题有多个评价的视角。比如资本主义生产方式下的剥削，如果从占统治地位的生产方式来说，是"正义"的；从历史更迭来说，在这种生产方式取代封建生产方式的过程中，其"坏"的方面和作用（非正义的形式）却起到了正义的作用；从被剥削者而言，这是非正义的；从未来的社会进步而言，其也是非正义的。

胡萨米的看法是有一定的意义的。"在阐述规范的社会起源和历史性时，马克思的道德社会学并没有明言或暗示，产生或盛行于某种生产方式中的规范不能被合理地用来评价其他的生产方式。"[2] 的确如此，比如产生于资本主义生产方式下的道德规范就可以用来评价封建生产方式。资本主义下的个人比封建社会更为自由、平等，甚至这一生产方式对封建生产方式的破坏也是正义的。适应于某种生产方式的规范的历史价值是由生产方式本身的历史作用决定的，也要结合生产方式的历史作用来看待规范的历史意义。

另外也要看到社会的对抗性因素在对待同一对象时会有不同的道德评价。胡萨米这样评价伍德和塔克："他们忽视了马克思关于在同一生产方式内的道德观念与被压迫阶级之间关系的看法。"[3] 在占统治地位的阶级看来正义的事情，在被压迫者看来往往是非正义的。

在后代看来是非正义的事情，在先前的时代看来可能是正义的，因此

---

① 李惠斌、李义天编《马克思与正义理论》，中国人民大学出版社，2010，第 38 页。
② 李惠斌、李义天编《马克思与正义理论》，中国人民大学出版社，2010，第 47 页。
③ 李惠斌、李义天编《马克思与正义理论》，中国人民大学出版社，2010，第 49 页。

不能忽视价值观的历史性问题。"在马克思那里,社会主义的正义与平等紧密相联,共产主义的正义则与自我实现相联。"①

马克思共产主义价值观的规范性意义首先表现为元价值的规范意义。这一元价值可以理解为历史运动中不断实现的"自由个性"。

关于自由、共同体和自我实现是不是马克思理论中的根本善的问题,也存在不同的看法。一种看法强调这些善也被资本主义破坏了,因而是一种相对的而非根本的善。另外的观点则强调其是根本善或者元价值,将根本善的思路纳入了历史性的思考。"基于人的自我实现的正义,作为马克思正义结构的最高层次,展示的是马克思正义思想超越性的一面。"② 在马克思与正义的讨论中,也有纳入类本质的思考的。③

可以把人的自由而全面发展、人的自由个性看成马克思的元价值或根本善,但是不能把这一根本善看成抽象的东西,而应该看成历史地形成的东西。首先需要从整体上把握人的价值的实现。整个历史可以看成人的本质力量的发展的历史。人的价值的实现体现在自然史成为人类史,以及人逐步脱离动物品质并实现人的本质的过程。在这一过程中,人的价值的实现表现为历史的阶段性特征,这种阶段性特征最明显的是三个阶段和五种历史形态的划分;另外,人的价值的实现在特定的历史阶段还表现为一定的对抗性的特征,表现为社会的结构性分化。到未来的共产主义社会,人的价值的实现会完成个体和社会、个体和类、人和自然的和谐统一。对于马克思的根本善的认识需要有历史的视角和社会的视角,从而进行综合性的把握和应用。

把握马克思共产主义价值观的规范意义,需要认识资本主义价值体系的特征与局限。这一体系总体上是建立在利己的权利基础上的。在资本主义社会,私有财产关系衍生的私有财产权利和利己的权利占据社会历史的主流。只有认清资本主义价值体系的局限,才能科学地把握社会历史发展的价值方向,从而为个人的价值选择提供指南。

---

① 李惠斌、李义天编《马克思与正义理论》,中国人民大学出版社,2010,第59页。
② 李佃来:《政治哲学视域中的马克思》,中央编译出版社,2018,第101页。
③ 参见李惠斌、李义天编《马克思与正义理论》,中国人民大学出版社,2010,第371页。

七　马克思共产主义价值观应用的方法论原则

马克思共产主义价值观实践需要遵循马克思主义方法论的基本要求。在合理的方法论的指导下，完全可以根据时代的发展，积极地按照马克思的方式使用相应的道德价值范畴，用平等正义范畴来描述社会主义的价值追求和价值理想。在当代，求共识、谋和谐是时代的精神需求，需要根据共识的要求，积极使用正义等范畴。在马克思主义指导下使用正义等范畴首要的要求是坚持唯物史观、辩证法和剩余价值学说。

（一）把握马克思共产主义价值观的特质离不开唯物史观和剩余价值学说

正义一类的价值，其他价值观也会讲，如何把握马克思价值观的特质呢？关键就在于要把价值观念放在唯物史观和剩余价值学说基础上来看。马克思恩格斯认为，有了唯物史观和剩余价值学说，现代资产阶级社会就像以前的各种社会一样真相大白，就能看出这种社会本质上是少数人剥削绝大多数人的庞大机构。[①]

从价值观的角度来说，把平等看成正义的表现并且把这种正义作为完善的制度的原则是历史地产生的。到了资产阶级和无产阶级的时代，人们才把平等看成正义的表现。但对于资产阶级和无产阶级来说，平等性的正义有不同的本质内容。到了资产阶级时代，资产者打算把自身权利平等的需求作为建设他们的社会大厦的基石。平等可以以资产阶级的形式出现，也可以以无产阶级的形式出现。[②] 这就需要鉴别资产阶级形式的平等的局限性。不同的阶级都有自己的平等观，如希腊人和罗马人认为奴隶制度是公平的，资产者认为废除封建制度是公平的。[③]

产生于特殊时代的价值观被普遍化的一个表现就是把某个时代产生的具体的价值观念强加给以往的历史。这种使用方式，容易把资本主义时代才登上历史舞台获得自己丰富内容的价值观念抽象地用于说明一般的人类

[①]　参见《马克思恩格斯全集》第 25 卷，人民出版社，2001，第 138~139 页。
[②]　参见《马克思恩格斯选集》第 3 卷，人民出版社，1995，第 448 页。
[③]　参见《马克思恩格斯选集》第 3 卷，人民出版社，1995，第 212 页。

追求，容易忽略历史上存在的各不相同的价值观的合理性，忽略对历史本来面貌的深入研究。比如恩格斯曾经指出，资产者的公平观念要求废除封建制度，资产者认为封建制度是不公平的，但从当时的社会来看，可能奴隶制度或封建制度对当时的人来讲是公平的。一种具体的价值观念是不是有社会历史的普遍性，需要结合社会发展阶段和生产方式来分析，直接不加分析地将其讲成普遍的价值观，容易掩盖具体的价值观念表达的真实的生产制度和生产方式内容。

（二）要把握经济基础和上层建筑之间的关系

马克思恩格斯把"正义""平等"等概念看作一个观念系统，看作伦理观，看作法权观念。既然这样，自然不能过于依赖这一观念系统，只是从观念系统出发来思考现实的问题。

当然，马克思恩格斯有的时候也把"公平"等概念延伸到社会基础内部。如前文对资本主义生产方式的正义性的评价，就是把"正义"概念用到生产方式内部的一个结果。马克思恩格斯有的时候强调进入生产方式领域内就不使用正义范畴了，可以使用其他唯物史观和政治经济学的范畴把其中的正义内涵表示出来。但有的时候，他们把二者结合起来共同使用。公平等价值观念需要由研究生产和交换这种与物质有关的事实的科学即政治经济学来确定。① 由于生产方式不同，每一种生产方式体现出来的自由、平等和正义的内涵和形式也会各不相同。

观念系统绝不能超出社会的经济结构以及由经济结构制约的社会的文化发展的范围。正义是受经济决定的，也受政治状况和文化的发展制约，甚至受经济、政治和文化之间的关系状况的制约。从建构的角度来看，可以建立一个正义论体系，这个体系体现一定的法学和伦理精神，而最后落实到实际的生产方式和经济基础内容之中。经济正义、政治正义、文化观念的正义要有层次性和系统性。不能被正义模糊视线，而忽略对所有制和分配方式的改造，但可以在一定的正义观指导下进行所有制和分配方式的改革。

价值观念系统要落实到社会的经济基础和生产方式中来才能澄清其内

---

① 参见《马克思恩格斯全集》第25卷，人民出版社，2001，第488页。

容。如在使用"正义"概念进行评价的时候，往往会产生矛盾，不结合生产方式是没有办法说清楚问题的。当社会出现正义的呼唤的时候，要考察其中包含的生产方式内容。

（三）要落实到历史的事实之中，坚持历史主义的观点

在等级制度中，人的关系是通过特权表现出来的。权利、自由、正义和社会存在的每一种形式都表现为一种特权。而在资本主义社会（市民社会）、"以物的依赖性为基础的人的独立性"的社会，私有财产关系衍生的私有财产权利和利己的权利及其相应的公平正义占据社会历史的主流。共产主义的正义存在状态是人的全面而自由的发展。历史的延续性使"正义"观念在一个社会中所反映的生产方式内容往往是多元的。可以根据相对稳定的所有制形式把握这个时代正义的基本特征。可以为一切时代、一切民族、一切情况设计出一个正义论，但最好的正义论是为时代设计出来的，是为一定的历史发展阶段设计出来的。

人作为历史自然过程的结果是"剧中人"，从这个角度看，个人、人是后加入社会历史进程中去的；但人又是在把自己作为前提的情况下加入社会历史中去的，社会历史的自然过程渗透着人的主动性、能动性，以及人的追求和理想，体现着人的动机和目的，从而表现为一个"人道主义"的过程，人是作为"剧作者"存在于社会历史之中的。

既定的生产力、生产关系，也包括既定的文化观念构成的传统，决定了人是作为"剧中人"活动的。观念的东西也会表现出时代性、继承性，个人是作为"剧中人"加入这个观念传统之中的。从"人道性"来看，每一个自然过程都有人美好的愿望参与其中，这些愿望的一般表达就是"自由""民主""平等""正义"等概念。同时，人还作为"剧作者"在既定的观念传统中进行创新和改革，从而推动既定的生产力、生产关系和文化传统的改变。在和平与发展成为时代主题的情况下，以正义为尺度对社会自然过程进行必要的调节也是很有必要的，是人的历史能动性的一个十分重要的表现。

（四）要坚持辩证的思维方法

要把正义等价值范畴的积极应用和消极应用结合起来，处理好使用和限制的关系，要把正义等范畴进行辩证的处理。如平等存在于同不平等的

对立中，正义存在于同非正义的对立中。如权利和义务在历史上会有分离或对立的形式，一些人表现为有权利，另外一些人表现为有义务，当权利和义务在社会历史中现实地达到相适应、相对等状态的时候，就意味着社会越来越接近理想社会的状态。当价值观的范畴受到先前时代的影响而有局限性的时候，用同样的价值观表达未来社会的价值观就需要提出相反的观念。如要打破在一定尺度上的平等的局限性，就可以提出权利不应当平等的口号，并借此促使建立在人的丰富性基础上的平等得以实现，权利不应当平等的口号实际上是要争取平等的权利和义务。

要区分直接和间接的关系。人的价值观和实际生活的关系既有直接的关系，也有间接的关系。

要把本质和现象统一起来。要区分保守的表现和革命的表现。要区分言辞、幻想、动机和其所代表的实际利益。应该把言辞和幻想同其本来面目和实际利益区别开来，同其真实本质区别开来。

要把形式和内容有机地统一起来。正义在不同的社会结构中尤其是在不同的生产方式背景下有不同的内容。谈论公平正义问题要结合形式和内容两个方面来看。正义如果不能实现就是一句空话，正义的实现最终要归结为解决具体问题。

总结马克思的共产主义价值观形成史可以有如下几点启示。

其一，马克思对个体完美、崇高和人类幸福的价值追求提供了内在的精神动力。这一精神动力促使马克思不断地求索，马克思通过对利己主义的批判这个中介，逐步发现现实社会历史的价值局限，最终在科学的共产主义理论和实践中找到了自己的价值理想。

其二，理论和实践相结合，促使马克思不断开创共产主义的新境界。面向实践不仅使马克思转向共产主义，而且促使马克思不断提出新的理论观点。从马克思的早期思想的发展可以看出，思想创造过程是在关注理论成就和关注现实实践的不断转换中完成的。

其三，辩证法是马克思的共产主义价值观的要素，也是马克思转向共产主义价值观并不断发展共产主义价值观的方法论保证。如马克思从国家涉及的普遍性和特殊性问题，发展出了真正民主制的思考，进而向社会和历史两个维度延伸，既得到了历史规律性的结论，也透过对无产阶级体现的普遍利益的分析确证了共产主义这一价值目标。

其四，马克思的共产主义价值观是唯物主义的新发展，是唯物主义的开新。马克思对价值观念的物质基础的分析把科学的共产主义和其他观念系统区别开来。

其五，社会历史性是共产主义价值观最本质的特征。从世代更迭角度来说，共产主义并不是对过去历史进程的屈服，而是通过实践创造新的世界。

其六，要从综合性和整体性的角度把握马克思的共产主义价值观。从人的自然本性的解放到劳动的解放，从个人自由发展到自由人的联合体，从经济基础到上层建筑，共产主义价值观是一个综合的系统。其中既有决定整体特征的要素，每一个层次也有自己的特征。其中每一层次上的价值都有历史性。

把握和应用马克思的共产主义价值观需要从整体的角度来看，尤其是不能把青年马克思和老年马克思的思想割裂开来。另外，需要结合整个马克思主义理论的发展来看，尤其是需要结合马克思主义理论中国化的新成就和新成果来看。

把握和应用马克思的共产主义价值观需要坚定共产主义信念，掌握马克思主义的基本观点和基本方法论。

把握和应用马克思的共产主义价值观需要结合具体的国情，尤其是把握时代发展的阶段性特征，把握历史发展的方向和时代提出的新的历史任务，并通过积极的社会实践促进共产主义早日实现。

参考文献

一 马克思恩格斯著作

[1]《马克思恩格斯全集》第 1 卷，人民出版社，1995。

[2]《马克思恩格斯全集》第 3 卷，人民出版社，1960。

[3]《马克思恩格斯全集》第 3 卷，人民出版社，2002。

[4]《马克思恩格斯全集》第 4 卷，人民出版社，1958。

[5]《马克思恩格斯全集》第 13 卷，人民出版社，1998。

[6]《马克思恩格斯全集》第 20 卷，人民出版社，1971。

[7]《马克思恩格斯全集》第 21 卷，人民出版社，1965。

[8]《马克思恩格斯全集》第 21 卷，人民出版社，2003。

[9]《马克思恩格斯全集》第 25 卷，人民出版社，2001。

[10]《马克思恩格斯全集》第 27 卷，人民出版社，1972。

[11]《马克思恩格斯全集》第 30 卷，人民出版社，1995。

[12]《马克思恩格斯全集》第 31 卷，人民出版社，1998。

[13]《马克思恩格斯全集》第 40 卷，人民出版社，1982。

[14]《马克思恩格斯全集》第 42 卷，人民出版社，1979。

[15]《马克思恩格斯全集》第 43 卷，人民出版社，2016。

[16]《马克思恩格斯全集》第 44 卷，人民出版社，2001。

[17]《马克思恩格斯全集》第 46 卷（上册），人民出版社，1979。

[18]《马克思恩格斯全集》第 46 卷，人民出版社，2003。

[19]《马克思恩格斯全集》第 47 卷，人民出版社，2004。

［20］《马克思恩格斯全集》第 49 卷，人民出版社，2016。

［21］《马克思恩格斯选集》第 1 卷，人民出版社，1995。

［22］《马克思恩格斯选集》第 2 卷，人民出版社，1995。

［23］《马克思恩格斯选集》第 3 卷，人民出版社，1995。

［24］《马克思恩格斯选集》第 4 卷，人民出版社，1995。

［25］《马克思恩格斯文集》第 1 卷，人民出版社，2009。

［26］《马克思恩格斯文集》第 10 卷，人民出版社，2009。

［27］《列宁专题文集·论马克思主义》，人民出版社，2009。

二　中文著作

［1］安启念：《马克思恩格斯伦理思想研究》，武汉大学出版社，2010。

［2］陈喜贵主编《科学社会主义研究》（Ⅲ），中央编译出版社，2015。

［3］陈先达：《走向历史的深处：马克思历史观研究》，北京师范大学出版社，2017。

［4］陈宇宙：《理解马克思：从〈中学毕业作文〉到〈哲学的贫困〉》，光明日报出版社，2012。

［5］冯平主编《现代西方价值哲学经典·语言分析路向》（上册），北京师范大学出版社，2009。

［6］黄建都：《"苦恼的疑问"及其解决：〈莱茵报〉—〈德法年鉴〉时期马克思文献及思想再研究》，中国人民大学出版社，2015。

［7］纪佳妮：《重释人的解放——论〈1844 年经济学哲学手稿〉的哲学人类学思想》，复旦大学出版社，2015。

［8］姜海波编著《马克思〈哲学的贫困〉研究读本》，中央编译出版社，2013。

［9］李彬彬：《思想的传承与决裂：以"犹太人问题"为中心的考察》，中国人民大学出版社，2015。

［10］李佃来：《政治哲学视域中的马克思》，中央编译出版社，2018。

[11] 李惠斌、李义天编《马克思与正义理论》，中国人民大学出版社，2010。

[12] 李义天：《捍卫规范性——道德与政治哲学论文集》，人民出版社，2018。

[13] 林进平：《马克思〈论犹太人问题〉研究读本》，中央编译出版社，2016。

[14] 林进平主编《〈德意志意识形态〉研究》，中央编译出版社，2014。

[15] 林进平主编《国外马克思主义研究》（Ⅰ），中央编译出版社，2015。

[16] 罗国杰：《马克思主义伦理学的探索》，中国人民大学出版社，2015。

[17] 罗国杰主编《马克思主义价值观研究》，人民出版社，2013。

[18] 欧阳英：《马克思政治哲学思想探析：历史、变迁与价值》，中国社会科学出版社，2018。

[19] 彭萍萍主编《科学社会主义研究》（Ⅱ），中央编译出版社，2015。

[20] 宋希仁：《马克思恩格斯道德哲学研究》，中国社会科学出版社，2012。

[21] 孙云龙：《“生活”的发现与历史唯物主义的形成——〈德意志意识形态〉研究》，复旦大学出版社，2011。

[22] 唐爱军：《〈黑格尔法哲学批判〉导读》，中共中央党校出版社，2014。

[23] 汪海燕：《马克思〈1844 年经济学哲学手稿〉研究读本》，中央编译出版社，2017。

[24] 王代月：《马克思“〈莱茵报〉政论文章”研究读本》，中央编译出版社，2016。

[25] 王旭东、姜海波编著《马克思〈克罗茨纳赫笔记〉研究读本》，中央编译出版社，2016。

[26] 韦冬、王小锡主编《马克思主义经典作家论道德》，中国人民

大学出版社，2017。

　　[27] 薛晓源主编《马克思主义综论》（Ⅲ），中央编译出版社，2015。

　　[28] 杨金海：《马克思恩格斯〈共产党宣言〉研究读本》，中央编译出版社，2017。

　　[29] 杨学功：《马克思〈黑格尔法哲学批判〉研究读本》，中央编译出版社，2017。

　　[30] 余源培、付畅一：《新世界观的第一次公开问世：〈哲学的贫困〉当代解读》，复旦大学出版社，2012。

　　[31] 张广照编著《马克思〈博士论文〉研究读本》，中央编译出版社，2017。

三　中文译著

　　[1]〔波兰〕亚当·沙夫：《论共产主义运动的若干问题》，奚戚、齐伍译，若谷、邓兰珍校，人民出版社，1983。

　　[2]〔波兰〕亚当·沙夫：《人的哲学》，赵海峰译，黑龙江大学出版社，2014。

　　[3]〔波兰〕亚当·沙夫：《作为社会现象的异化》，衣俊卿等译，黑龙江大学出版社，2015。

　　[4]〔波兰〕亚当·沙夫等：《人的哲学与现代性批判——波兰新马克思主义文集》，郑莉、张笑夷、马建青等译，黑龙江大学出版社，2017。

　　[5]〔德〕费尔巴哈：《基督教的本质》，荣震华译，商务印书馆，1984。

　　[6]〔德〕费希特：《国家学说：或关于原初国家与理性王国的关系》，潘德荣译，中国法制出版社，2010。

　　[7]〔德〕弗·梅林：《马克思传》，樊集译，人民出版社，1965。

　　[8]〔德〕黑格尔：《法哲学原理》，邓安庆译，人民出版社，2016。

　　[9]〔德〕黑格尔：《黑格尔历史哲学》，潘高峰译，九州出版社，2011。

　　[10]〔德〕黑格尔：《精神现象学》，贺麟、王玖兴译，上海人民出版社，2013。

　　[11]〔德〕亨利希·库诺：《马克思的历史、社会和国家学说：马克

思的社会学的基本要点》，袁志英译，上海译文出版社，2014。

[12]〔德〕麦克斯·施蒂纳：《唯一者及其所有物》，金海民译，商务印书馆，1989。

[13]〔德〕莫泽斯·赫斯：《赫斯精粹》，邓习议编译，方向红校译，南京大学出版社，2010。

[14]〔德〕伊林·费彻尔：《马克思：思想传记》，黄文前译，北京师范大学出版社，2013。

[15]〔法〕亨利·列斐伏尔：《马克思的社会学》，谢永康、毛林林译，北京师范大学出版社，2013。

[16]〔法〕路易·阿尔都塞：《保卫马克思》，顾良译，商务印书馆，2010。

[17]〔法〕蒲鲁东：《贫困的哲学》（上、下卷），余叔通、王雪华译，商务印书馆，2010。

[18]〔加〕凯·尼尔森：《马克思主义与道德观念——道德、意识形态与历史唯物主义》，李义天译，人民出版社，2014。

[19]〔美〕R.G.佩弗：《马克思主义、道德与社会正义》，吕梁山、李旸、周洪军译，高等教育出版社，2010。

[20]〔美〕R.W.米勒：《分析马克思——道德、权力和历史》，张伟译，高等教育出版社，2009。

[21]〔美〕艾伦·布坎南：《马克思与正义》，林进平译，人民出版社，2013。

[22]〔美〕奥尔曼：《异化：马克思论资本主义社会中人的概念》，王贵贤译，北京师范大学出版社，2011。

[23]〔美〕保罗·托马斯：《马克思主义与科学社会主义——从恩格斯到阿尔都塞》，王远河、王克军译，江苏人民出版社，2011。

[24]〔美〕古尔德：《马克思的社会本体论：马克思社会实在理论中的个性和共同体》，王虎学译，北京师范大学出版社，2009。

[25]〔美〕汉娜·阿伦特：《马克思主义与西方政治思想传统》，孙传钊译，江苏人民出版社，2012。

[26]〔美〕莱文：《不同的路径：马克思主义与恩格斯主义中的黑格

尔》，臧峰宇译，北京师范大学出版社，2009。

[27]〔美〕罗伯特·L. 海尔布隆纳：《马克思主义：支持与反对》，马林梅译，东方出版社，2014。

[28]〔美〕罗伯特·布伦纳：《马克思社会发展理论新解》，张秀琴等译，中国人民大学出版社，2015。

[29]〔美〕麦卡锡：《马克思与古人——古典伦理学、社会正义和19世纪政治经济学》，王文扬译，华东师范大学出版社，2011。

[30]〔美〕麦卡锡选编《马克思与亚里士多德——十九世纪德国社会理论与古典的古代》，郝亿春、邓先珍、文贵全等译，华东师范大学出版社，2015。

[31]〔美〕诺曼·莱文：《马克思与黑格尔的对话》，周阳等译，中国人民大学出版社，2016。

[32]〔美〕乔恩·埃尔斯特：《理解马克思》，何怀远等译，中国人民大学出版社，2016。

[33]〔美〕乔纳森·斯珀伯：《卡尔·马克思：一个19世纪的人》，邓峰译，中信出版社，2014。

[34]〔美〕斯蒂芬·A·雷斯尼克、理查德·D·沃尔夫编著《马克思主义理论的新起点》，王虎学译，中国人民大学出版社，2016。

[35]〔美〕特雷尔·卡弗：《马克思与恩格斯：学术思想关系》，姜海波、王贵贤等译，中国人民大学出版社，2016。

[36]〔美〕维塞尔：《马克思与浪漫派的反讽——论马克思主义神话诗学的本源》，陈开华译，华东师范大学出版社，2008。

[37]〔美〕维塞尔：《普罗米修斯的束缚：马克思科学思想的神话结构》，李昀、万益译，华东师范大学出版社，2014。

[38]〔美〕温迪·林恩·李：《马克思》，陈文庆译，中华书局，2002。

[39]〔美〕张效敏：《马克思的国家理论》，田毅松译，上海三联书店，2013。

[40]〔日〕城塚登：《青年马克思的思想——社会主义思想的创立》，尚晶晶、李成鼎等译校，求实出版社，1988。

[41]〔日〕渡边雅男：《马克思的阶级概念》，李晓魁译，社会科学

文献出版社，2015。

[42]〔日〕广松涉：《马克思主义的哲学》，邓习议译，南京大学出版社，2019。

[43]〔日〕广松涉：《唯物史观的原像》，邓习议译，南京大学出版社，2009。

[44]〔日〕广松涉：《物象化论的构图》，彭曦、庄倩译，南京大学出版社，2002。

[45]〔日〕广松涉：《资本论的哲学》，邓习议译，南京大学出版社，2013。

[46]〔日〕广松涉编注《文献学语境中的〈德意志意识形态〉》，彭曦译，南京大学出版社，2005。

[47]〔日〕内田弘：《新版〈政治经济学批判大纲〉的研究》，王青、李萍、李海春译，北京师范大学出版社，2011。

[48]〔日〕山之内靖：《受苦者的目光：早期马克思的复兴》，彭曦、汪丽影译，北京师范大学出版社，2011。

[49]〔日〕望月清司：《马克思历史理论的研究》，韩立新译，北京师范大学出版社，2009。

[50]〔日〕岩佐茂、小林一穗、渡边宪正编著《〈德意志意识形态〉的世界》，梁海峰、王广译，北京师范大学出版社，2014。

[51]〔苏〕尼·拉宾：《马克思的青年时代》，南京大学外文系俄罗斯语言文学教研室翻译组译，生活·读书·新知三联书店，1982。

[52]〔苏〕尼·伊·拉宾：《论西方对青年马克思思想的研究》，马哲译，人民出版社，1981。

[53]〔苏〕帕舒卡尼斯：《法的一般理论与马克思主义》，杨昂、张玲玉译，中国法制出版社，2008。

[54]〔新西兰〕布莱恩S.罗珀：《民主的历史：马克思主义解读》，王如君译，人民日报出版社，2015。

[55]〔以〕阿维纳瑞：《马克思的社会与政治思想》，张东辉译，知识产权出版社，2016。

[56]〔意〕加尔维诺·德拉-沃尔佩：《卢梭和马克思》，赵培杰译，

重庆出版社，1993。

［57］〔英〕埃里克·霍布斯鲍姆：《如何改变世界：马克思和马克思主义的传奇》，吕增奎译，中央编译出版社，2014。

［58］〔英〕安东尼·吉登斯：《资本主义与现代社会理论：对马克思、涂尔干和韦伯著作的分析》，郭忠华、潘华凌译，上海译文出版社，2013。

［59］〔英〕伯尔基：《马克思主义的起源》，伍庆、王文扬译，华东师范大学出版社，2007。

［60］〔英〕戴维·麦克莱伦：《马克思传》（第4版），王珍译，中国人民大学出版社，2008。

［61］〔英〕戴维·麦克莱伦：《马克思思想导论：第3版》，郑一明、陈喜贵译，中国人民大学出版社，2016。

［62］〔英〕哈罗德·约瑟夫·拉斯基：《〈共产党宣言〉——社会主义的里程碑》，吴韵曦译，中国民主法制出版社，2018。

［63］〔英〕乔治·拉雷恩：《马克思主义与意识形态：马克思主义意识形态论研究》，张秀琴译，北京师范大学出版社，2013。

［64］〔英〕斯图亚特·西姆：《后马克思主义思想史》，吕增奎、陈红译，江苏人民出版社，2011。

［65］〔英〕特德·本顿主编《生态马克思主义》，曹荣湘、李继龙译，社会科学文献出版社，2013。

［66］〔英〕休·柯林斯：《马克思主义与法律》，邱昭继译，法律出版社，2011。

［67］〔英〕以赛亚·伯林：《卡尔·马克思：生平与环境》，李寅译，译林出版社，2018。

［68］复旦大学哲学系现代西方哲学研究室编译《西方学者论〈一八四四年经济学—哲学手稿〉》，复旦大学出版社，1983。

［69］中共中央马克思恩格斯列宁斯大林著作编译局马恩室编译《〈1844年经济学哲学手稿〉研究（文集）》，湖南人民出版社，1983。

四　中文期刊论文

［1］陈志良、杨耕：《论马克思的社会有机体理论》，《哲学研究》

1990 年第 1 期。

[2] 段忠桥：《〈莱茵报〉时期使马克思苦恼的"疑问"是什么》，《学术研究》2008 年第 6 期。

[3] 高放：《马克思主义难道没有理论来源吗——"三个来源"提法不能改译为"三种史料"》，《理论前沿》2003 年第 9 期。

[4] 韩立新：《〈穆勒评注〉中的交往异化：马克思的转折点——马克思〈詹姆斯·穆勒《政治经济学原理》一书摘要〉研究》，《现代哲学》2007 年第 5 期。

[5] 郝孚逸：《作为剩余价值哲学基础的劳动异化概念——马克思劳动理论与剩余价值哲学关系的探讨》（二），《湖北社会科学》2008 年第 6 期。

[6] 江丹林、梁正康：《生活的实践高于书本的公式——马克思"苦恼的疑问"的启示》，《社会科学》1998 年第 4 期。

[7] 李淑梅：《马克思〈莱茵报〉时期的政治哲学思想》，《哲学研究》2009 年第 6 期

[8] 李淑梅：《马克思对李斯特生产力理论的批判及其意义》，《社会科学》2010 年第 12 期。

[9] 李淑梅：《马克思对卢格的批判与社会政治哲学的构建》，《思想战线》2009 年第 6 期。

[10] 李淑梅：《马克思早期对古希腊哲学史的研究》，《马克思主义与现实》2010 年第 4 期。

[11] 李淑梅：《体系化哲学的突破与政治哲学研究方法的转变——马克思的〈黑格尔法哲学批判〉再解读》，《哲学研究》2005 年第 9 期。

[12] 刘日明：《从马克思早年的法哲学观重新解读"苦恼的疑问"》，《湖南师范大学社会科学学报》2006 年第 6 期。

[13] 孙夺：《从〈共产党宣言〉探析生产方式与阶级斗争的辩证关系——纪念马克思诞辰 200 周年，坚定共产党人世界观、历史观》，《世界社会主义研究》2018 年第 5 期。

[14] 汪信砚：《论马克思的"自由个性"概念》，《学习与探索》2004 年第 5 期。

［15］汪信砚、程通：《对马克思关于"人的本质"经典表述的考辨》，《哲学研究》2019年第6期。

［16］汪信砚、程通：《马克思对伊壁鸠鲁哲学原则的阐发和继承》，《哲学动态》2019年第3期。

［17］汪信砚、柳丹飞：《论青年马克思的"类"概念——对马克思〈手稿〉中"类"概念的历史唯物主义解读》，《上海师范大学学报》（哲学社会科学版）2018年第6期。

［18］王南湜：《〈德意志意识形态〉中的"异化"概念：马克思社会科学理论建构的原点》，《马克思主义与现实》2019年第6期。

［19］夏东民、罗健：《比较对照：马克思社会有机体理论研究方法探析》，《马克思主义研究》2012年第6期。

［20］颜岩：《〈穆勒摘要〉与〈1844年手稿〉逻辑关系的再考证——与张一兵先生商榷》，《内蒙古社会科学》（汉文版）2005年第2期。

［21］游兆和：《论历史哲学的本质及其与历史科学的区别——兼评学界同仁对马克思有关论述的误解》，《学术研究》2016年第7期。

［22］俞吾金：《马克思主义的第四个来源和第四个组成部分——纪念马克思逝世110周年》，《学术月刊》1993年第8期。

［23］张一兵：《马克思劳动异化理论的逻辑建构与解构》，《南京社会科学》1994年第1期。

［24］张允熠：《马克思主义形成背景中的欧洲文化传统》，《马克思主义研究》2012年第6期。

［25］〔日〕中野英夫：《谈谈马克思〈詹姆斯·穆勒《政治经济学原理》一书摘要〉的研究进展》，《马克思主义研究》1987年第4期。

［26］周全华、吴炜：《异化的本质即价值异化——从马克思对劳动异化的价值分析谈起》，《哲学动态》2014年第10期。

［27］邹东涛：《实践是马克思主义的惟一来源》，《中国社会科学院研究生院学报》2002年第4期。

后　记

　　本书是国家社科基金一般项目"马克思的共产主义价值观形成史研究"（批准号：15BKS015）的结项成果，由全国哲学社会科学规划办公室于2015年6月20日正式下发立项通知书，历经五年时间最终完成。在立项和结项过程中，本选题和相应的成果得到了专家的肯定，并获得了良好的评价，这给予我很大的鼓舞。

　　从中学作文到《共产党宣言》，针对每一个阶段的马克思思想的发展，都有很多的研究成果问世，解读的视角不同，相应的观点也不尽相同。从共产主义价值观形成史的视角对马克思的早期思想及其演进进行阐释是一件富有创造性的工作，本书的相应阐释还有很多不足，欢迎读者批评指正。

　　湖北大学马克思主义学院给予了本书一定的经费支持。本书在出版过程中得到了湖北大学高等人文研究院江畅名誉院长的大力支持，在此表示感谢。社会科学文献出版社政法传媒分社周琼副社长及编辑团队为本书的出版付出了辛苦的劳动，在此深表谢意。

图书在版编目（CIP）数据

　　马克思的共产主义价值观形成史 / 张丽君著. -- 北
京：社会科学文献出版社，2023.8（2024.12 重印）
　（道德·价值·文化丛书）
　ISBN 978-7-5228-1953-2

　　Ⅰ.①马… Ⅱ.①张… Ⅲ.①马克思主义-共产主义
思想-价值论-研究 Ⅳ.①A811.62

　　中国国家版本馆 CIP 数据核字（2023）第 102398 号

道德·价值·文化丛书
马克思的共产主义价值观形成史

著　　者 / 张丽君

出 版 人 / 冀祥德
责任编辑 / 周　琼
文稿编辑 / 程丽霞
责任印制 / 王京美

出　　版 / 社会科学文献出版社·马克思主义分社（010）59367126
　　　　　　地址：北京市北三环中路甲 29 号院华龙大厦　邮编：100029
　　　　　　网址：www.ssap.com.cn
发　　行 / 社会科学文献出版社（010）59367028
印　　装 / 唐山玺诚印务有限公司

规　　格 / 开　本：787mm×1092mm　1/16
　　　　　　印　张：22　字　数：346 千字
版　　次 / 2023 年 8 月第 1 版　2024 年 12 月第 2 次印刷
书　　号 / ISBN 978-7-5228-1953-2
定　　价 / 118.00 元

读者服务电话：4008918866